Naolie Roï

Ne retiens pas

tes larmes

2019 Naolie roï

ISBN 9781089883548

page facebook: Naolie Roï et ses romans

Dédicace

Solitaire, je trébuchais, mon cœur souffrait

puis tu es apparu...

Chapitre 1

Assise sur le sable fin, les écouteurs enfoncés dans ses oreilles, écoutant « Maps de Maroon five », Lucinda pense que rien ne peut gâcher cette aurore qui pointe le bout de son nez. Cette plage qu'elle aime tant va lui manquer, elle n'est pas certaine sur la date de son retour dans la maison familiale. Après tous les événements passés, ses parents la prennent encore pour une enfant et sont si autoritaires, enfin surtout sa mère avec qui elle a une relation très conflictuelle.

— Lucinda !

Elle pensait avoir un peu de répit et grimace rien qu'à entendre sa mère prononcer ce prénom qu'elle déteste. Elle continue de l'appeler, mais Lucinda monte le son de l'iPad, feignant de ne pas l'avoir entendue. De longues jambes hâlées apparaissent dans son champ de vision elle lève la tête vers ce visage qui lui ressemble tant, bien qu'elle sache qu'elle ne peut pas l'entendre, sa mère continue de lui parler et pointe la maison du doigt.

Lucinda soupire longuement et se lève pour rebrousser chemin d'un pas lent vers la villa. Dans la cuisine, Sean, son père est déjà attablé, il lit les pages sportives en attendant que le petit déjeuner soit servi par Maria, la gouvernante. Lucinda s'installe à son tour en face de Nolan, son petit frère de six ans et sa mère, Graziella prend place à l'autre bout de la table. Nolan fait de grands signes à sa sœur pour qu'elle retire ses écouteurs et l'écoute.

— T'as bien dormi ?

— Oui ! répond-elle en lui mentant, elle ne peut pas dire à son petit frère qu'elle fait des cauchemars. Qu'en penserait-il ?

— Maman a dit que je pouvais t'accompagner à l'uni... l'univer…

— À l'université.

Il hoche la tête.

— Papa ! dis-moi nous étions d'accord pour que je prenne la moto jusqu'à l'université ?

Son père lève enfin la tête de son journal, l'observe en plissant des yeux, et dirige son regard vers sa femme qui intervient.

— Pas de moto jusqu'à nouvel ordre, annonce t-elle.

— Quoi ? s'écrit Lucinda faisant sursauter Nolan qui perd son sourire. Mais vous aviez dit que...

— Tu récupéreras ton maudit engin quand tu te seras assagie.

— Papa ! mais dis quelque chose !!

Son père se range du côté de sa femme, comme résigné.

— Tu as entendu ta mère !

Lucinda aime son père, ils sont très proches, mais ne sait pas contredire sa femme, elle a toujours le dernier mot.

Lucinda, très contrariée et en colère, se lève brusquement, faisant tomber sa chaise. Malgré les appels incessant de sa mère depuis la cuisine, elle quitte la pièce pour rejoindre sa chambre et finir ses sacs.

Un long moment plus tard, des petits coups à la porte l'interrompant. Sans même se retourner, elle sait que c'est son petit frère.

— Tu es fâchée ?

Elle se retourne, s'accroupit et lui ouvre les bras pour qu'il vienne s'y blottir.

— Contre toi ? Jamais de la vie.
— Alors pourquoi cries-tu tout le temps ? Tu es en colère, je le sais.

Malgré son jeune âge, son petit frère est très intelligent, aussi elle ne peut pas lui expliquer pourquoi elle est tellement en colère contre sa mère.

— Je suis fâchée, c'est vrai, mais ne t'inquiète pas...

Elle n'a pas le temps de finir sa phrase que Nolan enfouit sa tête dans son cou et commence à sangloter.
— Pourquoi pleures-tu ?
— Je suis triste ! Je vais être tout seul et tu vas me manquer.

— Toi aussi, mais Maria est là, tu sais qu'elle t'adore.

— Je sais mais toi tu avais Lukas.

Elle tressaille en entendant le prénom de son frère.

— Tu sais quoi, j'ai une idée, je sais comment faire pour te remonter le moral.

Nolan lève la tête, et la regarde avec les yeux pleins de larmes que Lucinda fait disparaître de ses pouces.

— Va donc te préparer, je t'emmène quelque part.
— Où ?
— C'est une surprise. Dépêche-toi et ne dis rien à personne.
— Mais tu dois partir pour…
— Justement, dépêche-toi, je t'attends dans la voiture de papa.

Il dépose un bisou tout mouillé contre sa joue et lui sourit. La jeune femme regarde l'heure sur son portable, il lui reste moins de trois heures avant de quitter cette prison. Il est temps pour elle de reprendre sa vie en main.

Mais Lucinda n'est pas aussi euphorique qu'elle devrait l'être, comme tous les jeunes qui quittent la maison pour aller à l'université et découvrir ce qu'est le monde. Elle le connaît déjà et l'expérience qu'elle en a eue, lui donne encore parfois la nausée.

Tout ce qu'elle espère, c'est que sa colocataire de chambre ne sera pas une écervelée, une fille à papa juste là pour s'amuser. Pour ça aussi elle a donné, c'est pour cela qu'elle a demandé une chambre seule, mais ça ne lui a pas été accordé. Les valises sont bouclées depuis la veille, elle fait un tour de la chambre, prend un carton et y entrepose ses livres préférés, quelques cadres photo, ainsi que des babioles qu'elle adore. Elle a juste le temps de tout déposer dans la voiture de sa mère, avant que Nolan ne la rejoigne.

— Prêt, mon capitaine !
— Très bien, en route, moussaillon.

Étant enfants, Lukas et Lucinda, lors des départs en vacances, leur père instaurait un petit jeu en entourant chaque destinations d'une couleur différentes. Ils partaient souvent à l'aventure ce qui leur apprenaient à se situer sur une carte routière, et éviter les remontrances de leur mère qui se fâchait facilement car son travail été très chronophage et empiétait sur les sorties en famille. Sean quand à lui gardait un maximum de son temps pour le consacrer à ses enfants.

Elle s'installe au volant, boucle sa ceinture et règle le rétroviseur intérieur.

— Les écoutilles sont closes, moussaillon ?
— Oui mon capitaine.
— Ceinture bouclée ?
— Oui mon capitaine.
— Très bien, paré à manœuvrer ? En route !

Alors qu'elle s'apprête à partir, Lucinda aperçoit sa mère dans le rétroviseur qui lui fait de grands signes. Elle décide de ne pas s'arrêter, mais quelques secondes plus tard le téléphone de la voiture sonne.

— Où vas-tu ?

— J'emmène Nolan se promener, je serai là à temps pour le départ.

— Lucinda ?

— Oui maman ? Le ton de Luke est sarcastique.

— Fais attention !

Lucinda raccroche sans lui répondre. Depuis l'accident, Graziella angoisse à chaque fois que sa fille prend la route.

— Allons-nous avoir des problèmes capitaine ?

— Toi, non, mais moi, sûrement, si nous ne rentrons pas à temps à la maison.

Au bout de quelques longues minutes de route, elle se gare sur le parking d'un chenil. Elle est très contente de voir les yeux de Nolan pétiller de joie, un grand sourire sur les lèvres lorsqu'il entend des chiens aboyer.

— Oh c'est génial, je vais avoir un chien !

Lucinda sait qu'elle aura des réflexions venant de sa mère mais elle expliquera que Nolan se sentira moins seul et que la compagnie d'un chien lui fera le plus grand bien. Nolan met un certain temps à se décider car il les veut tous. Il s'arrête subitement devant un enclos.

— Je veux celui-ci !

— Tu es sûr petit, c'est beaucoup de travail pour un enfant de ton âge. Il va falloir tout lui apprendre car il est aveugle.

— Même pas peur !

Le gardien regarde Lucinda, qui confirme qu'ils vont prendre ce chiot que la vie n'a pas épargné. La préparation des papiers prend une éternité alors pendant ce temps ils achètent tout ce dont l'animal aura besoin. Luke regarde souvent sa montre, se rend compte qu'il leur reste un peu de temps avant de rentrer à la maison.

Après une longue discussion sur le chemin du retour, Nolan a choisi Hector comme prénom pour son nouveau compagnon. En arrivant Sean les accueille avec le sourire tandis que Graziella a une mine sévère et les bras croisés. Elle ouvre la bouche pour dire quelque chose et la referme aussitôt lorsque son mari lui presse le bras pour l'intimer à rentrer.

Le chemin vers la résidence universitaire est long et silencieux, la tension entre Lucinda et Graziella n'est pas redescendu. Durant le trajet, Nolan s'est finalement endormi la tête contre l'épaule de sa sœur.

À leur arrivée, Sean remarque l'étonnement sur le visage de sa fille lorsqu'elle comprend qu'ils ne s'arrêtent pas devant la résidence où elle devait aller. Il lui fait un clin d'œil depuis le rétroviseur central et continu de rouler se garant quelques minutes plus tard, sur une place de parking souterrain dans un petit bâtiment de deux étages.

— Où sommes-nous ?
— Ton appartement se situe au dernier étage, dit-il en jetant un œil sur Graziella qui s'est endormie.
— Quoi ? Je ne comprends pas !

Sean sort de la voiture et réinstalle Nolan confortablement sur la banquette arrière afin que Lucinda puisse sortir à son tour. Elle reste muette face à son père et se dit que ce serait trop beau qu'elle n'ait pas un colocataire pour lui servir de chaperon.

— Aide-moi donc à monter tes affaires, nous réveillerons ta mère et ton frère quand nous aurons fini.

Une fois arrivé sur le palier, son père lui donne les clés. L'appartement est calme et spacieux, mais l'absence de colocataire la surprend. Elle se retourne alors vers son père avec un regard pétillant et reconnaissant, tout en lui sautant dans les bras, Lucinda transmet à Sean tout l'amour et le respect qu'elle lui voue. Ils déposent les cartons dans le patio, où elle découvre un espace assez grand avec des portes coulissantes, un couloir qui dessert trois chambres, la salle de bain et les toilettes. De l'autre côté, il y un salon-salle à manger immense, une cuisine américaine dotée d'ustensiles dernier cri où elle se fera de bon petits plats.

Le logement est meublé et Lucinda se demande qui en est le décorateur car le mauvais goût de sa mère n'est pas présent dans ces pièces de vie. Son père semble lire dans ses pensées.

— Si tu te poses la question, j'ai engagé une décoratrice d'intérieur.

Ce qu'elle aime chez son père, c'est sa capacité à connaître ce qu'elle pense, rien qu'en la regardant. Une relation qu'elle n'a jamais eu avec sa mère. Pourtant elle lui ressemble tellement.

— C'est très grand ici quand même! est-ce que maintenant tu peux m'expliquer ce que je fais ici ?

— Avec ta mère, nous sommes tombés d'accord sur le fait que tu peux vivre seule et en indépendance alors, si tu le souhaites tu peux prendre une colocataire.

— Vraiment ? Maman est d'accord avec toi sur mon besoin d'indépendance ?

— Oui à ton âge, être dans un internat n'est vraiment pas approprié.

— Mais à quoi est-ce que je dois m'attendre avec cette nouvelle confiance que vous m'accordez ? surtout celle de maman.

— À rien ! J'ai éclairci certains points avec ta mère, ça n'a pas été facile mais soit digne de cette confiance...

— D'accord... mais ça va coûter combien en loyer ? Je ne te cache pas que je suis très surprise de ce changement de situation.

Il sourit à sa fille, et reconnaît sa maturité en matière d'argent. Lucinda ressent sa gêne et se rend compte qu'il n'arrive pas à la regarder dans les yeux.

— En fait lorsque tes grands-parents sont décédés, ton frère et toi avez hérité d'une certaine somme d'argent. Tu as utilisé une partie de ton héritage en investissant, comme je te l'ai conseillé. Quant à ton frère, il a investi dans l'immobilier en achetant cette résidence ainsi que trois autres immeubles comme celui-ci, tout aussi proches d'une université, ne sachant pas laquelle vous alliez choisir pour poursuivre vos études...

Lucinda n'entend plus ce que son père lui dit, les larmes aux yeux, elle repense à son frère Lukas... chaque fois que son prénom est prononcé, elle ne peut retenir cette douleur, cette boule qui s'insinue en elle comme une piqûre de rappel depuis sa mort. Elle se remémore le jour de la lecture du testament qui a fait d'elle l'héritière de tous ses biens. Sauf que ce jour-là, elle n'écoutait pas, son chagrin était trop grand et elle n'en avait que faire.

Et aujourd'hui, rien n'a changé, elle se moque toujours autant de la fortune familiale n'ayant en tête que le manque provoqué par l'absence de son jumeau. Elle ferme les yeux et se blottit dans les bras réconfortant de son père.

⁂

S'en suit le reste de la visite. Lucinda est impressionnée par le toit-terrasse équipé d'un grand jacuzzi ainsi que de la magnifique vue qui donne sur le grand parc. Ils continuent par la visite des parties communes de l'immeuble et, bien qu'elle dispose de l'équipement nécessaire dans l'appartement, la résidence est équipée d'une laverie et d'une salle de sport.

Elle s'étonne lorsqu'ensuite, elle découvre le jardin commun, équipé d'une piscine, de tables, de chaises et d'un espace de verdure. Pendant cette visite, ils croisent quelques résidents et elle se présente en tant que nouvelle locataire, gardant sous silence sa qualité de propriétaire des lieux. Arrivé au sous-sol, son père lui tend des clés de voiture. Elle le regarde, stupéfaite, puisqu'ils sont venus avec celle de sa mère.

— J'ai pensé que…

Il lui montre du doigt un pick-up bleu, garé à quelques pas de là.

— Mais papa c'est un 4x4 ??!!
— J'ai vu trop gros ?
— Ouiiii enfin, non ! Oh papa Il est parfait, merci, merci je l'adore.

Elle passe ses bras autour des hanches de son père et l'enlace pour lui faire un énorme câlin tellement les émotions l'envahissent.

Ils retournent à la voiture où sa mère et Nolan se réveillent. Lucinda fait visiter l'appartement à Nolan, en lui promettant qu'une chambre lui sera réservée quand il viendra ce qui rassure l'enfant et lui donne redonne le sourire. Ainsi leur séparation est moins déchirante que ce qu'elle pensait.

Après leur départ, elle commence à déballer ses valises et le peu des cartons qu'elle a apportés, tout ça en musique. Quand elle a terminé, elle se détend de longues minutes sous la douche en pensant à tous ces changements et à ce que l'avenir lui réserve. Ses parents lui font à nouveau confiance et elle doit en être digne.

Elle s'enroule d'une serviette et sort de la salle de bain pour passer des vêtements d'intérieur. N'ayant rien pour cuisiner, elle cherche sur le net le restaurant chinois le plus proche et passe commande.

L'interphone retentit moins de trente minutes plus tard, elle descend chercher sa livraison et en arrivant à la porte d'entrée une jeune femme blonde la bouscule. Lucinda croit la reconnaître lorsque leurs regards se croisent.

Chapitre 2

— Luke ?

— C'est bien toi Libby ?

A l'évocation du diminutif de son prénom Lucinda sait qu'elle a devant elle sa meilleure amie qu'elle n'a pas vu depuis la mort de son frère Lukas, elle prend les sacs des mains du livreur et le paie à toute vitesse. Il essaie de lui dire quelque chose, mais la jeune femme ne l'écoute pas et lui referme la porte au nez. Elle est à la fois contente et stupéfaite d'avoir devant elle sa sœur de cœur. Quel choc de la rencontrer ici.

— Que fais-tu ici ?

— Je vis là depuis maintenant six mois, et toi ? Je pensais que…

— Je suis sortie il y a quelque temps.

Elle se masse nerveusement la nuque.

— Mais quelle coïncidence ?

— Non, pas vraiment.

— De quoi est-ce que tu parles ?

— Suis moi, je vais tout expliquer. Tu veux boire quelque chose ?

— Oui je veux bien un verre d'eau s'il te plaît.

— Je t'en pris assieds-toi.

— Ton père ne t'a pas dit que j'habitais ici ?

— Non ! Je pensais que tu étais partie en Europe comme tu me l'as écrit dans tes lettres.

— Je suis revenue il y a six mois, j'étais en France quand Sean m'a contactée en me disant que j'avais hérité d'un appartement que ton frère avait acheté.

— Ah !

— Oui, comme tu dis ! Ça m'a fait un choc de revoir ton père après tout ce temps et l'entendre parler de cet appartement m'a perturbée il insistait lourdement et jour après jour, je voyais son numéro s'afficher sur l'écran de mon téléphone. Je pensais qu'il se lasserait, mais comme il n'avait pas de réponse de ma part, il a laissé un message vocal que j'ai écouté deux ou trois jours après car j'avais peur de ce qu'il pouvait m'annoncer et j'ai pensé qu'il t'était arrivé quelque chose. Alors, j'ai pris mon courage à deux mains. Il avait été très bref, me disant simplement qu'il s'agissait de l'héritage de Lukas, qu'il fallait que je le contacte au plus vite. C'est ce que j'ai fait, me demandant ce que cet héritage avait à voir avec moi. C'est alors qu'il m'a dit que Maître Harper, le notaire a retrouvé des feuillets correspondant au testament de Lukas, stipulant que j'hériterais d'une certaine somme d'argent et que j'étais également la copropriétaire de cette résidence. Ta mère n'a pas réussi à faire annuler le mariage…

Libby fond en larmes dans les bras de son amie.

— Mon frère t'aimait tellement, je ne vois pas où est le problème? Tu as toujours fait partie de notre famille, même sans les liens du sang, nous étions liés et nous le serons toujours !

— Le problème, c'est ta mère ! Elle ne m'appréciait pas vraiment avant et je doute que ses sentiments envers moi aient changé.

— On s'en fiche de Graziella ! Vous vous aimiez, Lukas et toi, c'est ça qui est le plus important. Ma mère voulait garder Lukas pour elle.

— Si tu savais ce que je m'en veux, tu avais besoin de moi et je suis partie... Sanglote-t-elle encore.

— Je n'ai pas non plus été une bonne amie, tu étais en deuil également et je n'ai pas été présente pour toi. Ma chute a été terrible et je ne voulais pas t'emmener avec moi dans cette noirceur. Aujourd'hui, nous sommes réunis à nouveau.

— Je suis désolée. Ça ne m'arrive pas souvent de craquer.

— Ne t'excuse pas, ça fait du bien parfois et puis je suis là maintenant.

J'avais prévue de manger chinois, ça te tente ? Je crois qu'ils se sont trompés dans la commande, il y en a beaucoup trop.

— Pourquoi pas, je n'avais rien prévue ! dis-moi, est-ce que tu te rappelles quand...

Le soudain mutisme de son amie surprend Luke qui commençait à ouvrir le sac du traiteur chinois. Elle relève la tête et interroge son amie du regard.

— Tu n'as peut-être pas envie de raviver certains souvenirs ? questionne Libby.

— Tu sais, beaucoup de choses du quotidien me font penser à mon frère, alors si tu as besoin d'en parler vas-y je t'écoute. Tous mes bons souvenirs sont en partie grâce à ce que nous avons vécu Lukas, toi et moi !

— Notre premier Chinois ? Lukas et moi ne savions pas manger avec les baguettes…

— Et comme deux amoureux transis, que rien ne pouvait arrêter, nous avons été l'attraction du restaurant quand vous vous êtes donné la becquée !

L'hilarité prend place dans l'appartement jusqu'à ce que Luke ouvre le second sachet.

— Ils ne se sont pas trompés finalement, j'ai pris la commande de quelqu'un d'autre voilà pourquoi il y en avait trop. Cette commande appartient à Mr Hargitay !

— C'est le voisin d'en face !

— Et tu le connais ? Insiste Luke.

— Pas vraiment.

— Luke fait la moue, pensant que son amie lui raconterait une histoire croustillante.

— Je ne fais que l'apercevoir, répond-elle en levant les épaules.

— Ok ! Je vais lui apporter sa commande, tu m'accompagnes ?

— Hum... Non, je préfère t'attendre là.

Luke sort de l'appartement et se dirige en direction de la porte qui lui fait face.

Elle tend l'oreille mais n'entend pas de bruit, frappe quelques coups mais personne ne répond. La jeune femme décide de ne pas laisser la nourriture dehors et retourne chez Libby. Elle lui demande un stylo, griffonne un mot sur le ticket de caisse et le colle sur la porte avec son chewing-gum. Durant toute la soirée, les deux amies rient, pleurent, se remémorant leur enfance et leur adolescence. Puis l'humeur de Luke change lorsqu'elles abordent le moment de sa vie où tout a dérapé.

Elles se promettent de ne plus s'abandonner et de prendre soin l'une de l'autre à l'avenir, comme deux sœurs peuvent le faire.

Il est tard lorsque Luke décide de regagner son appartement. En sortant, elle aperçoit le petit mot toujours accroché à la porte du fameux voisin, mais n'en tient pas compte. Elle monte les marches doucement et sourit en repensant à cette soirée.

Après s'être préparée pour la nuit, elle est confrontée à un dilemme. Doit-elle prendre ses médicaments, alors qu'elle n'a pas mal ? ou ne les prend t-elle pas au risque de passer une mauvaise nuit ? Les psychologues parlent du syndrome du membre fantôme, or, il ne lui en manque aucun.

Physiquement, elle va bien, du moins elle va mieux., parce que Lukas était son jumeau et que cette partie d'elle lui a été arrachée, que son cœur s'en est trouvé brisé voilà l'explication des médecins dû à son syndrome. Elle soupire, décide de ne rien prendre, éteint la lumière et rejoint son lit. Elle ne met que quelques minutes pour s'endormir.

Le lieutenant Spencer Hargitay a un mal de tête insoutenable lorsqu'il rentre chez lui. Il pensait finir son service beaucoup plus tôt, mais c'était sans compter sur cette petite dame qui a perdu son chien. Elle ne voulait pas comprendre que la police ne pouvait malheureusement rien faire pour elle, il lui a demandé d'attendre qu'il revienne ou alors qu'elle appelle le refuge le plus proche. Elle est restée pendant trois longues heures et lui a montré les photos de ses petits-enfants. Spencer a décroché au moment où elle lui a présenté sa petite fille, belle, intelligente... Et puis Doris est arrivée pour lui sauver la mise et s'occuper elle même de la vieille dame.

En entrant dans le hall de la résidence, il est surpris de ne pas voir, comme chaque quinzaine, le sac du resto chinois, posé au pied de sa porte. Il en découvre la raison accrochée sur celle-ci.

J'ai pris votre menu par erreur, dsl.
Mettez la prochaine commande sur ma note.
Xoxo L

— C'est bien la première fois qu'on me fait ce coup-là ! Et c'est qui ça L ?

Spencer chiffonne le morceau de papier et le range dans la poche de son cuir. Il est sur le point d'introduire la clé dans la serrure lorsqu'il entend des hurlements et quelque chose se fracasser au sol. Cela provient de l'appartement inoccupé alors il monte les marches quatre à quatre et dégaine son arme. Les cris persistent, il tambourine à la porte et n'entend soudain plus rien. Après quelques secondes la porte s'entrouvre doucement, il découvre une jeune femme en pleurs les cheveux tout ébouriffés qui serre un oreiller dans ses bras, comme-ci c'était sa bouée de sauvetage.

— Qu'est ce que vous faites là ? Qui êtes vous ?

— ...

— Répondez !!!! Dites-moi qui vous êtes ?

— ça ne vous regarde pas ! Et vous vous êtes qui pour me parler comme ça ?

— Je suis le voisin du dessous, j'ai entendu vos cris. Alors, vous allez me dire qui vous êtes et ce qu'il vous arrive ?

— Je m'appelle Luke et c'est tout ce que vous avez le droit de savoir ! Bonsoir.

Elle tente de refermer la porte, mais le lieutenant la bloque avec son pied énervé et en colère face à l'attitude de cette hystérique en pyjama.

— Écoutez, je suis de la police, laissez-moi vérifier que tout va bien et je vous laisse tranquille.

Surprise Luke relâche l'emprise sur la porte et demande d'un air suspicieux.

— Qui a appelé la police ?

— Personne. Je rentrais chez moi, je vous ai entendue hurler et je me suis précipité ici. Déformation professionnelle.

Luke finit par céder ouvre la porte et laisse Spencer vérifier qu'elle n'est pas en danger. Il fait le tour de l'appartement, rien n'est anormal à part dans la dernière chambre où la couette est en boule sur le lit, la lampe de chevet fracassée au sol avec un cadre photo retourné, quelques bris de verre jonchent le sol également.

— Vous voyez tout va bien, souffle-t-elle dans son dos.

Spencer attrape sa voisine de justesse par la taille afin qu'elle ne se coupe pas en marchant sur les morceaux de verre. Elle se crispe à son contact car elle n'apprécie pas les gestes tactiles. mais se détend presque aussitôt en posant ses mains sur ses avant-bras. Une douce odeur de mangue émane d'elle et il aimerait enfouir son nez dans ses longs cheveux.

— J'ai besoin d'aller à la salle de bain, chuchote-t-elle.
— Il faudrait peut-être ramasser les morceaux de verres ?!
— Je le ferai plus tard, laissez !
— Hors de question, vous allez vous blesser donnez-moi ce qu'il faut je vais le faire.

Elle le toise un instant, mais le lieutenant campe sur sa position. À son attitude, elle finit par capituler.

— Dans le placard de l'entrée.

Alors qu'il revient dans la chambre, muni de la balayette et de la pelle, il la découvre à quatre pattes, regroupant les plus gros morceaux de verres dans un coin. il ne peut s'empêcher de se dire qu'il a affaire à une femme têtue et bornée. Ses pensées dévient lorsque ses yeux descendent sur ses courbes tout en appréciant ses petites fesses bien musclées recouvertes d'un tout petit short échancré.

— Vous comptez me donner la balayette ou continuer à me reluquer ?

Il ramasse le cadre photo sur laquelle elle pose à côté d'un homme qui l'embrasse tendrement sur la joue alors qu'elle tire la langue à l'objectif. Le regard de Luke s'assombrit lorsqu'elle tire légèrement dessus pour le récupérer, le policier n'insiste pas et relâche le cadre. Elle inspecte les dégâts et fait une légère grimace lorsqu'elle s'aperçoit qu'il est fêlé en plein milieu de la photo. Elle semble heureuse sur cette photo ! Qu'est-ce qui a bien pu changer ?

Luke se relève soudainement et se rend dans la salle de bain où elle est suivit par Spencer qui la regarde ouvrir la pharmacie d'où elle sort un petit flacon orange. Elle prend deux comprimés qu'elle avale. Spencer est intrigué et surpris de constater la collection de petites boîtes qui trônent dans l'armoire, aussi il se permet de demander.

— Vous prenez tout ça ?
— Cela ne vous regarde pas !
— C'est dangereux tous ces mélanges vous savez ?
— Je n'en prends plus et puis ce ne sont pas vos affaires ! Mêlez-vous de ce qui vous regarde !
— Pourtant vous venez d'en avaler, ne me prenez pas pour un imbécile !

Il s'aperçoit qu'il l'irrite avec ses questions, mais il veut savoir pour sa tranquillité d'esprit mais c'est surtout parce qu'il ne tient pas à voir débarquer les pompiers pour une overdose de médicaments.

— J'en prends uniquement quand je souffre comme ce soir. Vous avez bien vu dans quel état j'étais.

— Que vous est-il arrivé de si terrible pour vous retrouver comme ça ?

— Vous êtes bien trop curieux et connaître ma vie ne vous apportera rien de plus.

— Mais…

Elle avance vers lui, l'air menaçant pointant son doigt contre son torse ; au fur et à mesure il recule jusqu'à buter dans la porte d'entrée. Il ne s'est même pas aperçu qu'ils avaient traversé son appartement.

— Vous avez fait votre travail de flic, il n'y a personne d'autre ici, à part moi. C'était un simple cauchemar, sortez maintenant ! Rien de ce qui se passe ici ne vous concerne.

Spencer, regrette de l'avoir mise en colère.

— Je vous laisse ma carte avec mon numéro personnel, si vous avez besoin !

Elle veut lui arracher la carte des mains pour se débarrasser de lui au plus vite mais il est plus rapide qu'elle et garde sa paume dans la sienne tout en plongeant dans son regard couleur chocolat. L'intensité de ses iris et de l'attraction mêlant tension et désir pousse Spencer à vouloir la faire sienne même s'il ne la connaît pas.

Comment un simple regard peut engendrer une telle connexion ?

— Promettez-moi de m'appeler si...

Elle soupire exaspérée

— Je vous le promets, maintenant sortez de chez moi !

— Ne promettez pas... si ce ne sont que des paroles en l'air pour que je débarrasse le plancher. Promettez, et faites-le si vous avez besoin de moi même dans le cas contraire.

Avec un petit sourire en coin Spencer finit par sortir de l'appartement...

Luke se détend légèrement et accepte sa demande.

— Très bien ! Je vous le promets.

Le policier ressent pour la première fois une attirance aussi forte pour une femme. Le caractère bien trempé de sa jolie voisine, ne le rebute absolument pas bien au contraire, il l'interpelle et la rend terriblement sexy. Son cœur tambourine si fort dans sa poitrine qu'il pense que celui-ci va exploser, et il n'y a pas que ça. C'est sûr, cette femme lui fait de l'effet, malgré ses problèmes il veut la revoir. Luke a retiré sa main pour croiser les bras en signe de défense ce qui fait ressortir la naissance de ses seins derrière son débardeur.

Elle se racle la gorge et continue de le toiser avec insistance lui, maintient son inspection ouvertement ciblé sur sa poitrine, alors avec un rictus provocateur il remonte son regard vers le visage cramoisi de la voisine caractérielle.

— Vous sortez maintenant ? dit-elle en reculant.

— Oui si c'est vraiment ce que vous voulez. Bonne nuit !

Chapitre 3

Luke s'adosse à la porte, croyant qu'il ne partirait pas, elle ne laisse jamais personne entrer dans son intimité. Elle ne sait pas qui est cet homme, d'où il vient, mais il l'a chamboulée et éveillé des émotions qui lui sont totalement inconnues.

C'est la première fois qu'elle ressent ça, apaisée et en confiance avec un homme si bien qu'elle se met à fantasmer sur son teint hâlé, ses magnifiques yeux couleur chocolat et cette mâchoire carrée parfaitement assortie à ses lèvres charnues, sans oublier ses beaux cheveux noirs dans lesquels elle avait envie d'y plonger ses doigts.

Elle se mord la lèvre inférieure, des frissons lui courent le dos et elle sent son entrejambe se réveiller brutalement, il faut qu'elle se le sorte de la tête. Un homme d'une imposante corpulence comme la sienne ne peut pas être célibataire, c'est impossible. Elle regarde une dernière fois la carte et la dépose sur le plan de travail avant de retourner se coucher.

Après avoir tourné pendant plus d'une heure dans son lit, Luke ne cesse de penser à son voisin même si elle ne l'a vu que vingt minutes. Il est déjà ancré dans sa tête, mais hors de question qu'il atteigne son cœur, mais ça fait tellement longtemps que des mains chaudes et caressantes d'un homme ne l'ont pas touché qui lui est difficile de ne pas cogiter.

— Non ! Non ! Non ! Pense à autre chose Luke… s'écrie-t-elle, énervée par la situation.

Elle recouvre son visage avec la couette et essaie une bonne fois pour toutes de retrouver le sommeil, mais rien à faire pourtant c'est étrange puisqu'elle a pris des somnifères et c'est la première fois qu'ils n'agissent pas. Dans un soupir, elle rabat finalement la couverture à ses pieds et regarde le réveil qui indique cinq heures du matin, finalement ça ne sert à rien de rester dans le lit, elle décide de se lever, enfile un jogging, des baskets et prend son Ipod… Courir, c'est la solution ça l'a toujours été.

En passant devant la porte de son voisin, après un bref regard, elle se rend compte que le mot a disparu et espère qu'il ne lui en voudra pas.

Une fois dehors, Luke ferme les yeux et profite de cette douce brise d'été qui lui caresse le visage. Elle enfonce les écouteurs dans ses oreilles alors que résonnent les premières notes de « One more night de Maroon five ». Il n'y a pas plus accro qu'elle à ce groupe. Alors qu'elle accélère, des événements du passé remontent à la surface.

Le souvenir de son premier acte de rébellion contre sa mère lui revient ! Pour leurs seize ans, leur tante avait offert à son frère et elle des places pour le concert des « Maroon five ». Le concert étant en semaine, leur mère leur avait interdit d'y aller. Sean, lui, n'était pas contre il avait organisé son planning afin de pouvoir les y emmener et les rechercher.

Mais rien n'y avait fait, Graziella avait campé sur sa décision. Luke avait dit à Lukas de la rejoindre dans sa

26

chambre à vingt et une heure précise, ce qu'il avait fait. Ils sont passés par la fenêtre et ont pris la voiture de leur père et se sont arrêtés pour prendre Libby qui les attendait au coin de la rue était étonnée que Sean ne les ai pas emmené aussi Lukas s'était chargé de tout lui expliquer. Libby craignait les répercussions qu'entraînerait cette petite escapade, et elle avait eu raison.

La soirée avait été magique pour Lukas et Libby, enlacés tout au long du concert et Luke était heureuse pour eux. Libby était sa meilleure amie depuis toujours, elles s'étaient rencontrées à la maternelle et depuis, étaient inséparables.

Luke n'est pas resté seule bien longtemps, au cours de la soirée un beau blond aux yeux verts était venu vers elle pour lui offrir un verre qu'elle avait refusé.

— Tant pis, avait-il dit, je le boirais seul mais tu ne sais pas ce que tu rates.

Devenant de plus en plus insistant, Il alla jusqu'à passer son bras par-dessus ses épaules. Geste que Lukas surpris avec un regard furax, le regard du frère protecteur. Luke avait alors levé les yeux au ciel, ce n'était pas bien méchant !

Elle se rendait compte que les mains du bel inconnu commençaient à descendre sur ses hanches et l'avait stoppé net avant qu'il n'aille plus loin. Il lui avait souri et ses mains étaient restées ancrées là. À la fin du concert, Luke transpirait, comme-si elle venait de courir le marathon, et des mèches de cheveux étaient plaquées sur son front.

En sortant du Zénith, l'air extérieur lui avait fait beaucoup de bien. Le bel inconnu l'avait embrassé sur la joue avant de lui donner un bout de papier avec son prénom et son numéro de portable. Lukas lui avait posé une veste sur ses épaules, mais elle ne prêtait plus aucune attention au reste du monde, se contentant de regarder le jeune homme qui s'éloignait dans la foule.

Dans son casque, « Sois tranquille d'Emmanuel Moire » se fait entendre et Luke revient à l'instant présent.

Elle regarde autour d'elle et se rend compte qu'elle a achevée sa course devant l'université. Les cours reprennent dans une semaine, elle doit absolument obtenir son diplôme d'architecte. Cette année est celle de sa dernière chance, elle se sent confiante à présent, elle sait qu'elle va y arriver, pour elle mais aussi pour Lukas. En arrivant près de son immeuble elle décide de se rendre dans le jardin et de se baigner, à cette heure matinale, il ne devrait y avoir personne.

Elle se déshabille entièrement et plonge dans l'eau fraîche. Après quelques longueurs, elle s'arrête au milieu du bassin car elle a aperçut une silhouette, il s'avère que c'est son amie Libby qui la salue d'un petit signe de la main qui tient sous son bras un panier de linge.

— Je lance une machine, tu viens boire un café après ?

— Avec plaisir ! Laisse-moi juste le temps de finir mes longueurs, rejoins-moi et on ira à ton appartement ensemble.

Luke retourne à sa séance et après de longues minutes, entend un raclement de gorge derrière elle.

— Ah, te revoilà Libby ! Ne sois pas gênée, ce n'est pas la première fois que tu vas me voir nue voyons !
— C'est avec plaisir que j'aimerais me souvenir, mais je ne pense pas avoir été convié ce jour-là et encore moins m'appeler Libby.
— Oh merde ! Mais ce n'est pas vous que je m'attendais à voir.

Elle décide de se retourner face à celui qui la dérange, s'aperçoit que c'est l'homme qui l'a empêché de dormir. Malgré tout elle garde une distance raisonnable car elle est trop troublée par sa voix rauque qui lui donne des frissons dans tout le corps.

— Attentat à la pudeur, est-ce que ça vous dit quelque chose ? L'informe le policier.
— Et vous, voyeurisme ça vous parle ? Enchérit la naïade qui se baigne dans le plus simple appareil.
— Nous sommes dans les parties communes de l'immeuble donc n'importe qui peut accéder à la piscine de jour comme de nuit et en maillot de bain de préférence. Alors celle qui est hors-la-loi, ici, c'est vous !

Luke ouvre la bouche et la referme aussitôt, sa répartie s'est barrée. Son beau voisin est beaucoup moins chaleureux que cette nuit, mais quand l'enfoiré lui sourit, alors elle comprend qu'il se fiche ouvertement d'elle. Sans hésiter un instant, elle fait volte-face et sort de la piscine totalement nue ce qui fait perdre le sourire à l'intrus. Il prend alors son air grave, fronce les sourcils et en trois enjambées, arrive à ses côtés pour la cacher derrière un matelas de bain de soleil.

— Pour info, c'est une résidence privée ici... mais que faites-vous avec ça ?

— Je vous cache !

— De qui ?

— D'un voisin !

— Et si ledit voisin arrive derrière moi ? lui répond Luke, se retenant de rire.

— Vous avez raison, je vais l'enrouler autour de vous.

— Pff, n'importe quoi ! Comment vais-je faire pour m'habiller si vous m'envelopper dans ce truc ?

— Euh ! hésite Spencer, se touchant le menton.

En l'observant, elle se dit qu'elle aurait bien aimé coller sa joue sur sa barbe de trois jours.

Des picotements à l'entrejambe la reprennent et elle essaie tant bien que mal de les arrêter, mais c'est impossible, surtout quand il la regarde avec cet air de prédateur. Ses épaules se relâchent et son regard s'adoucit.

— C'est stupide, hein ?

— Effectivement ! acquiesce Luke en commençant à s'habiller. Voulez-vous bien vous retourner ou cacher vos yeux avec le matelas ? Le taquine-t-elle.

— C'est l'hôpital qui se fout de la charité !

— Pardon ?

— Vous baigner nue ne vous pose aucun problème, par contre un homme qui vous voie dans le plus simple appareil, vous trouvez ça vicieux et irrespectueux. Vous êtes le genre de femmes à chauffer la gent masculine et à les jeter juste après vous en être servi ! Je me trompe ? Enchaîne-t-il avant que Luke n'ai eu le temps d'ajouter quelque chose.

— De quel droit osez-vous ? S'insurge-t-elle blessée par ses propos.

— Effectivement, je n'ai aucun droit sur vous. Mais si vous aviez été à moi, je vous garantie que ça ferait bien longtemps que je vous aurai ramenée à la maison et que vous auriez pris…

— Oh ! Parce que vous êtes le genre d'hommes à nous considérer comme des objets et à nous soumettre à votre bon vouloir ? Bravo je vous félicite ! ironise-t-elle.

— Vous n'êtes qu'une petite arrogante, une prétentieuse et vous racontez n'importe quoi !

— Et vous un gros connard imbu de lui même.

— Si c'est comme ça que vous le prenez, j'espère ne jamais vous recroiser. Sale manipulatrice !

— Ce n'est pas si sûr puisque nous habitons le même immeuble pauvre crétin !

Il n'ajoute rien stupéfait, lâche le matelas à ses pieds, puis repart.
Luke est bien contente d'avoir réussi à lui fermer son caquet. Il ne ressemble pas du tout à la personne à qui elle a eu affaire cette nuit et c'est bien dommage .

Elle ne prend pas la peine de remettre ses sous-vêtements trop en colère, elle fourre son shorty dans sa poche et son soutien-gorge entre son ventre et l'élastique de son jogging et Libby arrive au moment même où elle remet son tee-shirt.

Finalement, elles déjeunent ensemble. Luke lui parle de l'incident de la piscine et comment elle a remballé cet homme autoritaire. Elles trouvent un surnom pour leur voisin. « Le Connard de Luke ».

Libby avait ri aux éclats le jour où Lucinda lui avait dit comment elle s'appelait. C'est ainsi qu'elle a surnommé Lucinda, Luke car elle trouvait que ce prénom était vieillot et ne lui correspondait pas. Depuis, elle portait avec fierté ce nouveau prénom et avait demandé à tout le monde de l'appeler ainsi. Et comme de bien entendu, tout le monde avait joué le jeu sauf sa mère.

Libby est très occupée, mais elles ont tout de même prévu de faire une sortie entre filles comme aux bons vieux temps : shopping, spa, restaurant, ciné ou autres. Elle a terminé sa tournée de dédicaces pour son dernier roman « A fleur de peau », mais elle doit se remettre à écrire car son agent est toujours sur son dos et la pousse aux fesses comme elle aime le dire.

En sortant de l'appartement de son amie, quelque chose attire l'attention de Luke. Un petit mot est collé sur la porte du voisin à son attention. Elle sourit en le lisant.

L
J'ai une semaine très chargée, je n'aurai pas le temps de cuisiner.
Veuillez ne pas voler mes repas à l'avenir, svp,
sinon votre gage sera de me nourrir. Lol !

J'aimerais mettre le prochain chinois sur votre compte, mais sans votre nom cela me semble périlleux.

Xoxo ????

S

  Elle range le papier dans sa poche et remonte jusqu'à son appartement tranquillement. Épuisée par ce début de journée elle décide de se glisser sous la douche, puis s'écroule sur son lit et finit par s'endormir en regardant la photo de son frère posée sur la table de nuit.

⚜

  Quelques jours se sont passés depuis la surprenante rencontre avec sa voisine du dessus. Spencer ne l'a malheureusement pas revue depuis et il doit bien admettre que ça l'agace un peu. Il aimerait bien apprendre à la connaître un peu plus, elle a un tempérament de feu et il adore ça chez les femmes. En parlant de femmes, il en connait une qui ne va pas apprécier s'il la laisse trop longtemps attendre seule à la descente de son avion.

  C'est le pied enfoncé sur la pédale d'accélérateur qu'il sort du souterrain de la résidence, maintenant cette allure pendant tout le trajet. Il ne s'arrête pas aux feux tricolores et c'est tout simplement qu'il se gare devant les portes de l'aéroport. Avant de sortir de la voiture, il met en évidence le macaron de la police pour ne pas risquer de la retrouver à la fourrière.

  Il aperçoit celle qu'il est venu chercher, elle lui tourne le dos et ne l'entend pas arriver derrière elle.. Spencer ne l'a pas vue depuis les vacances de Pâques mais il remarque qu'elle a changé, et est devenu une belle jeune femme dont la longue chevelure brune descend en cascade dans son dos.

Quand elle se retourne, elle l'aperçoit enfin qui lui fait signe alors elle court vers lui lâchant son sac à leurs pieds et lui saute dans les bras. Spencer referme les bras sur sa nièce et l'enlace tendrement.

— Bonjour Spencer !
— Bonjour Judith, comment vas-tu ?
— Bien mieux depuis que je suis arrivée.
— Tu as bien changé depuis la dernière fois que l'on s'est vu ! Que dirais-tu d'aller manger quelque part.
— Je ne serais pas contre une bonne pizza.
— Tout ce que tu voudras ! dis-moi tes grands-parents se portent bien ?
— Comme toujours ! Grand-Pa garde un œil sur la bourse, et Grand-Ma est dans sa période peinture. Sinon il n'ont pas beaucoup changé tu sais à leur âge…

Albert et Louise les beaux-parents de John, le défunt frère de Spencer, sont des personnes de la haute société, très strictes et très à cheval sur les principes et Spencer a beaucoup de mal à le supporter. Albert a vu d'un mauvais œil le mariage de sa fille Rose avec John. Un flic épousant une héritière n'est pas dans les convenances de la bourgeoisie. Malgré les réticences, Judith est née et c'est le plus beau cadeau qu'ils aient eu. Suite au tragique accident, qui a coûté la vie à ses parents, Judith n'ayant que cinq ans, à été élevée par Albert et Louise car Spencer ne se sentait pas capable de s'en occuper à cause de son nouvel emploi dans la police qui lui prenait tout son temps.

Aussi, d'un commun accord une garde alternée a été mise en place.

Judith interpelle son oncle qui semble absent.

— Spencer, tu m'écoutes ?
— Euh... oui ! Une pizza c'est très bien ! Je connais justement un très bon restaurant pas loin d'ici.

En sortant du restaurant, Judith demande pour conduire la voiture de Spencer sachant qu'il ne la prête jamais puisqu'il l'appelle communément "son bébé". Après une certaine réticence, sous le regard ébahi de sa nièce, il lui donne les clés mais avec une certaine petite appréhension.

Judith conduit prudemment, mais son oncle se demande comment elle fait pour rester concentrée en chantant à tue-tête sur la musique qui passe dans l'habitacle. Le mal de tête commence à se faire sentir et c'est sûr il va lui falloir une aspirine en rentrant. En arrivant au sous-sol de la résidence, Judith se gare sur une place « visiteur » car un 4x4 bleu est garé à cheval sur la place réservée à oncle.

— Encore un chauffeur qui ne fait pas la différence entre le parking réservé aux habitants de la résidence et celui réservé aux visiteurs !
— Spencer, ce n'est rien à moins que tu préfères que je me gare à ta place et prendre le risque de rayer "ton bébé" ?
— Non, tu as raison, mais...

— Je sais ! Ce n'est pas sympa de la part du propriétaire de cette voiture, surtout que le numéro de l'appartement est inscrit sur le mur.

Après avoir passé une bonne partie de l'après-midi enfermée dans sa chambre à ranger ses affaires, Judith revient et s'installe sur le canapé. Elle propose à son oncle un plateau télé car sa journée a été fatigante.

— Judith, tu te souviens, je t'ai dit que je travaillais de nuit pendant ton séjour, pour être avec toi la journée ? Est-ce que tu sais ce que tu dois faire quand je ne suis pas là ?

— Oui mais tu sais je suis tellement fatiguée que j'irais me coucher de bonne heure et je dois t'appeler si j'ai le moindre problème. Mais je te rappelle que j'ai bientôt vingt ans, je ne suis plus une enfant.

— Oui, mais pour moi tu seras toujours une enfant qui a bien appris sa leçon ! la taquine Spencer.

— Arrête donc de te moquer de moi ! Et tu peux partir tranquille il ne m'arrivera rien. Je serais sage comme une image ! Dit-elle en papillonnant des yeux et avec un grand sourire.

— Je sais tout ça ! Mais…

— Il n'y a pas de « mais », je suis une grande fille. File, te préparer ou tu vas être en retard, moi je m'occupe de débarrasser la table

En arrivant devant le commissariat, Spencer est surpris de voir un jeune homme, avachi contre sa voiture de service. Avec un regard suspicieux il s'approche et lui tend la main.

— Lieutenant Spencer Hargitay ! Je peux savoir qui vous êtes et ce que vous faites contre ma voiture ?

— Mario Di Stefano, répond l'homme en lui serrant la main.

— Ah oui ! le nouveau bleu…

— Euh ! je suis lieutenant, dit-il confus.

— Oui, mais vous êtes tout de même un bleu ici. Et c'est moi qui vous supervise pour votre intégration. Je ne vous attendais pas avant... la semaine prochaine ?

— En effet mais mon arrivée a été avancée, je pensais que mes supérieurs vous en avaient averti.

— Je vais faire avec ! Toutefois, je suis satisfait que vous parliez très bien anglais et sans accent à couper au couteau. Au vue de vos états de services, je pense que notre collaboration sera bénéfique.

— J'ai passé quasiment toutes mes vacances à Blackpool chez mon oncle et ma tante qui m'ont appris l'anglais.

Après le briefing, Spencer fait visiter l'établissement à Mario et ils finissent par son bureau.
Il lui indique que du mobilier arrive d'ici quelques jours et qu'il aura son propre espace de travail. Mario lit les différents dossiers en cours et prend des notes.

— Vous avez fait du bon travail avec l'antigang !

— Effectivement ! la dernière descente date d'un mois, nous avons démanteler un réseau bien organisé.
Spencer prend le dernier dossier de la pile l'ouvre et pointe du doigt la photo d'un homme recherché.

— Je te présente Victor Mitchell dit Vick. Il a pris la relève de son frère qui purge déjà sa peine. Et lors de notre dernière intervention il nous a échappé.

— Son nom ne m'est pas inconnu, il est recherché en France aussi il me semble.

— Oui, Interpol a diffusé un mandat d'arrêt international, et on espère qu'il tombera bientôt dans nos filets.

— J'espère aussi son interpellation, et avec ce que j'ai lu dans son dossier, ce n'est pas un enfant de cœur. Je te propose de m'installer dans un bureau à côté, pour étudier les comptes rendu des collègues et m'imprégner au mieux pour l'enquête.

En le regardant s'éloigner, Spencer se dit que quelque chose chez son nouvel équipier lui fait penser à quelqu'un qu'il a connu. Sa voix, son regard perçant, ses cheveux châtains foncés presque noirs... Il cherche dans ses souvenirs, mais n'arrive pas à identifier cette personne. Il sort de ses pensées au même moment où un officier passe la tête dans le bureau pour prévenir que Vick, a peut-être été repéré.

Spencer attrape son cuir, ses clés et quitte son bureau accompagné de Mario qui a entendu la conversation. Toute sirènes hurlantes, ils arrivent sur le lieux indiqué par l'officier, Spencer étcint lcs phares de la *"Challenger"*, roule au pas pour ne pas être remarqué, descend du véhicule sans claquer la portière imité par Mario et se dirige vers la bâtisse. Il fait signe à son coéquipier de prendre par l'arrière de la maison pendant que lui passera par-devant, l'effet de surprise sera alors plus efficace.De l'extérieur, Spencer n'aperçoit aucun mouvement au rez de chaussé qui est plongé dans l'obscurité, il en conclut que Vick est certainement à l'étage où alors il est déjà parti. Alors, Spencer allume sa lampe torche et la pointe en même temps que son arme en direction de la porte entrouverte, qu'il ouvre délicatement et se glisse à l'intérieur. Il vérifie que l'endroit est vide avant de rejoindre Mario qui l'attend devant la montée d'escaliers.

Les deux hommes montent à l'étage. Spencer vérifie une à une les pièces qui sont sur son chemin pendant que Mario fait de même. Soudain, Spencer sent une présence derrière lui mais n'a pas le temps de se retourner, qu'il est percuté par un objet qui l'assomme.

Chapitre 4

Les jours passent et se ressemblent. Luke commence à s'ennuyer sérieusement, les cours ne reprennent que dans une semaine, alors, elle fait son footing tous les matins pour garder la forme, fait les boutiques de décorations l'après midi pour donner à son appartement une allure qui lui ressemble, sauf qu'elle a du mal à trouver son bonheur parmi le large choix qui s'offre à elle, en contrepartie elle décide d'organiser une soirée entre filles chez Libby, pour fêter leurs retrouvailles. Ensemble, elles préparent un plateau-repas composé des fameuses tagliatelles au saumon dont Luke a le secret.

— Depuis combien de temps n'as-tu pas mis les pieds dans une cuisine ? demande Libby.

— Je m'y rends tous les matins pour le petit déjeuner, lui répond Luke en lui souriant.

— Ne fais pas ta maligne, tu sais très bien de quoi je parle. Alors dis moi ?

— En fait, depuis la mort de Lukas, et cuisiner pour soi ce n'est pas motivant.

— Oui c'est vrai, tu as raison...est ce que tu as continué la danse ?

— Pas depuis l'accident...mais changeons de sujet si tu veux bien, c'est notre soirée filles alors pas de déprime, raconte moi où en est ton dernier roman ?

— Je viens de terminer ma tournée dédicaces de mon dernier roman et je viens de mettre un point final « à fleur de peau », c'est le titre que tu m'as inspiré. Je ressentais le besoin de mettre noir sur blanc notre amour, notre vie, l'accident...et je crois que ça m'a aidé à aller de l'avant. Maintenant, je ne sais pas ce que je vais faire, l'inspiration n'est plus là, alors je pense que ce sera mon dernier livre.

— Mais non, tu ne peux pas dire ça ! tu ne peux pas t'arrêter, pas maintenant. Tu es au sommet de ta gloire…et les idées reviendront, un passage à vide arrive à tout le monde !! j'ai toute confiance en toi et je sais que tu écriras encore d'autres belles histoires qui te ressemble, qui nous ressemble...

— Justement ! Je suis au sommet et j'aimerais faire autre chose de ma vie.

— Qu'en pensent ta maison d'édition et ton agent ?

— La maison d'édition pense que je ferais une erreur de m'arrêter et mon agent, lui, ne voit que le cachet qu'il reçoit!!

— Dans ce cas, vire-le, cet abruti. Prends un peu de recul. Pourquoi ne pas sortir qu'un seul roman par an, au lieu des deux ou trois habituels?

— Je ne sais pas, tu as peut-être raison, à vrai dire, je n'ai plus la folie de l'écriture comme au début. Mais profitons de notre soirée filles, mangeons, buvons, fantasmons sur les mecs qui nous font rêver… Libby prend les assiettes bien garnies et se dirige dans le salon quand la sonnette retentit.

— Je vais répondre, s'empresse Luke.

Elle ouvre la porte et découvre une jeune fille brune qui lui est inconnue. Ça ne fait que quelques jours qu'elle est arrivée, mais elle est sûre de ne jamais l'avoir croisée.

— Bonsoir ! dit la jeune femme, gênée.

— Bonsoir, vous vous êtes perdue ?

— Euh non ! J'habite juste en face, je voulais savoir si vous auriez un peu de sucre à me dépanner, s'il vous plaît.

Luke ne l'écoute plus, ne réagit pas tout de suite mais bugue sur les deux mots "en face", si elle vient d'en face, donc... Elle compte les portes, il y a une chance sur trois pour qu'elle vienne de l'appartement où elle colle des petits mots. Vient-elle pour ça? Elle est peut être la copine ou la fiancée du voisin mystérieux? Va t-elle avoir des ennuis?

Voyons Luke, respire... ce n'est pas le moment d'avoir une crise de panique.

Elle n'a pas le temps de lui répondre que Libby arrive.

— Luke c'est qui? demande-t-elle en arrivant derrière son amie. Oh bonsoir ! vous avez besoin de quelque chose ?

— Je demandais à votre amie si vous aviez un peu de sucre à me dépanner, s'il vous plaît ? La voisine jette des petits coups d'œil vers Luke tout en parlant à Libby et se demande ce qui lui arrive.

— Oui, bien sûr je vais vous chercher ça ! Luke, hey Luke tu nous entends, yououou LUKEEEEEEEEEE ?

— Hum, hein, quoi ? mais pourquoi tu cris comme ça ? !

— Nos plats vont refroidir et cette charmante jeune fille attend son sucre!!

Luke revient à la réalité totalement perturbée et répond à la voisine d'une façon très étrange comme si elle avait pris du LSD ou un excitant quelconque.

— Euh... oui bien sûr ! Euh... désolée, pardon euhhhh Libby va s'occuper de vous ! Au revoir...

Elle s'assoit dans le canapé le temps, perdue dans ses pensées, en attendant Libby qui la rejoint quelques minutes plus tard. Tout en dégustant leurs plats, elles se moquent de certains personnages de la série qui se déroule sur l'écran de la télé et fantasment sur d'autres…Libby ne relève pas l'absence et le comportement étrange de son amie.

— Ah ! Ce docteur Glamour. J'en ferai bien mon quatre heures et en plus il est sexy en diable avec ses cheveux grisonnants !

— C'est vrai qu'il n'est pas mal, mais je préfère le petit nouveau du service orthopédique avec ses yeux clairs à faire exploser une petite culotte. À mon avis, il va finir avec la rouquine qu'il va culbuter dans la salle de repos.

— N'importe quoi ! Elle est beaucoup trop coincée pour lui.

— Nous verrons bien, mais on dit que les plus prudes sont les plus chaudes, aussi celles qui en parle le moins en font le plus! moi en tout cas ça m'émoustille rien que d'y penser!!

La soirée touche à sa fin, Luke aide son amie à débarrasser la table et remplir le lave-vaisselle, puis décide de rentrer chez elle car demain sera une grosse journée, elle a des cartons à déballer qui sont arrivés dans la semaine suite à ses achats sur les sites de décoration.

— Luke? Tu étais très bizarre tout à l'heure ?

— Pardon, pourquoi tu me dis ça ?

— Ben oui, elle t'a demandé du sucre et toi, tu te figes comme si tu avais vu un fantôme !

— En fait, je ne sais pas ! C'est peut-être le fait que je ne l'ai jamais vue ici.

— Mouais ! Tu étais moins méfiante avant, tu devrais te lâcher de temps en temps.

— Souviens-toi que lorsque je me lâche, comme tu dis, il y a des répercussions dangereuses et indélébiles. Allez, sur ces belles paroles, bonne nuit, à demain.

En sortant de chez son amie, Luke appuie sur l'interrupteur pour allumer le couloir et reste figée en voyant que la jeune fille de tout à l'heure est assise par terre, ses bras entourant ses genoux qui sont remontés jusque sous son menton. Elle s'accroupit près d'elle et lui tapote sur l'épaule pour la réveiller.

— Que fais-tu ici et pourquoi et-tu assises par terre ?

Elle relève la tête les yeux tout ensommeillés.

— Quand je suis venue tout à l'heure, la porte de l'appart s'est refermée et les clés sont à l'intérieur je suis donc resté coincée à l'extérieur.

— C'est ballot ça, mais pourquoi tu n'es pas être revenue chez mon amie? tu aurais été mieux que assise par terre à attendre je ne sais quoi !

— Je ne voulais pas vous déranger et j'avoue que votre réaction et votre comportement m'ont fait peur !

Luke lui tend la main pour l'aider à se relever. Après un petit moment d'hésitation, la voisine accepte l'aide.

— Viens, tu ne vas pas attendre toute seule ici, tu vas rester chez moi le temps de trouver une solution à ton problème .

— Merci, je ne me voyais pas attendre Spencer toute la nuit.

— Spencer ? et pourquoi toute la nuit ?

— C'est mon oncle et quand je viens lui rendre visite, il travaille de nuit pour que l'on puisse passer du temps ensemble dans la journée.

— C'est gentil ça, si tu veux appelle-le pour le prévenir que tu es chez moi.

— Ça aurait été avec plaisir, mais mon portable est resté à l'intérieur. Qu'est-ce que je peux être "Blonde" parfois !

Elles rient ensemble tout en montant les escaliers. Arrivées dans l'appartement, Luke lui propose de s'installer sur le canapé et l'informe qu'elle va mettre un mot sur la porte de son oncle comme ça il ne s'inquiétera pas.

Elle ouvre son tiroir à bazar rempli d'un tas de tickets de caisse et de papiers en tous genres, en prend un puis écrit son petit mot.

**Bonsoir, je suis la voisine du dessus,
je voulais vous prévenir que …….**

Luke s'interrompt ne connaissant pas le prénom de la jeune femme.

— Quel est ton prénom ?
— Judith !
— Merci.

Judith est chez moi, rien de grave, ne vous inquiétez pas. L

— Tu peux m'indiquer le numéro de ta porte, s'il te plaît ?
— Le 12 !

Luke sourit, ce numéro ne lui est pas inconnu bien au contraire, ses doutes se confirmés.

En revenant dans son appartement, elle découvre Judith endormie sur le canapé. Elle dépose un plaid sur elle et se rend dans la salle de bain, se déshabille et entre dans la douche. Adossée contre la faïence, elle fait couler l'eau chaude sur son corps pendant de longues minutes, repensant à sa soirée. Pourquoi a-t-elle réagi ainsi lorsque Judith a dit venir de l'appartement d'en face et a prononcé ce prénom, Spencer.

— Spencer ! dit-elle tout bas.

Elle laisse couler le gel douche sur sa fleur de bain et commence à se frictionner. Toutes ces questions qu'elle se posait ont dorénavant des réponses, ses pensées dérives vers lui malgré elle. Luke ne doit plus penser à lui, elle refuse de souffrir encore une fois à cause de ses mauvais choix. Une fois sa douche terminée, elle s'enroule dans son peignoir moelleux, se met en pyjama et part se coucher après avoir vérifier que Judith dormait toujours.

Des baisers sur ses cuisses remontant vers son entrejambe la font frémir et gémir. Quelque chose de chaud et humide entre en contact avec son intimité, elle se crispe avant de deviner que c'est une langue experte qui cajole et aspire son clitoris, son orgasme est incroyable et la laisse alangui, repue et heureuse. Luke sourit en voyant la tête de « Monsieur Connard» sortir de sous la couette qui remonte vers sa bouche pour l'embrasser. Ses baisers lui font tourner la tête, entre le mélange de son odeur et celle boisée de son voisin, Luke a tout pour se sentir désirable et belle, leurs langues s'enroulent, se caressent, se cherchent, Spencer en profite pour s'enfoncer en elle lentement jusqu'à la garde dans un soupir de plaisir. Il garde ses bras de chaque côté de sa tête, accentue ses va et viens jusqu'à ne plus se contrôler et la pilonner jusqu'à ce que......

Luke se réveille en sursaut, frustrée, en sueur, haletante et au bord de l'orgasme qui lui a été refusé. En ouvrant les yeux, elle se rend compte que tout ceci n'était qu'un rêve, mais quel rêve ? un de ceux qui laisse pantoise et révélateur de ce manque qui fait cruellement ressentir ce besoin primaire dont chacune a besoin. Alors pour calmer cette excitation, elle fait descendre sa main vers son clitoris et se masturbe en pensant à son voisin si sexy et très bien bâti. De son autre main, elle caresse sa poitrine, cajole la pointe de son sein gauche en le pinçant légèrement, la décharge électrique arrive directement jusqu'à son intimité qui se contracte dans un orgasme la laissant essoufflée et soulagée.

Les rayons du soleil traversent à peine les rideaux, il doit être encore tôt. Elle fonce sous la douche pour se débarrasser de cette sueur qui lui colle à la peau, s'habille, sort de chez elle discrètement et part vérifier si le mot est encore là. Sans faire trop de bruit, elle sort sur la terrasse, s'installe sur un des fauteuils du salon de jardin avec son thé à la main. Elle s'apprête à lire un de ses livres préférés quand Judith apparaît dans l'encadrement de la porte coulissante, Luke se rend compte, à sa mine déconfite, que quelque chose la préoccupe.

— Bonjour, tu as bien dormi ?

— B'jour. oui, ton canapé est très confortable, je te remercie…

— Tu as une sale tête pourtant, tu veux un café ?

— Avec plaisir ! Mais je suis inquiète, Spencer n'est toujours pas rentré. Je viens d'aller voir et la porte est verrouillée avec le mot dessus. D'habitude, il est là pour le petit déjeuner.

— Oui, je suis descendue aussi pour vérifier. Vers quelle heure prenez-vous votre petit déjeuner chez vous d'habitude ? Il n'est que 9 h 30 !

— C'était il y a deux heures… Nous le prenons toujours de bonne heure pour ne pas louper une minute de nos journées passées ensemble vu que nous nous voyons peu.

— Veux-tu lui téléphoner pour te rassurer ?

— Oui, je veux bien, c'est gentil de ta part, merci.

Quand Judith prend le téléphone, elle appelle Spencer, et tombe sur sa messagerie. Ce n'est pas dans ses habitudes, elle interpelle Luke.

— Luke? est ce que je peux appeler son autre numéro pour le joindre car je tombe direct sur sa messagerie ?

L'air de rien, Luke entre au même moment dans la pièce, voit Judith affolée et lui donne son autorisation, sauf que la jeune fille n'est plus en état de téléphoner, alors Luke prends l'appareil et passe elle même le coup de téléphone après que Judith lui ai donné le numéro. Son moi intérieur fait la danse de la joie. Peut-être le fait d'entendre sa voix lui donnera l'identité du fameux "S" ? Et si elle se trompait complètement et prenait ses désirs pour la réalité? Toute cette histoire lui retourne le cerveau, mais elle arrête de penser lorsqu'elle entend sa voix, cette voix qui lui donne des frissons sur tout le corps. Elle en est persuadée, c'est bien lui. Le flic n'est en fait que SON « S » inconnu et SON « Connard » ils ne sont qu'une seule et même personne. Son cœur fait un bon dans sa poitrine, ses membres en tremblent, une perle de sueur coule entre ses seins et ses omoplates, tout ça dans un état fébrile à l'idée de lui parler de nouveau.

— Allô ! lui lance-t-elle d'une petite voix.

— Judith m'a laissé un message sur mon répondeur, elle me dit que la porte a claqué derrière elle, que ses clés son à 'l'intérieur et qu'elle a passé la nuit chez vous, est ce vrai…?

— C'est exact, et je peux vous rassurer sur un point, elle va bien et est en sécurité!

— J'aimerais savoir, qui vous êtes ?

— Euh ! Je suis la voisine du dessus.

— …………..

— Allô ! Vous êtes toujours là, Monsieur, vous m'entendez ?

— Oui, excusez-moi, ! Ça ne vous dérange pas si Judith reste encore chez vous le temps que je rentre ? J'en ai encore pour deux heures.

— Non ! Bien sûr que non ! Elle est gentille votre nièce, et sa compagnie ne me dérange pas du tout.

— Bien, à tout à l'heure !

Il lui raccroche presque au nez ! Cet homme est définitivement un con, un connard,un rustre doublé d'un macho égocentrique... mais en même temps, qu'est ce qu'il l'excite avec sa voix suave et ensorcelante. Son côté femme aimerait bien apprendre à mieux le connaître, mais son côté rebelle, le lui interdit, ce serait trop dangereux de tomber amoureuse. Mais pourquoi pas dans un cinq à sept ? juste pour entretenir et arroser le feuillu qui meurt de soif et de faim depuis tellement de temps ?

Judith la sort de ses pensées en faisant de grands gestes.

— Est-ce que je pourrais emprunter votre salle de bain ?

— Bien sûr. Je te donne le nécessaire, suis-moi !

Luke sort tout ce dont Judith a besoin et y ajoute des vêtements propres car elles font quasiment la même taille . Elle file ensuite en cuisine pour préparer le petit déjeuner.

— Ça sent super bon ! vous préparez quoi ? Judith avance avec le sourire jusqu'aux oreilles.

— Il y a un peu de tout ! J'espère que tu vas aimer et que tu as faim ?

— Ce serait dommage d'être difficile devant ce festin ! Vous travaillez dans la restauration ?

— Pas du tout, mais j'aime cuisiner... enfin j'aimais bien ça avant, répond-elle un ton plus bas.

— Désolée. Je suis trop indiscrète, Grand-Pa me le dit tout le temps !

— Il n'y a pas de problème. Et s'il te plaît, le "vous" c'est pour ma grand-mère, tu peux me dire "tu" d'autant plus que nous avons presque le même âge.

***

Après avoir terminer de petit déjeuner, Judith aide Luke à débarrassé et à ranger la vaisselle. Luke partage le reste du petit déjeuner dans des boîtes hermétiques pour que la jeune fille puisse les emporter à son oncle qui aura sûrement faim en rentrant. Dans la foulée Judith admire la grande bibliothèque qui recouvre tout un pan du mur du salon et emprunte un livre. Les deux jeunes femmes s'installent ensuite sur la terrasse pour attendre Spencer.

L'attention de Luke est détournée par Judith qui ne fait que de bouger sur son transat.

— Le livre ne t'intéresse pas ? S'inquiète Luke

— Tu rigoles ? Le personnage principal est un gros dur au cœur tendre, j'aime bien son côté Badboy...
Soudain, « Shoot to drill » d'AC/DC hurle dans tout l'immeuble faisant trembler les murs.

— Ah ! Encore cette emmerdeuse qui met du hard rock...

Luke ne peut se retenir et éclate de rire devant Judith qui blêmit.

— Qui y a-t-il de drôle ?
— Elle le fait encore après toutes ces années ?! dit Luke

— De quoi parles-tu ? Tu la connais ?

Luke hoche la tête pour confirmer.

— L'emmerdeuse dont tu parles, c'est ma meilleure amie, et elle a toujours mit AC/DC pour emmerder les gens, son surnom "d'emmerdeuse" lui va d'ailleurs comme un gant.
— Tu ne lui diras rien, rassure-moi !
— Je ne sais pas. Peut-être qu'elle te pardonnera quand je lui dirai ce que tu penses de son personnage ?
— Quoi ?

Elle se lève subitement et plante ses deux poings sur ses hanches.

— Qu'est ce que tu racontes?
— J'essaie de te faire comprendre que "l'emmerdeuse" est non seulement ma meilleure amie,

mais elle est aussi l'écrivain qui remplit plus de la moitié de ma bibliothèque.

Judith en tombe sur le cul, enfin pas vraiment, elle a réussi à viser le fauteuil, et c'est le bouche grande ouverte qu'elle fixe sa voisine ne sachant quoi lui répondre

— Je n'ai fait que reprendre les mots de Spencer, il ne supporte pas la musique qui gueule et surtout ce genre là, se justifie Judith.

— Ton oncle juge-t-il souvent les gens sans les connaître ?

Peut être peut elle en savoir plus sur son voisin Connard avec l'aide de Judith?

— En fait, c'est son boulot d'analyser les gens, de savoir ce qu'ils pensent, s'ils disent la vérité, et tout ça avec peu d'informations !

— C'est quoi son super boulot ?

— Il est lieutenant de police. Et toi ?

— Moi ? Moi... c'est compliqué. Je retourne à l'université la semaine prochaine.

— Ah bon ! Mais je croyais que…

Elle suspend sa phrase et regarde autour d'elle, comme pour me faire comprendre qu'elle se pose des questions sur mon train de vie d'étudiante.

— Ne me dit rien ! enchaîne-t-elle. L'appartement est à tes parents !

— Euh…

— Tu fais plus vieille que ton âge pourtant ou tu n'es pas une grande lumière et tu as redoublé plusieurs classes ? C'est dommage, t'es plutôt mignonne.

Elle lève un sourcil, surprise par les propos et l'audace de la jeune fille qu'elle croyait si douce et gentille.

Elle est sérieuse, là ? s'étonne Luke

Elle qui voulait des infos et elle se retrouve prise à son propre piège. La curiosité est un vilain défaut, elle en est consciente. aussi il lui faut trouver un subterfuge pour dévier la conversation vers autre chose.

— J'ai tout faux, c'est ça ?

Luke lâche un soupir certaine que Judith ne lâchera rien.

— Bon ! Tu sais quoi, j'aime les challenges, On va jouer à un petit jeu. Je te pose une question, tu y réponds et ainsi de suite, ça s'appelle le jeu de la vérité.

— Ok, j'aime jouer aussi, et c'est un bon moyen d'en apprendre plus sur la personne avec qui on discute !

— Petite précision, tout ce qui se dit dans cet appartement reste dans cet appartement !

— Bien sûr, tu peux compter sur moi !

— Ce que je veux dire par là c'est : pas un mot à ton oncle, rien, nada, que nenni, INTERDIT !

— Oui ! Je te dis ! mais de quoi tu as peur?

— Deuxième précision, quand je dis stop c'est stop !

— Compris chef ! Allez dépêches-toi, je veux tout savoir ! ajoute Judith qui trépigne d'impatience.

— Attention ! Tu ne sauras pas tout, j'ai mon jardin secret qui ne doit pas être dévoilé.

Elle soupire, garde le silence et Luke commence le jeu des questions..

— Ça fait longtemps qu'il est flic ton oncle ?

— Depuis qu'il a été en âge d'entrer à l'école de Police. C'est héréditaire dans la famille, mais il n'aime pas quand on dit « flic ».

— Ok ! Et ça fait…

— Hé ! Nous étions d'accord, j'ai droit à une info.

— Bien ! Je n'ai pas trente ans, mais pas loin…

— Quoi ? Tu te moques de moi ? tu es trop vieille pour l'université!!!!

— Ne t'emballe pas comme ça ! Si tu veux des infos, il suffit de me laisser finir mes phrases.

— Oh ! Pardon, continue.

— Trop tard ! Tu auras le reste à la question suivante. Alors ! Depuis combien de temps ton oncle habite-t-il ici ?

— Trois ans maintenant ! Avant nous habitions plus loin, dans la maison de campagne de mes grands-parents paternels. Mais elle était bien trop grande pour nous deux et ça lui faisait beaucoup de trajets pour aller travailler, donc, il a décidé d'acheter un appartement ici pour plus de commodités.

— J'ai eu beaucoup de problèmes pendant ma jeunesse, donc oui je retourne à l'université et non je ne suis pas trop vieille. Si tout se passe bien, je reprends mon programme là où je l'ai laissé en cursus normal, ce n'est que l'affaire de quelques mois.

— Si ce n'est pas indiscret, quelle spécialité ?

— Architecture !

— Cool ! Je pourrais demander à Spencer si tu peux venir un de ces quatre pour la maison ! Il y a une aile qui a besoin d'un rafraîchissement. Enfin, si tu es d'accord !

— Nous verrons bien !

— Confidence pour confidence, quand j'étais petite, mon Grand Pa m'obligeait à appeler Spencer "Oncle Spencer" . il disait qu'une demoiselle de mon rang devait avoir de bonnes manières de parler. Je trouvais ça normal, mais Spencer n'aimait pas cette appellation, alors il m'a donné la permission de l'appeler par son prénom, ce que je fais en temps normal, mais j'aime aussi le taquiner de temps en temps ,pour l'embêter, juste histoire de l'énerver.

— Ne l'appelle pas comme ça devant moi, je t'en supplie ! répond Luke en lui souriant. Sur le côté barbant de l'éducation, je ne peux que te comprendre, tu es aussi une riche héritière si j'ai bien compris ? Mais c'est vrai que pour le côté pratique et sociale, le prénom suffit amplement. Mes parents sont cousins éloignés, ils ont fait un mariage arrangé. Du côté de ma mère, la famille détient des hôtels de grand luxe depuis des générations. Quant à la famille de mon père, c'est dans le pétrole qu'ils ont fait fortune avant d'investir, entre autres dans l'immobilier. Je fais partie, si on peut dire de la haute société comme toi.

— Ah ! Quand même ! Moi qui me plains parce que ma famille est spéciale, la tienne est guère mieux!! Mais je suis une fille simple, tout ce qu'il y a de plus normal. J'ai des amis qui n'ont pas tous été choisis par mes grands-parents. J'allais quand même dans une école privée, et je rentre à l'université la semaine prochaine.

— Tu vas aller dans laquelle ?

— Cambridge… Mais, attends ! reprend Judith. C'est Cambridge la meilleure université pour l'architecture ? C'est là que tu vas faire tes études ?

Merde ! Luke pensait rester incognito et terminer son cursus en mode furtif. Sauf qu'elle va devoir supporter la jeune Judith.

— Effectivement ! Mais tu sais, je ne pense pas que nous nous croiserons, c'est tellement grand ! Et puis, je n'y serai pas souvent.

— C'est bien dommage, c'est plus agréable de commencer l'année accompagnée. Il me semble avoir lu sur le dépliant d'informations que les premières années se voient attribuer un élève de deuxième année pour les accompagner justement. Mais si nous commençons à la même date et à la même heure, nous pourrons nous rejoindre à l'entrée principale ?

— Ah oui ?! Je n'ai pas dû lire ce passage. Je te remercie de ta proposition.Mais je suis une solitaire, je ne serais pas de bonne augure pour tes débuts d'étudiant.

— Oui si tu préfères être seule je ne veux pas m'imposer.

Judith est très déçue de la réponse de Luke, elle qui pensait avoir trouvé une amie qui ne vient pas du cercle familial… Luke ne remarque pas le mal être de la jeune fille aussi elles reprennent la lecture de leurs romans respectifs, quand des coups sont portés à la porte.

Chapitre 5

— Les docteurs m'emmerdent, tous des incapables, ce n'est pas nouveau, je ne suis pas mourant ! grommelle Spencer.

Ça fait deux heures qu'il est là à attendre les résultats de l'IRM. Il a beau leur dire qu'il se sent bien, ils ne veulent rien savoir. C'est long, beaucoup trop long !

— Infirmière, s'il vous plaît !
— Lieutenant, qu'est ce qu'il vous arrive encore ?
— Je vais bien et j'exige de sortir, j'ai autre chose à faire qu'à attendre qu'un stupide docteur vienne me dire que je n'ai rien ! ma nièce m'attend à la maison et elle est toute seule!!!! je veux signer une décharge
— Je vais voir avec le médecin, et je reviens vous voir ensuite…

le personnel soignant n'en peut plus de ce patient acariâtre, pénible et râleur comme c'est pas permis. Il perturbe les autres patients et cela le médecin ne peut plus le tolérer.

— Spencer ! tu dois être le fameux "patient" qui emmerde mon personnel ? à ce que je peux voir dans les résultats, tu n'as rien
— Salut Ben, je suis content de te voir et je l'avais bien dit comme quoi, les patients ne sont jamais écoutés !!!!!!!!!! Allez donne moi le bon de sortie et laisse moi

rentré, Judith m'attend, au fait Ben, pourquoi tu dis que je suis LE PATIENT?

— Oh? juste comme ça, des bruits de couloirs.....je te laisse partir, et n'hésite pas à revenir si tu sens que quelque chose ne va pas, je compte sur toi, même si je sais très bien que mes paroles ne sont que du vent !!!

Son plus vieil ami s'avance vers lui et lui donne une tape dans le dos, une accolade typiquement masculine, manque juste le grognement qui va bien.

— Tu peux sortir, mais fais attention tout de même. As-tu quelqu'un pour venir te chercher?

—Non je rentre seul mais ça va aller. Dis-moi Ben, avec quoi ai-je été frappé ?

— Un objet contondant vu la blessure que tu as eu

— Comme quoi ?

— Marteau, lampe torche, crosse de pistolet... dit-il hésitant.

— Crosse de pistolet ?

— Oui, on m'a dit que tu étais sur le terrain quand ça t'est arrivé... donc ça peut-être une hypothèse.

— Merci, Ben, à bientôt !

— Quand tu veux, tu passes à la maison !

— Ça marche, on s'appelle, mec ! Tchao

Qui a pu faire ça ? Spencer a vérifié toutes les pièces sur son chemin. Elles étaient soit fermées, soit vides. Mario aurait-il mal vérifié de son côté ? Impossible, il ne mettrait pas la vie d'un de ses collègues en danger ! Mais après tout, il ne le connaît pas vraiment. Beaucoup de questions se bousculent dans sa tête. Qui est-il et pourquoi a-t-il été muté ? Il faut qu'il arrive à avoir accès à son dossier.

Ses pensées sont ridicules, la police c'est la famille, mais il faut tout de même qu'il vérifie. Spencer fera du gringue à Doris et le tour sera joué.
Suite à l'incident de cette nuit, Spencer a été mis au repos pour quelques jours. Il passe par son bureau avant de rentrer à la maison pour récupérer certains dossiers. Ce n'est pas dans ses habitudes de ramener du travail à la maison, surtout quand Judith est présente, mais il ne peut laisser ce dossier en suspend ou le confier à un autre flic.

— Je veux le chopper moi-même ce Victor ! pense le Lieutenant à voix haute.

Ses collègues le saluent et lui demandent comment il va. Il est surpris par l'absence de Mario et personne ne l'a vu aujourd'hui. Il constate que les salles d'interrogatoires sont vides : encore un coup de filet qui a échoué. Comme prévu, il rend visite à Doris et lui demande que toute cette petite histoire reste entre eux. À croire qu'elle n'aime pas les Français, car il n'a même pas eu besoin de lui faire son sourire de séducteur qu'elle préparait déjà son dossier et lui proposait de lui envoyer par coursier.

En arrivant dans le parking, il ne peut toujours pas se garer à sa place, car le pick-up n'a pas bougé. Il décide donc de se garer derrière celui-ci, obligeant son propriétaire à venir le voir avant de partir.

Spencer sort de l'ascenseur, découvre un petit mot collé sur sa porte et sourit en voyant que c'est un ticket de caisse, sans même le lire, il le range dans sa poche , ouvre sa porte et peste en apercevant le plan de travail envahi par toute sorte d'objets de cuisine. Il aime quand Judith est là, mais elle est vraiment bordélique et ne range rien. Pourtant, il a fait le nécessaire pour la responsabiliser, mais chez ses grands-parents, elle n'a pas besoin de ranger, le personnel de maison le fait pour elle, alors ici, elle se relâche, mais il va falloir que Spencer corrige ça. Et puis, il se souvient soudain qu'elle n'est pas vraiment en tort sur ce coup puisqu'elle s'est retrouvée dans le couloir, à la porte de l'appartement. Il ressort et monte chercher Judith chez la jeune femme qui l'a hébergée, content de revoir sa voisine "attachiante". il frappe à la porte et attend qu'elle vienne lui ouvrir.

La jeune femme qui se tient devant lui est différente de la personne qu'il a rencontrée l'autre soir. La crainte n'est plus dans son regard, et à la place, c'est une "attachiante" pleine d'assurance, campée sur ses longues jambes, l'air sereine et au regard défiant l'homme qu'il est. Spencer reconnaît bien là, la jeune femme de la piscine, téméraire, provocatrice et sûre d'elle. Ses lèvres bougent, elle lui parle mais il ne l'entend pas, à la place il la regarde en se remémorant cette scène qui l'avait mis dans tous ses états.. Elle était magnifique, nue telle une naïade dans la lumière du soleil. Ce souvenir lui confère un effet bœuf autant dans le caleçon que dans la tête.. Il reprend contenance lorsque Judith apparaît dans son champ de vision et essaie de faire redescendre la pression.

— Spencer !!! j'étais morte d'inquiétude, où étais-tu et qu'est-ce qu'il t'es arrivé?

— Judith ! je vais bien ne t'en fais pas et toi tu vas bien ? Demande t-il en l'entourant d'un bras et en déposant un baiser sur son front.

— Parfaitement ! Heureusement que Luke était là.

— Oh excusez-moi ! dit-il en tendant sa main vers sa voisine. je manque à tous mes devoirs, Je me présente, Spencer Hargitay l'oncle de Judith et voisin du dessous...dit il avec un clin d'œil

Lorsqu'elle met la main dans la sienne, il sent comme un courant électrique qui lui parcourt tout le corps. C'est plus intense que l'autre nuit, il ne sait pas ce que ça signifie, mais c'est si agréable. À peine le temps de finir sa phrase que Judith intervient et parle du petit déjeuner que Luke a préparé plus tôt.

— Tu vas voir, il y a un peu de tout et c'est très bon ! lui lance Judith, en lui tendant les boîtes.

— Vous en avez fait pour tout un régiment !

— Je... J'aime bien cuisiner.

— Alors je vous remercie.

— Vous allez me la rendre ?

— Quoi donc ?

— Ma main !

— Oh ! Pardon.

Spencer ne s'est même pas rendu compte qu'il avait gardé sa main dans le creux de la sienne pendant tout ce temps. Soudain plus rien, comme l'autre soir, elle a rompu tout contact. Il lève la tête et voit que ses joues ont légèrement rosi. Un raclement de gorge interrompt sa contemplation , c'est Judith qui l'attend.

— Au revoir Luke et encore merci pour votre aide! c'est la seule chose qu'il réussit à prononcer avant de s'en aller.

***

Une fois arrivés chez Spencer, Judith tend une perche à son oncle pour connaître son avis sur la voisine qui à l'air de lui plaire et ses talents culinaires.

— Que penses tu de Luke? et tu ne trouves pas que ses pâtisseries étaient vraiment bonnes.

— Elle est sympathique et en effet, je me suis régalé. D'ailleurs tu devrais lui demander des recettes, pour changer du gâteau ou des crêpes auxquels j'ai droit chaque fois que tu me rends visite.

Judith lui donne un coup de torchon et fait semblant d'être vexée.

— D'ailleurs… lui dit-elle en se mettant dos au plan de travail.

— Oui ?

— Comme je dois venir étudier ici, est-ce que tu verrais un inconvénient à ce que j'emménage plus tôt que prévu avec toi ?

— Bien sûr que non! Mais c'est avec ton grand-père qu'il faut voir ça.

— J'espère qu'il ne dira pas non. De toute façon, il n'a pas le choix puisque je suis majeure !

— Judith ! Ce n'est pas si facile et tu le sais bien. Avec tes grands-parents, nous avons conclu un accord et je me dois de le respecter même si tu as la majorité.

— Je pense que vous devriez revoir cet accord. J'aurais bientôt vingt ans et, soit dit en passant, j'aimerais les fêter avec toi !

— Je vais parler de tout ça avec eux, c'est d'accord. Quand commences-tu tes cours ?

— Le 10 septembre.

— Ça nous laisse moins d'un mois. Quand tu rentreras la semaine prochaine chez eux, je t'accompagnerai.

— C'est vrai tu feras ça ? Oh merci, crie t-elle en lui sautant au cou.

— Bien ! en attendant, finis la vaisselle, moi je vais rapporter ses boîtes à la voisine.

Spencer frappe à la porte, mais aucune réponse ne vient de l'intérieur de l'appartement. Il colle son oreille contre la parois, entend de la musique, tourne la poignée et ouvre doucement pour entrer.

— Vous êtes là, mademoiselle ? est ce que je peux entrer ? il y a quelqu'un ?

Il continue à avancer et la voit enfin. Elle a décalé quelques meubles de la pièce à vivre pour avoir plus de place, vêtue d'un micro short, d'une brassière de sport et chaussée de guêtres qui monte jusqu'à ses genoux. Elle danse, se déhanche, s'appuie contre le dos de son fauteuil pour monter et descendre ce qui fait ressortir les muscles de ses bras et de ses cuisses.

Spencer en reste la bouche grande ouverte avec le filet de bave près à tomber, son regard remonte le long de ses jambes pour stopper sur une cicatrice d'une bonne dizaine de centimètres zébrant sa cuisse. Intrigué, il déglutit bruyamment au moment même où la musique s'arrête. Luke se retourne, l'aperçoit et lui fait bien sentir qu'il n'est pas le bienvenue chez elle. Étrangement, elle n'est pas étonnée de le voir dans son salon comme si elle se doutait qu'il allait revenir, d'ailleurs elle avait pas verrouillé sa porte. Après avoir éteint son lecteur, elle se dirige vers l'îlot central et s'assoit sur la chaise haute. Spencer ose s'avancer mais reste à bonne distance tout de même.

— Ça vous arrive souvent ? demande t-elle sans lever les yeux vers son visiteur.

— D'entrer chez les gens sans y être invité ? Oui, c'est mon boulot et parfois, je dois même enfoncer quelques portes, sourit-il de sa répartie.

— Pourquoi êtes-vous là ?

Le policier dépose les boîtes devant lui répondant ainsi à sa question.

— Ce n'était pas urgent !

— De rien !

— Qu'est-ce qui vous est arrivé ?

— Je vous demande pardon ?

— Votre jambe, la cicatrice ?

— Ça ne vous regarde pas !

— Un accident, c'est ça ? Et c'est aussi la raison pour laquelle vous faites des cauchemars ?

Les yeux de Luke auraient été des mitraillettes, Spencer serait mort sur place. Elle attrape un fruit dans la corbeille pour s'occuper les mains. Preuve de son énervement et que quelque chose la dérange.

— Encore cette fameuse déformation professionnelle ?

— De quoi vous parlez ?

— Vous êtes trop curieux.

— Vous me l'avez déjà dit. Et ça n'a pas l'air de vous plaire ?!

— Pas du tout ! On ne se connaît ni d'Ève ni d'Adam et vous entrez chez moi comme si nous étions amis depuis toujours…c'est pas un moulin ici !!!!!!!

— Pour le côté Adam et Ève, nous pouvons régler ça et très rapidement, vous êtes presque nue.

— Qu... quoi , mais vous êtes culotté de me dire ça vous vous prenez pour un Pacha au milieu de son Harem ou quoi ? crie-t-elle.

Elle lui envoie en pleine tête l'orange qu'elle était en train d'éplucher. Elle a une sacrée force, quand même, pour une fille, pense l'officier de police.

— Je ne l'ai pas vu venir celle-là, j'avoue que je l'ai bien mérité! dit-il en souriant.

Il récupère le fruit et le porte à sa bouche pour ingurgiter le reste du jus faisant couler quelques gouttes sur son menton. Lorsqu'il a fini, il enlève son tee-shirt pour s'essuyer le visage , ce n'est pas dans ses habitudes d'être arrogant mais c'était trop tentant. Il est ravie de sa petite vengeance lorsqu'il aperçoit son excitation au travers de sa respiration qui s'accélère, alors qu'elle découvre son torse musclé.

A cet instant, même fâchée, elle est magnifique…et rien que pour la voir rougir de nouveau, il descend son regard vers sa poitrine ronde et imagine bien qu'elle tiendrait parfaitement au creux de ses mains.

— C'est bon, vous avez fini votre petit numéro ou vous comptez continuer ?
— Ce que vous voyez ne vous plaît pas, vous avez un peu de bave là, sur le coin de la bouche ! Tenez, je vous prête mon tee shirt si vous le voulez…

Elle n'a pas le temps de répondre, qu'il contourne l'îlot et se plante devant elle. Ses genoux effleurent ses cuisses. Elle lève la tête, le regarde mais encore une fois elle n'a pas le temps d'ouvrir la bouche qu'il enchaîne.

— Alors, ne me dites pas que mon corps ne vous plaît pas ?
— Votre narcissisme est déconcertant, et non ça ne me plaît pas !

— Menteuse ! Vos joues sont rouges et votre respiration est saccadée.

Et la tête chercheuse qu'il a dans son pantalon ne se trompe jamais.

— J'aime les femmes ! lâche-t-elle.
— Quoi ? C'est bien la pire connerie que j'ai entendue !

— Avouez ! Vous n'avez pas l'habitude que l'on vous repousse ? Croyez-moi, vous ne perdez rien en passant à côté de moi et comme je viens de vous le dire, j'aime les femmes. Qu'est ce que vous ne comprenez pas dans ce que je vous dit?

— Laissez-moi en juger par moi-même !

— Puisque je vous dis que…..que….j'aim…..

— Dans ce cas, vous ne verrez pas d'inconvénient à ce que je fasse ça ?

— ……...

Spencer passe son bras autour de sa taille, la force à se lever et la colle contre lui. Ses fabuleux seins épousent parfaitement ses pectoraux quand il écrase ses lèvres sur les siennes. Luke ne lui rend pas son baiser, pose ses mains sur ses biceps et tente de le repousser mais c'est peine perdue, Spencer est déterminé et décidé à lui prouver ses dires. Il sourit et essaie de passer le barrage de sa bouche par des coups de langue sur ses lèvres , puis en l'obligeant à ouvrir la bouche grâce à un touché bien ciblé qui la fait gémir, il en profite pour l'embrasser pleinement faisant danser leurs langues. Elle résiste encore un peu en lui mordant la langue, par principe, puis le laisse mener la danse. Il ne se démonte pas et la mord à son tour. Elle gémit, lui rend enfin son baiser et se laisse aller. Lorsqu'il la sent se détendre, il se détache, récupère son tee-shirt, et, sans se retourner, sort de son appartement, content d'avoir réussi à la faire chanter de plaisir, juste en l'embrassant.

Chapitre 6

— L'enfoiré ! je vais le tuer, saleté de mec, tous les mêmes, AHHHHHH !!!!!!!!!

Luke fait les cent pas en attendant que Libby arrive. Après le départ de son voisin, elle ne savait pas quoi faire, alors elle a appelé son amie, mais avant , elle s'est d'abord assise sur une chaise, fulminant à cause de ce qui venait d'arriver. Comment a-t-elle pu le laisser s'approcher aussi près ? Elle qui s'est pourtant barricadée pendant toutes ces années pour éviter ce genre de situations et la souffrance que cela induit. Comment a t-il pu la laisser frustrée?

— Luke tu es où ?
— Dans la cuisine !
— J'ai fait aussi vite que possible, tu avais l'air paniquée au téléphone. Qu'est-ce qui t'arrive ?
— Il m'a embrassé ! s'énerve Luke.

Elle se retourne en entendant le sac de son amie tomber à terre.

— Qui ? Qui a essayé de t'embrasser sans avoir pris un coup en retour ? demande-t-elle le plus sérieusement du monde avant de s'asseoir en face d'elle avec un sourire de connivence .

Elle n'a pas tort de s'interroger ! Le premier garçon qui a essayé de l'embrasser s'appelait Maxence, un petit blondinet de leur classe, lorsqu'ils étaient en cours préparatoire. Il avait alors reçu une gifle magistrale en réponse à sa tentative "d'embrassage" . Bon nombre de petits garçons y ont eu droit et en grandissant, Luke est restée une jeune fille sauvage. Ce n'était plus des claques qu'elle distribuait, mais des crochets du gauche.

— Le Connard !

— Quoi ? Raconte-moi tout !

— Il n'y a rien de plus à dire ! répond Luke tout en continuant de faire les cent pas dans l'appartement.

— Il y a forcément autre chose, tu ne m'as pas appelé que pour ça !

— Tu veux tout savoir hein ?

— Je veux tout savoir du plus light au plus hard !

— Avant que je ne te raconte, tu veux un café ? grogne Luke ne pensant pas que son amie serait à ce friande de potins.

Libby acquiesce en souriant et s'assoit sur le tabouret que lui présente Luke.

— Tu te souviens de cette jeune fille qui est venue chez toi pour te réclamer du sucre ?

Libby confirme, Luke poursuit ses explications.

— Lorsque je suis sortie de chez toi, je l'ai retrouvée, assise dans le couloir. Elle était enfermée dehors devant sa porte, enfin bref... Je l'ai accueillie chez moi pour la nuit. Son oncle est venu la chercher ce matin, je leur ai donné les restes du petit déjeuner et il est revenu plus tôt dans l'après-midi pour me rendre les boîtes vides. C'est là qu'il m'a embrassée après m'avoir espionné pendant ma séance de sport. Annonce Luke d'une seule traite.

Libby manque de s'étouffer avec son café tellement sa surprise est grande, elle ne pensait pas que son voisin était comme ça.

— Attends deux minutes, tu lui as préparé le petit déjeuner ?

— Il n'y a que ça que tu retiens ? dit-elle en lui faisant la moue.

— Mais Luke, tu as cuisiné pour un homme, et qui plus est, un que tu ne connais pas !

— Non Libby ! J'ai fait le petit déjeuner pour Judith, nuance…lui n'a eu que les restes.

— Je ne le vois pas ainsi, mais bon, passons ! rétorque-t-elle en balayant l'air de sa main.

Il t'a rendu les boîtes, il t'a embrassée, puis est reparti aussi sec, sans un mot ?

— Ça ne s'est pas vraiment passé comme ça ! Je dansais…

— De mieux en mieux et…..!

Luke lui lance un regard noir pour l'inciter à se taire.

— Je n'ai rien dit ! Vas-y continue…

— Donc, je faisais deux, trois pas pour me détendre et à cause de la musique, je ne l'ai pas entendu arriver. Il m'observait dans l'encadrement de la porte et lorsque mon regard a croisé le sien, il avait cet air… tu sais, l'air surpris d'entrevoir quelque chose qui le choque et qu'il n'aurait pas dû voir. Tu vois ce que je veux dire?

— Il a vu ta cicatrice ? souffle-t-elle.

— Oui !

— Il l'a vue en entier ?

Elle hausse les épaules et pince les lèvres.

— Je portais mes jambières, ça n'a pas d'importance.

— Il a dû être simplement surpris.

— Il avait l'air si...dégoûté.

— Mais non ! il ne faut pas penser ça. Tu as fait tellement de chemin ! La réconforte Libby en lui prenant la main. Ne fais pas ça ! Ne te remets pas en question à cause d'un homme, Luke ! Au pire des cas, ça l'a repoussé, et c'est ce que tu veux non ?

— Pour son bien, oui !

— Et pour ton bien à toi ? Il faut que tu penses à toi, Luke et à ton avenir, tu ne peux pas rester seule toute ta vie !

— Tu sais très bien que je ne peux pas !

Libby resserre sa main sur celle de son amie.

— Tu étais là au procès ! Victor m'a promis qu'il se vengerait pour avoir témoigné contre son frère. Je dois rester seule et ne pas entraîner d'autres personnes dans ma chute.

— Luke ! Je sais que tout ça a été dur, mais c'est derrière toi à présent. Si tu veux reprendre ta vie en main, fais-le, mais pas à moitié, laisse une chance à Spencer de te prouver qu'il peut être celui qu'il te faut et qui pourra te réconcilier avec toi même. Ne lui ferme pas ton cœur.

— Tu peux parler ! On ne peut pas dire que les hommes se bousculent à ta porte !

— Je respecte trop ton frère pour passer à autre chose. Et puis, j'ai des amis en silicone et à pile. C'est tout aussi bon et c'est moins chiant qu'un mec…

Luke éclate de rire, Libby a toujours été comme ça. Elle assume tout ce qu'elle entreprend, dans sa vie privée comme professionnelle. Elle n'a pas de filtre et c'est ce qui plaît à Luke.
Elles se connaissent tellement bien, qu'un seul regard et l'une sait ce qui se passe dans la tête de l'autre même après des années de séparation ce lien n'a jamais été rompu. Libby soupire légèrement.

— À quoi penses-tu ma belle ? demande Luke.

— À la fois où Lukas a retrouvé Bobby et les autres ! J'ai pris cher cette semaine-là, il m'a prouvé que je n'en avais pas besoin ! dit Libby en riant.

Luke bouche ses oreilles, elle ne veut pas en entendre plus, mais continue de sourire à son amie.

— Ne fait pas ta prude tu veux, rassure toi je ne vais pas te raconter mes parties de jambes en l'air avec ton frère. Mais toi par contre tu vas devoir passer à table, raconte moi tout en détail et n'oublie rien….

— Tu veux savoir quoi de plus ?

— Le baiser ? c'était comment ? Il a mit la langue ? il a une haleine de poney ou elle est tolérable ? il embrasse bien ou c'est une quiche ? vas y dit moi….

— Comment veux tu que je te dise quoi que ce soit si tu n'arrêtes pas de déblatérer des conneries plus grosses que toi? alors oui il embrasse bien, non il n'a pas une haleine de poney et oui il a mit la langue, voilà!! satisfaite? ah j'allais oublier…..Il m'a proposé de coucher avec lui ! Énonce t-elle sans pouvoir retenir un sourire.

— Nom de Zeus, punaise je suis sur le cul, et bah dis donc il a l'air de maîtriser le policier ? éclate Libby fière de sa répartie bien huilée.

— D'une façon très sensuelle, il a ramassé l'orange tombée sur le plan de travail que je lui ai balancé à la figure, s'est mis à sucer, lécher le reste du jus qui à couler sur son menton, avant de retirer son tee-shirt, puis s'est essuyé avec. Il a bien compris que ce que je voyais ne me déplaisait pas, alors il a contourné l'îlot, m'a enlacé tendrement, mais fermement et... je lui ai menti en lui faisant croire que j'étais lesbienne, mais il ne m'a pas cru, m'a défiée de me prouver qu'il était à mon goût et il m'a embrassée.

— Et tu as aimé ça, je veux dire c'était agréable? tu serais prête à recommencer ?!

— Mouais, j'avoue que j'y ai pris du plaisir, mais il m'a laissée frustrée ce Connard, imagine,moi qui suis abstinente depuis si longtemps, l'état dans lequel je me trouvais après son départ? !

— Luke, je te connais par cœur, tes joues rosissent et tes yeux pétillent, c'est la première fois que je te vois ainsi et tu as pris du plaisir, c'est pas rien quand même.

— Oui, j'ai aimé. et rien que d'y repenser, j'en suis encore toute émoustillée.

— Et bien, comment vais-je te retrouver quand tu seras passée dans son lit ?

— Je n'y passerai pas, c'est une limite à ne pas franchir !

— Ma chérie, ne dis pas « fontaine je ne boirai pas de ton eau… » répond Libby, amusée.

Son amie l'agace lorsqu'elle est sûre d'elle. Mais même si elle le veut ce Connard de voisin, elle ne peut pas l'avoir, et ne voudrait pas qu'il lui arrive quelque chose par sa faute, elle s'en voudrait tellement. Son métier de flic ne la protégera pas de son passé et ne le protégera pas de cette ombre qui menace d'attaquer à tout moment.

— Merci pour ce petit moment croustillant mais je dois te laisser, avec ton histoire je suis aussi émoustillée, alors Bobby va faire son travail ce soir. Sans plus de cérémonie, Libby se lève et récupère son sac. Un ciné, vendredi soir, ça te dit ?

— Oui pourquoi pas !

— On verra le moment venu ce qu'il projette. Au fait, avant que je n'oublie, samedi tu es libre ?

— J'ai dans l'idée de me rendre au centre commercial, avec ma reprise des cours, je pense que j'aurai des achats à faire.

— J'ai une dernière date de séance de dédicaces que ma Maison d'Édition m'impose, tu m'accompagnes ça m'évitera de faire des meurtres ?

Libby fait la moue et la supplie en joignant ses mains en prière.

— C'est d'accord ! Que fais-tu ce soir ?

— Désolée, mais j'ai déjà quelque chose de prévu, Mr Bobby tu te rappelles?.

— Pas de problème et reste discrète, les murs ont des oreilles par ici, et pense aussi à ma frustration bisous à vendredi.

— A vendredi, et je penserais à toi quand j'aurais atteint le Nirvana avec Bobby tu peux compter sur moi ! mais tu peux aussi t'en acheter un c'est pratique ces petites choses là....

Après le départ de Libby, Luke met le dernier album des « Maroon Five » à fond, vérifie que sa porte est fermée à clé et se précipite sous la douche. Manquerait plus qu'il lui prenne l'envie de revenir à l'autre abruti, alors qu'elle ne porte qu'un drap de bain. Mais pourquoi sourit-elle à cette idée ? Le beau Spencer lui ferait-il perdre les pédales ? Mais que fait-il d'elle ?

Le reste de la journée est monotone, il n'y a rien d'intéressant au programme. Luke check ses mails et s'aperçoit qu'elle a reçu une invitation pour le bal annuel des pompiers. Cette année exceptionnellement, il sera donné en même date et lieu que celui de la police.

Quelques minutes plus tard...au téléphone avec Sean.....

— Chui vraiment obligée d'y aller ?
— Tu n'as pas le choix Luke, en plus Steeve sera là ! lui dit son père.

Steeve, le meilleur ami de Lukas, est pompier. Elle ne le voit pas souvent et ne s'en porte pas plus mal, mais elle sait combien il a souffert de la disparition de son ami. Alors, pourquoi ne pas profiter de cette soirée sans remuer le passé ?

— Tenue de rigueur exigée Lucinda ! s'écrie sa mère dans le téléphone.

— Dis-lui que ce n'est pas mon premier bal. Et que je sais lire une invitation !!!

— Elle sait tout ça Graziella, ce n'est pas son premier bal ! répète son père.

— Je peux venir accompagnée ?

—Bien sûr que tu peux, mais avec qui va tu venir?

— Libby, si elle est disponible!

— Elle sera la bienvenue... sourit Sean.

— Au fait ? Pourquoi ne pas m'avoir dit qu'elle habitait la même résidence que moi ?

— Euhhhh on pourra en parler à un autre moment, ta mère n'est pas au courant de tout. Si tu vois ce que je veux dire !

— Ah ! D'accord. Je... Ok... Ne t'inquiète pas, ça reste entre nous. Papa. Je voulais savoir ?

— Non je ne répondrais pas à ta prochaine question, laisse faire la police, dit son père.

Une fois de plus, elle n'a pas besoin de formuler sa phrase, son père sait déjà de quoi elle veut parler. Il sait qu'elle va lui demander des nouvelles de Victor.

— Et ? tu peux m'en dire plus?

— ce que je peux te dire c'est que tous les hommes que j'ai engagé ainsi que la Police ne trouvent aucune piste fiable. Et c'est très inquiétant, mais rassures-toi tu es en sécurité.

— Merci, de me faire confiance et de partager ces informations.

— Tu as été très claire, Luke, c'est soit ça, soit tu disparais une fois de plus. Te laisser t'enfuir n'était pas la solution, nous avons déjà perdu ton frère. Je... je t'aime trop pour...

— Papa, je t'aime aussi, tu sais ! N'en parlons plus veux-tu ?

— Je suis bien d'accord, alors, je te dis à très vite ! Je t'embrasse ma fille.

— Oui on se voit bientôt, soupire Luke ! Je t'embrasse aussi Papa. Embrasse Nolan de ma part.

C'est seulement lorsqu'elle ressent des crampes à l'estomac et entend un bruit désagréable qu'elle se dit qu'il faut qu'elle mange car elle a tendance à sauter les repas. Elle réchauffe rapidement un bol de soupe dans le micro-ondes et s'installe devant la télé. Elle zappe, mais ne trouve rien qui lui plaît en ce début de soirée et se demande pourquoi payer le câble s'il n'y a rien de plus que sur les chaînes standards.

Une nouvelle fois, ses pensées dévient vers son voisin du dessous. Son baiser la trouble encore, ses mains sur elle, son odeur... mais elle sait qu'elle ne peut aller plus loin avec lui, c'est impossible. Elle dévie ses pensées et finit son repas.

Avant de se coucher, elle note, sur un post-it, les rendez-vous avec Mark, son coach sportif et Philippe, son psy.

Elle colle celui-ci sur son agenda pour être sûre de ne rien oublier.

～～～～～

Ça a été un réel plaisir de voir Channing Tatum hier soir lors de la séance de cinéma, danser très subjectivement et puant le sexe à dix milles pendant plus de deux heures. Ce matin, pendant la sortie shopping, Luke se retrouve dans une cabine d'essayage avec Libby toute excitée de sa future sortie de l'autre côté de la porte. Elle lui fait essayer des ensembles de sous-vêtements, certains pour aller avec la robe bustier qu'elle mettra pour la soirée, et d'autres pour le quotidien. Luke se laisse tenter et finit par tous les essayer pour la plus grande joie de Libby.

— Libby? je peux t'avouer un truc?

— Oui vas-y, tu sais que tu peux tout me dire.

— Ça fait trois nuits que je me réveille à cause de rêves érotiques, je sais que Bobby est ton préféré, mais peux-tu, s'il te plaît, me prêter un de ses petits frères ?

— Très original de me parler de vibromasseurs dans une boutique de lingerie, Luke ! Tu es avec ton beau voisin dans tes rêves ?

— Ne te gêne pas surtout, parle encore plus fort, si tu veux !

— Tu es pénible ! Tapes-toi-le une bonne fois pour toutes et l'affaire sera réglée.

— Libby ! mais arrêtes c'est gênant!

— Tu es sûr de vouloir une robe bustier ?

— Oui, et toi laquelle tu choisis ?

— Je préfère une avec un dos nu, ça met ma chute de rein en valeur.

— À quelle heure commence ta dédicace ? enchaîne Luke.

— 14 h…

— Bien ! Nous irons trouver les robes après alors, si nous n'y allons pas, tu vas être en retard.

Luke est indécise, mais décide finalement de prendre tous les ensembles et se dirige en caisse, suivie par Libby qui fait de même.

Elles déposent leurs sacs dans le coffre de la voiture et retournent à l'intérieur de la galerie du magasin où Libby doit faire sa dédicace. Il y a déjà un monde fou qui l'attend. La journée promet d'être longue et fatigante….

Luke finit par s'ennuyer et Libby le remarque.

— Pourquoi ne pas aller nous chercher des cafés ? Dans plus ou moins une heure, c'est fini, dit-elle en se penchant sur le côté pour voir le reste de la file.

— Ok, ça me fera du bien de marcher un peu ! Soupire Luke.

En revenant avec les boissons, Luke flâne un peu devant les vitrines des magasins. Celles-ci sont en cours de réalisation, certaines préparent déjà Halloween. L'idée de faire une fête dans la cour de la résidence comme au bon vieux temps, vient à Luke, il ne lui reste plus qu'à demander à Libby ce qu'elle en pense.

Tout d'un coup, elle ressent des picotements, son échine se hérisse et elle sent que quelqu'un l'observe. Elle se retourne, mais ne voit personne., ses mains tremblent légèrement, elle délaisse les vitrines et accélère sa marche.

Il faut qu'elle se calme, ça ne peut pas être Victor ?

C'est un vrai caméléon, personne ne le remarquera avant qu'il ne décide d'abattre ses cartes.

Avant d'arriver devant la librairie, elle tente de se rassurer et de se calmer mais Libby remarque son malaise et lui fait les yeux ronds. Son regard passe plusieurs fois de leur place vers le couple qui lui tourne le dos, Luke fronce les sourcils ne comprenant pas le message que Libby essaie de lui faire passer.

Elle approche et reconnaît les deux personnes au moment où Judith se retourne.

— Luke ! s'exclame Judith en souriant.

— Que faites-vous là ?

— Luke voyons ! Gronde Libby devant sa réaction.

Elle a toujours été franche et directe, ce n'est pas maintenant que ça va changer et si son impolitesse déplaît, peu lui importe.

— Judith a beaucoup aimé mon premier roman et elle est venue l'acheter, ainsi que « A fleur de peau » et comme tu le sais, c'est une journée dédicace, je lui signe avec un petit mot. ironise-t-elle.

— Spencer est en repos pour quelques jours. Nous en profitons pour nous promener. ajoute Judith.

— Profitez-en bien alors ! Ajoute Luke sans amabilité.

Libby la foudroie une nouvelle fois du regard, s'assoit sur sa chaise et ne dit plus rien. Judith repart avec ses dédicaces et son oncle qui la suit de près. Luke en profite pour mâter son fessier bien moulé dans son jean puis secoue la tête afin de laisser échapper les idées interdites au moins de dix huit ans envahir son esprit et son corps en manque.

La dédicace prend fin plus tôt que prévu. Libby et Luke se rendent dans leur petite boutique de robes chic qui se situe à quelques rues du Centre Commercial, elles doivent trouver la robe parfaite pour le bal de la semaine prochaine. Libby a choisi, comme elle l'avait dit, une robe dos nu, de couleur gris perle cintrée qui épouse parfaitement son corps et qui lui arrive au-dessus du genou, le tout agrémenté par une paire d'escarpins qui ressemblent aux chaussures de vair de Cendrillon.

— Tu es sublime, lui souffle Luke. Cette couleur fait ressortir le bleu de tes yeux.

— Toi aussi tu es magnifique ! répond-elle en souriant. Mettons-nous plus sous la lumière que je te vois mieux ! Voilà, recule encore un peu. Lui indique t-elle.

Luke empoigne sa robe pour ne pas marcher dessus et recule. Soudain, elle percute quelque chose de dur et de chaud, s'arrête et écarquille les yeux. Libby quant à elle sourit toujours comme le chat dans "Alice aux pays des Merveilles". Quelqu'un l'attrape par la taille avant qu'elle ne tombe en avant. Elle ressent d'agréables picotements dans le ventre lorsque, par réflexe elle pose ses mains sur les bras qui l'encerclent.

— Respirez, Luke ! lui souffle-t-on dans l'oreille.

Cette voix de velours, elle la reconnaîtrait entre toutes. Sa surprise a été tellement forte qu'elle ne s'est pas rendu compte que sa respiration était coupée..

— Vous êtes magnifique dans cette robe rouge !

C'est vrai qu'elle a mis du temps à la choisir et elle ne le regrette pas. Sans en faire de trop, le tissu met ses formes en valeur et le bustier, légèrement plongeant, attire les regards tout en restant suggestif. Le haut de la robe ressemble à un ruban, s'enroulant autour de sa poitrine pour descendre jusqu'à sa taille, agrémentée par un voile virevoltant jusqu'au sol. Spencer attrape une de ses mains posées sur ses bras, la fait tourner sur elle-même et pose son autre main sur sa hanche pour ne pas qu'elle perde l'équilibre. Luke se retourne, ancre son regard dans ces yeux chocolat auxquels elle ne peut résister, Spencer, dans son costume trois pièces, plonge lui aussi ses iris dans les siens, il est cruellement magnifique. Cette connexion si particulière les happent, les laissant seuls au monde en plein milieu de la boutique, à ce moment-là, Luke réalise qu'il pourrait lui faire tout ce qu'il veut, elle le laisserait faire. Cet instant ne dure que quelques secondes, Luke reprend ses esprits et rompt ce lien.

— Merci Spencer, mais que…
— Pourquoi je suis là? Judith cherche une robe pour le bal de la police, et j'ai eu raison de l'accompagner car le spectacle est juste impressionnant….vous êtes merveilleuse Luke!

Luke ne sait plus où elle en est, d'un côté sa petite diablotine sur son épaule droite lui crie « Oh oui, vas y lâche toi ! » et le petit ange de la raison sur la gauche le lui déconseille. Elle doit rester loin de lui, ça c'est une certitude mais comment faire alors qu'elle meurt d'envie de l'embrasser encore une fois?

Elle tente de ne pas paniquer, d'analyser la situation et se reprend en pensant qu'il y a très peu de chance pour qu'ils se retrouvent tous les deux au bal, Peut-être même qu'ils ne se croiseront pas.

— Le bal...oui le bal.... vous y allez aussi je suppose!

Mais pourquoi n'arrive-t-elle pas à prononcer une phrase entière sans bégayer ?

— Libby nous a dit que vous vous y rendez aussi. Et elle nous a conseillé cette boutique alors j'en ai profité pour m'acheter un nouveau costume, il vous plaît?

S'il lui arrive souvent de porter des costumes trois pièces, Luke n'est pas sûre de résister longtemps.

Elle se rembrunit, se détache du policier, ce qui a l'air de lui déplaire. Mettant de la distance entre eux, elle tente de reprendre contenance, cette situation lui déplaît aussi, mais pour des raisons évidentes, elle ne peut aller plus loin...

Judith les rejoint, et est enchantée d'assister à cette soirée qui sera sa première depuis son émancipation de la maison familiale.

— Donc vous serez au bal ? lui demande Luke.
— Effectivement et je serais le cavalier de Judith !
— Pourquoi venez vous ?
— Voyons Luke, Spencer est lieutenant et c'est justement le bal de la Police ! se moque Judith.
— Bien sûr ! répond-elle en se maudissant d'avoir omis ce petit détail.

Un raclement de gorge se fait entendre et tous se retournent sur une des vendeuses.

— Oui Cindy ?
— Excusez-moi, mais vous faut-il faire des retouches, Madame Di Stefano-Swareck ?

Lorsqu'il entend ce nom, Spencer, devient blême, est stupéfait et décide de s'éloigner de sa voisine qui ressent, soudain un grand vide. Pourquoi a-t-il reculé et revêtu ce visage de stupeur ? Et surtout, pourquoi cela la blesse t-il autant ? Elle se pose beaucoup trop de questions, après tout, elle ne veux personne dans sa vie, elle l'éloigne volontairement alors qu'est ce qui cloche chez elle?

— Non Cindy, se sera inutile mais peut être pour Libby ou Judith ?

Elles répondent « non » de concert quand Luke se tourne vers Spencer, elle voit de la stupeur, de la peine et de la méfiance dans son regard. Inutile de lui demander ce qui lui arrive cela lui donnerait trop d'importance alors elle préfère ne rien dire et part s'enfermer dans la cabine pour enlever sa robe, lorsqu'elle en ressort, la boutique est déserte. En entrant dans la voiture, Luke met la musique plus fort qu'à l'accoutumée, faisant comprendre à Libby qu'elle n'a pas l'intention de parler de ce qui vient de se passer dans la boutique et encore moins répondre à ses questions existentielles . Luke voit bien que son comportement a blessé son amie, mais c'est plus fort qu'elle, elle a besoin de temps pour accepter et se sociabiliser. Le trajet est oppressant, dérangeant, inquiétant pour Libby qui invite tout de même Luke à prendre un café chez elle. Lorsqu'elles pénètrent dans la résidence, Luke se décide à rompre le silence car Libby n'y est pour rien à propos de son esprit dérangé.

— Je suis désolée, excuse-moi. Commence Luke.
— Non ! Toi excuse-moi… Libby enlace Luke. Je n'aurais pas dû vouloir te forcer la main, mais vous êtes tellement beaux ensemble et il a l'air sincère et honnête avec toi, tu ne t'es pas rendu compte de l'attraction qui crépitait entre vous à la boutique, rien n'existait plus sauf ce lien indiscutable.

— Le pire c'est que tu ne me forces pas ! soupire-t-elle.

— Quoi mais de quoi tu parles ?

— J'en ai envie, j'en ai tellement envie que ça me prend les tripes. Tu sais très bien que personne ne peut me forcer à faire quelque chose que je ne veux pas.

— C'est vrai ! admet-elle. Que vas-tu faire alors ?

— Je ne sais pas encore, c'est trop flou, trop nouveau et ça me fait peur, avec ce qui se passe dans ma vie je ne préfère pas lui causer des problèmes, mais arrêtons d'en parler si tu veux bien, je suis fatiguée de me battre contre mes démons.

— Mais Luke, il est flic. Il peut te protéger s'il se passait quelque chose, tu serais en sécurité avec un homme comme lui, c'est certain .

— Je sais ! Mais n'insiste pas s'il te plaît.

— Bien… Mais au fait, j'ai remarqué ton comportement lorsque tu es revenu avec les cafés, tu peux me dire ce que tu avais?

— Je... je ne sais pas vraiment. Je me suis sentie observée et suivie.

— Et il y avait vraiment quelqu'un ? s'inquiète-t-elle !

— Je ne sais pas mais cette sensation m'a oppressée comme si je l'avais déjà expérimentée, c'est étrange et après je me suis dis que c'était sûrement mon imagination qui me jouait des tours ! ça ne te dérange pas si je rentre tout de suite, toute cette pression m'a épuisée ?

— Bien sûr que non, va te reposer ! À plus ma belle.

En sortant de l'appartement, Luke prend son téléphone et appel Philippe. Répondeur forcément, tout ce qu'elle déteste.

— Philippe, c'est Luke, rappelles moi s'il te plaît, j'ai besoin de te voir rapidement !

Spencer sort de chez lui au même moment, entend la conversation de sa voisine, passe à côté d'elle en la regardant à peine. Luke a un petit pincement au cœur se demandant ce qu'elle a bien pu lui faire pour avoir droit à cette indifférence glaciale.

Du coin de l'œil, elle s'aperçoit que le policier n'est pas si insensible qu'il n'en a l'air. Elle remarque sa mâchoire se crisper, ses poings se serrer et son regard s'accrocher à elle comme s'il voulait lui parler. Sans sommation, Luke prend la direction de son appartement, quand Libby l'interpelle, ne voyant pas la présence de Spencer dans le couloir. Luke se retourne, change de couleur lorsqu'elle qu'elle comprend la raison qui a incité sa meilleure amie à sortir

— Tu as oublié Bobby ! s'écrie-t-elle pensant qu'elles sont seules.

— LIBBYYYYYYYYYYYYY nonnnnnnnnnn, mais cache ça, oh mon dieu, je vais mourir de honte ?
— Pourquoi tu dis non, c'est toi qui me l'a demandé et tu n'en veux plus ? !

Luke pointe l'autre côté du couloir, et Libby stoppée dans son élan, tourne la tête dans la direction indiquée par son amie et se rend compte de sa bourde à caractère sexuelle, Spencer est toujours là, goguenard, un sourire satisfait sur les lèvres ! Luke est cramoisi, se cache les yeux avec ses mains et ne dit plus un mot, la honte la consume à petit feu. Mais pourquoi ressentir de la gêne, après tout elle a toujours été maîtresse de ses actes, se moque de ce que pensent les gens et se faire plaisir n'est pas un crime. Avant de s'en aller, Spencer la regarde, avec un rictus de complaisance et fini par quitter la résidence. Libby se retourne en entendant la porte se refermer.

— Oups, désolée je ne l'avais pas vu, mais au moins il sait que tu es en manque, c'est un mal pour un bien il remplacera peut être Bobby un jour …. Luke tu vas bien? ohhhhhhh allô la terre ici….

— De toute façon... euh non, rien, laisse tomber…je n'en vaux pas la peine….

Luke embrasse sa meilleure amie et remonte dans son appartement, le cœur lourd.

Son cœur lui dicte une chose et sa raison une autre…elle est complètement perturbée et déstabilisée, ne sachant quoi faire, quoi dire ou quoi penser. C'est le chaos dans sa tête, elle doit absolument voir Philippe, son psy, car elle craint une dérive qui ne la laissera pas indemne ou la laissera sur le carreau et ça elle le refuse.

Chapitre 7

En revenant vers la résidence, Spencer visite quelques sites de compagnies aériennes depuis son portable afin de trouver un vol pour ce soir. Il décide d'avancer le départ chez les grands-parents de Judith. Il a besoin de changer d'air et surtout, il ne souhaite pas croiser Luke accrochée au bras d'un autre homme.

— J'avance le départ à ce soir ! annonce-t-il en rentrant à nouveau dans son appartement.

— Comment ça ? Répond Judith en se levant rapidement du canapé.

— Tu as très bien entendu ! J'ai réservé les billets à l'instant, alors va préparer ta valise.

— Mais…

— Pas de «*mais*», Judith ! Nous décollons dans un peu plus d'une heure. J'ai appelé ton grand-père. Nous resterons deux, peut-être trois jours.

— D'accord, c'est toi qui décide ! répond la jeune fille, se dirigeant vers sa chambre en traînant les pieds.

Au même moment, la sonnette retentit. Spencer va ouvrir la porte et un coursier lui tend une épaisse enveloppe marron. Le policier ouvre le courrier et en sort les dossiers qu'il avait demandé à Doris. Un petit mot tombe à terre sur lequel il peut lire.

Mon beau Lieutenant !
Toujours un plaisir de te rendre service.

J'ai fouiné plus que nécessaire.
Je me contenterai d'un déjeuner avec toi.
Tu sais ce que j'aime.
Doris.

Spencer sourit à l'évocation d'un simple déjeuner, lui qui pensait devoir payer de sa personne, le voilà soulagé, Doris est jolie mais un peu trop âgée pour lui. Le dossier comportant le nom de Mario est le plus épais, les deux autres sont ceux des frères Mitchell. Il dépose l'enveloppe sur le plan de travail, et commence à regarder le dossier de Victor.

Procès verbal établi le : 21 juin 1996
Nom, Prénom : Mitchell - Victor, Alan.
Né le: 18 Mai 1986
A: Lyon – France
Lieu de résidence : 60 Thames Street, Windsor.
Interrogatoire :

> *Je suis entré dans l'épicerie pour acheter une bouteille d'alcool, mais j'avais faim alors j'ai pris un paquet de gâteaux. J'ai compté mes sous, je n'avais malheureusement pas assez sur moi. J'ai volé le paquet de gâteaux. Maintenant je suis là. Un sermon a été fait à l'enfant, il a promis qu'il ne recommencerait pas. L'épicier ne porte pas plainte : affaire classée.*

Informations supplémentaires :

> *Enfant avec double nationalité. Mère Anglaise institutrice dans le village de Barton- le - Clay. Père*

Français, vivant en France. Inconnu de nos services. Victor est arrivé il y a quatre ans avec sa mère et son frère.

Les trois autres Procès verbaux sont également pour des vols qui se sont passés avant sa majorité. Celui-ci concerne un problème de «*détentions de stupéfiants*». Spencer passe l'introduction et lit directement l'interrogatoire:

> *Arrêté en possession de cocaïne, il prétend que ce n'est pas la sienne, échange de manteau avec quelqu'un qu'il a rencontré la veille à une soirée... son amie* ▇▇▇▇▇▇ *en possession d'un petit paquet également. Parent célèbre, jeune fille relâchée après quelques heures. Victor après 24h de garde à vue.*

«*Coups et blessures*»

> *Mademoiselle* ▇▇▇▇▇▇ *a déposé plainte contre Victor Mitchell pour coups et blessures. Jeune femme vue et auscultée par notre médecin chef. Aucun signe de sévices sexuels, mais les photos parlent d'elles même : Différentes côtes cassées, nez cassé également...*

Il regarde brièvement les photos et effectivement la pauvre a morflé. Il éparpille le reste du dossier sur le plan de travail. Sur tous les autres procès verbaux et à chaque fois qu'il y a un dépôt de plainte, l'identité de la personne est noircie, il ne saura donc jamais qui il s'agit. Il soupire lourdement, n'a pas de point d'attaque et ne peut rien demander à ses supérieurs. Il n'est pas censé avoir ces documents entre les mains, Judith vient de terminer sa valise et revient dans le salon, Spencer range les documents rapidement, ferme l'enveloppe et l'entrepose dans un tiroir de son bureau fermé à clé.

— Tu n'es pas prêt? mais dépêche -toi !!, tu m'as dit que le prochain vol était dans une heure.

Sans relever la tête, il répond sèchement :

— Oui c'est bien ce que j'ai dit !! Je vais préparer mon sac, appelle un taxi, je n'en ai pas pour longtemps.

<hr />

À la descente de l'avion, ils sont dirigés vers une pièce privée. Les grands-parents de Judith étant de la haute société locale, c'est ainsi qu'ils sont reçus à chaque fois. Spencer a déjà eu à faire à ce genre de protocole, c'était le jour du mariage de son frère John , et ce jour là personne ne l'avait prévenu de cette pratique, d'ailleurs il a eu du mal à la respecter. Il ne voulait pas bouger du tarmac, jusqu'à ce que son frère vienne le chercher et lui explique tout.

Louise et Albert les accueillent chaleureusement à la descente de l'avion, pendant qu'un voiturier s'empare de leurs bagages, ils sont accompagnés jusqu'à la limousine mais Spencer n'est pas très à l'aise. Judith le remarque et pose sa main sur son épaule dans une légère pression pour lui apporter son soutien.

En arrivant, le majordome le conduit à sa chambre, Spencer ne prête pas attention à la décoration, habitué à résider dans cette pièce lors de chacune de ses visites. Toute cette routine est d'un ennui, alors il s'installe rapidement et redescend au rez-de-chaussée à la recherche d' Albert.

Il trouve rapidement le grand-père de Judith, installé dans la bibliothèque.

— Vous me cherchiez Spencer ?

— Effectivement, j'ai à vous parler d'une chose importante !

— Prenez place, je vous écoute, ça m'a tout l'air urgent !

Spencer s'installe dans le canapé en cuir italien, souffle un bon coup et prend la parole:

— Je ne vais pas tourner autour du pot! Judith aura vingt ans dans quelques jours…

— Et vous souhaitez changer les termes de notre accord, c'est bien ça ? l'interrompt le vieil homme.

— Judith le souhaite, elle a choisi l'université de Cambridge. Mon appartement se situe à quelques rues se sera plus facile pour elle si…

— Vous appelez ça un appartement ? j'appelle ça un placard à balais ! s'emballe le grand-père.

— Grand-pa, comment oses-tu parler à Spencer de cette manière !

L'ouragan Judith fait son entrée, pas ravie du tout du début de cette conversation qu'elle n'aurait pas dû entendre. Albert tend la main vers elle, mais elle la refuse.

— Ma petite fille…

— Je ne suis plus une petite fille Grand-Pa!

— Judith ! grogne Spencer en se levant. Un peu de respect s'il te plaît.

— Mais Spencer ! Penses-tu que mon grand-père me respecte en agissant avec toi ainsi ?

— Je... Euh... Judith calme toi et viens t'asseoir ! Nous devons discuter de cette décision et ce n'est pas en s'énervant que nous trouverons un accord..

— Dans ce cas, je fais appeler Grand-Ma, elle aussi a le droit de donner son avis !

La conversation ne reprend que lorsque Louise arrive dix minutes plus tard. Elle est vêtue d'une chemise et d'un béret de peintre. Son mari est outré de la voir habillée ainsi.

— Je peux savoir pourquoi cette réunion de famille ? demande t-elle en prenant la tasse de thé qui lui a été servie par Judith.

— Judith ! Veux-tu nous expliquer ce que tu désires ? demande Albert.

— Tout d'abord, je m'excuse Grand-Pa, je n'avais pas à te parler ainsi...

— J'accepte tes excuses, et je te présente les miennes également. Il est vrai que je te vois toujours comme la petite fille que tu étais à cinq ans quand tu es arrivée ici, après le drame. Tu étais si fragile, tu ne parlais plus...mais dorénavant tu es une jeune femme qui a des convictions et des idées bien arrêtées, je reconnais bien là les traits de caractère de ton défunt père.

— Mais c'est du passé tout ça, tu es devenue une magnifique jeune femme, et tu as le droit de vouloir vivre ta vie mais je t'en prie continue ce que tu étais entrain de dire intervient Louise.

— Comme l'a dit Spencer, Cambridge est proche de chez lui, je souhaite donc aller vivre avec lui. Et si vous dites non, je prendrai une chambre au campus !

— N'y penses même pas Judith, ce n'est pas un endroit pour toi ! grogne Albert

— Albert, il me semble que tu as assez parlé!!! je trouve que tu vas un peu trop loin, Judith a toujours été très bien lotie chez Spencer, elle doit vivre ses propres expériences et ce n'est pas en l'enfermant dans une cage dorée qu'elle y parviendra!!!! Ma chérie, je te donne mon accord pour que tu ailles vivre chez ton oncle, mais je ne te demande qu'une chose, c'est de revenir nous voir de temps en temps.

Mais Albert est vexé de l'attitude de son épouse, aussi il n'hésite pas à le faire savoir.

— Oui indépendante comme sa mère avant elle, et puis elle a...

— Ne dites pas un mot de plus ! le coupe Spencer bouillonnant de colère et bondissant de son siège. Judith ! Sortons d'ici j'en ai assez entendu.

La jeune fille se lève et suit son Oncle mais avant elle glisse une recommandation à son grand père.

— Grand-pa ! Il vaut mieux que tu ne dises plus rien ! Je pense que tu pourrais le regretter.

Ils se dirigent tous les deux vers leurs chambres respectives. Spencer est désolé que Judith ait eu à entendre cette conversation et même à y participer. Il est déçu une fois de plus par le comportement d'Albert qui le considère encore comme un moins que rien.

— Que dirais-tu d'aller te recueillir sur la tombe de tes parents et ensuite, nous pourrions aller dîner en ville?

— Volontiers ! Je me change et te rejoins dans la roseraie.

Il se sent beaucoup moins nerveux après être sorti de la douche. Au même moment, des coups sont frappés à la porte et son visiteur n'attend pas de réponse pour ouvrir le battant sur quelques centimètres.

— Êtes-vous présentable ? demande la petite voix de Louise.

— Euh... pas vraiment. Laissez-moi juste le temps de m'habiller

— Il y a un paravent à côté de l'armoire, servez-vous en Spencer ! Il est fait pour ça. J'entre...

Spencer se précipite derrière le fameux paravent, mais dans sa précipitation en oublie ses affaires. Quelques secondes plus tard, un tas de vêtements apparaît sur son côté gauche accompagné du petit rire de Louise.

— Merci Louise.

Il s'habille rapidement, sort de derrière le paravent et trouve Louise assise sur une chaise la tête dans les mains secouée de sanglots étouffés.

— Je ne veux pas que vous partiez tout de suite, sanglote t-elle. J'ai tout mis en place pour une soirée d'anniversaire en l'honneur de Judith et je ne la verrais plus aussi souvent puisqu'elle va vivre chez vous.

Spencer est touché par la réaction de la femme, certain de sa sincérité aussi il la rassure en lui disant qu'il ne comptait pas s'en aller maintenant..

— J'ai organisé une soirée qui se tiendra ici avec un repas, très simple, en famille car je n'ai invité que ma sœur. Ensuite, il y aura un bal avec tous ses amis, afin qu'elle puisse les voir avant son départ. Je prépare ça en secret depuis des mois, ou plutôt depuis qu'elle m'a parlé de ses projets.

Spencer s'assoit à côté d'elle sur une chaise et la prend dans ses bras.

— Louise, cessez de pleurer, je vous en prie. Je ne vous l'enlève pas ! C'est elle qui veut partir et prendre son indépendance, elle en a besoin.

— Je sais bien ! Mais elle va tellement me manquer.

— Elle a mûrement réfléchi. Ne vous en faites pas, je ferai en sorte qu'elle vous rende souvent visite.

— C'est vrai, vous accepteriez ? dit-elle en relevant la tête.

— Pourquoi je l'empêcherais? vous l'avez élevé comme votre propre fille? Elle a grandi sans ses parents, mais elle a gagné des grands-parents qui lui ont tellement donné d'amour et de sécurité. Elle a été choyée par tous ceux qui l'entourent. Vous avez fait le plus gros du travail, voyez la récompense, voyez tout ce qu'elle entreprend…

— Vous y êtes pour beaucoup Spencer, vous avez été la figure paternelle qu'elle n'a jamais eue. Votre rôle a été un lourd fardeau, j'en suis bien consciente.

— Je l'ai fait car John et Rose me l'ont demandé. J'aimais mon frère et sa femme et j'aime Judith plus que tout.

Elle sèche ses dernières larmes, pose un baiser sur la joue de Spencer qui reste interdit face à ce geste. Louise se lève, se dirige vers la porte, se retourne et demande:

— Vous sortez ce soir?

— Nous nous rendons à la stèle et ensuite, nous irons au restaurant.

— Bien ! Et, s'il vous plaît, ne lui dites pas pour demain, c'est une surprise. D'ailleurs si vous pouviez la garder loin de la maison jusqu'à 18h00…

— Bien entendu !

— Merci, Spencer, bonne soirée!

— À vous aussi Louise, merci.

Spencer se demande comment Louise peut rester avec un homme comme Albert. Ils sont si différents, elle est douce et attentionnée, lui est tyrannique et sans cœur avec parfois de tels propos qui donne envie de l'étrangler pour ne plus l'entendre parler ainsi "des petites gens" comme il se plaît à le dire. En entrant dans la roseraie avec sa nièce, Spencer prend le petit sécateur et le panier posés sur la table pour les donner à Judith.

C'est coutumier pour eux, lors de leurs passages ici, ils se rendent ensemble à la stèle en mémoire de John et Rose. Elle se trouve de l'autre côté du parc, pas loin de la fontaine. C'était l'endroit préféré de Rose et il faut traverser la roseraie pour s'y rendre.

Il se souvient de la première fois où Judith y est allée seule: elle avait dévasté la roseraie. Au lieu de couper les roses avec des ciseaux, elle avait arraché les tiges et elle s'était égratignée partout à cause des épines. Elle était rentrée en pleure avec sa belle robe bleue pleine de taches et de la terre dans les cheveux, Albert l'avait sérieusement réprimandé.

Spencer aussi l'avait aussi disputée, mais pas de la même manière. Il lui a donné un râteau et obligé à nettoyer ses bêtises car ce n'était pas au personnel de le faire, mais à elle. Il lui avait aussi ordonné d'aider Marta, la ménagère pour détacher sa robe…

— Spencer ! Spencer !
— Oui Judith.
— À quoi penses-tu ? À Luke ? dit-elle avec un air espiègle.
— Non ! Pas du tout. Pourquoi penserais-je à la voisine ?
— Peut-être à cause de ce qui s'est passé à la boutique ? sourit-elle malicieuse.
— Non Judith. Ce qui s'est passé est un simple incident et je ne suis même pas sûr qu'elle soit libre.
— Tu n'en sais rien du tout. Tu devrais lui en parler ou chercher…
— Hors de question que j'enquête sur elle. Et toi non plus, tu as bien compris ?
— Jamais je ne ferais une chose pareil, s'offusque t-elle.
— Tu en as les moyens pourtant…
— Je préfère de loin parler avec elle.

Spencer attrape sa nièce par la main et la stoppe dans sa marche. Il plisse les yeux pour que Judith crache le morceau car il se souvient qu'elle a dormi chez Luke l'autre nuit et les femmes se font souvent des confidences ou ce genre de choses. Mais la jeune femme reste de marbre.

— Je ne dirai rien, je ne sais rien.
— Tu ne sais pas ou tu ne veux pas ?
— C'est pareil !
— Pas du tout !

Il attend, mais Judith est fidèle, elle ne trahit pas, jamais.

— Si j'ai un petit conseil de femme à te donner, arrondis les angles et laisse la venir à toi.

Spencer tique sur le mot femme. Sa nièce n'est plus une enfant, ça il l'avait physiquement remarqué, mais sa psychologie féminine a également grandi avec elle. Un silence pesant et respectueux se fait lorsqu'ils arrivent devant la stèle. Elle est magnifique, taillée en forme de cœur dans un granit gris clair, avec le dessin d'un oiseau posé sur une branche. Elle est entretenue régulièrement, ça se voit.

— C'est toujours Louise qui s'en occupe ? chuchote Spencer.
— Oui. Elle ne laisse personne y toucher. Je l'accompagne souvent, mais elle viendra seule à présent!

Judith pose sa tête sur le torse de son oncle et pleure.

— Si tu ne veux pas partir, tu n'es pas obligée. Nous pouvons trouver une université ici !
— Non ! J'ai besoin de partir, je me sens comme dans une prison dorée. Ce n'est pas à cause de Grand-Ma, mais tout le monde fait tout à ma place ici. C'est limite si

elles ne veulent pas être avec moi dans la salle de bain ou si elles ne veulent pas choisir comment je dois me vêtir. On pourrait ne pas le croire, mais c'est très pesant d'avoir des domestiques.

— Tu es vraiment la fille de ton père, mais avec la beauté de ta mère, reconnaît Spencer en souriant.

— Merci Spencer. Je... je t'aime tu sais.

— Je t'aime aussi ma puce.

C'est Judith qui a choisi le restaurant et a opté pour celui qui est spécialisé dans la fabrication de bières.

La décoration est typique, de grands tonneaux en bois servent d'assises, dans une vitrine se trouve un alambic très ancien. De grandes télévisions diffusant un documentaire de courte durée sur le mode de fabrication de la bière sont accrochées sur certains murs. La chope de blonde qu'ils ont chacun commandé est accompagné d'une salade. Celle-ci est composée d'un gros camembert gratiné, de morceaux de pain grillé, coupés en triangle, des tomates cerise et de la batavia ou feuille de chêne selon la saison.

La discussion bat son plein lorsque Judith remarque qu'ils sont seuls dans le restaurant, ils n'ont pas vu le temps passer. Le patron commence à mettre les chaises hautes sur le bar, indiquant sa volonté de fermer, alors Spencer et Judith décident de partir après avoir payer leur repas et laisser un pourboire aux serveurs. Ils marchent dans un silence qui fait du bien, seule la pleine lune arrose la rue de sa douce lumière.

Spencer brise ce silence en demandant à Judith ce qu'elle voudrait faire comme activité le lendemain.

— Je ne sais pas, je n'y ai pas vraiment réfléchi… hummm laisse moi le temps d'y penser Mmm je ne sais pas trop….

— Cesse de réfléchir et dis-moi ce qui te passe par la tête !

—Euh... j'ai trouvé ! Un truc à sensation, n'importe quoi !

—Bien ! se réjouit-il, tu as dit le mot qu'il faut donc, il est préférable d'aller nous coucher, demain matin, on se lève de très bonne heure.

Judith, sceptique, plisse les yeux et lui sourit. Elle n'en demande pas plus sachant que son oncle a pas mal de relation dans le secteur, mais elle a hâte de savoir ce qui l'attend demain.

⁂

En arrivant dans sa chambre, Judith tombe comme une masse pour se réveiller à 7h00 le lendemain matin. Lorsque Spencer arrive dans la salle du petit déjeuner, Judith l'attend déjà. Albert est installé en bout de table, tenant d'un air hautain son journal d'une main et sa tasse de l'autre. Les deux hommes se saluent discrètement. Judith, quant à elle, essaie de contenir son excitation, elle trépigne d'impatience sur son siège comme une enfant, d'ailleurs, elle a presque fini d'engloutir son petit déjeuner alors que Spencer ne fait que commencer.

Quelques instants   plus tard, en entrant dans le garage où se situent tous les véhicules, Judith est étonnée de devoir monter dans la jeep que son grand-père utilise habituellement pour la chasse. Spencer lui explique que ce véhicule est le plus adapté pour l'endroit où ils se rendent.

Pendant tout le trajet, Judith reste silencieuse, elle se contente d'admirer le paysage de cette partie de l'Angleterre qui lui est inconnue, elle aime déjà son côté sauvage. Spencer sourit, ça fait bien longtemps qu'il n'a pas eu le plaisir de conduire ainsi, sur des chemins poussiéreux et cail](cailouteux), c'était depuis l'Afghanistan. Il soupire, se gare à l'orée du bois et Judith se tourne vers lui après avoir lu la pancarte qui se situe en face d'elle.

— Tu es sérieux ? arrive t-elle à dire en lui faisant les gros yeux.
— Allez, sors de cette voiture ! sourit Spencer.

Il contourne la voiture et la rejoint, posant son bras autour de ses épaules, il annonce.

— Tu as le choix, si tu prends le chemin de droite, un moniteur t'attend pour faire de l'accrobranche et si tu prends celui de gauche, tu arriveras en bas de la falaise où tu pourras faire de l'escalade!

Judith réfléchit un instant et admet que côté sensation, son oncle ne s'est pas moqué d'elle. Elle est servie et remercie mentalement le coach sportif de la salle où elle se rend, deux fois par semaine pour l'entraînement auquel ce bodybuildé ne lui laisse aucun répit et elle comprend que cette journée sera intense physiquement et émotionnellement .

— Si tu ne te traînes pas trop, nous pourrions faire ces deux activités ? se moque t-elle.
— Me traîner, moi ? Aurais-tu oublié que je suis un ancien commando ?
— Ancien ! C'est bien le mot, rit-elle

— Rira bien qui rira le dernier, jeune demoiselle. Tu te décides ou je choisis ?

En route pour l'escalade, annonce Judith en prenant son sac dans la voiture et se dirigeant vers la falaise.

— Tu devrais d'abord te chausser, tu ne connais pas les lieux et le chemin est escarpé, la retient-il par le coude.

Judith insiste pour passer devant, ne laissant d'autre choix à Spencer que de la suivre. Il reste vigilant, l'écoutant parler tout le long du chemin, inquiété par son manque d'attention aux risques de la descente. Lorsqu'ils arrivent enfin, ils découvrent qu'ils ne sont pas les seuls en cette heure matinale. Spencer reconnaît le chef de la brigade des pompiers et le salue.

Judith reste en retrait pour se préparer. Elle se dit qu'elle a de la chance d'avoir autant de beaux spécimens à admirer le jour de son anniversaire. Elle est à deux doigts de demander à son oncle s'il l'a fait exprès, mais se ravise en se disant que ce n'est pas son genre et qu'il risque de la ramener à la maison manu militari pour "zieutage inapproprié".

Elle se concentre un instant, ne voulant pas se ridiculiser, jette un regard vers eux de temps en temps, pour voir si la femme qu'elle est devenue pourrait plaire à ce genre d'hommes. La réponse lui convient lorsque, pliée en deux pour mettre le baudrier, elle s'aperçoit qu'ils sont tous réunis et regardent dans sa direction.

A part l'un d'entre eux qui continue de sortir le matériel du camion. Mais malheureusement pour les autres, c'est sur ce grand blond tatoué que Judith fixe son regard. Elle n'entend même pas Spencer lui donner certaines consignes et est obligé de se positionner dans son champ de vision pour qu'elle réagisse.

— Tu veux bien essuyer la bave qui coule de ta bouche ?

Elle sort de sa léthargie, rouge de colère contre son oncle. Ou n'est-ce pas plutôt de la honte ? Elle ne saurait le dire. Spencer ne lui laisse pas le temps de réfléchir plus longtemps et lui demande de grimper en lui indiquant qu'il y a des mousquetons de couleur pour différencier les deux chemins.

— Vert pour facile et noir pour difficile, je te conseille le vert car tu n'as jamais pratiqué sur cette paroi. Reste concentrée, je suis sûr que ces jeunes crétins aussi matures soient ils, vont vouloir t'impressionner. Je te sécuriserai et te conseillerai, ne t'en fait pas.

Spencer est fier de sa nièce, pour le moment elle ne se laisse pas impressionner par les pompiers qui grimpent non loin d'elle. C'est la deuxième fois qu'elle monte et malgré les conseils de son oncle, elle choisit de prendre la voie noire. Pour tester ses «*capacités*», a-t-elle expliqué. Non loin d'elle, le beau blond grimpe sans même être sécurisé. Spencer qui discute avec son chef lui fait remarquer.

— Ne vous en faites pas Spencer, c'est mon meilleur élément, ce n'est pas pour rien qu'il est mon Lieutenant. Steeve pratique la varappe depuis quelques années déjà, il sait ce qu'il fait.

Spencer ne dit rien, mais n'en pense pas moins. Encore un qui veut se faire voir devant une jolie fille, ce qui n'a pas l'air de déplaire à Judith, remarque-t-il. Car au même moment, elle prend appui sur une mauvaise prise et son pied glisse sur la paroi. Spencer maintient la corde assez fortement pour qu'elle ne dégringole pas à toute vitesse.

— Spencer ! crie-t-elle.

— Ne panique pas et écoute ce que je te dis.

— Capitaine ? intervient Steeve.

Spencer regarde sa nièce en panique, tente de lui parler mais elle panique de plus en plus et ne va pas tarder à se retrouver la tête en bas. Aussi, le capitaine fait alors un signe de tête au Lieutenant des pompiers qui s'active avec une grande prudence et s'empresse de rejoindre Judith.

Ce dernier trouve les bonnes prises et assure sa position avant d'attraper le baudrier et de coller Judith contre la falaise. Il se retrouve au-dessus d'elle qui se laisse faire sans même ouvrir la bouche, chose rare chez elle. Il tire sur la corde et Spencer comprend qu'il faut qu'il donne du mou.

— Il va falloir me faire confiance, annonce-t-il d'une voix grave en plongeant son regard bleu azur dans celui de Judith.

Elle acquiesce, tout simplement, prête à retrouver le plancher des vaches .

— Bien ! Je vous explique comment je vais procéder. Combien pesez-vous ?

Surprise, Judith lui fait les yeux ronds.

— Ne soyez pas fâchée, c'est simplement pour m'assurer de pouvoir vous porter jusqu'en bas saine et sauve.

— Cinquante cinq! dit-elle dubitative.

— Mouais! ricane t-il, à vue d'œil je dirais soixante.

— Cinquante huit ! insiste t-elle.

Il passe les bras de Judith autour de son cou, puis lui demande de passer ses jambes autour de ses hanches. Elle acquiesce, en passe une, mais au moment de vouloir passer l'autre, elle se retient.

— Je n'y arriverai pas.

— Vous ne risquez rien, vous êtes encore attachée.

— Justement, c'est pour vous que je m'inquiète.

— Il ne faut pas, je suis pompier, c'est mon métier de sauver des vies.

— Vous avez beaucoup d'appels dans ses conditions ?

— Parfois pire, mais pas aussi jolie, lui sourit-il.

Maintenant qu'elle a passé sa jambe, Steeve soupire et lui annonce:

— Vous me croirez si je vous dis que le plus dur est passé ?

— Je suis sceptique, en effet, sourit-elle.

— Maintenant, vous ne bougez plus et vous me laissez faire. Surtout ne regardez pas en bas mais regardez moi dans les yeux.

Pendant ce temps, les collègues de Steeve ont placé un matelas gonflable en dessous d'eux pour amortir la chute si besoin. Le pompier tire une nouvelle fois sur la corde et Spencer la laisse filer. Il fait passer la corde dans le coinceur et appuie fortement sur ses mains pour savoir s'il a une bonne prise. Puis la détache et se laisse pendre dans le vide avec le poids de Judith, le temps de faire une «*clé de pied*» autour de la corde.

Il se sent déstabilisé par le regard qu'elle porte sur lui, mais il y parvient tout de même en quelques secondes. Judith sent le mouvement et se serre un peu plus contre lui, pose sa tête sur son torse et ferme les yeux. En à peine une minute, ils sont arrivés en bas, allongés sur le matelas qui se dégonfle lentement. Steeve se retient de l'écraser en prenant appui sur ses coudes.

— Merci! dit-elle d'une petite voix.

Steeve n'arrive pas à se détacher de son regard et balaie quelques mèches sur le visage de Judith pour l'admirer. Elle lui sourit et sent le rouge lui monter aux joues. Il approche lentement son visage de la "cascadeuse" qui humecte ses lèvres espérant avoir un baiser, quand un raclement de gorge se fait entendre. Judith relève trop vite la tête et leurs fronts se cognent violemment. Steeve se retrouve sur le dos avec Spencer dans son champ de vision, celui-ci tend la main vers sa nièce qui se relève avec un léger tournis et le sourire aux lèvres.

— Louise et Albert vont me tuer si tu rentres avec une égratignure, annonce Spencer en l'examinant rapidement.

— Ça va ! arrête donc, je ne suis plus une petite fille.

— Pour sûr ! le coupe Steeve en passant près d'eux. Elle pèse un bon soixante kilos.

Malgré son clin d'œil, Judith voit rouge et lui balance un coup de poing dans l'épaule. Spencer rit de bon cœur face à ce petit manège et la jeune femme finit par sourire tout de même à son sauveur. Son cœur bat fort dans sa poitrine, elle sait que ce n'est pas dû à l'événement qui vient d'avoir lieu, mais réprime ce sentiment naissant, en effet, elle habite bien trop loin pour penser à débuter une relation avec cet homme. Et il y a les études… Elle hausse les épaules et sourit à nouveau, mais celui-ci a le goût de l'amertume.

— On pourrait peut-être se revoir, propose Steeve.

— Je ne suis pas du coin !

— Moi non plus sourit-il. Nous sommes ici pour une remise à niveau de sauvetage.

— Ça ne change rien, si tu habites à l'autre bout du…

— Cambridge! la coupe t-il.

Elle relève la tête pour le regarder dans les yeux quand l'espoir l'envahit.

— J'habite également à Cambridge, non loin de l'université.

— Si tu es d'accord, donnons-nous rendez-vous dans quelques jours ?

Steeve tend un papier avec son numéro de téléphone à Judith qui le regarde brièvement avant de le ranger dans la poche arrière de son jean. Elle dépose un léger baiser sur le coin de sa bouche et se hâte de rejoindre Spencer qui l'attend déjà au pied du sentier. Judith fredonne joyeusement sur le chemin qui mène à la voiture alors que Spencer lui, reste silencieux et pèse le pour et le contre sur cette potentielle relation entre sa nièce et le pompier. Il soupire, se dit qu'après tout elle est assez grande pour prendre ses propres décisions. Ce qu'il craint le plus à vrai dire, c'est la réaction disproportionnée de Albert s'il sait qu'elle veut fricoter avec un pompier.

— Tu es bien silencieux ?
— Je réfléchis…
— À quoi donc ?
— Au fameux bout de papier que tu as dans la poche !

Judith s'arrête tout à coup et se retourne vers son oncle, les poings sur les hanches.

— Tu vas me sortir un grand discours m'annonçant que cette relation est voué à l'échec, qu'il n'est pas assez bien pour moi, qu'il faut penser à mes études avant tout et bla bla bla et blablabla !!! !
— Calmes-toi, le coupe Spencer. Tu sais pertinemment que je ne dirais pas ça, enfin pas tout à fait.
— Je t'écoute alors ! dit-elle en croisant les bras sur sa poitrine.
— J'ai peur de la réaction de ton grand-père et c'est la seule chose qui me préoccupe. Je ne veux pas revivre ce genre de crise, des pleurs et je ne veux pas que tu fasses comme ta mère.
— C'est à dire ?

— Ton grand-père lui a demandé de faire un choix. C'était eux ou John.

— Elle a choisit papa ? dis-moi.

— Bien sûr, sinon tu ne serais pas avec moi aujourd'hui!

— Comment ça s'est passé ? demande Judith à présent installée dans la voiture.

Spencer s'apprête à parler, mais se ravise, pense à la fête qui se prépare actuellement pour fêter les vingt ans de sa nièce. Il ne souhaite pas de dispute ou de représailles durant le repas.

— Je t'en parlerais une autre fois, soupire t-il en démarrant la voiture.

— Si tu veux ! mais attend s'écrit Judith en posant la main sur son bras pour le stopper. Et si nous allions nous amuser sur le parcours de l'accrobranche ?

— Tu es sûr ? Tu n'es pas fatiguée par toutes ces émotions? dit-il, le sourire taquin.

— Je vais parfaitement bien. rit-elle.

Spencer retire les clés du contact et ils se dirigent vers le parcours accrobranche où ils attendent patiemment leur tour afin que le moniteur les briefe sur la marche à suivre. Ils sont à nouveau équipés de harnais et de mousquetons, débutent le parcours par la montée d'une échelle de corde pour arriver sur la première plate-forme, elle présente ce qu'on appelle l'attraction funambule, puis les mini-cylindres pivotants. Judith et Spencer s'arrêtent dès qu'ils le peuvent pour immortaliser ces moments de complicités partagés en faisant des selfies. L'étape suivante est la traversée des planches en quinconce, puis des tonneaux qu'il faut traverser à califourchon. Ils utilisent le parcours des tyroliennes montantes, et finissent par le saut de tarzan pour finir, ils sont à la sortie du bois, avec une vue directe sur la mer.

Judith tourne la tête et remarque un parapente prendre son envol à quelques mètres au dessus d'elle. Elle regarde son oncle avec un grand sourire et Spencer sait parfaitement ce que ça signifie, elle n'a pas besoin d'insister. La fin d'après-midi approche, alors il envoie rapidement un message à Louise et invite sa nièce à grimper plus haut sur la falaise. Elle a ce sourire béat qu'il n'a pas revu depuis bien longtemps .

— Lorsque tu parlais de sensations fortes, tu ne rigolais pas.

— Je pensais que l'escalade te suffirait !

— Tu es fatigué "mon Oncle" l'âge te rattraperait-il ? se moque t-elle ouvertement.

Spencer ne répond pas et se contente de lui sourire puisqu'il aura l'occasion de rire dans quelques minutes. Malgré les nombreux sauts que Spencer a effectué pendant l'armée, il est tout de même accroché en binôme avec un homme dans son dos.

Judith est plus que ravie, son binôme est à son goût et Spencer surveille le gars du coin de l'œil. Les caméras sont placées sur leurs casques respectifs, et c'est parti. Ils prennent l'élan nécessaire et les voilà dans le vide, le vent fouette gentiment leurs visages. La vue est magnifique, il tente de regarder sur sa gauche et aperçoit Judith, heureuse comme jamais, elle lâche ses mains et écarte ses bras en criant de plaisir puis ils atterrissent quelques minutes plus tard sans dégâts.

Spencer rit de bon cœur lorsque Judith lui sourit, elle ne comprend pas tout de suite, il prend une photo et lui montre. Ils rient jusqu'aux larmes quelques instant car Judith a comme qui dirait des moustiques collés sur les dents, des épis sur la tête dû à l'électricité statique du casque ce qui la fait ressembler à un épouvantail, puis ils saluent les moniteurs et passent par l'accueil pour récupérer leurs vidéos. Après être remonté en voiture, il ne faut pas longtemps à Judith pour s'endormir. Spencer la réveille doucement en arrivant devant le manoir de ses grands-parents. Elle sourit et l'enlace tendrement.

— C'était... magique, merci !

— Je suis très heureux que cette journée t'ai plu!

— Je ne pouvais pas rêver mieux, je crois ! Et passer du temps avec toi m'a fait un bien fou.

Ils sortent de la voiture et montent les quelques marches qui les séparent de Louise qui les attend sur le pas de la porte.

Chapitre 8

— Qu'avez-vous fait pour la rendre aussi... surexcitée ? demande Louise.

— C'était trop bien Grand-Ma, j'ai passé une excellente journée, tu viens que je te raconte ?

— J'arrive tout de suite ma chérie.

Louise et Spencer sourient en voyant Judith tourner sur elle-même, les bras ouverts, avant de monter les marches pour rejoindre sa chambre.

— Vous avez garder le secret à la perfection, dit Louise avec un sourire.

— Bien sûr ! La journée a été merveilleuse et surprenante. Je pense qu'elle s'en souviendra.

— La voir aussi radieuse me le confirme. Croyez-vous que ça va lui plaire ce soir ?

— Ne vous en faites pas, j'en suis sûr et certain, elle en sera heureuse vous verrez !

— Nous serons vite fixés, et une nouvelle robe l'attend sur son lit.

— Je peux vous demander qui a choisi la robe ? se permet de demander Spencer.

— C'est moi ! répond-elle surprise.

— N'oubliez pas de lui dire, elle en sera très contente.

— Bien entendu. Pourquoi cette question ? D'habitude, vous ne vous souciez pas de ce genre de détails.

— Oh ! Ce n'est pas contre vous Louise, mais elle m'a expliqué qu'avoir des domestiques à ses côtés lui pesait par moment.

— Je vois, mais malheureusement, je ne peux rien y faire.

Louise ne dit rien de plus et monte les marches pour rejoindre sa petite-fille suivie par Spencer qui regagne sa chambre afin de pouvoir se préparer pour la soirée. Après une douche bien chaude qui a délassé la tension et les douleurs dans ses muscles dues aux exercices physiques de la journée, il enfile un smoking qui l'attendait également sur son lit.

Le repas se passe dans la joie et la bonne humeur, Judith raconte leur journée avec tellement d'enthousiasme que Spencer intervient quelques fois, en expliquant que son frère et lui faisaient de même lorsqu'ils étaient jeunes. Ils se rendaient dans la maison de campagne familiale et programmaient un week-end à sensation. Judith demande alors s'il est possible d'instaurer la même tradition ce qui ravit Spencer.

La sœur de Louise est venue avec la plus jeune de ses filles, bonne à marier, à ce que Spencer a compris, elle reste pendue à ses lèvres lorsqu'il prend la parole et lui jette de discrets coups d'œil. Il ne l'incite pas à le faire, indifférent à ses charmes, mais elle n'est pas Luke.

— Chloé, s'il te plaît, veux-tu cesser de manger mon oncle du regard, tu vois bien que tu ne l'intéresses pas et il est déjà pris.

Quelques cuillères et fourchettes sont lâchées bruyamment dans les assiettes. Spencer quant à lui, manque de s'étouffer devant la délicatesse de sa nièce.

— Mais... je... balbutie Chloé.

— Judith ! intervient Albert, tu n'as pas honte ?

— Non grand-Pa ! J'ai déjà prévenu Chloé avant le repas, dit-elle en continuant de manger tranquillement.

— Excuse-toi s'il te plaît, demande Spencer.

— Je m'excuse Chloé. , même si je n'en pense pas moins hein...!

Spencer reste sur ses gardes et surveille sa nièce contre une éventuelle attaque verbale pleine de sous entendu envers un autre membre de la famille. La fin du repas arrive sans encombre et il soupire de soulagement lorsque la clochette de l'entrée retentit.

— Tu es autorisée à sortir de table et à aller ouvrir la porte, Judith, lui intime Louise en souriant.

Des cris de joie montent jusqu'à la salle à manger alors tout le monde se lève comme un seul homme avant de rejoindre Judith dans le hall d'entrée. En un instant, grâce aux différents membres du personnel de maison, la grande salle se transforme en salle de bal. Judith passe de bras en bras, embrasse tout le monde avec un sourire radieux et a un mot pour chacun de ses invités..

— Elle est ravie, souffle Spencer à une Louise très émue.

— Merci Spencer, merci de tout mon cœur, dit-elle en attrapant son bras.

— C'est tout naturel qu'elle soit là ce soir. Elle a aussi organisé une fête au bord de la piscine de la résidence pour ce vendredi avec ses autres amis.

— Nous la gâtons trop, il me semble…

— C'est trop tard pour faire marche arrière, je crois, plaisante-t-il. Ce n'est plus une enfant et nous savons que c'est une personne responsable, elle ne fera rien qui entachera le nom de sa famille…

— Vous savez, je ne suis pas comme mon mari, j'aimais beaucoup votre frère. Il était l'homme qu'il fallait à Rose et Albert s'en est rendu compte bien trop tard. En aucun cas, votre frère n'a dévalorisé notre nom de famille.

— Louise, ne vous méprenez pas, ce n'est pas du tout ce que je voulais dire.

— Bien sûr que non Spencer, mais Albert le pensait, lui.

— Oh !

— Comme vous dites, mais c'est du passé maintenant, alors ne le ressassons pas plus longtemps, nous sommes là pour Judith. Savez-vous si elle voit quelqu'un ?

— Pas à ma connaissance, vous soupçonnez quelque chose ?

— Non, je voulais juste savoir. Albert se met en tête de la marier avec un de ses plus jeunes petits cousins, alors si elle pouvait trouver quelqu'un avant que son grand-père ne commence les négociations.

— Mais c'est dégoûtant ! s'insurge Spencer.

— Mariage arrangé. C'est ainsi que nous faisons dans notre monde, et j'aimerais tellement que ça ne se passe pas comme avec Rose. J'en ai entendu des portes claquer après ce genre de conversation. Un jour Rose nous a parlé de votre frère et tout a dérapé, j'ai obligé Albert à tout annuler et s'il ne le faisait pas, alors je le menaçais de le quitter.

— Vraiment ? Je ne connaissais pas cette partie de l'histoire. Mais je ne suis pas surpris, vous êtes une rebelle dans l'âme en fait.

— Et ce n'est pas à mon âge que je vais changer. C'est un peu comme ce soir, Albert voulait à tout prix qu'il y ait des prétendants à notre table, j'ai catégoriquement désapprouvé et ma décision était sans appel.

— Et Chloé ?

— Je m'excuse du désagrément qui a eu lieu pendant le repas. Elle est de passage chez sa mère pour les vacances et retourne en France dès la semaine prochaine, donc j'ai informé ma sœur qu'elle pouvait se joindre à nous.

— Bien ! J'accepte vos excuses, même si vous n'avez pas à le faire. Et puis l'intervention de Judith m'a bien fait rire, il faut l'avouer.

— Est-ce vrai ?

— Quoi donc ?

— Que vous avez enfin quelqu'un dans votre vie ?

Les femmes de cette famille ont le don de passer du coq à l'âne en un instant. Spencer soupire.

— Comment ça enfin ?

Louise sourit et poursuit.

— Vous savez bien ce que je veux dire, depuis tout ce temps, vous êtes seul et un homme aussi charmant ne devrait pas l'être ....

Elle donne à Spencer un petit coup de coude dans le flan en signe de conspiration.

— J'ai choisi de ne pas avoir de compagne pour ne pas perturber Judith
— Elle est assez mûre pour comprendre que vous êtes un homme avec des besoins et que la nouvelle voisine ne vous laisse pas indifférent.
Spencer se penche pour observer Louise, elle sourit à nouveau sans le regarder, alors il tente de jouer le jeu.

— Libby est une collègue et tout le monde sait que travail ne rime pas avec vie personnelle.
— Judith m'a dit qu'elle s'appelait Luke ?
— Judith, souffle-t-il entre ses dents.
— Elle n'a rien fait de mal vous savez, elle aimerait que vous trouviez la perle rare qui vous rendrait heureux.
— Je sais, mais elle n'aurait pas dû, même si je comprends ses intentions.
— Et pourquoi donc ?
— Car il ne se passe et ne se passera jamais rien avec Luke.
— Comment pouvez-vous le savoir ?
— C'est compliqué.
— Vous ou elle ?
— Elle ! C'est comme si elle était inaccessible, qu'elle me repoussait pour se protéger c'est étrange elle est si imprévisible..

— Ce n'est un secret pour personne, les femmes sont compliquées. Il faut persévérer mon p'tit, ne vous découragez pas, elle finira par vous voir tel que vous êtes. Maintenant, voulez-vous m'emmener valser ?

Spencer sourit, cette femme l'étonnera toujours, mais elle a raison, il est temps qu'il pense un peu à lui et qu'il s'accroche pour conquérir Luke. Il prend la main qu'elle lui tend et l'emmène sur la piste pour plusieurs danses. Judith demande un échange de partenaire et laisse Louise dans les bras de son grand-père. C'est toute timide que Chloé vient vers Spencer lui demander s'il accepterait de danser avec elle.

Il acquiesce avec plaisir, sous la haute surveillance de sa nièce qui reste jusqu'à la fin des deux musiques, droite comme un piquet à les observer. Après cela, Spencer a une nouvelle fois souhaité un bon anniversaire à sa nièce et a pris congé auprès de ses grands-parents. Il s'est retiré dans sa chambre, et, comme la veille, il est tombé comme une masse sur le lit.

Une sonnerie aiguë et énervante lui hurle dans les oreilles.

— Mais qu'est-ce que…

Spencer tient dans sa main son portable et effectivement, il a programmé une alarme. Il ouvre les yeux difficilement, s'étire et se rend compte qu'il a encore sa chemise et son pantalon, les seules choses qu'il a réussi à enlever, ce sont ses chaussures. Il se lève, file sous la

douche, en ressort frais comme un gardon et refait son sac !
Il n'y a que Judith et lui à la table du petit-déjeuner et elle
remarque l'impatience de son oncle.

— Tu es content de partir ?
— Oui et non ! Je suis…
— Impatient de rentrer, pour la retrouver ?
— Judith ! Je... c'est vrai, j'aimerais la revoir. Je
voudrais lui poser toutes ces questions qui trottent dans ma
tête.
— Eh bien ! Ne perdons pas de temps alors,
rentrons.
— Mais j'aimerais que tu restes en dehors de ça,
s'il te plaît !

Elle acquiesce. Ils s'apprêtent à se lever quand
Albert fait son entrée.

— Vous comptiez partir comme des voleurs ?
— Non, grand-Pa ! J'allais finir de préparer mes
affaires.

Judith lance un clin d'œil discret vers Spencer.

— Bien ! Ta grand-mère t'attend dans son bureau,
elle a quelque chose pour toi.

Spencer salue Albert et remonte dans sa chambre
en attendant que Judith et Louise aient fini.

Les adieux entre Judith et ses grands-parents sont
bouleversants, ils se promettent tellement de choses qu'on
peut en faire une liste. Il y a peu de monde dans l'avion du

retour ce qui n'est pas déplaisant. Spencer se gare devant la résidence, descend les bagages nécessaires pour la nuit et explique à sa nièce que le reste peut attendre le lendemain.

Chapitre 9

C'est déjà mercredi ! trois longs jours durant lesquels Luke n'a fait que penser à Spencer sans le croiser une seule fois et ce n'est pas faute d'avoir essayé pourtant. En rentrant de la salle de sport, elle traîne près des boîtes aux lettres, monte les escaliers au ralenti et redescend plusieurs fois jusqu'au soir, elle a même été jusqu'à mettre un mot sur sa porte, pour le reprendre quelques heures après lorsqu'elle a vue qu'il n'avait pas bougé.

À plusieurs reprises, elle veut frapper à sa porte pour lui demander ce qui lui a pris dans la boutique. Mais chaque fois, arrivée en bas des marches, elle est revenue à la raison. Pourquoi vouloir le voir alors que ce n'est définitivement pas une bonne idée ? Pourquoi se torturer ainsi, alors qu'elle sait qu'elle va le repousser ? Elle s'est fait une raison de son absence, et a abandonné.

Le pire, dans cette histoire, ce sont ses nuits chaotiques. Les cauchemars, dans lesquels Spencer est absent ont remplacé les rêves érotiques. Ces putains de délires ont fini par malmener sa bonne humeur. Mais vendredi est un autre jour, elle a rendez-vous avec un ami de son père qu'elle n'a pas vu depuis des années.

C'est le PDG d'une entreprise renommée. Sean la présente d'ailleurs comme l'entreprise idéale pour sa fille, alors rien ne sert de stresser pour l'entretien d'embauche, elle sait que tout ira bien. Ce soir, elle revoit Mark, son coach, qui revient de République Dominicaine où il était parti en lune de miel, pour ne pas se mettre en retard, elle se prépare avant qu'il n'arrive. Elle enfile un short, une brassière et un marcel large sans oublier ses jambières. Mark l'aide depuis le début, elle n'a donc pas besoin de lui cacher sa cicatrice .

Luke descend le rejoindre en entendant sa voiture se garer sur le parking. Mark entre dans le hall d'entrée, retire ses Ray-Ban et lui lance son sourire le plus charmeur. En même temps, ce n'est pas compliqué chez lui, c'est la bogossitude incarnée, avec sa peau dorée ce qui fait ressortir ses yeux bleus. Mark la soulève du sol, avant de l'embrasser tendrement sur la joue.

— Hé ! Salut ma puce, comme je suis heureux de te revoir.

Luke lui rend son baiser mais sur le coin de la bouche, comme elle a pris l'habitude de le faire.

— Tu m'as manqué ! se moque-t-il en posant le menton sur son épaule.
— Toi aussi tu m'as manqué beau gosse !

Spencer rentre au même moment dans la résidence, suivi de Judith.

Elle ne le voit pas pendant plusieurs jours et c'est à ce moment précis qu'il débarque. Quel timing Lieutenant ! se dit Luke.

La jalousie se lit sur le visage de Spencer, qui passe à côté d'eux dans l'indifférence la plus totale, puis dirige son regard vers le BCBG et sa voisine qui le déçoit. Luke donne une tape sur l'épaule de Mark pour qu'il la repose à terre, ce dernier obtempère tout en gardant une main sur le bas de ses reins. Il est un peu provocateur et ça lui plaît?

— On y va ma puce, ton corps ne va pas se muscler tout seul !

Elle ne bouge pas et observe Spencer qui ne l'a pas quittée des yeux non plus. Il doit la haïr à présent, c'est sûr !

— Bonsoir Luke !

Judith ! Toujours là pour détendre l'atmosphère.

— Bonsoir ! Comment vas-tu ?
— Bien, merci. Nous rentrons de chez mes grands-parents. Et toi comment vas-tu ?
— Bien merci.

La situation est plus qu'étrange. Spencer ne l'a pas quittée des yeux et serre ses poings qui commencent à blanchir. La tension est palpable et l'électricité dans l'air crépite autour des corps.

— Je vous présente, Mark mon ami !
— Bonsoir ! Couine Judith.

C'est vrai qu'il fait de l'effet le beau Mark, en même temps, il lui lance LE sourire façon publicité , elle ne peut que se liquéfier. La pauvre si elle savait…., son cœur est déjà pris depuis longtemps.

— Bonne soirée ! leur lance Spencer en ayant à peine un regard pour Mark.

Connard, se retourne, ouvre sa porte et rentre avant de la claquer aussitôt.Luke ne comprend pas ce qu'elle ressent à ce moment précis : est-ce de la peur, de la tristesse ou de la déception ? Elle a l'impression qu'une enclume vient de s'écraser sur sa poitrine. Mark s'aperçoit de son malaise, l'assoit sur les marches, s'installe derrière elle juste avant qu'elle pose sa tête sur lui. Pourquoi ? Pourquoi réagit-elle ainsi, alors qu'elle fait tout ce qu'elle peut pour ne rien ressentir pour lui ?

— Ma puce, tu m'expliques ou est-ce que je dois aller voir Mister grognon au regard de braise pour le savoir ?

Elle lève un doigt et lui fait comprendre de patienter. Une porte s'ouvre et la tête toujours contre Mark, elle se demande de quel voisin il s'agit, mais ce qu'elle espère, c'est que ce n'est pas Spencer.

— Luke ! Tu vas bien ?

Judith se retrouve accroupie devant sa nouvelle amie..

— Je vais bien, merci, répond-elle en cachant sa déception. Que fais-tu là ?
— Je voulais t'inviter, pour mon anniversaire : vendredi, 20 heures au bord de la piscine.
— Je... je serai là !
— C'est génial, tu verras on va bien s'amuser...

— Judith, pas un mot sur ce que tu sais ! demande-t-elle en lui retenant la main.

— Tu sais bien que non, je serais une tombe !

Elle ne se doutait pas qu'en si peu de temps, elle aurait tissé un lien que l'on peut décrire d'amical avec la jeune fille et elle sent qu'elle peut lui faire confiance, tenir parole et ne rien dire à son oncle.

Luke est heureuse d'avoir une journée de repos. Hier soir, Mark lui en a fait voir de toutes les couleurs : il n'a pas été tendre avec elle et après l'échauffement, elle a dû courir sur le tapis de course avant de faire des développés-couchés et des exercices de renforcement des quadriceps. Et bien sûr, ce matin, elle est percluse de courbatures. Elle lui a expliqué ce qu'il s'est passé avec Spencer, ça ne l'a pas surprise que son ami soit du même avis que Libby, ils sont cul et chemise, depuis qu'ils se connaissent, toujours de mèche, ligués contre elle, pour son soi-disant bien-être.

Elle a rencontré Mark, peu de temps après son accident. Elle venait de se faire opérer, ne marchait plus et n'avait envie de rien. Ses infirmières se succédaient, rapidement excédées par son comportement et son caractère de chien. Ses parents en ont eu assez, alors ils ont fait appel à Mark.
Rééducateur renommé malgré son jeune âge, il a débarqué dans leur maison avec ses gros sabots, n'y a pas été par quatre chemins avec elle et c'est ce dont elle avait besoin.

Il l'avait avertie aussitôt : si elle ne faisait pas d'efforts, il n'en ferait pas non plus, ça a été sa seule règle. Au début, elle ne le prenait pas au sérieux, jusqu'au jour où la énième infirmière soit partie.

Ce jour-là, elle a envoyé valser le plateau-repas qu'elle lui avait préparé.

— Tu ne veux pas manger ? Tu ne mangeras pas alors, tant pis. Menace t-il en ramassant le plateau et en s'installant tranquillement dans le fauteuil en face d'elle.

Il est resté assis là, lui faisant penser que cette situation allait durer toute la journée. Jusqu'à ce que son ventre gargouille, il devait être aux alentours de 16 h. Il a quitté la pièce pour revenir dix minutes plus tard, avec un verre de jus d'orange fraîchement pressé et deux cookies faits par Maria. Elle pensait qu'il allait les lui donner, mais elle n'en a pas cru ses yeux quand il les a mangés devant elle !

— Tu vois, si tu marches, tu manges et tu te prépares ce que tu aimes. Mais quand ça ne te plaît pas, n'envoie pas tout balader. Et arrête de prendre les gens pour de la merde !

Faire la grève de la faim ne l'a pas dérangée, du moins au début. Au bout de quelques jours, Maria passait par sa chambre avant d'aller se coucher et elle lui ramenait des cookies et du lait. Elle lui lisait une histoire, comme lorsqu'ils étaient enfants et malades, elle l'aidait à aller aux toilettes, mais un soir, Mark a découvert leur manège. Dès le lendemain, le médecin lui a prescrit des compléments alimentaires, mais les prendre n'a pas été de tout repos. Mark a dû lui faire avaler de force. Il lui a bien fait comprendre son mécontentement, en lui reprochant son comportement.

— Arrête de croire que tout peut te tomber tout cuit dans le bec.

— Mais quel con, tu ne m'adresses jamais la parole, mais quand tu le fais, c'est pour m'engueuler ! Connard !

— Ah ! Mais c'est qu'elle parle la princesse ! Tu peux répéter, je n'ai pas très bien compris.

— J'ai dit... Connard !

Pour toute réponse, elle reçut un verre d'eau en plein visage. Elle fulminait de rage. Si elle avait eu des choses à lui envoyer en pleine tête, elle l'aurait fait.

— Essaie encore une fois d'être désagréable pour voir. Je te porte jusque dans la salle de bain et ce sera pour une bonne douche froide bien entendu... Ça te remettra peut-être les idées en place.

La journée se déroula comme habituellement, jusqu'au moment où elle eut envie d'aller aux toilettes. Elle a alors appuyé sur la sonnette, mais comme elle n'avait plus d'infirmière...

— Mark ?

Pas de réponse.

— Putain Mark ! J'ai envie de pisser, ramène ton cul !

Aucune réponse, pas de bruit de pas dans le couloir. Elle s'est laissée tomber de son lit et s'est mise à ramper jusqu'à la porte, mais c'était trop tard. Bien qu'elle n'ait plus aucune sensation dans les jambes, elle sentait l'odeur âcre d'urine lui monter aux narines. C'est ce jour-là qu'elle a craqué ! Elle a hurlé toute sa tristesse d'avoir perdu son frère à cause de ce stupide accident. En entendant ses cris, Mark a débarqué en trombe dans sa chambre. Il l'a prise dans ses bras, la laissant exprimer toute sa peine, sa colère, sa rage qui couvait en elle et qui devait sortir de son être. Il était là pour elle et la réconfortait en la câlinant et en lui disant des paroles réconfortantes.

— Mark, tu vas être plein de pipi ! lui avait-elle dit une fois sa crise passée ?
— Alors, allons prendre une douche.

Il l'a prise dans ses bras, l'a déshabillée entièrement alors que lui est resté en caleçon. Il l'a déposée sur le siège de la douche, gênée Luke a croisé les bras sur sa poitrine.

— Ne soit pas pudique devant moi, ma puce, je suis homo ! Explique t-il en souriant.
— Non ! quel gâchis pour nous les femmes, tous les beaux gosses sont homo, c'est pas juste !
— Je t'assure. Et même si ça n'avait pas été le cas, avec ton sale caractère, nous aurions été incompatibles.
— Je sais, il n'y a que Lukas qui me supportait.
— Tu... tu veux me parler de ton frère ?
— Non ! J'ai mal, beaucoup trop mal pour le moment et en parler est trop difficile.

— Tu sais ! Ça te fera toujours souffrir,mais en parler peut te soulager d'un poids.

— Qu'est-ce que tu en sais ?

— Mon histoire n'est peut-être pas la même que la tienne, moi aussi j'ai perdu mon frère.

Avec le temps, leur relation s'est améliorée et une certaine complicité s'est installée. Mark a parlé de son frère ce qui a permis à Luke de parler de Lukas et il avait raison, cela eu un effet libérateur. Mark connaissait à présent tout de sa vie et elle, de son côté, tout de la sienne. Luke a fini par prendre sa rééducation en main.

Elle regrettait à présent d'avoir perdu autant de temps, constatant qu'elle aurait pu remarcher bien plus tôt et que son impotence était psychologique. Elle dut fournir plus d'efforts que nécessaire, mais Mark était toujours là pour la soutenir. Et puis un jour, Libby est revenue, pour quelques semaines seulement. Mais avant qu'elle parte, Luke lui fit un magnifique cadeau, elle était debout.

Luke cesse de ressasser le passé, prend la télécommande et regarde le programme de la journée, zappe, zappe encore, mais il n'y a rien d'intéressant comme d'habitude.

Ah si ! Il y a une rediffusion d'un des tout premier sketch de Florence Foresti. Elle se marre toute seule pendant plus d'une heure et ça lui fait beaucoup de bien ! La prestation de l'artiste terminée, elle se rend dans son dressing, pour trouver une tenue correcte, mais pas trop stricte tout de même. Elle fait plusieurs essayages et, en accord avec son reflet dans le miroir, choisi un slim noir et un chemisier LV col ouvert avec juste ce qu'il faut pour laisser apparaître le haut de sa poitrine complète sa tenue par des escarpins couleur caramel. Elle termine de se préparer quand on sonne à la porte, en ouvrant, elle découvre qu'il s'agit de Spencer.

La danse de la joie s'impose ou pas.

Il tient à la main une housse de transport pour vêtements dont elle reconnaît l'enseigne inscrite dessus, c'est la boutique où elles ont choisi ensemble avec Judith et Libby leur robes. Elle remarque également qu'il a mauvaise mine. Est-ce qu'il dort mal ? Si c'est le cas, elle est bien contente, elle se sent devenir chèvre avec ses sautes d'humeurs et ses changements de comportement.

— Félicitations ! Vous avez enfin appris à sonner !
— Bonjour à vous aussi voisine !

Le policier lui passe devant et entre comme s'il habitait l'appartement.

— Fait comme chez toi, surtout ! chuchote t-elle agacée.
— Où puis-je vous déposer ça ?
— Euh ! Dans mon dressing, je ne vous montre pas le chemin ?!

Il ne relève pas ses remarques et entre dans le couloir puis la chambre.

— Que s'est-il passé ici ? Un défilé de mode ? ricane-t-il.
— Non ! Je cherchais quoi mettre pour demain.

— Ce que vous portez vous va très bien ! la complimente Spencer en la détaillant des pieds à la tête.

Il la regarde de cette façon dont elle pense qu'il ne va faire qu'une bouchée d'elle. pendant un quart de seconde elle se permet cette envie d'en faire son quatre heures. Il dépose la housse sur le lit et quitte la pièce.

— Merci !
— Pour ?
— La robe... et le compliment…
— ....
— Au fait, pourquoi avez-vous ma robe ?
— Le livreur s'est emmêlé les pinceaux avec les housses, alors vu que toute sa livraison était pour la résidence, j'ai tout pris.
— Je peux vous proposer un café, pour vous remercier ?

Il paraît aussi surpris qu'elle, mais pour Luke, c'est l'occasion d'apaiser la tension entre eux. Il s'installe à la même place que la dernière fois où il lui a rendu « visite ».

— Pourquoi ?

Ils se posent la question en même temps.

— Allez-y, poser votre question.lui dit Luke.

Elle lui tend son café et s'adosse à l'îlot juste à côté de lui.

— Pourquoi m'avoir laissé vous embrasser si vous n'êtes pas libre ?

Surprise par cette question, Luke avale son café de travers et manque de s'étouffer. Elle tousse plusieurs fois avant de réussir à lui répondre.

— Mais quel est le con qui vous a raconté ça ?
— Personne !
— Alors pourquoi cette question ?
— Au début, à cause de votre nom de famille. Puis, quand j'ai vu le comportement de l'homme avec vous hier, je me suis dit que ce n'est pas celui que j'ai déjà rencontré.

Elle se dit que ça ne doit pas tourner rond dans sa tête ou qu'elle a loupé quelque chose ? Quel homme a-t-il bien pu rencontrer, portant le même nom de famille qu'elle ? à part son père, elle ne voit vraiment pas.

— Vous avez rencontré mon père ?
— Votre père est flic ?
— Euh... non ! Alors de qui vous parlez ?
— Mario Di Stefano, ça vous parle ?

Elle n'en croit pas ses oreilles. D'ailleurs elle n'écoute même plus ce que dit Spencer, pétrifiée. Il lui prend la tasse des mains et la secoue légèrement par les épaules et elle finit par enfin réagir.

— C'est bon ! Je suis là.
— Alors ?
— Effectivement, je connais cet homme ! Dites-moi que vous ne lui avez pas dit que vous me connaissiez et pas donné l'adresse de la résidence ?
— Calmez-vous ! Il prend ses mains chaudes et tremblantes dans les siennes. Je ne dirai rien et je ne vois

pas pourquoi il viendrait jusqu'ici. Mais qui est-ce par rapport à vous ?

— Mon cousin. Elle lit dans son regard qu'il a de nombreuses questions à lui poser.

— Je ne peux rien vous dire de plus. N'insistez pas.

— Bien ! Et l'homme d'hier soir à qui vous étiez agrippé comme une puce sur un chien ?

— Pfff ! Alors là, aucun souci à se faire, il est marié.

— Ça n'empêche rien…

— Vous m'insultez là ! Vexée, elle retire brusquement ses mains.

— Ce n'est pas… je suis désolé, soupire-t-il en attrapant à nouveau ses mains avant qu'elle n'ait eu le temps de les cacher dans ses poches.

— Il s'appelle Mark et il est homosexuel ! En plus, je ne porte pas d'alliance, vous n'êtes pas très observateur pour un flic.

— C'est vrai ! Et vous, qu'aviez-vous à me demander ?

— Je me posais des questions sur la manière dont vous avez réagi dans la boutique ?

— C'est en rapport avec votre cousin, quand j'ai entendu votre nom, j'ai pensé que vous étiez sa femme.

— Houla, mais pas du tout !

— Et pourquoi Swareck ?

— Vous êtes bien curieux…

— Oh ! Allez Luke, on est plus à ça pret niveau confidences ! la pria le policier en lui souriant.

Elle se rend compte qu'elle apprécie quand il prononce son prénom avec cette intonation sensuelle dans la voix, ce qui la rend toute chose.

— Swareck, c'est le nom de mon père. En Espagne, les enfants portent le nom des deux familles et celui de la mère est en premier.

— D'accord, je ne le savais pas et c'est bon à savoir!

Il se lève, et, sans qu'elle ait le temps de faire ou dire quoi que ce soit, il l'embrasse, mais pas un doux baiser, non, il est intense, comme s'il en mourait d'envie depuis longtemps. Le deuxième, lui, se fait plus doux. Une fois de plus, elle le laisse s'emparer de ses lèvres. Ça ne devait pas se passer ainsi, ça ne devait pas se passer du tout! Mais la jeune femme se rend compte qu'elle apprécie ses baisers et la douceur de ses lèvres. Il l'attrape par les hanches et la hisse sur l'îlot, s'installe entre ses jambes et baisse légèrement la tête.

— Pourquoi ce choix de tenue?

Elle n'arrive pas à lui répondre, savourant son contact, étourdie par ces gestes auxquels elle ne s'attendait pas du tout.

— Luke?
— Humm!

Elle doit lui répondre, mais... ce petit moment interdit est tellement bon. C'est sans compter sur l'entêtement de Spencer qui s'arrête pour avoir sa réponse. Elle ouvre les yeux, le regarde étonnée, ses yeux pétillent, et la frustration prend place, lui non plus ne voulait pas stopper cet instant.

— J'ai un rendez-vous s'empresse t-elle de répondre.

— Quel genre de rendez-vous ?

— Vous êtes bien curieux, Monsieur !

— J'insiste, quel genre de rendez-vous ?

— Pour un entretien d'embauche !

— Hum !

Sans s'occuper de son planning, il reprend là où il en était. Tout à coup, elle sent un courant d'air frais sur sa poitrine. Il vient d'arracher les boutons de son chemisier !

— Mais, ça va pas ?!

— Apparemment ça ne sera pas avec ce chemisier !

Il la fait taire en l'embrassant, son baiser est doux et langoureux.

— Hummmmmmm !!!! Spencer !

Cette fois, elle ne peut se retenir, passe les mains sous son tee-shirt et lui enlève. Elle a besoin de le toucher, alors ses mains passent sur les parties de son corps accessibles, il est tout en muscles, et la fermeté de ses fesses la rend folle. C'est la première fois qu'elle ressent ça ! Avec Victor ce n'était pas pareil, il n'était pas si fougueux, si spontané, si... Elle s'interdit de penser à lui, referme cette porte du passé aussitôt.

Spencer la soulève, elle fait passer ses jambes autour de ses hanches, puis elle sent quelque chose de moelleux dans son dos, sûrement le canapé. Elle se délecte de ses baisers qui descendent jusqu'à sa poitrine, et déglutit bruyamment. Il continue de l'embrasser et détache à présent son soutien-gorge qui se dégrafe sur le devant.

Luke lui sourit, la tête dans les nuages et ne pense plus à rien. Ils sont parfaitement bien dans leur petite bulle et elle ne voit que Spencer et son corps de rêve..

— Oh ! Lâche t-elle soudainement.

Il vient de la mordiller à un endroit très stratégique qui lui réveille les sens, il remonte les mains au-dessus de sa tête et les maintiens. Avec son autre main, il tente de défaire le bouton de son pantalon.

Elle se crispe, en repensant à ce qu'elle a subit à cause de Victor, le jour où tout a basculé, ce souvenir la poursuit et la bloque dans ses relations.

— STOP !! crit-elle à présent, ne sachant pas si elle est encore dans son passé ou si elle le demande à Spencer. Celui-ci relève la tête, ne comprenant pas !

— Quoi ?
— Arrête s'il te plaît ! Demande t-elle plus sûre d'elle à présent.

Elle le repousse tout doucement.

— Mais, qu'est-ce qu'il t'arrive, explique moi ?

Spencer est atterré et ne sais pas comment réagir.

Elle lui pose un doigt sur la bouche pour le faire taire. Il lui donne un baiser et se recule légèrement. Sa vue se brouille, elle tente de se lever, mais Spencer la retient et la prend dans ses bras.

— Je suis désolée !
— Ne le sois pas !
— Je ne…
— Ne dis rien, la coupe-t-il. Ce n'est pas le bon moment…ne t'inquiète pas ce n'est pas grave..

Il l'embrasse sur le sommet de la tête, s'allonge sur le dos, la maintient dans ses bras et passe le plaid sur eux. Elle ressent une douce chaleur dans tout son corps. Il laisse la télé sur la comédie romantique française qui est diffusée. les yeux de Luke se ferment, elle ne voit pas la fin du film et s'endort paisiblement, bercée par les battements de son cœur et l'odeur de pop-corn qui s'échappe de la peau de son beau voisin.

C'est nouveau pour lui, mais il aime la sentir tout contre son corps. Il aurait aimé que ça se finisse autrement, mais il se contente de ça pour l'instant, elle n'est pas prête et il ne compte pas la forcer. Être là avec elle, c'est une première étape, à cette idée, Il sourit béatement. Lorsque le film est fini, il se lève et la prend dans ses bras pour l'emmener dans sa chambre.

Il couche Luke délicatement sur le lit, la recouvre du plaid, dégage quelques cheveux de son visage et y dépose un baiser. Elle est incroyablement belle et son visage est serein malgré la torture mentale qu'elle subit. Il l'embrasse une nouvelle fois et sort de sa chambre sans faire de bruit.

Il bloque la porte d'entrée avec un journal, descend rapidement les escaliers, récupère un tee-shirt dans sa chambre et indique à Judith de ne pas l'attendre.
Il n'attend pas sa réponse et remonte chez Luke qui dort toujours. Il zappe encore quelques instants et tombe sur un match de rugby. Pourquoi partir ? Il préfère être présent à son réveil, d'une part pour le plaisir de la revoir et d'autre part, avec son caractère c'est préférable. Il ne veut pas qu'une crise éclate entre eux. Il n'a même pas envie d'imaginer la scène.

Chapitre 10

La nuit tombée, Luke se réveille seule dans son lit, la panique l'envahit lorsqu'un bruit venant du salon attire son attention. Elle se lève rapidement et se rend compte qu'elle est toujours vêtue de son pantalon, mais qu'elle porte le tee-shirt de son voisin. Elle réfléchit quelques secondes afin de se souvenir comment il est arrivé sur elle, mais n'en a pas la moindre idée. À pas de loup, elle arrive dans le salon et sa surprise l'emporte sur la peur qui la tenaille. Lorsqu'elle aperçoit Spencer, il est installé dans le canapé, le plaid le recouvrant à peine, l'air tout à fait serein, regardant un match de rugby.

— Le son est trop fort, ça t'a réveillée ? demande-t-il sans même tourner la tête pour la regarder.
— Non ! Je…

Elle ne sait pas quoi dire ni quoi faire, ne comprend pas ce qu'il fait encore chez elle. Elle l'a repoussé, il est encore là et elle trouve ça très louche. Spencer tapote du plat de la main sur le canapé à côté de lui pour l'inviter à le rejoindre, Luke ne réagit pas tout de suite, ce qui incite Spencer à tourner la tête, alors il remarque son expression tiraillée.

— Lucinda ! souffle-t-il, quelque chose ne va pas ?

Elle braque son regard noir sur lui, comme s'il avait employé un mot défendu. Il ne comprend pas sa réaction. il se retrouve soudainement nez à nez car Spencer s'est mit à genoux sur le canapé pour être à la même hauteur que sa douce voisine. Doucement, il caresse sa main, Luke baisse la tête et regarde ce moment d'affection. Elle ne comprend vraiment pas pourquoi il est encore là, et pourquoi elle ne le met pas dehors maintenant ?!

Lorsqu'elle relève la tête, son regard s'est adouci. Il tire légèrement sur son poignet pour lui faire comprendre une nouvelle fois de le rejoindre. Elle déglutit et contourne le canapé. Elle s'accorde un instant au côté de cet homme, mais rien de plus, assis depuis quelques minutes, sans qu'il y ait de contact entre eux, Spencer soupire légèrement. Luke se demande si c'est parce qu'elle reste droite comme un « I » ou à cause de son match de rugby. Elle sait que ce n'est pas anodin, mais Spencer a mis son bras sur le haut du dossier du canapé en une discrète invitation à se coller à lui. Elle meurt d'envie de s'y lover, mais ne succombe pas à la tentation.

— Tu... Tu aimes le sport ? Le rugby ?
— Darling ! Tu as vu comme je suis bâti, tu as cru que je jouais au golf ? ironise-t-il.
— Tu pratiques ? ajoute-t-elle.
— Depuis que je sais marcher. Tu sais, chez nous, c'est un peu comme une tradition.
— Comme devenir policier ? Enfin, je suppose, se rattrape-t-elle ?

Elle tourne la tête, observant sa réaction.Spencer la regarde avec ce sourire adorable qui ne la laisse jamais indifférente. Il s'approche lentement, regarde sa bouche qui s'entrouvre, puis plonge à nouveau son regard dans le sien. Il pose ses lèvres sur les siennes pour un simple et doux baiser auquel elle répond. Mais Spencer devient plus gourmand et glisse son bras dans son dos pour la plaquer contre lui.

Luke passe ses mains dans ses cheveux et les lui agrippe. Un coup de sifflet venant de la télévision les arrête avant que leur étreinte n'ait le temps de se prolonger et se terminer à l'horizontale. Elle remercie silencieusement cet arbitre et alors qu'ils regardent tous les deux en direction de l'écran, Spencer soupire une nouvelle fois. Elle doit l'avouer, elle ne comprend rien à ce sport ! Se plaquer au sol avec une telle force c'est du grand n'importe quoi mais c'est surtout dangereux !

Elle soupire à son tour et s'agite sur le canapé, ce que Spencer ne manque pas de remarquer.

— Ça ne va pas ? demande-t-il.
— Si ! Non... je ne comprends rien à ce jeu, avoue-t-elle.

Spencer la regarde étrangement, avec un air ahuri.

— Qu'est-ce que j'ai dit ? sourit-elle.

Sans un mot, mais toujours l'air grave, il se redresse pour se tenir à son niveau.

— Quand je t'ai dit que c'était une tradition dans la famille, ce n'était pas de l'euphémisme.
— Ah !
— Tu veux que je t'explique les bases ?

Elle opine du chef, même si elle n'est pas certaine de le vouloir.

— Je ne te promets pas de tout comprendre, mais je t'écoute.

Pendant la page publicitaire, Spencer lui explique le minimum nécessaire. Il lui demande une feuille et un crayon à papier puis commence à dessiner le terrain, les perches, la 2ème et la 3ème ligne... etc. Elle décroche rapidement, mais reste tout de même sérieuse, le laissant parler de sa voix sensuelle et après quelque temps, il repose son matériel et ils s'installent de nouveau confortablement dans le canapé pour suivre le restant du match.

Spencer ne lui laisse pas le choix, l'attire à lui pour la garder lovée dans ses bras. Pendant la seconde période du match, Luke a beaucoup de mal à suivre les principales règles que Spencer lui explique pendant les différentes actions. Il fait courir ses doigts à plusieurs reprises de son épaule jusqu'au poignet. Les caresses ne la laissent pas indifférente et, les yeux dans le vague, elle regarde la télé sans plus y prêter attention.

Pendant tout ce temps, Spencer pense qu'elle est concentrée et que ses caresses ne la distraient pas. Mais il est bien loin du compte, le match à peine fini, elle se lève et d'un pas sûr se dirige vers la cuisine. Elle avale un grand verre d'eau. Il se lève à son tour pour la rejoindre car il sait que ce petit manège n'est qu'un subterfuge pour le fuir.

— Désolée, je suis malpolie. Tu veux boire quelque chose ?

— Un soda, si tu as

— Light !

— Je m'en contenterai, répond-il en levant les épaules.

Elle se tourne, se baisse dans le frigo et Spencer ne manque rien du spectacle qui s'offre à lui. La dernière fois qu'il l'a vue dans cette posture, elle avait un micro short, cette fois-ci, la sensation est la même, bien qu'elle porte un Jean. Lorsqu'elle bouge et lui tend la canette, il braque automatiquement ses yeux sur les siens, boit quelques gorgées et entend le ventre de Luke crier famine.

— Tu as faim ? intervient-il en pointant son ventre du doigt.

— Ça peut attendre ! dit Luke, balayant la réponse de la main.

— Il est tout de même 21 h.

— Déjà ! je ne pensais pas qu'il était si tard !

— Je vais te laisser alors ! Il passe la main dans ses cheveux pour cacher la gêne qui s'installe.

Spencer pose la canette sur le plan de travail, et, à contrecœur, se tourne vers la porte. Quelques pas le séparent de celle-ci et il espère qu'elle va le retenir. car il ne souhaite pas que cette journée se finisse ainsi, Luke n'en fait rien, elle reste figée dans la cuisine, même si son cœur lui dit de bouger et de le rattraper, son corps, ce traître ne lui obéit pas.
Sa raison lui intime de le laisser partir, que c'est mieux ainsi, mais après quelques secondes, elle ne réfléchit pas et court à son tour vers la porte, avant de détaler dans les escaliers pour le rattraper.

— Spencer att…

Dans sa précipitation, Luke manque une marche et s'affale sur Spencer qui la rattrape de justesse. Il la garde dans ses bras, l'observe attentivement, sa beauté naturelle le subjugue, elle est décoiffée, a le souffle court et il en profite pour la taquiner.

— Je te manquais déjà, Darling ?
— Oui, non ! Elle lui donne une tape sur l'épaule et se reprend. Veux-tu… veux-tu que l'on mange ensemble ?
— Tu es sûre ?
— Puisque je te le demande ! sourit-elle timidement.

Une joie intérieure s'empare de Spencer ! Un dîner improvisé c'est déjà un bon début.

— De quoi as-tu envie ? Propose Luke.

La réponse reste en suspens, mais lorsque Spencer veut y répondre, il lit dans les yeux de la jeune femme qu'elle désire la même chose que lui. La tension sexuelle est palpable, une douce chaleur parcourt le corps de Luke qui se presse un peu plus contre Spencer. Il ne sait plus où donner de la tête avec sa charmante mais pénible voisine. Elle le désire autant qu'il la veut, mais parfois il y a cet éclair dans son regard et ensuite, tout bascule dans le mauvais sens, elle s'éloigne et prends la fuite. Avant qu'elle ne quitte ses bras pour retourner dans son appartement, il lui propose la première chose qui lui vient à l'esprit.

— Pizza ?

— Parfait ! réagit-elle trop rapidement.

Spencer attrape sa main pour la ramener à l'appartement. Luke a un moment d'hésitation, puis le laisse faire. Arrivée dans la cuisine, elle sort d'un tiroir un flyer, marque d'une croix sa sélection et lui tend la feuille.

— Tiens, choisis celle que tu veux.
— Parfait ! Je passe commande alors.

Elle se dirige vers le couloir qui mène à sa chambre.

— Ça ne te dérange pas si je vais prendre une douche ? Demande t-elle en se retournant.
— J'attendrai le livreur, en tentant de ne pas t'imaginer nue sous l'eau qui déferle sur ton corps magnifique, continue-t-il plus bas pour ne pas qu'elle l'entende.
— L'argent est dans le tiroir ! crie-t-elle.
— Pas question, je t'invite !
— Mais ! s'oppose-t-elle en sortant uniquement la tête de la salle de bain.
De sa place contre le plan de travail, il la voit parfaitement bien.
— Pas de « mais », vas prendre cette fichue douche et, pour l'amour de Dieu, fermes cette porte à clé…

Luke rit devant son miroir et voit ses yeux s'agrandir lorsqu'elle repense à la dernière remarque de Spencer. Elle sait qu'il n'y a pas lieu de s'inquiéter ou d'avoir peur, qu'il ne franchira pas cette ligne sans son accord. Prend-il le fait qu'elle ait choisi cette salle de bain plutôt que celle qui se trouve dans sa chambre pour une invitation ? La réponse arrive, sans qu'elle ait besoin de réfléchir.

Elle ne le craint pas, au contraire, et c'est ça qui lui fait peur. Elle appréhende le futur qui l'attend, elle se demande ce qui pourrait arriver si... ses idées dérivent vers des pensées trop négatives. Le moment est plutôt agréable alors il faut oublier ces idées sombres. Elle entre dans la douche, ne réfléchit plus et profite tout simplement du jet chaud qui recouvre son corps. Alors qu'elle ferme le robinet, la porte de l'appartement claque.

Elle s'habille rapidement et sort de la salle de bain. Quelques secondes après, la porte s'ouvre et se referme à nouveau. Spencer entre les clés dans la main comme s'il était chez lui, ce qui choque Luke pendant quelques secondes. Elle le regarde poser les boîtes de pizza et le trousseau sur l'îlot central.. Elle pourrait essayer...tenter de se laisser aller juste pour voir où ça les mène, Spencer passe ses bras autour de ses hanches et la prend dans ses bras, ce qui la sort de ses élucubrations.

Elle n'est pas surprise, mais plutôt apaisée par son contact. Elle sait déjà que ça va aller plus loin, ça va toujours plus loin dès qu'il la touche. Doucement, il la retourne pour lui faire face, caresse ses bras et lui vole un baiser. Il lui sourit, puis recommence, pour le plus grand plaisir de la jeune femme et c'est à cet instant qu'il remarque qu'elle s'est changée. Elle ne porte plus que son grand maillot de basket. Son regard gourmand se promène sur ce corps à moitié dénudé, Spencer n'écoute alors que son instinct primaire, Luke se retrouve, une fois de plus, assise sur l'îlot central, et un beau voisin entre les jambes. Elle est indécise sur la marche à suivre et cette situation l'agace alors elle tente une diversion.

— Et Judith ? lance-t-elle.

Spencer s'arrête net et laisse ses mains en suspens.

— Quoi Judith ?
— Tu ne l'as pas prévenue ?
— Je ne suis pas un enfant qui a besoin de la permission de quelqu'un, Darling ! Je lui ai simplement dit de ne pas m'attendre.
— Elle ne t'a pas posé de questions en te voyant arriver sans ton tee-shirt ?
— Elle n'en a pas eu le temps !
— Ah, d'accord !

Luke embrasse Spencer, le regarde un instant, puis recommence, comme si elle venait de prendre une décision, fait sauter une barrière. Elle passe ses mains dans sa nuque et l'enlace plus fort. Elle ne sait pas où ça va la mener, mais à cet instant, elle a besoin de ça. Elle passe les mains sous son tee-shirt et le sent frémir lorsqu'elle commence à parcourir son buste de ses mains froides.

— Luke !
— Hum ?!
— On ne devrait pas… il s'écarte à contrecœur.
— Oui, tu as raison… Cette simple phrase la retourne, mais elle ne le montre pas.
— Ce n'est pas ce que je veux dire... mais…
— N'ajoute rien. Je comprends !

— Que comprends-tu ? s'impatiente-t-il.

— Que tu n'as pas envie d'aller plus loin ! C'est bien ce que tu voulais dire ?

Il passe une main sur son visage et la regarde intensément. Elle n'est pas du genre fleur bleue, mais si lui aussi est indécis sur ce qui se passe entre eux... elle ne sait pas. Devant son mutisme, elle desserre son étreinte et descend de son perchoir puis s'écarte légèrement, mais Spencer la retient par la taille et la plaque dos contre lui.

Il hume le parfum mangue qui émane de son cou, Luke gigote un peu, ne souhaite pas vraiment rester dans ses bras, la fuite est la solution comme à son habitude, sauf que le policier est en mesure de lui prouver qu'elle a tord sur ces intentions.

— Tu sens ça ? souffle-t-il dans son oreille, souriant quand il aperçoit le « O » qui se forment sur ses lèvres.

Elle se retourne et timidement, lui sourit à son tour.

— Mon état te fait-il penser que je n'ai pas envie de toi ?

— Non. Mais...

— Je m'excuse de m'être mal exprimé, mais c'est parce que je ne veux pas te brusquer.

Un gentleman se serait-il caché sous ce gros nounours ? Spencer serait-il un homme doux et attentionné. Elle pose la tête sur son buste, c'est à ce moment qu'il en profite pour l'enlacer, l'embrasser sur la tête et y pose son menton. Ils restent ainsi pendant quelques minutes.

Spencer émet un grognement et Luke soupire. Le ding du four brise ce moment de sérénité et de tendresse. Spencer a dû mettre leur repas au chaud car il avait d'autres projets tout aussi appétissants en tête avec son "attachiante" de voisine.

— Les pizzas ! chuchote-t-elle.
— Oui, les pizzas… confirme le policier.

Malgré la frustration, ils s'installent autour de l'îlot et attaquent leur repas tranquillement après que Luke ait ouvert une bouteille de vin rouge. Ils passent de longues minutes silencieuses, à se regarder ne pensant plus à leur repas qui touche bientôt à sa fin.

— Où est-ce que tu mets tout ça ? se demande-t-il, l'air espiègle.
— Dans mon ventre, pardi, lui répond Luke.
— Oh madame a de l'humour !

Avant de lui répondre Luke lui tire la langue puis sourit.

— Je fais beaucoup de sport. La salle en bas est plutôt bien équipée.
— C'est vrai, j'y passe une à deux fois par semaine.
— J'aimerais bien taquiner le ring un jour ?
— Dis moi quand, je serais ton instructeur si tu le souhaites ?

— On verra, pour le moment, j'ai trop mangé. Un film serait plus approprié à mon état ? enchaîne-t-elle avec un rire léger..

— Tu as un entretien demain si mes souvenirs sont bons ?

Luke sourit devant son côté papa ours, mais continue de jouer le jeu.

— Dans l'après-midi. Avoue t-elle avec une moue attendrissante.

— Alors , on se le regarde ce film? Répond t-il faisant semblant de ne pas voir la moquerie de la jeune femme à son encontre.

Spencer n'hésite pas à la lover contre lui et c'est sans aucune appréhension qu'elle se colle à son charmant et prévenant policier.

— Un film d'action ? souhaite le jeune homme en espérant qu'elle ne propose pas une comédie à l'eau de rose.

— Parfait, je suis pas fan des films cucul la praline!

La soirée se passe parfaitement bien. Entre deux volets de la saga mondialement connue où Bruce Willis incarne un flic new-yorkais, Luke prépare du pop-corn. Ils rient sur certaines répliques, mais elle commence à s'assoupir au milieu du troisième épisode. Spencer se décale légèrement, place un oreiller sur ses cuisses et y dépose délicatement la tête de Luke. Il déploie également le plaid sur elle afin qu'elle n'ait pas froid.

161

En se réveillant, Spencer passe une main sur sa nuque endolorie. Il ouvre les yeux, remarque que le plaid le recouvre et que Luke n'est plus là. Il entend un fonds de musique, se lève, suit le son jusqu'au coin cuisine et observe Luke discrètement. Elle danse sur une chanson entraînante qui ne lui est pas inconnue tout en préparant le petit déjeuner.

— Bien dormi ? demande-t-elle en se tournant vers lui.
— Merveilleusement bien !

Il parcourt la distance qui les sépare, l'encercle de ses bras, plonge son nez dans sa nuque, et hume son odeur qu'il adore.

— Menteur ! le canapé n'est pas si confortable, rit-elle.

Quelqu'un toc à la porte.

— Tu attends de la visite ?
— Jamais avant 10 h ! répond-elle en trottinant vers la porte.

Celle-ci s'ouvre sur une Judith apeurée et en colère. Elle n'attend pas que Luke l'invite à entrer et passe devant elle. Décidément, ce comportement est de famille, se dit Luke..

— Bonjour Luke, excuse-moi pour mes manières !
— Entre, je t'en prie, ironise-t-elle.
— Tu n'as pas honte ? Tu n'étais pas là hier soir lorsque je me suis endormie, et à mon réveil tu n'étais pas

là non plus ! râle Judith en pointant son index vers son oncle.

Ce dernier sourit et regarde Luke qui en fait de même.

— Es-tu en train de me passer un savon parce que j'ai découché ?

— Exactement.

— Je m'excuse, mais ce que je fais de ma vie privée ne te regarde en rien jeune fille ! reprend-il tout sérieux.

Mais il ne peut s'empêcher de regarder Luke qui ne le lâche pas du regard. Judith fait le lien en à peine une seconde et sourit.

— Attendez tous les deux ! vous avez passé la nuit ensemble ? Son index passe de Luke à Spencer à plusieurs reprises.

— Oui… répond Luke sincèrement.

— Pour la deuxième fois, ça ne te regarde pas… et puis quoi encore ? intervient Spencer en lui coupant la parole.

Luke affiche un sourire que Spencer ne lui connaissait pas jusque-là ! Il trouve cela très intrigant, mais ce n'est pas le moment d'en parler alors il s'intéresse de nouveau à sa nièce.

— Tu n'avais pas quelque chose de prévu, comme un rendez-vous avec le Doyen ?

— J'y vais justement ! Et n'oublies pas d'appeler le propriétaire. Je voudrais savoir si ça ne le dérange pas que je fasse une fête au bord de la piscine.

— Dès que je rentre, je l'appelle…

— Je peux vous affirmer que …ça ne le dérangera pas !

Luke se retrouve avec deux paires d'yeux braqués sur elle. Elle déglutit et poursuit.

— Enfin, je suppose, et puis, on ne le voit jamais.

Si cette excuse ne passe pas au niveau de Spencer, elle lui dira la vérité. Judith repart, comme elle est arrivée. Ils passent à table pour le petit déjeuner et rient de l'interruption faite par la jeune fille.

— Si Judith ne t'a pas invité pour ce soir, sache que je le fais ! annonce-t-il l'air de rien.

— Merci, mais effectivement, elle t'a devancé.

— Super ! Je crois que c'est pour 20 h. On se rejoint ici ou chez moi ?

— Euh… mais pourquoi ne pas me rejoindre en bas directement ?

Luke pressent que ça ne va pas plaire à Spencer, mais comment lui expliquer qu'elle ne souhaite pas prendre de risque ?

— Au cas où j'arrive en retard, tu sais, mon entretien peut s'éterniser, essaie-t-elle d'amorcer.

Il ne sait vraiment pas comment réagir face à cette remarque. Ils passent un super moment ensemble, mais elle ne veut pas être vue avec lui ! Il trouve cette réaction trop intense et, énervé, finit son café et se lève devant une Luke surprise par son comportement.

— Je te remercie pour le petit déjeuner et pour le reste, je te laisse te préparer, annonce-t-il simplement.

Il contourne l'îlot, hésite à embrasser la jeune femme, dépose tout de même un baiser sur sa tempe et sort de l'appartement. En entendant la porte claquer, Luke pose sa tasse lourdement et abandonne l'idée de manger, l'appétit coupé par ce qui vient de se passer. C'est l'esprit embrouillé et la tête remplie de questions qu'elle se prépare. Elle cherche ce qu'elle va porter et tombe sur une jolie robe noire cintrée qu'elle portera avec une veste de tailleur rouge.

— Quelle idiote tu es ! Tu as passé les meilleurs vingt-quatre heures depuis... depuis si longtemps que tu ne sais pas à quand ça remonte et tu jettes cette personne au premier obstacle qui arrive.

C'est nouveau ça, elle se parle à elle-même.

Il faut qu'elle explique tout à Spencer parce que si elle attend, il partira, elle en est certaine.

La douche détend ses membres endoloris et, sans le vouloir, un souvenir surgit de nulle part.

Victor est venu la voir aujourd'hui, mais sa mère ne l'a pas laissé entrer dans la maison, une nouvelle fois.

Elle est donc sortie avec lui dans le parc. Ils vont finir par le connaître par cœur à cette allure. Bien évidemment, il n'a pas droit d'entrer, mais elle n'a pas le droit non plus de sortir du périmètre de la maison.

— Pourquoi ne veux-tu pas le laisser entrer ? avait-elle osé demander.

— Je ne le connais pas ! avait répondu sa mère.

— Justement, si tu ne le laisses pas entrer, comment veux-tu apprendre à le connaître ?

— Arrête de discuter Lucinda ! Crie Graziella, en sortant du salon.

Voilà ! C'est le genre de discussion que Lucinda a avec sa mère et a l'impression que c'est ainsi depuis toujours.

Quelques jours plus tard, sa mère revenait d'un séminaire et elle a trouvé Victor assis dans l'un de ses fabuleux fauteuils Voltaire. Sa voix est montée dans les aigus, en le menaçant, mais s'est brusquement interrompue en voyant son mari assis dans le fauteuil d'en face.

— Mais... Son regard passait de son mari à Victor.

— Graziella ! Tu ne souhaites pas apprendre à connaître l'ami de ta fille, alors je le fais pour deux. Poursuivons, ajoute t-il en revenant au jeune homme. Que fais-tu dans la vie ?

Sa mère est sortie aussitôt de la pièce, faisant claquer ses talons sur le carrelage, bien plus fort que nécessaire.

— J'apprends la menuiserie, Monsieur.

Victor est un peu plus vieux que Lucinda. Son père le remarque à cet instant, mais ne dit rien.

— Bien ! Et tu vis encore chez tes parents ?

— Papa ? rugit Lucinda connaissant déjà la réponse.

— Ce n'est rien, l'interrompt Victor. Il pose la main sur celle de la jeune fille. Je vis avec mon frère aîné, il est barman.

— Avez-vous de mauvaises fréquentations ?

— Écoutez, Monsieur... si je peux me permettre, quelles que soient mes fréquentations, je vous donne ma parole qu'elles n'entacheront en rien ma relation avec votre fille.

— Bien, dit mon père en se levant et en tendant une main à Victor. Elle a la permission de minuit, mais pas après.

— Oh ! merci papa.

— Bonne soirée, Monsieur.

Victor l'a emmenée manger dans un fast-food et ils sont allés au cinéma. Ensuite, ils se sont promenés sur la jetée pour voir le coucher du soleil, main dans la main. C'était si romantique. Ils sont revenus sur le perron à 23 h 55. Victor lui a donné le plus doux et sensuel des baisers qu'elle ait reçu jusqu'à ce jour. Cette soirée a été merveilleuse. Ils se sont bien amusés et ont beaucoup ri. Les suivantes se sont corsées en moins de temps qu'il en a fallu pour s'en rendre compte...

Luke reprend contenance, sort de la douche et se prépare. Une petite touche de maquillage, crayon, mascara, blush, gloss. Elle attrape sa veste et se rend au sous-sol. Et là, surprise !

— Quel est le con qui s'est collé à mon cul ?! râle-t-elle comme un charretier.

Elle regarde sa montre, pas le temps de faire le tour de la propriété. Elle sort de la résidence et court jusqu'à l'arrêt de bus le plus proche. Vingt minutes plus tard, elle arrive enfin devant l'entreprise. La bâtisse est entièrement en verre et le nom « Wynford » est écrit en gros caractère rouge sur toute la longueur de la façade. Luke un peu stressée, vérifie une dernière fois son book et sa tenue, respire profondément et pousse la porte-tourniquet.

Chapitre 11

Luke respire un bon coup et se dirige vers le comptoir d'accueil. Devant elle, se tient, assise, une jeune femme blonde aux cheveux tirés par un chignon bas d'où ne sort aucune mèche rebelle. La jeune femme relève la tête et regarde Luke en plaquant un sourire typiquement professionnel sur son visage. Elle porte des lunettes carrées et un tailleur noir : le profil type de la parfaite secrétaire. Mais Luke est loin d'être intimidé par ce cliché.

— Bonjour, bienvenue chez Wynford et Fils. Que puis-je pour vous ?

— Bonjour, j'ai rendez-vous avec Monsieur Wynford à 14 h. Pouvez-vous lui dire que Mademoiselle Di Stefano Swareck est là ?

— Père ou fils ?

— Pardon ? s'étonne-t-elle.

— Votre rendez-vous est avec Monsieur Wynford père, ou Monsieur Wynford fils ? soupire la standardiste.

— Oh ! Je ne savais pas qu'il avait un fils ! j'ai rendez vous avec Monsieur Wynford père.

— Bien, je vous fais patienter le temps de le prévenir.

La jeune femme blonde lui montre un petit salon sur sa droite, une sorte d'Open Space. Des fauteuils en cuir noir sont installés autour d'une table basse en verre sur laquelle sont posées des revues. Luke en attrape une, s'assoit dans un des sièges et découvre que le maître des lieux est à l'honneur dans ce magazine. Elle a du mal à reconnaître l'ami de ses parents, mais il faut dire qu'elle avait à peine huit ans la dernière fois qu'elle l'a vu.

Les portes de l'ascenseur s'ouvrent et se referment à plusieurs reprises, mais Luke ne voit pas l'ombre de la personne avec qui elle avait rendez-vous il y a déjà trente minutes.
Elle patiente encore un peu, même si ce n'est pas son fort, referme le livre qu'elle a survolé deux fois, se lève et d'un pas décidé retourne voir la secrétaire.

— Excusez-moi, Monsieur Wynford...
— Est derrière vous, Mademoiselle.

La standardiste lui sourit. Luke entend un raclement de gorge et se retourne sur un homme d'âge mûr, toutefois bien conservé certainement grâce à la chirurgie. Seuls ses cheveux brun méchés de blanc sont naturels. On voit tout de suite que c'est un homme qui prend soin de lui. Rasé de près, fragrance de parfum très cher, il la regarde en souriant et ses yeux couleur noisette lui rappellent quelqu'un, mais elle n'arrive pas à mettre tout de suite un prénom dessus.

— Lucinda ! Tu es devenue une belle jeune femme, comment vas-tu ? demande l'homme en lui tendant la main.

— C'est Luke, s'il vous plaît. Et mis à part le fait que vous m'ayez fait attendre plus de trente minutes, ça va ! Elle sert sa main et la retire presque aussitôt.

— Ok Luke ! ricane-t-il. Lorsque j'ai eu ton père au téléphone, il m'a mit en garde contre ton caractère. Appelle moi Vincent et tutoyons-nous, après tout je te connais depuis ton enfance.

— Bien ! Alors, tu comptes me faire passer l'entretien dans le hall de ton entreprise ? dit-elle soudain en le voyant sourire face à son énervement.

Il pose sa main dans le milieu du dos de la jeune femme et de l'autre lui indique les ascenseurs. Luke fait un pas de côté gêné par ce rapprochement et suit Vincent qui commence à lui présenter l'entreprise.

— Au rez-de-chaussée, il y a le restaurant et les salles de détente pour les employés. Sur les trois premiers étages, ce sont les ressources humaines, les secrétaires, les comptables. Et du quatrième au sixième, les Designers, les Architectes et mon bureau.

— Ok ! À chacun son étage, c'est une très bonne organisation. Au moins, personne ne se marche sur les pieds !

— C'est ainsi que je voyais les choses en développant mes entreprises.

— Tes entreprises ! Mais combien en as-tu ?

— Il y en a une en France qui compte une centaine d'employés et une plus petite en Allemagne. Tu sais, dans le monde de l'architecture, au début ça fonctionne avec le bouche-à-oreille, mais une fois que ton nom est connu tu es beaucoup sollicité. Je n'ai pas démarché un seul client depuis des années, ils me suivent comme un chat qui poursuit un papillon. Ils me font confiance... mes entreprises naissent là où il y a mes plus gros clients, ça m'évite de courir partout et de ne plus savoir où donner de la tête. J'emploie les meilleures personnes, ils sortent majors de leurs promotions, avec un regard neuf, ça plait beaucoup. Mais je veille au grain et je donne toujours mon aval avant chaque début de chantier.

— Ça promet d'être intéressant, sourit Luke. Les salles de détente, à quoi cela correspond, au juste ?

— Après le repas, s'ils le souhaitent, les employés peuvent prendre trente minutes pour se reposer avant de reprendre le travail. Les pièces sont équipées de lumière bleue tamisée et de lits.

— Bien ! Et dans tout ça, où sont les stagiaires ?

— Pardon ?

— Tu sais, les gens comme moi, encore aux études et qui ont besoin de…

— Il n'y a aucun stagiaire ici !

Luke est sceptique, pourquoi son père l'aurait-il envoyé ici, sinon ?! Elle n'en dit pas plus pour le moment, il se moque peut-être d'elle. En l'espace de quelques secondes, les portes de l'ascenseur s'ouvrent au sixième étage. Ils traversent le long couloir silencieux et passent devant des bureaux aux portes closes. D'autres sont ouverts sur des secrétaires qui ne lèvent même pas la tête de leur écran à leur passage.

Vincent ouvre une porte sur une grande pièce au parquet en bois, très bien éclairée grâce aux baies vitrées qui occupent trois des murs. Il y a un grand bureau en bois massif au centre, une table de dessin moderne à gauche, ainsi qu'une table de réunion. Elle aperçoit des fauteuils en cuir noir ainsi qu'une table basse derrière un auvent en bois. Vincent l'invite à y pénétrer.

— Ton bureau est classe, mais très impersonnel, ose-t-elle en touchant du bout des doigts le bureau.

L'homme se plante devant elle, l'air serein.

— Décore-le à ton goût et si tu n'aimes pas le mobilier, appelle le décorateur.

Luke fronce les sourcils, ne comprend rien à ce qu'il lui dit.

— Tu me laisses carte blanche ? C'est un test ?
— Luke, ceci est ton bureau, pas le mien !

Elle s'assoit sur le coin du bureau et croise ses bras sur sa poitrine.

— C'est ridicule Vincent, une stagiaire n'a pas besoin d'un si grand bureau. Un placard à balais arrangé me conviendrait parfaitement. En plus je suis sur que tu me feras faire…
— Luke, tu ne m'as pas compris, je crois : « il. n'y. a. pas. de. stagiaire. ici », dit-il en détachant chaque mot. Ici, tu seras présentée et considérée comme une employée à part entière.
— Mais... j'ai si peu d'expérience et je ne suis pas encore diplômée, s'insurge-t-elle.
— Ce n'est que l'affaire de quelques mois, non ?
— Oui, mais…
— Il n'y a pas de « mais », Luke, tu auras la même rémunération que les autres membres du staff. Quand tu seras diplômée, tu pourras si tu le souhaites, passer architecte titulaire. Sur la pancarte pour la place de parking, que veux-tu que je fasse inscrire ? conclut-il.

— Euh... inscrit ce que tu veux sauf Lucinda, s'il te plaît, répond-elle, les yeux dans le vague, se demandant encore si elle ne rêve pas.

Il sort du bureau et Luke s'étonne d'entendre le rire de son patron se répercuter contre les parois du couloir. Apparemment, « l'entretien » est terminé. Chamboulée par les propos de Vincent, elle contourne le bureau et s'assoit sur le fauteuil. Une pensée fait son chemin et elle se demande si son père a quelque chose à voir là-dedans.

Elle attrape son téléphone pour en avoir le cœur net, mais seule la voix de sa messagerie se fait entendre. Elle le rappellera plus tard. Luke se lève, fait le tour de la pièce et arrive dans le coin détente. Elle y découvre une porte cachée dans le mur et presse ses mains sur le panneau. Il y a une petite pièce comportant une douche et un cabinet de toilette ainsi qu'une kitchenette.

Elle ouvre les portes des placards, ils sont emplit de la vaisselle, d'ustensiles de cuisine et même, de quoi préparer des boissons chaudes. Sur le plan de travail deux cafetières différentes et une machine à thé. Elle opte pour sa boisson préférée à la menthe, retourne s'asseoir, ouvre l'ordinateur portable et y jette un œil. Il y a tous les logiciels indispensables, ainsi qu'une tablette tactile et un stylet pour le design. Même le téléphone est du dernier cri.

— C'est incroyable ! s'étonne Luke en se calant dans son fauteuil.

Lorsqu'on toque à la porte, elle sursaute. Perdue dans ses pensées, perturbée par ce qui vient de se passer.

Au même instant, son smartphone vibre, annonçant l'arrivée d'un SMS de Judith.

N'oublie pas de venir déguisée.

— Ce n'est pas vrai ! elle me prévient trois heures avant, rumine-t-elle.

On frappe à nouveau.

— Entrez ! crie-t-elle, bien plus fort que nécessaire.
— Excusez-moi de vous déranger…

La petite tête blonde de la standardiste passe la porte.

— Monsieur Wynford m'a demandé de vous déposer votre badge pour le parking, ainsi que le dossier du dernier appel d'offre, annonce-t-elle en se déchargeant les bras sur la petite table d'appoint près de la porte.
— Je vous remercie…euh quel est votre prénom ?
— Lydia, Madame Di Stefano Swareck ! Monsieur Wynford vous attend, si vous voulez qu'il vous dépose quelque part, c'est le moment.
— Merci, Lydia, dites à Vincent que je descends tout de suite. Et s'il vous plaît, pas de « Madame » avec moi, je m'appelle Luke !
— Bien, Ma…Luke, Bonne journée !

Luke se lève, attrape son téléphone et appelle Libby qui, elle aussi, est sur répondeur.

— Ce soir, c'est l'anniversaire de Judith au bord de la piscine et il nous faut un déguisement. As-tu toujours celui de SailorMoon ? Moi, j'ai le mien ! Rappelle-moi, bisous…

Lorsqu'elle sort enfin de l'entreprise, Vincent l'attend adossé à sa voiture. Un sourire adoucit son visage et son physique de beau gosse lui laisse à penser qu'il doit plaire énormément aux femmes. D'ailleurs, ils auraient le même âge, elle ne resterait peut-être pas indifférente.

— Pas mal ton bolide.

— Un vrai attrape minette !

— Tu m'en diras tant, mais ne crois pas que ça fonctionnera avec moi !

— Je te rassure, Luci… Luke, ce n'est pas ce que je cherche à faire. Tu pourrais être ma fille.

— Mais au fait, tu n'étais pas marié et avec des enfants ? rétorque-t-elle.

— Ça fait bien longtemps, soupire-t-il en gardant les yeux rivés sur la route.

— Oh ! je suis désolée, je ne savais pas Vincent.

Le trajet se passe bien et Luke reste silencieuse pour ne pas faire d'autres boulettes. Mais Vincent lui pose quelques questions auxquelles elle se sent obligée de répondre, sans trop entrer dans les détails. Lorsqu'il se gare le long du trottoir, des personnes déguisées entrent dans la résidence.

— Ça sent la fête ici !

— La voisine fête ses vingt ans, mais j'ai bien l'impression qu'ils sont en avance ! s'interroge-t-elle en regardant sa montre qui indique dix huit heures trente.

— Ils sont bien loin mes vingt ! sourit-il.

— Je n'ai pas de souvenirs d'une fête pour les miens, ajoute-t-elle en baissant la tête.

La main de Vincent apparaît devant ses yeux et la pose délicatement sur la sienne pour la réconforter. Mais Luke n'apprécie pas qu'on s'impose dans sa bulle sans son autorisation. Elle lève la tête et le regarde. Il connaît son passé et lorsqu'elle lit de la pitié dans ses yeux, elle enlève sa main doucement sans le brusquer.

— Mardi 9 h ? propose-t-il.
— Pourquoi pas lundi ? demande-t-elle, surprise.
— Tu peux venir lundi si tu veux, je te laisserais prendre tes marques. Mais tu ne commenceras que mardi.
— Ok patron ! dit-elle avec un entrain non dissimulé.

Il sort de la voiture, en fait le tour, lui ouvre la portière et lui tend la main pour l'aider à sortir de la Lamborghini. Vincent embrasse Luke sur la joue et repart sur les chapeaux de roues.
Elle prend le chemin de la résidence et aperçoit Spencer devant l'entrée. Il n'est pas encore déguisé et lui lance un regard noir. Elle s'avance en lui souriant, contente de le voir, mais il reste neutre. Elle se plante devant lui et ce n'est que quelques secondes plus tard qu'il daigne la regarder.

— Bonsoir ! lance-t-elle le sourire aux lèvres.
— Qui était-ce ? attaque-t-il, l'air bizarre.
— Euh... pourquoi ? Elle ne comprend pas son comportement.

— Allez, Luke, dis moi qui est cet homme ? Il attrape son poignet et caresse l'intérieur, son regard se fait plus doux.

— Vincent !

— Et ? insiste-t-il.

— C'est la personne avec qui j'ai passé toute mon après-midi. Visite de l'entreprise, entretien… énumère-t-elle avec un air taquin. Luke voit apparaître l'ombre de quelque chose qu'elle connaît bien. La jalousie qui s'immisce tout doucement entre eux.

— Et dans cette entreprise, ils ramènent souvent leurs futurs employés ? Tu n'as pas pris ta voiture pour t'y rendre ? Et tu l'appelles déjà par son prénom ! dit-il avec un mélange de tristesse et de rancœur dans la voix.

Luke ne sourit plus, la situation tourne à l'orage, ça ne lui plaît pas plus que ça. Elle n'aime pas que l'on s'occupe de ses affaires.

— Je n'ai pas pu la prendre, un connard s'est garé derrière moi et a bloqué ma voiture.

— Tu lui as fait la bise, alors que tu le connais à peine…

— Je devais le remercier, ça arrive quand deux personnes s'apprécient.

— Ne dis pas ça !

Apparemment, il n'aime pas partager, mais elle ne peut s'empêcher de le tester. Spencer remonte sa main sur son bras tandis que l'autre l'encercle. Il l'attire contre son corps et la regarde dans les yeux. Il se contente de ses brèves réponses, mais il pense sérieusement faire une recherche sur ce fameux Vincent.

— À quel point m'apprécies-tu, Luke ? demande le policier d'un air sérieux qu'elle ne lui connaissait pas encore.

Elle ne peut s'empêcher de glousser,

— Je... euh... je ne sais pas.

Elle lui dépose un baiser sur la joue, puis un deuxième sur le coin des lèvres et lui sourit.

— C'est déjà un degré très élevé, lui chuchote-t-il en souriant.

— Peut-être bien, oui !

— Peut-être n'est pas dans mon vocabulaire, Luke.

Elle tente de se dégager, mais Spencer resserre son étreinte, pose son front contre le sien et ferme les yeux. Luke fait de même et soupire d'aise.

— Ma journée a été d'un ennui ! Tu m'as manqué, Luke ! souffle-t-il d'une voix grave.

— Ah oui ?! Feint-elle. Toi aussi, tu m'as un petit peu manqué.

— Tu vas me rendre fou, grogne-t-il.

— Sache que je connais Vincent depuis un moment déjà !

— Ah oui ?

— Oui ! C'est un ami de mes parents.

— Ça ne me rassure pas pour autant ! Il a l'air d'un coureur de jupons et doit attirer pas mal de jolies filles avec sa voiture de riche frimeur.

— Rassure-toi, je ne suis pas de celles qu'on arrive à mettre dans son lit grâce à la marque de sa voiture. Et il pourrait être mon père dit-elle avec un ton rieur.

Spencer resserre son étreinte. Luke perd le contrôle, elle le sait immédiatement. Son bas ventre se contracte, ses jambes deviennent molles comme du coton. Elle sourit en sentant son érection contre elle. Spencer l'entraîne dans ce baiser fougueux.

Ce baiser est doux, sensuel, il réveille cette sensation de papillon dans tout son corps... elle souhaite qu'il ne s'arrête pas et lui fait comprendre en intensifiant leur étreinte. Une partie d'elle veut être dans ses bras, mais la même petite voix dans sa tête lui dit qu'elle n'y a pas droit. C'est au même moment qu'elle se sent observée, mais n'y prête pas attention.

Les amis de Judith arrivent en groupe et les sifflent, gentiment, mais la gêne persiste et ses poils se hérissent. Brutalement, elle met fin au baiser, se détache de Spencer qui ne comprend pas sa réaction. Elle se retourne et regarde partout autour d'eux, mais ne voit rien ni personne. Spencer la tourne brusquement vers lui, mais elle n'ose le regarder. Elle sursaute en entendant une portière claquer et une voiture partir sur les chapeaux de roues.

— Luke, regarde-moi ! insiste Spencer.

Elle secoue la tête, a honte de sa réaction, elle qui s'était promis de ne plus avoir peur de cet homme qui hante parfois ses nuits.

— Regarde-moi bordel ! gronde Spencer à présent. Du revers de la main, il caresse la joue de Luke et relève son visage vers le sien. De quoi as-tu peur ?

— Je n'ai pas...

— Ne me mens pas, tu as la même expression que l'autre jour au centre commercial. Qui te terrifie, Luke ?

— Personne... Luke recule de quelques pas.

Spencer est sur le qui vive. Il se pose beaucoup de questions, mais elles resteront sans réponse.

— Désolé... Je ne peux pas ! C'était une grosse erreur, elle le savait...

Spencer reste coi devant cette révélation... Luke en profite pour s'élancer vers la résidence, ouvre la porte et se précipite vers les escaliers qu'elle monte quatre à quatre. Elle se bat avec son trousseau de clés, ouvre violemment la porte qui rebondit sur le mur et se referme. Son cœur se sert soudain, elle étouffe, elle enlève ses chaussures qu'elle balance à travers la pièce.

Luke descend la fermeture de sa robe tant bien que mal puis la laisse tomber au sol. Sa vue se brouille, mais les larmes peinent à couler. Elle n'en a plus versé depuis la mort de Lukas et cette sensation d'oppression ne la quittant pas, elle tombe à genoux se cogne contre l'arête du mur et semble sonnée. Une fois remise de ce coup, elle s'aperçoit qu'il y a du sang sur sa main. Elle applique des compresses stérilisées avec de l'antiseptique sur son entaille, mais ça ne suffit pas, le sang coule toujours. Quelqu'un frappe à la porte, mais elle n'y prête pas attention. Elle ouvre l'autre partie de l'armoire à pharmacie et attrape un petit flacon blanc. Mais c'est sans compter sur ses mains tremblantes par la peur, qui font tomber tous les autres comprimés dans le lavabo. Elle relève la tête et se regarde dans le miroir...

Luke sursaute en entendant la porte de l'appartement s'ouvrir et se refermer en claquant. Elle se précipite vers celle de la salle de bain pour s'enfermer tout en écoutant les bruits de pas qui se dirigent vers elle. Elle se laisse glisser au sol, se demandant qui est dans son appartement et se rend compte qu'elle n'a pas son portable. Elle se pose tout un tas de question. Va-t-elle dire à Spencer ce qui la terrorise ? Comprendra-t-il ses motivations à rester loin de toutes relations ? Acceptera t-il cet état de fait ? Toutes ces interrogations la malmène, elle est tirée de ses pensées quand Spencer prononce son prénom.

— Luke ?

— …...

— Luke, qu'est-ce qui s'est passé ? Qu'est-ce que tu as fait ? Pourquoi ce sang sur le mur et au sol ?

Elle fronce les sourcils devant ses questions, contrariée qu'il puisse penser qu'elle a voulu se faire du mal ?

— Luke ! Tu es là ? insiste-t-il. Je t'en prie ouvre-moi la porte.

La jeune femme reste silencieuse, non pour lui faire croire qu'elle n'est pas là, mais pour qu'il se lasse et reparte.

— Luke ! Si tu n'ouvres pas la porte immédiatement, je l'enfonce. Tu m'entends, je l'enfonce !!!!!

Il donne un coup assez fort ce qui la fait sursauter. Elle plaque une main sur sa bouche pour ne pas laisser échapper un cri. Aussitôt Spencer lui parle d'une voix adoucie.

— Non ! Désolé, Darling, je ne voulais pas te faire peur ! Je…

Il se tait, attendant une réaction de la part son emmerdeuse de voisine.

Elle espère qu'en restant silencieuse, il finira par partir et se lasser mais elle se trompe. Elle se déplace et se colle à la paroi de la baignoire de peur qu'il enfonce vraiment la porte.

— Luke ! Tu saignes, c'est grave ?

Elle ne répond pas tout de suite, le sang coule le long de son visage, la plaie doit être assez profonde.

— Je... je suis tombée, annonce-t-elle en déglutissant bruyamment.
— D'où saignes-tu ?
— De la tête !
— Ouvre-moi vite que je regarde.

Il est inquiet, mais elle ne souhaite pas lui ouvrir, sinon, il restera et ce n'est pas ce qu'il faut.

— Non ! Va t'en, je t'en prie, laisse-moi. Je ne peux rien t'apporter de bon. dit-elle d'un ton implorant.

— Tu n'as pas le droit de décider à ma place, s'emporte-t-il.

Du silence, encore. Est-il parti ? Des frissons parcour son corps, elle tire sur la serviette pour se couvrir et se recroqueville sur elle-même.

Dans un grand bruit assourdissant, la porte s'ouvre et se referme, puis s'ouvre une nouvelle fois plus doucement. En l'espace d'une seconde, Spencer s'agenouille à ses côtés et couvre son corps d'un peignoir.

— Fais moi voir ! déclare-t-il de sa voix grave.

Il relève son visage, mais Luke garde les yeux clos, elle a maintenant trop honte pour oser le regarder. Il la porte en passant un de ses bras sous ses jambes et l'autre dans son dos.
Elle ouvre à peine les yeux et s'accroche à lui, quand il s'assoit sur le bord de la baignoire et l'installe confortablement sur lui en prenant garde de ne pas la dévêtir. Il regarde autour de lui pour comprendre ce qu'elle a bien pu faire et ses yeux se posent sur les boîtes qui sont tombées dans le lavabo.

— Dis-moi que tu n'en as pas pris !?

Un éclair passe dans son regard, il est furieux et elle le comprend. Elle non plus n'aimerait pas être en compagnie d'une fille comme elle, trop sensible, brisée, et apeurée.

— Tu es arrivé au même moment.

— J'en suis bien heureux ! Je ne veux pas que tu prennes ces merdes. Ça ne t'apportera rien de bon.

Il prend une serviette et commence à essuyer son visage et lorsqu'il passe sur la plaie, elle grimace.

— Reste tranquille, tu veux ?

— Désolée, mais ça fait mal quand même !

Il la regarde sévèrement, lui faisant comprendre qu'elle n'a pas à s'excuser, mais elle pense le contraire.

— Je crois que tu as besoin de quelques points de suture, habille-toi, je t'emmène.

— Fais-le, déclare-t-elle d'un ton serein.

— Pardon ?

— Je ne veux pas aller à l'hôpital ! Recouds-moi.

Il la toise pendant un moment et ne sait pas quoi lui répondre. Elle a assez confiance en lui pour lui demander de pratiquer des gestes médicaux, mais pas assez pour lui parler normalement. Il réfléchit, et, sans le vouloir, parcourt son corps recouvert du peignoir.

Il arrive sur ses jambes et elle s'aperçoit qu'il s'attarde sur sa cicatrice. Elle la recouvre immédiatement, mais il la stoppe, attrapant doucement sa main.

— Luke, je veux que tu saches que, si je dois t'aimer, je t'aimerai tout entière.

C'est bien la première fois que Luke reste sans voix, même pas un mot ironique face à tant de bienveillance. Elle découvre plusieurs facettes de Spencer ce soir, et malgré tout, c'est très agréable.

— Comment !? ose-t-il enfin lui demander après quelques secondes.

— Un accident…

— Veux-tu en parler ? propose t-il avec tendresse.

Elle prend son visage dans ses mains, se penche et dépose un léger baiser sur ses lèvres. Elle a la tête qui tourne, mais arrive tout de même à articuler.

— Plus tard, je te le promets !

Spencer se lève, dépose Luke sur le bord de la baignoire et attrape une compresse pour l'appliquer sur la plaie.

— As-tu quelque chose pour la douleur ?

Luke tourne légèrement la tête pour lui faire comprendre ce qu'il y a dans la pharmacie.

— Hors de question ! Tu as de l'alcool fort ?

— Ces médocs sont prescrits par ordonnance, il n'y a rien de bien méchant. Si je prends un Zopiclone par exemple, je vais m'endormir, certes pas dans l'immédiat et…

— Ne m'as-tu pas entendu ? Je t'ai dit non, rugit-il.

— Bien ! Mais nous allons éviter l'alcool, je vais serrer les dents. Vas-y.

— Quoi ? Mais tu es folle ? Je ne vais pas te recoudre sans anesthésie.

Il commence à se demander si le coup à la tête ne la rend pas folle, peut-être qu'elle devrait passer un scanner.

— Très bien, peux-tu me donner ton téléphone ? Je vais appeler quelqu'un qui le fera.

Elle tend la main vers lui et après quelques secondes, il y dépose son téléphone. En faisant parcourir ses doigts sur l'écran, elle se dit qu'il est aussi têtu qu'elle et que la partie est loin d'être gagnée. Le téléphone lui échappe des mains... elle relève la tête, surprise.

— Que fais-tu ?
— C'est bon je vais le faire, soupire-t-il.
— Mais...
— Je ne veux pas qu'un de tes amis, quel qu'il soit, débarque et te vois dans cet état.

Décidément, cet homme est indéniablement jaloux.

Il fouille dans la pharmacie et y trouve un set à suture, il désinfecte une fois de plus la plaie et dépose un léger baiser sur ses lèvres.

— pourquoi as-tu un set de suture dans ta pharmacie?
— je suis très prévoyante, et tu peux le constater par toi même j'ai de tout dans mon armoire, je pourrais presque faire commerce. Je suis maladroite, et j'ai la malchance qui me colle à la peau, alors j'anticipe pour m'éviter un aller-retour à l'hôpital, endroit que je déteste beaucoup.

— Très bien, alors ouvre la bouche et mords là-dedans.

Elle s'exécute sans broncher et referme la bouche sur sa brosse à dents.

— Si tu as mal, tu serres les dents dessus, ça évitera que tu te mordes la langue.

Elle opine du chef pour lui montrer qu'elle a compris.

— Sers là aussi. Il pose les mains de Luke sur ses hanches.
— Prête ?

Elle inspire et expire fortement, hoche la tête une nouvelle fois. Spencer ne sait pas dans quoi il s'est fourré, ça fait bien longtemps qu'il n'a pas eu à recoudre quelqu'un, depuis les commando en fait. Il respire à fond et commence sa besogne. Luke grogne légèrement et s'il s'écoute, il risque de vouloir s'arrêter. Mais il ne souhaite pas que ce soit quelqu'un d'autre qui le fasse, et pose ses mains sur elle. Il se souvient qu'elle n'aime pas non plus les hôpitaux. Il n'a pas le choix, il doit continuer.

— Tu es courageuse, Darling, souffle-t-il.

Elle a l'impression que Spencer lui troue la peau plus qu'il ne le faut au lieu de la recoudre, mais elle ne bronche pas. Elle sert la brosse à dents de toutes ses forces. Elle se dit que c'est autant douloureux pour elle que pour lui, quand elle voit sa mine trop sérieuse et déconfite doublée d'une grimace de douleur.

— Encore un peu de courage j'ai bientôt fini, Darling.

Elle ne ressent plus rien, ses oreilles bourdonnent et sans qu'elle le veuille, ses mains lâchent prise. Son corps est lourd, ses yeux se ferment. Elle tombe en arrière...s'évanouit.

Chapitre 12

Les cris et la musique réveillent Luke, la tête posée contre quelque chose de dur. Elle promène sa main et reconnaît le torse de Spencer, hume son parfum de pop-corn caramélisé. Elle relève la tête et la laisse retomber aussitôt, une douleur lancinante se propageant dans tout son crâne. Par réflexe elle pose la main sur le haut de sa tête et y découvre un pansement.

— Ça va ? chuchote Spencer.
— Qu'est-ce qui s'est passé ?
— De quoi te souviens-tu ?

Elle espère sincèrement que répondre à une question par une autre n'est pas dans ses habitudes à son beau policier, sinon ça risque de l'énerver. Elle réfléchit et se dit qu'il est malin de vouloir la faire parler. Elle a l'impression d'être l'un de ses suspects en plein interrogatoire. Elle n'est pas sûre que ce soit le bon moment, mais y a-t-il un « bon moment » pour parler de ce sujet ? Elle tente de se souvenir et se promet de ne pas paniquer de nouveau.

— Dehors… ton baiser… la crise de panique… oh mon dieu ! il est parti ?

Elle se relève un peu trop vite, la tête lui tourne encore un peu. Spencer tire sur ses épaules pour qu'elle s'allonge à nouveau près de lui. Il passe délicatement la main dans ses cheveux pour l'apaiser et ça fonctionne.

— Qui ? Qui est parti ?

— La dernière fois que j'ai ressenti ça, c'était au Centre Commercial.

— Je l'ai remarqué, mais…

— Mon ex petit ami, coupe-t-elle, arrêtant de tourner autour du pot.

Spencer tressaille légèrement et tente de rester calme. Il n'a qu'une envie, trouver cet homme et lui régler son compte afin que Luke n'ait plus jamais peur de lui. Il en a vu défiler des filles tabassées par leurs ex, qui ne comprenaient pas pourquoi elles les avaient quittés et Luke a le même comportement que ces pauvres victimes.

— D'accord ! Et pourquoi te voudrait-il du mal ? tente-t-il pour se changer les idées.

— Pour tout un tas de choses. Il a dit qu'il ne me laisserait pas tranquille, qu'il se vengerait de moi.

Spencer resserre son étreinte, conscient qu'il n'aurait peut-être pas dû poser cette question, mais cette réponse ne lui convient pas. Il tente de ne pas montrer à Luke son mécontentement. Il se demande comment une fille aussi intelligente qu'elle peut tomber dans les griffes de ce genre de mec.

— Tu ne risques plus rien Luke, je suis là ! annonce-t-il sincèrement.

— Tu ne sais pas de quoi il est capable, je ne veux pas qu'il t'arrive quelque chose.

— Merde Luke ! Ne doute pas de moi, je suis flic !

— Ne me crie pas après ! Je ne doute pas de toi, c'est juste que... tu n'es pas un super-héros, alors qui va te protéger, toi ? Hein !

— C'est toi Luke, c'est toi qui vas me protéger, dit-il d'une voix adoucie.

— Pff ! Ne dis pas de bêtises.

— Prends la peine de croire en nous, c'est ça qui nous protégera !

Il baisse la tête vers elle, le regard intense et sa réponse a une fois de plus scotché la jeune femme. Il pose la main sur sa hanche et la pousse légèrement pour qu'elle se retrouve sur le dos. Spencer est au-dessus d'elle, son regard passe de ses yeux à sa bouche qu'elle entrouvre légèrement. Il s'avance un peu, elle ferme les yeux quand il dépose ses lèvres sur son front, sur le bout de son nez, sur son menton...

— Spencer...

Quand il descend dans son cou, elle lève la tête pour qu'il ait plus d'espace. Il se dirige le long de sa clavicule, puis s'arrête. Son regard laisse transpirer toutes les choses qu'il aimerait lui faire, la faisant déglutir, et lui sourit. Elle attrape le nœud du peignoir pour le défaire, mais les mains de Spencer se posent sur les siennes et l'arrêtent.

— Pas encore Darling !

Luke ne pose pas de question, semble légèrement frustrée, tout comme Spencer, mais même si elle le désire, elle sait qu'il a raison. Elle n'est pas prête à s'offrir à lui, même si elle a pensé le contraire en voulant qu'il ne soit pas qu'un plan « Q ». Un grand fossé les sépare et c'est à elle de sauter le pas et de savoir si Spencer la rattrapera. Il pose sa tête sur sa poitrine et reste ainsi quelques minutes à réfléchir.

Il sait qu'il aura les épaules pour supporter le passé de Luke, mais ce qu'il n'aura pas le courage de vivre, c'est s'ils décident d'aller plus loin et qu'elle le regrette après. Il a l'impression d'être une des héroïnes de films à l'eau de rose que regarde Judith. Il ne sait plus très bien où il en est. Ils savent, l'un comme l'autre, qu'il faudra parler un jour, mais pas tout de suite. À cet instant, il profite de l'avoir pour lui seul, sans qu'elle s'enfuie dans son passé. Il sent sa main dans ses cheveux et apprécie ce moment tellement agréable qu'il s'endort.

Luke est réveillée une fois de plus par les festivités. Spencer est sur le dos et la tient fermement dans ses bras, comme si elle allait s'échapper pendant son sommeil.
Leurs jambes sont emmêlées et elle effleure son buste du bout du doigt. Il dort comme un bébé quand soudain elle entend des bruits provenant de la cuisine. Luke se lève tant bien que mal, longe discrètement le couloir et entend une voix qu'elle connaît bien marmonner quelque chose qu'elle ne comprend pas.

— Libby ? Mais qu'est-ce que tu fais là ?

— Qu'est-ce que c'est que ce foutoir, Luke ? Qu'est-ce qu'il t'est arrivé ? dit son amie d'un air paniqué en effleurant le pansement.

— Je... je t'expliquerai plus tard.

Libby prend son amie dans ses bras et se rend compte qu'elle est en peignoir.

— Mais, tu... tu sens le sexe ! Elle la regarde en la tenant par les épaules à bout de bras.

— N'importe quoi ! sourit Luke.

— Raconte-moi tout, ma coquine !

— Non ! annonce-t-elle catégoriquement.

— Pourquoi ? boude cette dernière.

Luke montre du menton la direction de la chambre, indiquant que la personne est toujours présente.

— Oh ! le bellâtre est toujours là, je vous ai interrompu ?

— Oui il est toujours là et non il n'y a rien eu.

Cette phrase a un petit goût amer et Libby s'en aperçoit.

— Il est nul ? tente-t-elle de savoir.

Luke s'empêche de rire en posant une main sur sa bouche.

— Mais au fait, tu ne m'as pas répondu, que fais-tu là ? réussit-elle à dire en reprenant son sérieux.

— À ton avis ? Je suis habillée en blondasse de Saylor Moon, comme tu me l'as demandé ?

— Oh ! tu étais en bas avec les jeunes ?

— Oui et il n'y a pas que les jeunes ! Libby lance un sourire taquin.

— Comment ça, il n'y a pas que les jeunes ?

— Dis donc, je ne t'ai pas entendu glousser ainsi depuis mon frère ! C'est qu'il en vaut la peine celui qui te fait faire ce truc.

Elle sourit et acquiesce.

— Va mettre ton déguisement et rejoins-moi.

— Mais ! Je ne vais pas… tente-t-elle en montrant la chambre du doigt.

— Spencer habite dans l'immeuble. Tu n'es pas sans le revoir.

— Comment sais-tu que…

— D'une, tu ne couches avec personne. De deux, il serait peut-être temps. Et de trois, ça ne peut être que lui, sinon, tu n'aurais pas fait ça dans ton appartement et, au pire, tu l'aurais déjà viré de chez toi !

Elle a raison sur toute la ligne. Mais il est hors de question qu'elle laisse Spencer seul ici.

— Il te rejoindra en bas lorsqu'il sera réveillé. Allez viens !

Luke soupire une nouvelle fois, elle n'a pas envie qu'il se réveille seul. Même s'il ne s'est rien passé entre eux, il sera certainement déçu, en tout cas elle le serait si elle se retrouvait à sa place. Elle ne souhaite pas non plus faire faux bon à son amie et à Judith. Mais ce mal de tête ne partira pas tout seul et encore moins avec tout ce brouhaha dehors. Pour commencer, il faut qu'elle se débarrasse de son amie.

— Je... je te rejoins en bas ! Ok ?

— Ok ! Mais fais vite.

— Promis, je ne louperais pour rien au monde celui qui te fait glousser comme une collégienne.

Elle retourne discrètement dans la chambre. Spencer s'est tourné sur le ventre et le spectacle qu'il lui offre est loin de lui déplaire. Ses bras sont passés en dessous de son oreiller, la couverture ne cache rien de son corps et elle découvre un magnifique tatouage tribal sur la partie gauche de son dos. Elle ne sait pas vraiment ce qu'il représente, mais elle adore. Elle s'approche et monte sur le lit, s'allonge sur le flanc et, du bout des doigts, dessine le contour du tatouage, jusqu'à arriver sur un endroit sensible qui le fait rire.

— Tu ne dors pas ?

Spencer se retourne. Il attrape la jeune femme et l'allonge sur lui, l'enlace et ose descendre ses mains sur ses fesses.

— Je me suis réveillé à l'instant où tu as quitté mes bras, dit-il au creux de son oreille.

— Tu as entendu ma conversation avec Libby ?

— Quelques bribes, oui !

Luke laisse le silence s'installer. Elle se demande si Spencer ne va pas dissimuler le fait qu'il a compris que leur « relation » est et restera très compliquée le temps que son ex ne sera pas écarté. Ce qu'elle désire, c'est qu'ils restent prudents, qu'ils ne s'affichent pas aux yeux de tous, du moins pour le moment. Mais Victor est-il le seul problème que Luke ait à régler ? La jeune femme resserre son étreinte et soupire, faisant le tour de la question, mais elle est interrompue par Spencer.

— À quoi penses-tu ?
— À rien en particulier.
— Luke, s'il te plaît ?
— Hummmm je dirais que je n'ai pas envie de quitter tes bras. dit-elle avec un air espiègle. Elle lui sourit sincèrement.
— Eh bien, ne pars pas ! répond-il d'une voix suave.

Quand il dépose un baiser sur ses cheveux, elle lève son visage vers le sien, son sourire la fait chavirer. Luke lui sourit à son tour et l'embrasse tendrement, en caressant sa barbe de trois jours qui lui va plutôt bien. Elle se dit que ce serait une merveilleuse idée de rester ici, dans ses bras, pour le restant de la nuit, mais elle a donné sa parole et ne revient jamais dessus.

— J'ai promis à Judith que je serai là !
— Moi aussi, mais ça ne veut pas dire que nous sommes obligés d'y aller maintenant.
— Ce sont ses vingt ans tout de même !

Avec son pouce et son index, Spencer attrape le menton de Luke et l'embrasse à plusieurs reprises pour la faire taire. Il aimerait gagner la partie ainsi, mais il sait que ce ne sera pas chose facile. Il ne peut pas encore jouer la carte du sexe ni celle du chantage. Il soupire lourdement et ouvre les bras, signe qu'il est d'accord avec elle. Luke sourit, l'embrasse, se lève et part en direction du dressing.

Depuis cinq minutes sur la pointe des pieds à râler, elle essaie d'attraper la boîte où se trouve son déguisement. Elle la touche du bout des doigts, puis sur le point d'abandonner, elle sent un bras encercler le haut de ses cuisses et la propulser en hauteur.

— Je l'ai, merci !
— Pourquoi ne pas m'avoir appelé ? suggère-t-il en la reposant à terre.
— Parce que j'ai l'habitude de me débrouiller toute seule.

Luke se dit qu'elle n'aurait peut-être pas dû répondre aussi ouvertement. Spencer est désolé d'entendre cette réponse, mais elle est comme ça Luke, spontanée et sans filtre. Elle dit ce qu'elle pense, que cela plaise ou pas. Et c'est en partie pour ça qu'elle a tapé dans l'œil de ce dernier. Ce qui le contrarie, c'est qu'elle ne s'ouvre pas plus à lui. Peut-être est-ce trop tôt ? En demande-t-il trop et trop vite ? Il peut toujours utiliser la manière douce, comme avec ses suspects et voir où cela le mène. L'air de rien, il joue avec la ceinture du peignoir, celui-ci a glissé et dénude une partie de l'épaule de Luke que Spencer ne peut s'empêcher d'observer avec gourmandise. Il doit se changer les idées et sans réfléchir plus longtemps pose n'importe quelle question.

— Pourquoi tu t'es donné un prénom de garçon ?
Cette demande surprend la jeune femme, qui ne traîne pas pour y répondre contre toute attente.

— Parce que je n'aime pas mon prénom d'origine. Il est vieillot, démodé et mémérisant.

— C'est officiel ou c'est juste un surnom. Parce que je trouve que Lucinda te vas très bien et complète ton caractère.

— J'espère que tu plaisantes ? Si j'ai demandé à l'état civil de le modifier ce n'est pas pour rien !

— Ah ! Quand même, tu ne fais pas dans la demi-mesure.

— Je ne fais jamais rien à moitié, tiens toi le pour dit. Je suis entière dans tout ce que je fais et entreprend.

Tout en vérifiant rapidement dans sa boîte si l'ensemble de son costume s'y trouve elle répond, avec assurance.

— Lucinda. tu trouves ça beau ? Qu'il me va bien? mais tu as craqué mon pauvre ami.

— ……..

Luke tourne la tête vers ce grand brun qui regarde par la fenêtre sans émettre aucun son, pas même une moquerie ne sort de sa bouche. Elle dépose la boîte et se dirige vers lui.

— Ce n'était pas trop dur à supporter pour tes précédents petits amis? Une jeune femme à fort caractère, avec de la répartie et un prénom de mec, tu devais les terroriser….

Luke reconnaît bien là le talent de flic de Spencer, celui-ci pense que, comme toute jeune femme, elle va tomber dans le piège du nouveau petit ami jaloux qui souhaite en savoir plus comme si de rien était. Or, Luke a déjà eu affaire à la police et sait pertinemment que Spencer souhaite connaître le nom de son ex et rien de plus. Elle ne réfléchit pas plus longtemps, et ne compte pas lui mentir.

— Il n'y a eu qu'un seul homme dans ma vie et cela m'a amplement suffi.

— Ça a le mérite d'être clair, se renfrogne-t-il.

— Ce n'est pas ce que je voulais dire !

— Que voulais-tu dire dans ce cas ?

Luke se sent comme oppressée, elle a du mal à respirer. Elle regarde partout, sauf dans sa direction, elle ne peut pas lui raconter son histoire maintenant.

Elle tend la main vers le petit banc qui se trouve au centre du dressing et s'y assoie. Spencer la guette du coin de l'œil depuis sa place. Il ressent sa détresse et ne sait pas s'il doit la réconforter ou bien la secouer une bonne fois pour toutes afin que les choses soient dites. Ils doivent avancer ensemble et non l'un contre l'autre. Spencer pourra aussi s'ouvrir sur son passé. Luke relève la tête, aussi fière qu'un pean. Victor l'a brisé, mais Spencer n'est pas comme lui, elle le sait, elle le sent. La jeune femme doit tout de même rester vigilante, elle respire un grand coup.

— Mon passé n'est pas chose facile à raconter aux étrangers. Je ne dis jamais rien, à personne, mais mon cœur me dicte de tout te dire, car il a confiance. Ma raison, elle, me dit de me méfier, car tu es un homme, tout simplement. Il m'a brisé, de la pire des manières, et je ne laisserai personne recommencer. Alors, soit tu te contentes de ce que je souhaite et arrive à te donner, soit il vaut mieux en finir dès maintenant.

Luke quitte la pièce sans même attendre une réponse de la part de son interlocuteur qui reste figé devant cette déclaration. Il se sent stupide, oui, c'est le mot. Il ne veut pas la mettre en colère ni lui faire du mal et il décide de ne plus forcer les choses. Même si cela doit être long, il laissera Luke s'ouvrir quand elle l'aura choisi et non quand il voudra avoir des réponses.

Il sort de sa léthargie et décide de laisser la jeune femme seule. Il doit également se préparer pour rejoindre tout ce petit monde à la fête et la reverra là-bas. Luke reste sous la douche plus longtemps que nécessaire, pèse le pour et le contre, ne sait plus si elle doit se rendre à l'anniversaire de Judith. Elle n'a plus vraiment le cœur à la fête et n'a plus très envie de voir Spencer pour le moment. Elle pourrait rester ici, cachée sous sa couette et réfléchir à ce qui aurait bien pu se passer si elle avait écouté son cœur. À l'heure qu'il est, ils n'en seraient pas là ! Soit Spencer l'écouterait attentivement, soit il serait parti et elle serait en train de cracher toute la colère qu'elle ressentait contre elle-même. Elle se flagellerait de s'être ouverte à une personne qui n'a pas la force ni le cœur de l'écouter et la comprendre.

Elle ferme les yeux, pensant que cela va lui faire oublier cet incident Elle n'a pas envie de se prendre la tête et va aller à la fête, car jusqu'à présent, personne ne l'a empêché de faire ce qu'elle voulait. Ce n'est pas la présence du beau brun qui y changera quelque chose. Elle sort de la douche et s'enveloppe d'une serviette.

Elle ouvre la fameuse boîte laissée sur le lit et la retourne pour la vider. Elle met un corset, une dentelle ainsi que des jambières blanches. Elle passe la petite robe courte qui habille la jolie héroïne aux pouvoirs magiques, et emporte le reste des accessoires dans la salle de bain. Elle tresse ses cheveux mouillés et forme un chignon haut pour pouvoir mettre la perruque blonde qu'elle brosse pour dompter les deux couettes qui descendent jusqu'à ses hanches. Elle se maquille légèrement, et n'oublie pas de mettre un peu de fond de teint sur sa cuisse pour cacher sa cicatrice. Non pas qu'elle en ait honte, c'est plutôt pour éviter les questions. Elle pose le gros nœud sur sa poitrine et finit par les bijoux et les passe-coudes. Avant de sortir de la chambre, elle chausse les fameuses bottes roses et n'oublie pas le sceptre lunaire. Elle attrape son portable et le cache dans son décolleté.

Il est presque vingt-deux heures quand elle rejoint les invités au bord de la piscine. Ce qu'elle pense être Judith court vers elle, déguisée en Pamela Anderson d'alerte à Malibu. Elle n'a pas la même poitrine et heureusement, car son oncle en aurait fait une syncope.

— Enfin te voilà ! J'ai bien cru que tu n'arriverais jamais et ton ami non plus !

Elle pointe du doigt Mark avec, juste à côté de lui, son mari. Libby est en compagnie d'un homme que Luke ne connaît pas, mais qui fait beaucoup rire son amie.

— Je suis désolée, j'ai eu un imprévu.
— Bien sûr ! c'est ce qu'a dit Spencer aussi.

Les deux jeunes femmes parcourent l'endroit des yeux, mais ne le voient nulle part.

— Je ne sais même pas quel déguisement il porte !

— Je n'ai pas le droit de te le dire, répond-elle en faisant un clin d'œil.

— Ta fête est très réussie, Judith, j'aime bien ton déguisement, le blond te va bien ! Tu n'as besoin de rien ?

— Merci, j'ai tout ce qu'il me faut. Si je vois mon oncle, je le ramène vers toi !

— Il me trouvera tout seul, s'il en a vraiment envie. En attendant, va t'amuser et encore joyeux anniversaire.

Luke fend la foule et retrouve ses amis dont Mark qui, comme à son habitude, la porte et l'embrasse.

— Faut-il toujours rendre le voisin jaloux ? chuchote-t-il dans son oreille.

— Hum ! Si je ne lui avais pas avoué que tu es gay, ça aurait pu être amusant et pour ce soir m'aurait bien arrangé de le mettre en rage.

— Qu'est-ce qu'il t'a fait ? Il se redresse et scrute la foule pour le chercher faisant sourire Luke malgré elle.

— Je t'expliquerai plus tard ! Mais je demanderais bien à Libby si nous pouvons partager le beau docteur ?

— Euh... je ne pense pas que ce soit une bonne idée. Il connaît…

— Pourquoi pas, le coupe-t-elle en se détachant des bras de son ami. Bonsoir ! intervient Luke.

— Tu as mis plus de temps que prévu. Annonce Libby en stoppant sa conversation avec l'homme déguisé en docteur.

— Un petit accrochage, mais rien de grave, enfin je crois, sourit-elle.

Libby lance un regard interrogateur, mais Luke ne désire pas en parler maintenant.

— Plus tard, j'ai envie de m'amuser. Nous sommes là pour ça après tout.

Elle acquiesce.

— Tu ne nous présentes pas ? finaude Luke, en se tournant vers la personne qui l'intéresse.
— Oh ! oui bien sûr. Elle repose son verre et pose sa main sur l'épaule du bel inconnu qui discute avec une personne déguisée en Dark Vador.
— Ben, je te présente Luke, Luke voici Ben.
— Bonsoir ! réplique-t-il en tendant sa main.

Luke prend sa main, captivée par le bleu gris de ses yeux. Ça lui rappelle la plage privée derrière la villa familiale en Espagne. Elle ne prête pas attention à Dark Vador qui respire fortement, elle se dit seulement qu'il prend à cœur son rôle.

— Heureux de vous rencontrer. Libby m'a beaucoup parlé de vous.
— En si peu de temps ?

Libby, la paille dans la bouche, dégustant un mojito, hausse les épaules sans contester.

— Elle est très bavarde, mais rassurez-vous, elle n'a rien dit de mal.
— Pourquoi dirais-je du mal de ma meilleure amie ? intervient-elle.

Les deux femmes rient et se prennent dans les bras.

— Tu viens bouger sur le dance floor ? lui demande Luke.

— Avec plaisir, dès qu'il y aura un zouk, pour que l'on puisse rendre ces gosses fous. Mais invite Ben, propose-t-elle le plus naturellement possible.

Ce dernier, surpris, fait les gros yeux à Libby. Lorsqu'il se rend compte que Luke le regarde, il lui sourit et tend la main. Connaissant son amie, elle lui cache quelque chose. Elle suit Ben sur la piste, et ressent des picotements tout le long de son épine dorsale, chose très agréable. Ce n'est pas le même genre de sensation qui précède une crise de panique.

Elle se dit que Spencer doit s'être caché dans un coin pour l'épier et jaloux comme il est... Luke sourit et regarde Libby en se disant qu'elle a compris ce que son amie a voulu faire. Elle s'en moque, ne souhaite que s'amuser, se changer les idées. Ils improvisent une chorégraphie sur « Band my head » de David Guetta et Sia. Ben est un bon danseur et ils sont plutôt synchros.

— Tu danses bien, crie-t-il pour se faire entendre par-dessus la musique.
— Merci, j'ai un peu pratiqué.
— Ah oui ! cool !

Ils dansent encore pendant quelque temps et Luke apprend qu'en fait, Ben n'est pas un ami étudiant de Judith, mais que c'est bien elle qui l'a invité. Son déguisement n'en est pas vraiment un, mais sa tenue de travail.

— Où avez-vous connu Judith alors ?

— J'étais un ami de son père.

— Ok! Et donc vous êtes médecin ! demande Luke en montrant la blouse blanche.

— En effet, chirurgien en traumatologie.

— Oh ! intéressant.

La musique prend fin, ils s'arrêtent de danser, mais continuent de parler au milieu de la piste. Ben souhaite boire un verre après cette danse endiablée et indique à Luke qu'il revient vers elle rapidement. Les premières notes d'un zouk se font entendre, plusieurs couples se forment sur la piste. Luke à un regain d'énergie et attrape le bras de Ben avant qu'il ne parte et le ramène à elle.
Il passe un bras dans son dos et positionne sa jambe entre celles de Luke. Elle est transportée par le rythme de la musique, mais Ben souhaite mener la danse, même s'il n'est pas très bon. Luke insiste pour prendre son rôle et ils sont pris d'un éclat de rire.

Luke se sent tirée vers l'arrière, elle regarde Ben qui n'a l'air ni surpris ni en colère après cet individu qui s'interpose entre eux.
Il la laisse partir alors que celle-ci, prise de panique, essaie de s'accrocher à ses mains. Elle se retourne prête à en découdre avec… un torse de policier qu'elle percute dans son élan. Elle relève la tête, et découvre un Spencer furieusement jaloux.

— Tu danses avec un homme que tu ne connais pas ! grogne-t-il en continuant de la faire danser.

— Je connais Ben, c'est…

— Tu ne connais pas Ben ! coupe-t-il sans appel.

Tout à coup, Luke se sent toute petite et à cet instant, elle prend peur de Spencer. Elle frissonne, baisse la tête, respire profondément et se met sur la pointe des pieds afin que sa bouche atteigne l'oreille de Spencer, qu'il puisse l'entendre clairement, sans qu'elle ait à crier.

— Écoute-moi bien ! Personne jusque-là n'a réussi à me faire fermer mon clapet, ce n'est pas avec toi que ça va commencer.

— Darling, je suis…

— Désolé ! Tu peux l'être, ça fait un moment que je ne m'étais pas amusée autant et tu viens de gâcher ma soirée.

À contrecœur, elle se détache, lui faisant comprendre qu'il n'a pas à agir en homme des cavernes. Il la retient par le poignet, se colle contre son corps. Et commence à se balancer pour danser à nouveau.

— Ne pars pas ! s'excuse-t-il à son oreille.

— Pourquoi ?

— Parce que j'ai envie d'être avec toi.

— Ce n'est pas l'impression que j'ai. Je pense plutôt que tu essaies de marquer ton territoire. C'est très puéril, sachant que nous ne sommes pas ensemble toi et moi. Tant qu'à faire, fait pipi autour de moi !!!!!!!

Le cœur de Spencer manque un battement devant cette réponse.

— Pourquoi pas ?! lâche-t-il.

— Spencer ! hoquette-t-elle.

— Darling ! répond-il en souriant, les yeux pétillants.

— Je ne suis pas sûr que ce soit une bonne idée. Tu es un flic et moi une jeune femme au passé compliqué qui se reconstruit.

— Je peux t'aider !

— Je n'ai pas besoin d'aide. dit-elle dans un souffle.

Il arrête soudain de danser, le regard sévère, serrant Luke dans ses bras pour ne pas qu'elle lui échappe et lui avoue ce qu'il a sur le cœur.

— C'est faux, tu as besoin d'aide et tu le sais puisque tu es déjà entourée par Libby, Mark et ce fameux Philippe. En fait, tu ne souhaites pas m'avoir dans ta vie. Tu me repousses sans arrêt, qu'importe ce que je fasse ou dise. En faisant cela, tu te mens à toi-même. J'ai passé l'âge de jouer à ce genre de jeu. Je suis prêt à attendre, c'est pour dire à quel point tu m'as chamboulé. Même lorsque j'ai quitté mon ex ça m'a fait moins mal.
Si tu ne souhaites pas aller plus loin, dis-le maintenant et je disparais de ta vie, comme si tu ne m'avais jamais rencontré.

Luke se rend compte que c'est la première fois qu'il lui parle de son passé. Ces mots lui font mal, mais elle ne se démonte pas, le regarde droit dans les yeux, déglutit. Elle ouvre la bouche, les mots se bousculent dans sa tête, mais rien ne sort. Elle n'arrive pas a exprimer ses sentiments, elle a toujours eu cet handicap.

Spencer patiente et espère qu'elle dise quelque chose, même si ça doit le faire souffrir. Mais rien, elle ne prononce pas un mot et le regarde avec une telle détresse dans les yeux qu'il ne cherche pas à en savoir plus et, d'instinct, desserre son étreinte, avant de la resserrer davantage, mais cette fois pour la protéger. Elle pose la tête sur son torse et profite de ce moment. Ils dansent au ralenti, ne suivant pas le rythme de la musique et Luke se demande où cela va les mener. Elle espère fortement que Victor ne va pas réapparaître de sitôt, même jamais. Elle voudrait tellement vivre normalement et être heureuse avec cet homme qui souhaite rester à ses côtés. C'est ce qu'il dit, mais restera-t-il vraiment ?

Elle doit en avoir le cœur net, alors Luke relève la tête et capture la bouche de Spencer. Surpris, Il lui rend son baiser.

— Resteras-tu, après ? S'inquiète t-elle.

— Toujours, Darling !

— Je ne veux pas de belles paroles, si c'est pour que tu me quittes ensuite.

— Ce n'est pas mon genre !

— Alors, je promets de tout te dire. Mais pas maintenant, ce n'est ni le bon moment ni le bon endroit.

— Tu as raison ! répond Spencer, de l'espoir dans sa voix.

Il embrasse Luke avec passion tout en se déplaçant sans même qu'elle ne s'en rende compte. Ils se retrouvent près d'un bain de soleil où Spencer s'assoit en premier, invitant Luke à s'installer entre ses jambes… Ils restent ainsi un moment, jusqu'à ce que le gâteau soit livré et que Spencer soit convié à aider Judith pour la découpe.

Cette dernière, sollicitée pour un discours, commence par remercier toutes les personnes présentes. Puis, elle manifeste à son oncle une gratitude remplie d'amour, d'humour et de larmes. Il l'embrasse sur le front, la câline pour qu'elle sèche ses yeux. Au loin Luke aperçoit un jeune homme, torse nu, s'approcher d'eux.

Spencer se décale, l'air surpris, cède sa place pour revenir vers Luke. Elle ouvre de grands yeux et, à deux doigts de recracher son soft-drink, reconnaît Steeve, le meilleur ami de son frère Lukas, qui enlace Judith tendrement. Libby coiffe Spencer au poteau en rejoignant Luke. Il décide de rester en retrait et écoute d'une oreille attentive les deux jeunes femmes.

— J'ai trop bu d'alcool ou tu vois la même chose que moi ?

Étonnée Luke ne répond rien. Spencer est prêt à intervenir, mais Libby la secoue légèrement et la jeune femme reprend contenance.

— Je vois la même chose que toi Libby ou plutôt la même personne.
— Tu savais qu'il serait là ce soir ?
— Pas du tout, répond-elle du tac au tac.

Spencer regarde dans la même direction que les deux amies. Il se demande comment elles peuvent connaître le nouvel ami de Judith et n'attend pas plus longtemps pour s'immiscer dans la conversation.

— Un de vos ex les filles ? les taquine-t-il l'air de rien.

— Pas du tout ! répliquent-elles en chœur.

— Alors pourquoi cette tête ? s'interroge Spencer.

— C'est…

— C'est ? insiste-t-il en se plantant devant les deux amies.

— Steeve ! réplique Luke pour avoir la paix.

— Ne me prenez pas pour un con, je connais son prénom ! lance Spencer froissé pas la réponse de Luke.

— Si vraiment tu connais son prénom, s'énerve Libby, c'est que tu as dû faire des recherches sur lui, non ? Tu dois savoir qu'il est pompier, que c'était le meilleur ami de son frère et qu'il était présent lorsque Lukas et Luke ont eu leur accident de moto.

Luke n'arrive pas à faire taire son amie et blêmit devant ce qu'elle vient de révéler. Elle regarde Spencer dans les yeux, mais il comprend qu'elle est en train de décrocher et de revivre une période difficile de son passé. Ben, qui s'est approché d'eux, tente à tout prix de la faire taire, mais avec tout l'alcool qu'elle a ingurgité, c'est une vraie pipelette et rien ne peut l'arrêter. Sauf quand Ben pose ses lèvres sur les siennes, mais Luke ne s'en aperçoit pas puisqu'elle vient de quitter la fête. Elle se précipite dans les escaliers, rate une marche, mais lorsqu'elle manque de tomber, Spencer est derrière pour la rattraper. Il la sent se crisper et se laisser aller contre lui.

— Je suis là, Darling.

Il la prend dans ses bras pour gravir les dernières marches, soulagé de voir qu'elle ne s'y oppose pas. Mais le regard de Spencer change lorsqu'il s'aperçoit que la porte de son appartement n'est pas fermée.

— Tu ne fermes pas ta porte ?

— Non, pas besoin. Et puis, vu dans l'état où tu l'as mise…

— Ce n'est pas sérieux, Darling ! Promets-moi de fermer ta porte quand tu sors.

Elle lui sourit timidement et hoche la tête.

— Darling, je suis sérieux !

— J'ai passé l'âge de me faire engueuler pour une porte ouverte ! se débat-elle pour qu'il la pose.

— Luke, soupire-t-il en s'adossant à l'encadrement de la porte, alors qu'elle entre dans l'appartement.

— Tu penses bien qu'avec mon ex en liberté, je ne laisse pas ma porte ouverte ?! Mais si ça peut te rassurer, à l'avenir, je la verrouillerai même si je reste dans l'enceinte de l'immeuble.

— Je serais rassuré, oui !

Elle pense que Spencer la suit, mais il ne bouge pas, ne sachant pas vraiment si elle souhaite qu'il lui tienne compagnie. Elle rebrousse chemin, prend sa main et referme la porte à clé avec un sourire plein de malice. Elle le mène à sa chambre et, lasse, s'assoit sur son lit. Elle ne pensait vraiment pas que cette soirée finirait comme ça. Elle invite Spencer à la rejoindre. Ce dernier retire ses chaussures et sa veste avant de s'allonger à son tour.

— Ta blessure ne te lance pas trop ? s'inquiète-t-il.

— Un peu, mais la douleur devrait passer, ne t'en fais pas.

Il ne cherche pas à poser plus de questions, il se souvient comment cela a fini plus tôt et ne souhaite pas retenter l'expérience. Surtout qu'à cet instant, elle a besoin de soutien, rien de plus.

— Elle n'est pas toujours ainsi, tu sais ?
— D'accord. Mais l'alcool n'est pas un allié surtout pour garder des secrets !!!! Elle y est allé franco tout de même !!!

Il n'ajoute rien et attend qu'elle se livre. Luke ôte ses chaussures, sa perruque et le gros nœud sur sa poitrine et envoie tout valser à travers la pièce. Puis elle replie ses jambes sous elle et pose sa tête dans le creux de l'épaule de Spencer.
Elle passe les doigts entre deux boutons de sa chemise et en fait sauter un pour y glisser la main. Spencer est surpris par la fraîcheur de sa peau et remonte la couverture sur eux.

— Qu'est-ce que t'a fait ton ex pour que tu la quittes ? lui demande Luke à voix basse.

Spencer reste interdit devant la question, mais se dit qu'après tout, c'est de bonne guerre. Il faut se parler pour apprendre à se connaître, il se pince l'arête du nez et se lance.

— Elle m'a tout simplement trompé.

Luke se relève, gardant la main sur son torse.

— Pourquoi ? Comment peut-on tromper un homme comme toi, s'alarme-t-elle.

Spencer pose sa main sur la sienne.

— Je suis un ancien commando de l'armée des États-Unis, Darling. Je n'étais jamais là. Peut-être qu'elle se sentait seule, délaissée n'a pas eu le courage d'attendre.

Luke reste sous le choc un instant, elle comprend mieux à présent pourquoi il est jaloux.

— Elle t'a trompé pour ça ? Elle n'aurait pas simplement pu mettre fin à votre relation ?

— Ne t'en fais pas ! C'est du passé, je m'en suis remis depuis le temps. Il tire légèrement sur son bras et elle se replace.

— Elle t'a trompé plusieurs fois ou juste une seule et a refait sa vie par la suite ?

Spencer se rend compte que cette histoire bouleverse Luke plus qu'il ne le faudrait. A-t-elle subi la même chose ? Non, il sait que quelque chose de grave lui est arrivé.

— Si tu veux vraiment tout savoir, elle m'a délesté de toutes mes économies, m'a trompé à plusieurs reprises, je l'ai surprise entrain de se soulager avec un jouet en silicone identique à celui que Libby t'a prêté, comme si je lui suffisait plus. Mais oui, elle a fini par refaire sa vie.

Pour le coup, Luke est choquée par sa tirade. Elle rougit quand elle repense à « Bobby », se relève et regarde

Spencer droit dans les yeux avant de poser ses mains sur les joues brunies par sa barbe.

— Je n'ai utilisé "Bobby", c'est son prénom, qu'une seule fois ! avoue-t-elle en grimaçant.

Elle se souvient de ce qu'elle a ressenti, ça a été agréable, mais sans plus et puis, elle n'a pas vraiment de point de comparaison. L'amour avec Victor n'a duré qu'un temps. Ça s'est vite dégradé et c'est devenu plus un enfer qu'un acte charnel entre eux. La seule réaction que Luke aperçoit, ce sont les pupilles de Spencer qui s'agrandissent de surprise.

Ce dernier n'est pas en colère, plutôt flatté qu'elle ose enfin lui parler. Mais à l'instant même, il reconnaît les signes qui indiquent qu'elle n'est plus vraiment là, qu'elle est retournée dans le passé. Mais il ne veut plus que chaque instant qu'ils passent ensemble soit sali par son passé. Il faut qu'elle passe à autre chose et il en a le pouvoir, il le sait.

Il passe son bras dans son dos et la retourne et en l'espace de quelques secondes Luke se retrouve sur le dos, Spencer au-dessus d'elle. Il l'embrasse lentement, passionnément pour la faire réagir. Elle gémit et s'agrippe au col de sa chemise.

— Je voudrais te le faire oublier, avoue-t-il en continuant de l'embrasser.

Spencer dépose de tendres baisers tout le long de son cou et Luke gémit de plus belle. Cette sensation est particulière, jamais ça ne lui était encore arrivé et elle aimerait tellement que ça devienne possible entre eux. Elle vit dans le noir, dans la peur depuis beaucoup trop longtemps.

Elle se disait prête à reprendre sa vie en main, mais rien n'a vraiment changé. Spencer serait-il la lumière au bout du chemin ? Elle se doit d'essayer et puis, que risque-t-elle, à part avoir le cœur à nouveau brisé ?

— Mon passé sera toujours là, chuchote-t-elle à son oreille en le mordillant. Apprends-moi Spencer, montres-moi ce que c'est que d'aimer quelqu'un et d'être aimée réellement.

— Ce que tu m'offres est précieux Darling, tu m'ouvres les portes de ton cœur.

— Oui, mais ne le brise pas, s'il te plait ! Il a trop souffert et ne s'en remettrait pas.

Spencer roule sur le dos emportant Luke avec lui. Il s'assoit la gardant sur ses genoux.

— Je ne veux pas te briser, je veux te faire renaître Darling.

— Il m'a détruite, j'ai survécu, mais en aucun cas je ne pourrais revivre ça.

— Darling, je te propose d'être celui qui recollera les morceaux de ton cœur. Et si à un moment tu penses qu'il s'ébrèche de nouveau par ma faute, tue-moi.

— Idiot, réussit à répondre Luke en lui souriant.

Elle lui donne une claque sur l'épaule, se colle à son torse avant qu'il referme ses bras sur elle. Il n'est pas idiot, bien au contraire et même si c'est par inadvertance qu'il lui fait du mal, il ne se le pardonnera pas, alors autant qu'elle le sache. À cet instant, Luke pense à son ex petit ami et se dit que c'est lui qui devrait mourir.

Spencer joue avec la chevelure bouclée de la jeune femme, puis fait descendre ses mains le long de ses bras, ce qui a pour effet de faire perdre à Luke le fil de ses pensées. Celle-ci ôte ses gants et attrape le bas de la robe de son déguisement avant de la faire passer par-dessus la tête. Elle veut se donner entièrement et elle se dévoile dans un corset mi-satin, mi-dentelle.

Spencer reste sans voix devant la créature qui s'offre à lui. Il ose à peine la toucher. Maladroite, Luke prend ses mains et les pose sur ses hanches. Au contact du tissu sous ses doigts, Spencer attrape la bouche de Luke, la bascule et, une nouvelle fois, elle se retrouve sous lui. La jolie brune enlève un à un les crochets de son corset en ne quittant pas Spencer des yeux.

— En es-tu sûre, je ne veux pas que tu te forces ou que tu te sentes obligée ?

Luke poursuit son effeuillage, sourit tendrement et hoche la tête à plusieurs reprises. Mais cela ne suffit pas à Spencer. Il pose ses mains sur celles de la jeune femme.

— Je veux te l'entendre dire, Darling, je ne veux pas que tu le regrettes ensuite.
— Je ne regretterai pas. Je te veux, Cariño.

Ce terme sonne étrangement dans la bouche de Luke. ça fait bien longtemps qu'elle n'a pas prononcé un mot dans sa langue maternelle. Spencer la dévore des yeux et dans un baiser respectueux, il dépose ses lèvres sur le front de la jeune femme, continue sur chacune de ses joues, dans son cou et sur chaque parcelle de son corps qu'elle lui offre en se dénudant.

— Je te veux maintenant, gémit-elle alors qu'elle se bat avec la ceinture de Spencer.

Spencer ne se lasse pas d'admirer Luke, il ne veut rien perdre, garder en mémoire pour le reste de sa vie cette vue magnifique, ce corps parfait que lui offre la femme qu'il aime. Il approche la bouche de ses seins, Luke tremble et se cambre sous ses caresses. Enfin débarrassé de son pantalon, Spencer plonge en elle. Ils ne réfléchissent pas, agissent comme s'ils se connaissent depuis toujours. Leurs corps s'épousent à la perfection et une danse à la fois endiablée et harmonieuse commence entre les deux amants. Spencer croit perdre la tête, le plaisir jaillit, décuplant leurs sens. Luke se referme sur Spencer l'étreignant pour l'emporter avec elle. Ils basculent tous deux dans une émotion forte qu'aucun n'avait ressentit jusqu'alors.

Spencer garde Luke dans ses bras pendant un instant et l'embrasse à en perdre haleine, puis s'allonge à ses côtés et la serre tout contre lui, là où bat son cœur qui sait si bien apaiser la jeune femme.

Luke est réveillée par d'agréables baisers déposés sur son épaule et un corps chaud collé dans son dos. La jeune femme est alléchée par l'odeur du café frais, mais elle l'oublie vite, car une main parcourt son corps, ce qui lui ouvre un autre appétit.

— Hum ! Continue, chuchote-t-elle, la tête enfouie dans l'oreiller.

Spencer se presse contre elle, ce qui la fait rougir, et, sans le vouloir, elle remue ses fesses. Le beau brun prend ça pour une proposition et elle se retrouve subitement sur le dos.

— Bonjour, Darling, bien dormi ?
— Bonjour, répond-elle en faisant glisser son index contre sa barbe.

Elle sourit pleinement. C'est une femme heureuse que Spencer a devant lui. Elle aura beau essayer de lui échapper comme elle le fait souvent et trouver des excuses, il sait que quelque chose en elle a changé depuis hier. Il n'est pas assez arrogant pour dire que c'est grâce à leur rapprochement corporel, mais que ça y joue tout de même. Il dépose plusieurs baisers sur son visage et dans son cou.

— Tu vas bien ? demande-t-il tout de même, soucieux de son bien-être.
— Parfaitement bien, Spencer. Je ne regrette en rien ce que nous avons fait hier soir, si c'était ta question.
— Tu vois clair en moi, Darling.
— Aussi distinctement que tu lis en moi.

Elle se cambre légèrement pour l'inviter dans une seconde danse. Spencer d'abord hésitant, ne se fait pas prier lorsque Luke enroule ses jambes autour de ses hanches. Mais c'était sans compter sur la sonnette qui retentit au même moment.

— Tu attends quelqu'un ? Se fige-t-il.

— Non ! C'est certainement Judith ou Libby.

Spencer se lève, fait le tour du lit à la recherche de son pantalon, l'enfile et sort de la chambre tout en râlant dans sa barbe.

— Le sexe matinal c'est important. J'espère que celui ou celle qui a eu la mauvaise idée de nous interrompre à une bonne excuse sinon…

Luke rit en entendant ses paroles, mais se fige lorsqu'elle entend des bruits de pas précipités venant vers sa chambre. Elle remonte la couverture sur elle quand, tout à coup, un petit monstre s'élance et saute sur son lit.

— Luke !!!!!!!!!

Chapitre 13

Ce n'est ni Judith, ni Libby qui se tiennent devant Spencer lorsqu'il ouvre la porte, mais un couple d'une cinquantaine d'années. Ils sont accompagnés d'un petit garçon et son chien qu'il a tout juste le temps de voir passer. Ces deux-là ont filé entre ses jambes et se précipitent dans l'appartement. Spencer tourne la tête, les regardant courir en direction de la chambre.

Spencer reporte son attention sur les deux personnes restées à l'entrée. Son rapide coup d'œil sur la femme lui indique que ça doit être les parents de sa chère et tendre, car cette femme et elle partagent la même silhouette et la même couleur de cheveux. Ses yeux en forme d'amande se plissent, elle le regarde si intensément, que des mitraillettes pourraient sortir de ses yeux.

Graziella observe la silhouette de Spencer, ouvre la bouche et la referme. Il prend alors conscience qu'il est uniquement vêtue d'un pantalon, heureusement que son érection est retombée quand il a ouvert la porte. Il émet un raclement de gorge pour faire relever les yeux à cette femme qui semble le mépriser, Graziella soupire, passe devant cet inconnu et entre dans l'appartement. Spencer reste face à l'homme accompagnant la tueuse aux yeux révolvers, qui se tient toujours devant lui. Grisonnant, les yeux verts, il n'a pas une carrure très impressionnante, mais on voit bien qu'il prend soin de lui, beaucoup plus naturel

223

que sa femme. Tout en lui souriant Sean tend la main à la victime visuelle de sa femme.

— Bonjour, je suis Sean, le père de Luke. Mais vous avez dû vous en rendre compte ? se moque-t-il.

— Effectivement ! Je suis ravi de vous rencontrer.

— Ne soyez pas si embarrassé avec moi, mais allez donc vous rendre plus présentable avant que ma femme ne fasse une syncope, elle est très…

— Je ne suis rien du tout ! Ce n'est pas une tenue pour ouvrir une porte, encore moins quand on ne sait pas qui se trouve derrière, intervient-elle en cherchant quelque chose dans les placards de la cuisine.

Le père de Luke lui donne une tape dans le dos et sourit, se reconcentrant sur l'activité de sa femme. Spencer se dirige vers la chambre, reste à l'entrée pour observer Luke sur son lit, en train de câliner l'enfant et le chien. Elle relève la tête et sourit lorsqu'elle l'aperçoit.

— Je viens de rencontrer tes parents !

— Oups ! Je n'avais aucune idée de leur venue. C'était comment ? grimace-t-elle s'attendant au pire.

— Bref et intense. Surtout avec ta mère, avoue t-il.

Luke ne peut s'empêcher de rire et cache le bas de son visage sous la couette. Elle n'en pensait pas moins venant de sa génitrice. Surtout dans la tenue post baise de son amant.

— C'est toi Spencer ? demande le petit garçon sortant les amants de leurs pensées.

Spencer reporte son attention sur le petit garçon. Sa ressemblance avec Luke est frappante, c'est son portrait craché. L'enfant a les mêmes cheveux noir qu'elle et Spencer se demande si c'est son fils ? Non, il l'a appelé par son prénom et puis, elle lui aurait certainement dit.

— C'est bien moi ! Et toi qui es-tu, jeune homme ? lui demande Spencer en les rejoignant sur le lit.

— Nolan et voici mon chien, Tito ! C'est Luke qui me l'a offert.

— Mais, Nolan, ce n'est pas le nom que nous lui avions donné avant mon départ ? intervient-elle.

— Non ! Mais celui-ci est plus cool, Hector c'est nul !

Luke le regarde avec un air de prédatrice tout en lui souriant, cela doit être un signal entre eux, car il se précipite derrière Spencer et se cache, il rit déjà de l'attaque à laquelle il va avoir droit.

— Tu n'as pas le droit de prendre Spencer comme bouclier !

— Bien sûr que si ? s'amuse t-il.

— Non !

— Ce n'est pas que le tien, tu peux me le prêter.

Nolan ne se rend pas compte des mots qui viennent de franchir ses lèvres. Le regard de Luke et Spencer s'entrechoquent pour ne pas se quitter durant un laps de temps qui leur semble infini. C'est comme si le temps s'était figé. C'est alors que Luke se dit que Libby avait peut-être raison, il peut la protéger de Victor.

A cet instant, elle décide de choisir la vie plutôt que la terreur, le doute, l'angoisse et la culpabilité qui doivent appartenir au passé et y rester. Elle sourit pleinement et s'approche de Spencer qui lui ouvre les bras. Et même s'ils ont un jeune spectateur ils ne se privent pas pour s'enlacer langoureusement.

— Beurk, vous êtes dégoûtants! s'insurge ce dernier.

Spencer cale son front contre celui de Luke, l'embrasse furtivement, lui lance un clin d'œil et se lève dans la seconde. Nolan a une moue amusante, mais ça ne dure pas longtemps, car dès que le policier a le dos tourné, Luke et Nolan se chamaillent et rigolent tous les deux. Le Lieutenant s'arrête, surpris par ce qu'il entend.

Il n'a jamais entendu Luke rire. Ce son est doux, pur, magnifique et ses yeux brillent aux éclats ! Elle est superbe. Il reste là à l'admirer quelques minutes, puis prend ses affaires et file vers la salle de bain. Il fouille un peu partout et trouve le nécessaire de toilette dont il a besoin. De grandes bouteilles orange sans étiquettes se trouvent sur le rebord de la baignoire. Il les ouvre l'une après l'autre et ne détecte pas d'odeur féminine particulière.

Il sait enfin d'où vient cette odeur de mangue qui lui plaît tant. Luke a tout un attirail, allant de l'huile pour cheveux au lait pour le corps. Son secret est donc caché là ! Il aime cette odeur sur elle. Il prend son temps, Luke et ses parents doivent avoir des choses à se dire.

En ressortant de la chambre, il entend des bribes de conversation...

— Que t'est-il arrivé à la tête ? demande sa mère, un ton soupçonneux dans la voix.

— Je me suis cognée, en tombant, contre l'arête du mur.

— Comment est-ce arrivé ?

— Ça ne te regarde pas !

— Lucinda, je suis ta mère et tout ce que tu fais me concerne, s'emporte cette dernière.

Ne connaît-elle donc pas sa fille pour l'oppresser ainsi ? Même lui est plus subtile avec elle, observe Spencer.

— J'ai tout simplement glissé, admet-elle lasse.

— Et qui est cet homme ? Que fait t-il chez toi ?

— Une fois de plus, cela ne te regarde pas, maman ! répète t-elle fatiguée.

— Bien sûr que cela me regarde, le dernier...

— Spencer n'est pas comme lui. Il est plus... coupe-t-elle en laissant sa phrase en suspend.

Quelque chose percute la table et quelqu'un soupire fortement. Sean se manifeste mais sans rien dire, il en a marre de ces joutes verbales qui reviennent à chaque conversation.

— Tu sais pertinemment que je ne répondrais pas à tes questions, ce que je fais de ma vie ne te regarde pas, alors arrête, je n'ai pas envie de me disputer avec toi, Maman !!!!

C'est à ce moment que Spencer décide d'entrer dans la cuisine. Tout le monde le regarde, sans un mot.

Il s'installe sur une chaise haute à côté de Luke. Elle ne lui propose pas de café, alors il lui prend la tasse qu'elle tient fermement entre ses mains, surprise, elle le regarde en souriant, mais son sourire sonne faux. Le lieutenant sent la jambe de son "attachiante" bouger frénétiquement contre la sienne et il comprend qu'elle est stressée. Spencer n'a aucun doute sur la raison de son état : c'est la visite de ses parents, et l'interrogatoire de sa mère.

Il lui tend sa tasse qu'elle s'empresse de reprendre, elle veut avoir les mains occupées pour ne pas montrer son état. Spencer pose doucement sa main sur sa cuisse et la caresse en formant de petits cercles, pour lui montrer qu'il est là ! Elle le regarde furtivement et lit sur ses lèvres « toujours » ce qui la détend progressivement.

— Cesse de vouloir contrôler ma vie. Quand j'avais cinq ans, tu n'arrivais pas à faire ce que tu voulais de moi, ce n'est pas maintenant que tu vas y arriver. Mets de l'ordre dans la tienne une bonne fois pour toute. Réplique Luke.

— J'espère que tu n'as rien de prévu aujourd'hui ? Continue Graziella en passant outre la réflexion de sa fille. J'ai appelé Lola, elle arrive avec ses filles dans deux heures, ajoute-t-elle.

— J'ai déjà prévu une journée entre filles.

— Avec qui ? Tu viens de t'installer, tu ne connais personne ici !

— Avec Judith…

Sean pose un regard insistant sur Luke, qui ferme la bouche aussitôt en comprenant qu'elle ne doit pas dévoiler la présence de sa meilleure amie dans l'immeuble au risque de déclencher un tsunami de colère de la part de sa génitrice. Elle meurt d'envie de dire à sa mère que Libby est de retour dans sa vie, qu'elle habite ici, qu'elle sera présente au bal. Rien que pour la voir exploser de colère. Spencer suit l'échange entre le père et la fille, mais ne comprend rien.

— Qui est cette Judith ?

— La nièce de Spencer. Je lui offre cette journée pour son anniversaire et je ne suis pas sûre qu'elle soit d'accord si j'annule au dernier moment et de surcroît ça ne se fait pas.

— Et bien, annulons ton rendez-vous et je préviens Lola qu'il y a une personne en plus.

— Impossible ! Intervient Spencer rapidement. Judith est très organisée et a mis en place tout un programme. Je la connais assez bien pour vous dire qu'elle ne voudra pas le modifier. De plus, je ne veux pas voir de déception sur son visage, c'est sa journée, alors il est hors de question de lui faire de la peine.

La mère de Luke le toise d'un air glacial qui lui donne des frissons, puis elle se lève et dépose sa tasse dans l'évier en ajoutant d'une voix qu'elle veut autoritaire et sans appel.

— Bon et bien, j'annule Lola et je viens avec vous. Qu'en penses-tu Lucinda ?

Luke pose un regard paniqué vers son père et Spencer à tour de rôle, cherche une réponse à cette question silencieuse et pernicieuse. Mais sur ce coup là, ils ne peuvent rien faire. Son père hoche la tête, sa mère se retourne et Luke plaque un sourire sur son visage. La journée entre filles promet d'être mémorable et terriblement longue.

Spencer est bien content d'être un homme, mais pense à sa nièce qui sera en première ligne. Plongée dans ses pensées il n'entend pas Luke quitter la pièce et finit le café froid qu'elle a déposé devant lui. De plus en plus de questions se bousculent et il aimerait avoir des réponses. Ils commencent à peine ce qu'il peut appeler une histoire, mais leur relation semble si fragile.

S'il essaie de jouer au flic encore une fois, elle va se braquer et il ne le souhaite pas. Il est impatient, mais doit attendre qu'elle se décide. Il y a ce mec, son ex et Spencer veut savoir ce qu'il lui a fait ! Il trouvera, ça lui prendra le temps qu'il faut, même si ses recherches ne sont pas officielles.

— Spencer ?

Il relève la tête et aperçoit Luke dans l'encadrement de la porte de sa chambre. Il parcourt les quelques pas pour la rejoindre, elle l'attrape par la main et referme la porte derrière eux. Elle l'enlace fortement, il referme ses bras sur elle et embrasse ses cheveux avant de poser, une fois de plus, sa joue contre le haut de sa tête.

— Je suis désolée, dit-elle, un trémolo dans la voix.
— Pourquoi ?

— Mes parents qui débarquent, ma mère qui veut tout contrôler et je t'ai obligé à mentir.

— Ça arrive que les parents débarquent sans prévenir. Les miens débarqueront à l'instant où je leur parlerai de toi ! Et Judith a vraiment rendez-vous chez le coiffeur. Elle souhaite essayer différentes coiffures pour le bal.

— Lukas et moi sommes... étions jumeaux. Une grossesse difficile, normalement une césarienne était prévue, mais ma mère n'en voulait pas. Hors de question que son corps soit davantage mutilé qu'il ne l'était déjà, alors elle a voulu accoucher par voie naturelle. Le problème est que j'ai mis du temps à sortir, le cordon ombilical était enroulé autour de mon cou. Lukas commençait à suffoquer et les médecins ont tout de même décidé de lui ouvrir le ventre. Je pense que notre relation a mal commencé ce jour-là et elle a empiré avec le temps... Tu vas me demander quel est le rapport avec Libby ? aucun, pour le moment.

Elle lui annonce ça d'une traite, lui qui voulait des réponses, il est servi se dit-il. Il resserre son étreinte et ne dit rien de plus. Si Luke est prête à parler autant la laisser faire.

— Nous étions encore en couches culottes lorsque nous avons rencontré Libby et nous ne nous sommes plus jamais séparés. Nous avons fait toutes nos classes ensemble, elle habitait en face de chez nous. Et puis un jour, ses hormones et ceux de mon frère ont eu raison de leur amitié. Ils étaient tellement beaux tous les deux…

Spencer la berce un peu pour l'inciter à continuer.

— Et suite à une dispute avec... avec…

Luke a beaucoup de mal à garder son calme, sa respiration se saccade.

— Tu n'es pas obligée... je peux patienter si tu n'es pas prête à me le dire.

Elle relève son visage triste vers Spencer. Elle est malheureuse et elle souffre, cela dure depuis trop longtemps.

— Je peux comprendre ta douleur, j'ai moi aussi perdu mon frère. L'encourage t-il tout de même.

— As-tu perdu ton frère à cause de ta mère ? avoue-t-elle.

— Quoi ? Que dis-tu ? Spencer est sous le choc, sa gorge se fait sèche.

— La dispute, c'était entre ma mère et Lukas. Mon frère a épousé Libby en secret lors d'un week-end à Las Vegas. Elle n'était pas au courant de notre escapade, sinon elle nous l'aurait interdit. Nous sommes partis et... Ils se sont mariés. Ma mère l'a appris quelques mois plus tard. Comme tout riche qui se respecte, elle a proposé de l'argent à Libby, afin qu'elle demande le divorce et qu'elle parte loin de Lukas. Elle a refusé et en a parlé à mon frère. Ce même soir, nous sommes rentrés à l'improviste, ma mère n'était pas seule et elle n'était pas accompagnée de mon père. Une violente dispute a éclaté entre eux. J'ai essayé de m'interposer pour le bien de mon frère et de ma meilleure amie. Ma mère m'a mis une gifle en me disant que ça ne me regardait pas. Lukas ne l'a pas supporté et l'a giflée également. C'est alors que son amant s'est interposé, ils en sont venus aux mains tous les deux et ma mère n'a pas bougé le petit doigt pour son fils.

Spencer s'est figé, ne sachant que répondre devant cette révélation.

— Mon frère pratiquait la boxe depuis son plus jeune âge, poursuit-elle. il lui a balancé un très violent coup au niveau de la tête et l'homme s'est écroulé. Lukas était bien amoché, mais ma mère n'a même pas essayé de l'aider. Elle s'est jetée sur l'homme allongé au sol, plus rien ne comptait pour elle à ce moment-là. Il est parti et m'a demandé de l'attendre, qu'il allait revenir. Mais mon instinct m'a poussé à le suivre, lorsque je l'ai vu prendre ses clés et son casque, j'ai enfourché ma moto et je l'ai suivi.

Luke a les yeux plongés dans ceux de Spencer, mais elle n'est pas vraiment là. Son regard s'assombrit, elle revit ce moment. Ses mains agrippent fermement le tee-shirt de Spencer avant de poursuivre.

— Il a emprunté la route qui passe derrière notre maison pour rejoindre le centre-ville. Sa manière de conduire n'était pas habituelle, il ne faisait attention à rien, a grillé plusieurs feux. Chaque fois qu'il changeait de vitesse, je ressentais sa colère et me rendais bien compte qu'il maltraitait sa moto, chose qu'il ne faisait jamais. J'ai bien failli le perdre de vue plusieurs fois, mais je savais où il se rendait. Il allait trouver mon père à son bureau. Nos casques étant équipés d'oreillettes, j'ai pu prévenir papa que Lukas arrivait, mais qu'il n'était pas dans son état normal. À peine avais-je raccroché que l'impensable s'est produit sous mes yeux…

Elle fait une pause, les yeux dans le vague avant de continuer.

— Le feu, la moto, le camion... l'ironie de la situation, mon frère n'était pas en tort, enfin pas vraiment, le feu venait de passer au vert, le chauffeur était en état d'ébriété. Lukas a freiné, mais il roulait beaucoup trop vite. La moto a percuté le camion de plein fouet, mon frère a été éjecté quelque mètres plus loin. J'ai accéléré à mon tour pour le rejoindre, j'ai évité une voiture qui s'arrêtait pour nous venir en aide. Je suis tombée, la moto m'a traînée sur plusieurs mètres. Lorsqu'elle s'est arrêtée, je me suis débattue tant bien que mal pour la relever, des personnes m'ont secourue. Enfin libre, j'ai rejoins mon frère, ne me demande surtout pas comment j'ai fait pour parcourir cette distance qui nous séparait. Je me suis écroulée à ses côtés, il respirait. Je l'ai tenu éveillé jusqu'à l'arrivée des secours, je lui parlais de nous, de nos projets, de sa vie future avec Libby, je lui disais tout ce qui me passait par la tête pour le maintenir en éveil, mais ses yeux se voilaient, comme s'il s'échappait de son corps et qu'il acceptait son départ. Quand les secours sont arrivés, Steeve était là. Lorsqu'il a vu dans quel état je me trouvais, il a tout de suite compris, il m'a donné les premiers soins sans me séparer de Lukas. Le voyage jusqu'à l'hôpital a été horrible, il a fait deux arrêts cardiaques. Malgré mes bandages, je perdais énormément de sang, mais je me moquais complètement de moi à ce moment-là, tout ce qui comptait était que Lukas vive même si inconsciemment, je savais qu'il ne reviendrait pas.

Arrivée aux urgences, je ne voulais pas le quitter et malgré mon hystérie, ils ne m'ont pas laissé le choix, je devais le laisser partir pour qu'il soit pris en charge. Il a directement été emmené au bloc opératoire et ils m'ont installée dans un box où j'ai dû attendre la consultation d'un chirurgien orthopédique, ma jambe était brisée et mon épaule salement amochée. J'ai dû me faire opérer également sans avoir si mon jumeau allait s'en sortir.

— C'est donc de là que vient tes cicatrices ?!
— Oui ! Tu pensais que c'était autre chose ?

Spencer se pince les lèvres et répond par un signe négatif de la tête. Ce n'est pas le moment de lui parler de son ex.

— Pourquoi m'avoir parlé de ça maintenant ?
— Je préfère te devancer, tu m'aurais demandé pourquoi je n'ai pas dit à ma mère que Libby est de retour ! Elle dit que l'accident est de sa faute, alors que c'est faux. Elle n'aurait pas été surprise en train de tromper mon père, tout ceci ne serait jamais arrivé. Et puis, je me sens bien avec toi, je me sens mieux, comme si j'avais enfin droit à une deuxième chance. Je pense que nous devons partager certaines choses de notre passé, pour mieux avancer, ensemble…
— Comment ça, certaines choses ?
— Je pense que nous avons droit à un jardin secret.
— Tout dépend de l'ampleur de ce que tu gardes dans ton jardin secret. Je devrais tout te dire sur moi, mais pas toi ?
— Oui… non ! Ce n'est pas ce que j'ai voulu dire.

— Alors, que voulais-tu dire ?

— Je... que... laisse tomber. Elle lui tourne le dos et regarde par la fenêtre.

— Pourquoi te renfermes-tu ? Tu fais un pas en avant deux pas en arrière. J'ai apprécié que tu te confies à moi, as-tu peur de me révéler quelque chose ?

Spencer la rejoint et l'enlace. Elle pose la tête sur son torse, mais reste silencieuse.

Spencer aperçoit, par la fenêtre, une petite dame aux cheveux grisonnants attirer son attention. Elle a un sac poubelle dans la main et elle ramasse les déchets de l'anniversaire de Judith.

— Qui est cette femme ?

— C'est Maria ! répond-t-elle le plus naturellement du monde.

— Et qui est Maria ? insiste t-il.

— Oh oui, pardon. C'est notre gouvernante.

— Et je peux savoir ce qu'elle fait !

— Ma mère a dû lui demander de faire le nécessaire pour nettoyer.

— Tu trouves ça normal ?

— C'est son travail de gérer ce genre de chose, mais je suis d'accord avec toi, ce n'est pas à elle de faire ça ! Descendons et allons l'aider.

Arrivés dans la cour, ils entendent Judith expliquer à Maria que ce n'est pas à elle de nettoyer ! Mais Maria ne se laisse pas faire.

— Pourquoi Judith ne veut pas de l'aide de Maria ? chuchote Luke.

— Parce que c'est ainsi que je l'ai élevée, elle range derrière elle, enfin la plupart du temps, car chez ses grands-parents, c'est pareil, elle a des domestiques, répond-il fièrement.

— Oh, mais Maria n'est pas une simple domestique ! C'est Maria, celle qui me bordait, me câlinait, me faisait de bons petits plats et tout ce que ma mère ne faisait pas ou ne me donnait pas.

— Pour toi peut-être, mais pas pour tout le monde, Judith sait qu'elle doit prendre ses responsabilités !

— Tu as raison, je vais la détourner de sa tâche, elle sera tellement contente de me voir qu'elle en oubliera ce qu'elle fait.

Luke se met sur la pointe des pieds et dépose un léger baiser sur sa mâchoire, puis se dirige vers la femme qui lui ouvre les bras. Quant à Spencer, il attrape un carton et commence à le remplir de bouteilles vides. Derrière lui, Libby et les quelques amis qui sont restés cette nuit viennent donner un coup de main.

Deux heures plus tard la cour et la piscine sont parfaitement propres, comme si rien ne s'était passé la veille. Spencer s'assoit sur un transat et prend un soda. Libby fait de même et s'assied sur le siège voisin.

— Comment ça va aujourd'hui ? dit-elle l'air de rien.

— Alors que j'étais bien parti pour un câlin du matin, quelqu'un a sonné à la porte. Nous pensions que c'était Judith ou toi, alors j'ai ouvert la porte, et… je suis tombé nez à nez avec…

— …avec les parents de Luke !

— Comment le sais-tu ?

— Tu crois que Maria serait venue toute seule ? annonce-t-elle en pointant la femme du doigt.

— Tu connais Maria ? Non, oublie la question, bien sûr que tu la connais ! Je suis bête.

— Il n'y a pas de problème Spencer, que t'arrive-t-il ?

— Luke m'a parlé de toi et de son frère, de l'accident…

Libby porte la bouteille à sa bouche, mais interrompt son geste suite à la révélation de son voisin.

— Elle t'a tout dit ? demande-t-elle sceptique.

— Oui !

— Le voyage à Las Vegas, le fait que nous nous soyons... mariés, l'accident, l'enquête ?

— Puisque je te le dis ! Ah non, pas l'enquête.

Le lieutenant braque son regard sur elle, toujours aussi surprise, elle baisse son bras doucement.

— De quelle enquête, parles-tu ? Elle m'a dit que le chauffeur du camion était ivre, dans ces cas-là, ça se règle très vite.

— Je suis étonnée qu'elle t'ait tout raconté, aussi rapidement. D'habitude c'est une tombe. Qu'avez-vous fait de mon amie, ironise-t-elle. Je pense que tu devrais passer à l'appartement quand tu auras cinq minutes…

238

Luke arrive dans le dos de Spencer et l'entoure de ses bras, elle descend ses mains sur ses pectoraux et se penche pour l'embrasser sur la joue.

— Qu'est-ce que vous complotez ?

— Rien du tout, intervient Libby. Spencer me disait qu'il avait hâte que le bal arrive pour te voir dans ta robe et qu'il espère que tu lui réserveras ta première danse.

— Tu ne sais pas mentir, allez dites-moi ! insiste t-elle en pointant son amie du doigt.

— Je disais à Libby que ta mère vous accompagne pour votre « journée entre filles », mime-t-il avec ses doigts.

Libby recrache la gorgée de sa boisson. La seule chose que Luke remarque c'est qu'ils sont en train de lui mentir.

— Luke ! Dis-moi que ce n'est pas vrai ? s'emporte Libby en se levant.

— Merci Spencer, c'est très délicat de ta part !

— Bon, je vous laisse, j'ai une enquête à revoir. Spencer se défile.

— Dis moi monsieur le policier, je croyais que tu étais en congé à cause de ce coup porté à ta tête ? demande Luke stupéfaite.

Libby interroge en silence Spencer. Il hausse les épaules lui signifiant qu'il lui parlera de ça plus tard.

— C'est exact Darling, mais j'ai demandé à travailler de chez moi.

Il se penche pour l'embrasser et lui glisse à l'oreille.

— C'est mieux que Libby le sache maintenant, au moins elle ne sera pas prise au dépourvu.

Dans le hall, Spencer croise Sean qui a une conversation plutôt houleuse au téléphone. Il essaie de s'éclipser discrètement dans son appartement, mais Sean se dirige vers lui et coupe court à sa discussion en raccrochant au nez de son interlocuteur.

— Vous allez bien Sean ? Vous êtes un peu pâle ! Il pose sa main sur son épaule et fait une pression légère pour lui montrer toute son attention.

— Je viens d'apprendre une nouvelle qui me met hors de moi, je suis entouré d'incapables. Vous m'excusez, mais je dois vous informer que je me suis renseigné sur vous. Vous êtes un bon flic et une bonne personne, si votre relation avec ma fille se poursuit, je sais que je prendrez soin d'elle…

— Pourquoi me dire tout ça, Sean ? demande Spencer inquiet. Venez avec moi, nous serons mieux dans mon appartement.

— voulez vous boire quelque chose, café, eau, jus d'orange, scotch ?

— Donnez-moi quelque chose de fort, s'il vous plaît, un scotch sera parfait.

Sean s'assoit dans le fauteuil, boit une gorgée et maintient ce silence pesant puis finit par évoquer ce qui le travaille.

— Je pense qu'il serait préférable que Luke ne se rende pas au bal.

— Pourquoi ? s'inquiète Spencer en se redressant dans le canapé.

— Son ex petit ami, il est de retour dans la région depuis quelques semaines, on ne m'a mis au courant que maintenant.

— Allons Sean, vous pensez que……. !

— Non Spencer, écoutez-moi, c'est très important, il en va de la sécurité de ma fille.

Sean change de position et se met face à lui.

—Son ex est très dangereux. Il faut protéger Luke vous m'entendez ?

Spencer se remémore toutes les fois où il rencontre des pères qui sont dans le même état que lui. Les jeunes filles ont fugué, les parents ont peur qu'elles se droguent ou bien d'autres choses. Il le sent désespéré et impuissant.

— Ne vous inquiétez pas Sean, je vous promets de prendre soin de votre fille. Elle est en sécurité avec moi, rien ne lui arrivera, je vous en donne ma parole.

— C'est bien ce que je disais à ma femme, vous êtes un bon gars. Il se lève et lui donne une tape dans le dos. Surtout, ne dites rien à Luke, ni à sa mère.

— Je vous le promets, et si je peux mettre Libby au courant, elle gardera également un œil sur elle.

— Oui bien sûr, c'est une excellente idée, elle sont proches et l'une ne va pas sans l'autre !

Sean avale d'une traite le liquide ambré et pose son verre sur le table basse.

— Avant que vous ne partiez, vous allez certainement me dire que ça ne me regarde pas… mais j'ai besoin de savoir quelque chose. Luke ne me parlera pas d'elle même.

— Dites toujours ?

— Vous devez être au courant de ce qui se trouve dans la pharmacie de sa salle de bain.

— Oui !

— Et vous cautionnez ?

— Ce n'est pas ce que vous croyez…

— Expliquez-moi alors, parce que je ne suis pas le genre de personne qui laisse les autres se démolir sans rien dire et sans rien faire.

— Ce ne sont que des somnifères légers, des vitamines et du paracétamol.

— Pourquoi ?

— Écoutez, elle a eu des problèmes de dépendance et ce n'est pas à moi de vous en parler. Elle a dû faire mention de quelques problèmes de son passé ? Ces médicaments ne sont pas ce qu'elle croit.

— Et ça doit me rassurer ?

— Nous ça nous rassure.

— Bien !

— Ne vous en faites pas, elle vous parlera tôt ou tard.

— J'ai bien peur que ce soit plus tard que tôt. Mais merci de m'avoir mis dans la confidence.

Sean pose sa main sur l'épaule de son hôte, hoche la tête et sort de l'appart. Spencer s'avachit dans le canapé et regarde dans le fond de son verre, il ne sait quoi penser de cette conversation, de plus Luke ne parlera jamais de cet ex et encore moins des médocs ou du moins pas pour le moment. Mais Spencer est un bon flic, il peut enquêter sans qu'elle ne s'en rende compte, et cette idée lui a traversé l'esprit plusieurs fois, mais ça n'a jamais été plus loin. Il n'aime pas du tout ce qu'il s'apprête à faire, quand elle va le savoir, pour sûr que Luke va lui en vouloir peut être même le quitter. Spencer prend son téléphone portable et envoie un SMS à son ami Alex, un ancien commando, son frère d'arme avec qui il a bossé et qui est l'homme de la situation pour obtenir ce que le lieutenant veut savoir.

Après avoir fait son "larcin", Spencer avale son verre d'une traite et cherche la clé du tiroir de son bureau dans sa veste. Il en sort également des tickets de caisse, les déploie et y lit tout ce que Luke a écrit, maintenant il sait qui était sa voisine inconnue. Il les range dans le tiroir du bureau et ouvre les dossiers contenants les photos de Victor prisent en filature, les affiche sur les tableaux aux murs. Il faut qu'il arrive à mettre la main dessus, car à chaque fois qu'ils ont l'opportunité de savoir où il se trouve, il leur échappe. Le lieutenant veut à tout prix savoir qui est la taupe pour le mettre en porte-à-faux au moment venu.

Le Capitaine et le commissaire comptent sur lui et son équipe. En scrutant attentivement les photos, Spencer y découvre une femme blonde qui est systématiquement sur toutes les photos où Victor apparaît, jusqu'au procès d'Emmanuel pour disparaître ensuite. Son visage n'est pas visible car elle est tout le temps de dos.

Alors qu'il est en pleine lecture du dossier, son téléphone bipe, signifiant qu'il vient de recevoir un message. Il regarde sur l'écran mais le numéro lui est inconnu.

J'ai beau réfléchir, j'ai bien l'impression que tu es parti comme un voleur. La deuxième bonne nouvelle de la journée, mes parents restent jusqu'au bal...Luke.

Ils s'installent chez toi ☐ ? Comment tu as eu mon numéro ?

Tu as une nièce formidable ! ☐
Tu veux ma mort ☐ ? Ils ont un petit appartement quelques rues plus loin.

Spencer aimerait bien lui dire que c'est pour son bien s'ils sont là, mais elle ne l'entendra pas ainsi. En même temps avec une mère comme la sienne, il y a de quoi devenir folle. Il enregistre son numéro dans son téléphone et lui répond.

On pourra quand même se voir ?☐

Il grimace en attendant sa réponse qui ne vient pas aussi rapidement que les autres. Peut-être n'aurait-il pas dû lui demander, mais plutôt attendre qu'elle le lui propose. Dépité, il pose le téléphone et reprend là où il en était.

Il travaille toute la journée et une bonne partie de la soirée. Luke n'a toujours pas répondu, mais Judith l'a prévenu que leur journée filles se poursuivra tard dans la nuit incluant restaurant et cinéma. Il ne peut s'empêcher de lui demander si la mère de Luke reste aussi, mais la réponse revient négative. Il soupire d'aise en pensant à la tranquillité des trois jeunes femmes.

Chapitre 14

Durant cette semaine, Luke et Spencer ne se voient que quelques heures. La jeune femme est très occupée, partagée entre le bureau et les préparatifs pour l'université. C'est sans compter sur ses parents qui l'invitent à manger tous les soirs, et à chaque repas sa mère exige le détail de sa journée.

Spencer passe la prendre tous les midis pour qu'ils déjeunent ensemble. Elle a voulu refuser quelques fois, mais il a eu gain de cause et elle s'est laissée faire, savourant ces instants de détente.
Il la raccompagne après chaque repas dans son bureau, qu'il a trouvé un peu trop classe pour une simple stagiaire. Elle lui a répété ce que Vincent lui avait dit le jour de la visite, mais il reste sceptique et meurt d'envie de faire quelques recherches sur ce type. Mais lorsque cette pensée est devenue parole, Luke lui a fait promettre de ne rien faire et il a abandonné l'idée. Chaque jour, Spencer l'attend adossé à sa voiture de fonction avec une fleur différente.

Ce midi, il la trouve un peu trop longue à descendre, bien qu'elle l'ait prévenue qu'une réunion lui prendrait la majeure partie de la matinée et qu'elle ne serait pas joignable. Il joue avec la fleur du jour, un lys orange, lorsqu'il voit arriver une voiture de patrouille devant l'immeuble de la société. Il se redresse et traverse la route, sortant sa plaque pour la montrer à ses collègues.

Ils saluent Spencer et le laissent les accompagner sans dire un mot de plus. Ils sont accueillis par l'agent de sécurité. Spencer le détaille rapidement, il a l'air en pleine possession de ses moyens. Il explique qu'un bureau du sixième a été visité et dégradé par un inconnu. À ces mots, le cœur du lieutenant s'affole. Sa première pensée va vers Luke.

— Savez-vous de quel bureau il s'agit ?

L'agent de sécurité le regarde étrangement, comme s'il ne l'avait pas remarqué jusque là.

— Qui êtes-vous ?
— Lieutenant Hargitay ! Le bureau, vous savez, oui ou non ?
— Je m'excuse, Lieutenant, mais comme je vous vois tous les midis en compagnie de Miss Luke, je ne pensais pas que…
— Sérieusement ? coupe-t-il. Elle vous laisse l'appeler ainsi ?

Il hoche la tête avec un air penaud et n'ajoute rien. Ce qui a le don d'exaspérer Spencer. Les portes de l'ascenseur s'ouvrent et le lieutenant en sort le premier, accueilli par un autre beau gosse. Un brun aux yeux bleu océan et à la carrure impressionnante qui le stoppe dans son élan. Spencer ne prend pas le temps de s'expliquer, il sort sa carte et l'homme se décale, mais reste sur ses talons. À l'autre bout du couloir, il aperçoit Luke qui parle à son patron. Arrivé à ses côtés, il tire légèrement sur son coude.

— Cari… Spencer que fais-tu là ? se reprend-elle.

— Je t'attendais et j'ai vu mes collègues arriver… mais ce n'est pas la question. Que s'est-il passé ? Tu n'as rien ?

Elle ne répond pas et regarde un point derrière lui. Il se retourne et blêmit devant l'état du bureau de Luke. Les fauteuils ont été saccagés à coup de couteau, le bureau a reçu quelques chocs. Le high-tech a disparu, et sur la vitre est tagué à la bombe rouge « Tu es à moi ».

— Rassure-moi, tu n'étais pas présente lorsque c'est arrivé ? Tu vas bien ?

— Non, je…

— Nous étions tous dans la salle de conférence, intervient le grand brun en tendant la main pour se présenter. Alexander Wyndford, le fils de Vincent, enchanté…

— Lieutenant Spencer Hargitay, répond-il en serrant la main de l'homme. Qui a signalé l'infraction ?

— Nous revenions tous trois de la réunion quand Luke s'est arrêtée, la porte était déjà ouverte. Elle l'a poussée pour entrer et nous avons pu constater l'état désastreux de son bureau.

— J'ai veillé à ce que personne ne rentre avant l'arrivée de la police, spécifie Luke.

Spencer acquiesce, donne des ordres à ses collègues et demande s'il y a un endroit au calme pour prendre les dépositions de chacun. Vincent, tel un preux chevalier, propose son bureau. Il accueille Spencer et lui fait signe de prendre place sur le canapé dans le coin détente.

Il entend Alexander puis Luke et finit par Vincent. Tous trois ont le même discours. Spencer s'apprête à partir pour ramener Luke chez elle, mais Vincent le retient par le bras.

— Je pense que c'est son ex, annonce-t-il de but en blanc.

— Comment pouvez-vous le savoir ?

Spencer tente de feindre l'indifférence sur le fait qu'il soit au courant que l'ex en question soit de retour dans la région depuis quelques jours.

— Sean et moi sommes amis de longue date. Je connais Luke depuis qu'elle est née. J'ai proposé à Sean de la laisser entrer dans l'entreprise pour qu'elle puisse avoir une base solide pour un bon départ dans la vie professionnelle.

— Bien ! Je vais donc lancer des investigations de ce côté. Pouvez-vous me communiquer son nom ?

— Je ne le connais pas, annonce-t-il, l'air contrit. Peut-être que Luke vous le donnera !

Spencer rit jaune, en sachant très bien qu'elle ne dira rien. Il faut qu'il se débrouille par ses propres moyens. Il sert la main de Vincent et rejoint Luke qui devant la porte ouverte de son bureau regarde les policiers faire leur travail.

Ils relèvent toutes les empreintes, prennent des photos de tout, rien n'est laissé au hasard. Spencer remarque qu'elle tremble alors il pose son manteau sur ses épaules, ce qui la fait sursauter, puis le voyant, elle passe sa main dans la sienne pour avoir du réconfort.

— Je te garde avec moi pour le reste de la journée et pour la soirée également et c'est non négociable, prononce-t-il à voix basse en l'embrassant sur la tempe.

— Si ce n'est pas négociable autant ne pas essayer alors…

Et puis elle n'avait pas envie de gâcher un vendredi soir chez ses parents. Malgré la situation elle sourit pleinement et pose la tête sur son épaule. Spencer passe un bras autour des siennes et la guide jusqu'à la sortie.

Il prend la route, mais pas le chemin de la résidence et Luke dans ses pensées ne demande rien de plus. Alors qu'un dilemme la tiraille, se demandant si c'est Victor ou Mario qui a fait le coup, la voiture s'arrête le long d'un trottoir en pleine rue. Spencer ouvre la portière et lui propose sa main pour l'aider à sortir du véhicule..

— Où sommes-nous ? demande-t-elle, se rendant compte qu'elle ne connaît pas les lieux.

— À Sawston ! Je voudrais te faire goûter les meilleures lasagnes du monde.

— Bien, je te suis, dit-elle encore dans ses interrogations intérieures.

Spencer pousse la porte de "la Trattoria". Aussitôt la douce odeur des mets lui chatouille les narines et la musique entraînante se faufile jusqu'à ses oreilles. Luke lui sourit, heureuse, mais elle se fige voyant que le restaurant est vide.

— Dis-moi que tu n'as pas privatisé le restaurant ?

— Ezio m'apprécie, tu es une magnifique femme, mais je ne pense pas qu'il serait d'accord de fermer son établissement pour un seul couple. Surtout si c'est sa plus grosse journée !

— Mais il n'y a personne, Cariño !

— Le restaurant n'est pas encore ouvert…

— Alors, revenons plus tard, le coupe-t-elle, tirant sur la manche de son pull.

— Come tornare ! Annonce une grosse voix portant un fort accent italien derrière elle.

Luke sursaute et se colle à Spencer. Il passe son bras autour de son corps comme une barrière de protection, même s'il sait qu'elle n'a rien à craindre de son ami. Cette intrusion dans son bureau lui a vraiment fichu un sacré coup.

Ezio, un homme d'une soixantaine d'années, bedonnant, portant une moustache ouvre ses bras en passant la porte de la cuisine.

— Comment vas-tu gamin ?

Spencer se détache de Luke pour prendre son ami dans les bras et lui donne une tape amicale dans le dos. L'italien écarquille les yeux en voyant Luke.

— Quelle belle fleur sauvage tu me ramènes là, amico mio !

— Ezio, je te présente Luke.

Cette dernière tend la main, mais atterrit dans les bras de l'homme, sans avoir le temps de dire « ouf ! ». Elle se crispe et Spencer la récupère aussitôt.

— Je suis enchanté de vous connaître, bella ragazza. Luke ? C'est un prénom d'homme ! Vos parents ont cru avoir un garçon et c'est vous qui êtes arrivée ?

L'homme ne se rend pas compte que son franc-parler rend Luke nerveuse, mais elle prend la peine de lui répondre comme si de rien n'était.

— Nous étions deux, à vrai dire, mon prénom est Lucinda, mais je préfère que l'on m'appelle Luke.

Spencer soupire et se gratte la tête se disant qu'il aurait peut-être dû attendre avant de les faire se rencontrer, ces deux-là. Ils ont le sang chaud et n'ont pas la langue dans leur poche. Il se prépare à jouer l'arbitre, mais Ezio lance un clin d'œil à Luke qui sourit.

— Il est vrai que certains prénoms ne sont pas faciles à porter, reconnaît l'homme. Vous avez des origines latines ?

— Effectivement ! Je suis hispano-américaine.

— Quanto è bella ! Ne la laisse pas s'échapper, mon ami, conseille-t-il à Spencer. Bon, installez-vous, je reviens dans un instant.

Spencer pense qu'effectivement, il serait dommage que Luke disparaisse de sa vie. Il prend sa main et l'emmène à l'écart dans une arrière-salle. L'endroit est plus intime, il ne la lâche pas et joue avec ses doigts. Luke prend le temps de regarder autour d'elle, les nappes sont aux couleurs de l'Italie, des tableaux accrochés aux murs représentent les endroits les plus connus du pays.

— J'aime bien cet endroit, c'est très cosy. Comment l'as-tu connu ?

— Un soir, je rentrais d'un transfert de prisonnier. Mon coéquipier et moi nous sommes arrêtés pour dîner ici. Nous nous étions garés plus bas dans la rue après plus de quatre heures de conduite, on avait besoin de nous dégourdir les jambes. Nous étions encore sur le trottoir lorsque nous avons aperçu deux malfrats pointer leurs flingues sur Ezio.

— Et ? l'interroge Luke, posant la tête sur ses deux mains en attendant de connaître la suite.

— J'ai dit à mon collègue d'attendre dehors le temps de faire le tour du restaurant pour rentrer par-derrière. Il fallait les prendre par surprise.

Spencer fait durer le suspense le temps de boire plusieurs gorgées de bière. Luke lui donne un petit coup de pied pour lui faire comprendre qu'elle s'impatiente.

— Ça a fonctionné ?
— J'y viens Darling !

Il boit une dernière gorgée pour l'embêter un peu. Elle sourit et se cale dans le fond de la banquette.

— Donc, je rentre par derrière et arrive dans la cuisine. Puis ici, dans cette salle. Spencer montre du doigt un emplacement derrière le comptoir. De là-bas, je voyais mon collègue, mais les malfrats, eux, ne me voyaient pas...

— ... tu as donné le feu vert à ton collègue et vous avez eu les bandits ! Affaire réglée et Ezio vous a remercié.

Spencer sourit et penche la tête légèrement de droite à gauche, ce qui interpelle Luke.

— À vrai dire. J'ai donné le feu vert, mais le premier bandit s'est retourné et a tiré sur mon collègue. Je suis intervenu… à découvert, j'ai pu sauver Ezio, mais ce n'était pas sans conséquence. J'ai pris une balle aussi, mais à contrario de mon collègue, ce n'est pas dans le gilet qu'elle a atterri.

— Où ? s'inquiète Luke en se rapprochant de la table.

— Rien de grave, dans le bras.

— Ah d'accord, annonce-t-elle simplement, l'air blasé. L'orgueil de Spencer en prend un coup.

— J'ai d'autres cicatrices... ajoute-t-il, fièrement.

Luke rit, se penche par dessus la table, et l'embrasse.

— Tu me racontes ?

— Une autre fois, je te parlerai de mes autres cicatrices, mais là, c'est à ton tour, Darling !

Avec cette simple demande, Spencer se rend compte qu'il a soudain refroidi l'ambiance et Luke, vraisemblablement irritée, réfléchit à ce qu'elle pourrait lui dire. Elle joue avec la paille de son Virgin Mojito entre ses lèvres et ça ne passe pas inaperçu pour Spencer qui se fait de nouvelles idées, pas très catholiques. Les lasagnes arrivent à point nommé pour rassurer Luke qui ne sait quoi raconter d'aussi intéressant.

Elle se dévoile peu, mais raconte tout de même de nombreux souvenirs avec son frère Lukas. Le dîner se déroule dans un calme bienvenue, la jeune femme en avait bien besoin après ce qu'il s'est passé au bureau, le repas se termine avec une glace italienne énorme partagée avec délectation. Avant de partir, Spencer et Ezio se donnent une énième tape amicale et Luke n'y échappe pas non plus.

A peine sorti du restaurant, Spencer ôte son manteau et le pose sur les épaules de Luke. Installée sur le siège passager, le ronronnement du moteur et les lampadaires qui défilent bercent la co-pilote qui s'endort.

Spencer ne souhaite pas la réveiller et la porte jusqu'à son appartement. Il se demande quelle va être sa réaction, quand elle se réveillera dans son lit plutôt que dans celui de son amant policier. Son sommeil est agité, elle s'agrippe à lui, les bras autour de son cou et grimace. Il la dépose doucement sur son lit et s'apprête à quitter la pièce mais Luke susurre un prénom. Spencer marque un arrêt le cœur battant à vive allure. Il pense avoir mal compris, mais Luke le répète.

— Victor…

Spencer a soudain envie de la secouer, qu'elle se réveille. Il voudrait qu'elle s'explique, qu'elle lui dise qui est ce Victor et où elle a entendu ce prénom...

Mais finalement, énervé, il la laisse dormir et quitte son appartement pour rejoindre le sien.

Luke se réveille, tâte le drap, mais ne trouve personne à ses côtés. L'emplacement est froid et aucun bruit ne lui parvient. Elle remarque qu'elle porte toujours ses vêtements de la veille. Elle pensait vraiment que Spencer aurait dormi avec elle, que ce soit ici ou bien chez lui. Elle se demande ce qui a bien pu se passer pour qu'il ne soit pas présent à ses côtés. Après avoir pris une douche et un petit déjeuner, elle lui envoie un SMS qui reste sans réponse…

Spencer, lui, a passé toute la nuit et une partie de la journée sur son affaire. Alors qu'il est en pleine lecture des Procès-Verbaux, quelqu'un frappe à la porte. Il demande d'entrer, sans même relever la tête, pensant que c'est Judith qui vient lui annoncer qu'ils vont être en retard s'il ne se prépare pas dès maintenant.

Lorsqu'il perçoit cette odeur de mangue, il oublie ce qu'il fait et lève son regard vers Luke.

Ses cheveux sont ramenés sur un seul côté de son visage et descendent en cascade sur son épaule. Avec cette rose rouge qui maintient sa chevelure, son maquillage très discret, elle est époustouflante. Il en reste coï et son cœur se met à battre la chamade, ayant l'impression de la voir pour la première fois. Il devient fou, fou d'elle. Il se lève doucement et s'approche, ne se souvenant plus pourquoi il était fâché contre elle.

Rien que de la voir, il oublie tout. Elle étire ses lèvres dans un sourire de connivence, le regarde de ses yeux noisette lumineux brillants de malice. Ses joues rougissent légèrement quand il passe ses mains autour de sa taille, mais ne la serre pas trop fort, ne voulant pas froisser sa robe. Il baisse la tête vers son décolleté et laisse son regard s'y noyer pendant de longues secondes. Luke gigote un peu pour le sortir de sa contemplation.

— Tu as perdu quelque chose ?!

Spencer relève la tête et découvre un sourire taquin sur ses magnifiques lèvres qu'il ne tarde pas à embrasser délicatement mais ne répond pas, se souvenant enfin de la raison de son mécontentement !

La veille au soir, il s'est exaspéré quand, dans son sommeil, elle a prononcé à plusieurs reprises ce prénom. Et puis, il y a eu la discussion avec Libby... l'enquête et le fait qu'elle a un tant soit peu insisté sur un mariage. Mais il ne compte pas en parler tout de suite à Luke, il ne voudrait pas se mettre à dos ce joli bout de femme.

— Tu ne comptes pas sortir ainsi ? questionne-t-il.
— J'ai mon étole ! affirme-t-elle.

Spencer hausse un sourcil et Luke ne peut retenir un rire en voyant sa mine déconfite. Elle montre le petit bout de tissu en soie rouge qui est posé de part et d'autre de ses avant-bras.

— Je te parlais d'une veste, d'un manteau ou d'autre chose ! répond-il, dubitatif.
— Oh ! Sache qu'avec ce genre de robe, je ne peux rien mettre de plus.

Spencer est presque sûr qu'elle le taquine. Elle pense qu'il va lui faire une réflexion, typique d'un mec jaloux, mais il n'en fait rien.

— Je suis maladroit. J'ai oublié de te dire combien tu es magnifique, Darling. Il accompagne son compliment avec un baiser intime sur ses lèvres.

— J'aimerais en dire autant sur toi, mais…

— Il est déjà tard, je suppose ?! coupe-t-il.

— Tu supposes bien, la cérémonie débute dans une heure et c'est de l'autre côté de la ville, alors…

— Avec un bon chauffeur comme moi, pas de problème... Judith me tuerait si elle arrive en retard pour son premier bal. Mais au fait, tu ne pars pas avec tes parents ? Et où est Judith?

Luke le saisit par les épaules pour qu'il cesse de s'agiter à cause de son retard et lui sourit.

— Judith est partie avec mes parents, Nolan et Maria. Elle a l'air de bien s'entendre avec mon petit frère. Elle m'a également indiqué où te trouver.

Elle relève la tête et voit des photos qu'elle aurait préféré ignorer, son visage devient livide et Spencer se rend compte qu'elle ne respire plus pendant quelques secondes. Elle cligne des yeux et revient à elle comme si de rien n'était.

— Tu ferais mieux de te préparer, sinon nous allons vraiment être en retard.

Elle sort cette tirade sans le regarder, il a l'impression de voir sa mère, froide et distante. Les photos l'ont chamboulée, mais pourquoi ? Ce n'est pas comme si c'était des scènes de crimes, se dit Spencer, mais une fois de plus, il reporte ses questions à plus tard, même si une sonnette d'alarme retentit dans sa tête.

— Tu as raison, fais comme chez toi. Je n'en ai que pour quelques minutes.

— D'accord je vais t'attendre sur ton canapé. Ne traîne pas s'il te plaît.

Spencer part en direction de sa chambre en sifflotant, laissant une jeune femme à présent apeurée. Elle ne lui a rien montré, ne le pouvait pas, mais, quand elle fait le tour des photos, son passé lui saute au visage. C'est alors qu'elle remet en question les dernières semaines. Elle avait raison, elle n'aurait pas dû écouter Libby et encore moins son cœur.

Elle ne sait plus... meurt d'envie d'annuler la soirée, d'enlever cette fichue robe et d'aller se cacher au fond de son lit pour mettre en place un plan. Que Spencer arrive à la relier à Victor grâce à son enquête n'est pas la meilleure solution. Il faudrait qu'elle lui dise tout, maintenant...
Un bruit sourd et plusieurs jurons venant de la salle de bain ramènent Luke à l'instant présent et elle quitte la pièce, le cœur lourd. Elle ne va pas donner le plaisir à Victor de contrôler une fois de plus sa vie. Elle se rendra à la soirée au bras de Spencer, son passé peut bien attendre une journée de plus.

Spencer sort de sa chambre, déguisé en pingouin, tout ce qu'il déteste. Il n'est pas à l'aise et ne peut pas se mouvoir à sa guise. Il reconnaît cependant que ça lui va plutôt bien. Il se rend à son bureau, mais Luke n'y est plus et soupçonne qu'après son comportement étrange, la jeune femme risque de lui poser un lapin.

— Darling ?
— Je suis dans la cuisine Cariño ! l'informe la jeune femme.

Spencer la découvre, adossée au plan de travail et agrippant une tasse dans ses mains. Il reconnaît ce signe chez la jeune femme, sait aussitôt que quelque chose la tracasse.

— Avoue, tu croyais que j'étais partie ? Elle lève les yeux vers lui, montrant qu'elle aussi commence à le connaître.
— Ce n'est pas faux ! Mais je n'en connais pas la raison.
— Il n'y en a pas, je suis là ! Tu es prêt ? déclare-t-elle, étouffant le poussin dans l'œuf.

Spencer ferme les boutons de sa veste, ouvre ses bras, tourne sur lui-même, faisant rire Luke qui s'approche. Il l'enlace et lui sourit à son tour. Elle passe ses mains dans la nuque de son cavalier pour positionner correctement le col de sa chemise.

— Mon Dieu ! Mais tu t'es rasé ? s'étonne-t-elle en ne le remarquant qu'à l'instant.
— Tu n'aimes pas ?
— Pas du tout. Tout le monde va penser que je me divertis avec un adolescent.

Spencer n'objecte pas et presse soudainement Luke contre lui.

— Adolescent, dis-tu ?! Hum ! ironise-t-il.

— Oh oh, j'aurais dû me….. !

C'est tout ce que Spencer lui laisse le temps de dire avant de l'embrasser avec fougue. Elle se laisse faire, puis lui donne des tapes sur les épaules, il s'écarte avec un regard qui en dit long sur ses attention futures.

— Nous allons vraiment être en retard, si tu continues, sourit-elle en retour.

— Quelqu'un le remarquera si…

— Tu es incorrigible, Spencer ! Bien sûr qu'on le remarquera.

— Je blaguais Darling ! Enfin pas vraiment, si nous avions du temps je…

Elle le fait taire en mettant son index sur sa bouche avant d'y déposer un nouveau baiser rapide.

— Tu auras tout le temps que tu veux, mais après cette soirée.

— Bien Madame !

Spencer attrape ses clés, son portefeuille et son téléphone. Il ouvre la porte de l'appartement avant de s'effacer pour laisser passer sa cavalière.

***

— Tu n'as pas peur de la vitesse ? demande-t-il en s'asseyant auprès de Luke.

— Pas du tout, habituellement je suis en moto.

— Tu conduis toujours ?

— Pas depuis un moment. Mes parents me l'interdisent.

— Tes parents t'interdisent encore des choses à ton âge ? s'étonne-t-il.

— J'ai été élevée dans l'optique de ne pas me mettre en danger et de ne pas mourir pour rien.

— On ne meurt jamais pour rien ! Et se faire plaisir ne nécessite pas forcément de se mettre en danger.

— Je n'ai jamais été la petite fille sage que ma mère aurait voulu que je sois, avoue-t-elle avec amertume, se remémorant de brefs souvenirs. Lorsqu'ils ont débarqué chez moi l'autre matin, tu n'as aperçu qu'une infime partie de la personne stressante qu'est ma mère.

— M'en voilà ravi ! raille-t-il, lui attrapant la main pour y déposer un tendre baiser.

Après un trajet rapide, ils arrivent enfin devant l'hôtel où a lieu le bal. Spencer remonte l'allée doucement et s'arrête à hauteur des voituriers. Les deux hommes ouvrent chacun une portière, Spencer balance les clés et rejoint Luke qui passe son bras sous le sien.

— Tu ne blaguais pas quand tu disais que tu n'avais rien d'autre à mettre avec ta robe ?!

— Effectivement ! Mais ne sois pas jaloux, je ne regarderai pas les autres hommes, un seul m'intéresse. Et puis, toutes les femmes sont en robe de soirée, soit largement décolletées, soit au ras des fesses.

— Intéressant !

Luke lui donne un coup de coude dans les côtes, désapprouvant sa remarque.

— Ne sois pas jalouse. Une seule femme m'envoûte, et, crois-moi, je ne la quitterai pas une seule seconde des yeux ce soir… Sache que c'est aux autres hommes que je ne fais pas confiance, dit-il en reprenant ses propres mots.

Elle sourit, et dépose un léger baiser au coin de sa bouche. Avant de monter la dernière marche, elle sert son bras. Spencer s'arrête et la regarde.

— Tout va bien ?
— Pas vraiment. Pour tout te dire, il y a des personnes que je n'ai pas envie de voir ce soir. Non pas qu'ils soient désagréables, enfin pour certains. Mais, pour d'autres je ne les ai pas revus depuis le décès de Lukas. Alors, comme je ne veux pour rien au monde gâcher ta soirée, Si je pars au cours de celle-ci, ne m'en veut pas, d'accord ?
— Je ne t'en voudrai pas. Seulement, si tu veux partir, fais le moi savoir, nous partirons ensemble et ce n'est pas négociable, averti Spencer l'air très sérieux lui replaçant une mèche de cheveux.
— Mais, je pensais, que… pour ton travail…
— Je suis là pour Judith, elle avait tellement envie d'être là, si ravie d'être présente à ce bal. Mais je suis également là pour toi, même si je ne savais pas que notre relation tournerait ainsi. J'espérais donc te revoir ici ce soir et éventuellement te séduire.

— Sans ta barbe ! Tu peux courir.

Ils rient de bon cœur, mais redeviennent discrets lorsqu'un couple devant eux se retourne. Cela a au moins permis de détendre la jeune femme. Ils montent la dernière marche et ils déclinent leurs identités au valet qui les accueille. Ils entrent et, d'où ils se tiennent, ont une vue sur l'immense salle de bal. Luke sourit à plusieurs personnes que Spencer reconnaît brièvement.

— Tu connais beaucoup de monde ? dirait-on, l'interroge Spencer, regardant autour de lui.

— Je suis baignée dans ce genre d'événement depuis que je suis toute petite. Je t'expliquerai bien ça maintenant, mais…

— Cette soirée va être assez ennuyeuse, gardons ça pour plus tard !

Elle acquiesce et continue de sourire. Spencer salue lui-même quelques-uns de ses collègues et de ses supérieurs. Quand Luke presse une nouvelle fois son bras, il tourne la tête dans la même direction qu'elle.
Il aperçoit le cousin de cette dernière. Il sait que ça ne la réjouit pas, lui non plus d'ailleurs. Il la lâche un instant pour mieux se rapprocher d'elle, la serrant contre lui en passant son bras dans son dos et posant la main sur sa hanche.

— Ne t'inquiète pas ma Darling, je ne te lâche pas de la soirée, chuchote-t-il à son oreille.

Elle passe également son bras derrière le dos de Spencer et retient sa respiration pendant une seconde.

— Tu as ton flingue sur toi ? chuchote-t-elle à son tour.

— Comment veux-tu que je te protège, si je ne l'ai pas ?

Elle le regarde sévèrement et son sourire s'efface.

— Un limier ne se sépare jamais de son arme même lorsqu'il n'est pas en service. Tout peut arriver et on est l'abri de rien....

Chapitre 15

Peu de temps avant la fin du bal...

— Alors, tu l'ouvres cette porte ! grogne l'homme qui s'impatiente.

— Ça vient, mais tu es sûr qu'il n'y a personne ? s'inquiète l'autre.

— Mon contact m'a dit que le lieu est vide, qu'ils sont tous sortis.

— Comment ça tous ? Je croyais qu'elle vivait seule ?

— C'est exact. Mais ses parents sont arrivés la semaine dernière. Comme tous les ans, il y a la soirée de charité et si j'ai bien compris ce que m'a dit mon contact, cette année, les pompiers et les policiers se partagent les festivités, ce qui fait que nous avons le champ libre.

Click ! La serrure vient de lâcher et donner l'accès aux deux voyous.

L'homme en retrait écarte son compère du coude et tourne la poignée. Ils tombent nez à nez avec un Labrador.

— Tu ne m'avais pas dit qu'il y aurait un chien !

— Depuis quand as-tu peur de ces petites bêtes à poils ? Et puis regarde-le, il n'a pas plus de six mois. Il ne te fera rien. Vas-y, entre.

Les deux hommes pénètrent dans l'appartement, enjambent le chiot qui s'est rendormi, allument leur lampe torche. Tandis que l'un prend la direction de l'espace nuit, l'autre se dirige vers la cuisine.

— Oh ! Luke, je donnerais n'importe quoi pour voir ta tête quand tu vas tomber sur ça, chuchote-t-il.

Il dépose une enveloppe blanche entre deux chaussures dans le dressing.

Il se retrouve face au miroir, un sourire démoniaque sur son visage alors qu'il se réjouit déjà de la crainte qui s'immiscera dans chacun des pores de la jeune femme. Il attrape la manche d'un pull sur le portant, le porte à son visage, en hume l'odeur et se caresse la joue avec.

— Tu me manques tellement... je ne comprends pas comment tu as pu me trahir, nous étions si bien ensemble. Mais, ne t'inquiète pas, bientôt nous serons réunis à nouveau, je t'en fais la promesse.

L'homme continue de faire le tour du dressing et s'arrête sur le tiroir à sous-vêtements. Il sourit en l'ouvrant, non pas par sadisme, mais plutôt parce qu'il remarque que malgré toutes ces années, Luke n'a pas changé. Elle range toujours ses petites culottes par couleur. Il attrape un shorty en dentelle blanche, le renifle et le range dans sa poche. Il dérange quelques affaires, mais avec soin. C'est juste pour la faire tourner en bourrique, en souvenir du bon vieux temps, il le faisait souvent.

Elle rangeait un objet ou un papier à un endroit et lui, systématiquement, le dérangeait. Ensuite, ce qu'il aimait le plus, c'est de lui demander de lui trouver. Elle avait beau être certaine de l'avoir rangé là, il n'y était plus et s'en suivait alors une dispute qui finissait toujours pareil. Il avait la main sur elle et en faisait son pantin autant que son punching-ball.

Il passe un dernier regard dans le dressing, puis dans la chambre et rejoint son acolyte.

— Que fais-tu bordel ? Nous ne sommes pas là pour baby-sitter le chien.

— Détends-toi ! J'ai ouvert la baie et il s'est réveillé. Il voulait faire ses besoins et puis regarde-le, il est mignon, non ?

— Si tu le dis ! Tu as fait ce pour quoi tu es venu ?

— Bien sûr ! Pour qui me prends-tu ? Il y en a un au niveau de l'évier et un autre dans la lampe du salon. Et comme prévu, le dernier est ici, ajoute-t-il.

Il pointe du doigt l'intérieur du placard de l'entrée.

— Et toi ?

— C'est fait aussi ! Ne nous éternisons pas ici.

Les deux hommes sortent de l'appartement. Arrivés dans le hall d'entrée, le complice qui l'a ouverte a un doute.

— Quel con ! j'ai oublié de faire entrer le chien.

Ils s'arrêtent et remontent en courant les escaliers. La porte est à nouveau crochetée et rapidement, le chien est de retour dans son panier. L'homme qui se tient face à la fenêtre sent la colère affluer soudain dans ses veines. Il sert les poings à s'en faire blanchir les phalanges. Il a cette subite envie de tout retourner dans l'appartement, mais il n'en fait rien. Il veut simplement qu'elle se rende compte que quelqu'un s'est introduit chez elle, qu'elle devienne nerveuse et qu'il puisse la cueillir au bon moment...Mais soudain, celui sensé faire le guet, entre dans l'appartement. Il se retourne et aperçoit le regard paniqué de son complice.

— Quelqu'un arrive, chuchote-t-il, paniqué.

— Mais t'es con, pourquoi es-tu entré alors ? tu aurais dû m'appeler !

— Peut-être parce que je ne voulais pas être vu !

Les deux hommes sortent en trombe et s'engouffrent de justesse dans la porte de secours et la laissent entrouverte pour espionner la personne qui arrive.

— Tiens la porte n'est pas fermée, c'est étrange, s'étonne une femme.

Cette dernière sort son portable de sa pochette et compose un numéro. Elle n'a pas le temps d'entendre la tonalité que Victor l'assomme d'un coup à la tête. Les hommes se regardent et s'enfuient en laissant la femme allongée et inerte sur le sol.

Chapitre 16

Depuis des années, quand leur emploi du temps le leur permet, Luke côtoie le bal des pompiers avec Libby et elle accompagne également ses parents à celui de la police. Ce genre de soirée n'est pas ce qu'elle préfère, mais son rang dans la société l'y oblige. Cette année, tout le monde est réuni et, étrangement, tout a l'air de bien se dérouler.

Elle a à peine fait quelques pas dans cette pièce que déjà elle se sent oppressée. Mais heureusement, aujourd'hui son cavalier est là pour la rassurer, être sa bouffée d'oxygène. Même si elle doit le faire passer aux yeux de tous pour un simple cavalier, elle se promet de tenir le coup toute la soirée, rien que pour lui.

— Joue l'indifférent, conseille-t-elle en chuchotant.
— Quoi ?!
— Joue l'indifférent à mon égard et laisse-moi parler…
— Ok, et comment je fais ça ?!
— Ne fais pas attention à ce que je dis tout simplement.

Spencer regarde Luke brièvement, puis pose son regard ailleurs dans la salle. Il cherche Judith, il sait qu'elle est en compagnie des parents de Luke, mais au moins, il pourra tenter de jouer le jeu tout en écoutant sa cavalière et Mario.

— Mario ! Comment vas-tu ? Chante étrangement la voix de Luke.

Spencer tourne la tête, et croise le regard du cousin qui est venu à leur rencontre. Luke tend la main vers lui, il s'en empare et lui donne un baisemain. Si elle est aussi hautaine toute la soirée, Spencer va l'ignorer, ça c'est certain.

— Je vais très bien. Et toi, chère cousine ?
— Également, laisse-moi te présenter…
— Inutile, je connais déjà le lieutenant Hargitay. Je l'ai rencontré il y a quelques jours, en débarquant de France. Mario donne une ferme poignée de main à son collègue.
— Ah…
— Oui Lucinda, je ne suis pas là en vacances, je me suis fait muter.
— Maman ne m'a rien dit ! répond-t-elle, irritée.
— Elle n'était pas au courant, en fait personne ne l'était. Et comment vous êtes vous rencontrés ?

Spencer remarque l'air espiègle qui traverse son regard.

— Oh ! Euh… il aurait été indécent de venir seule ce soir.
— Indécent pour qui, ta mère ou toi ? Je t'ai connu bien plus rebelle, surtout pour ce genre de soirée.
Cette remarque ne surprend pas Spencer.

— Tu connais maman. Elle me trouve toujours un cavalier. Et je t'avoue que le lieutenant est d'une grande aide. Personne n'osera venir m'importuner.

— Ne t'en fais pas, je ne m'y risquerai pas ! annonce-t-il de but en blanc.

Luke n'a pas le temps de répondre, que déjà, Mario l'abandonne pour partir à la rencontre d'autres invités.

— Ouf ! Un de moins, soupire Luke.

— Et pas des moindres. Tu t'en es plutôt bien sortie.

— Merci ! lui répond-elle en souriant.

— Tu connais et tu dois saluer toutes ces personnes ?

— Bon nombre sont des membres de ma famille, explique Luke en inclinant la tête une fois de plus. Là-bas, il y a le chef des pompiers et sa femme, à côté c'est leur fils, Steeve, lieutenant lui aussi, mais tu le connais déjà ! s'amuse-t-elle. Un peu plus loin derrière eux, ce sont les commissaires…

— Les commissaires Johnson et Edwards, la coupe Spencer. Ils sont mari et femme et dirigent tous deux un des services.

— Que suis-je bête ! L'un d'eux doit être ton patron, non ?

Spencer lève un sourcil devant le ton qu'emploie Luke. Il n'aime pas lorsqu'elle se dévalorise de la sorte devant lui, mais passe outre et poursuit son introspection.

— Oui, c'est Edwards… Tous les ans je suis convié et je m'oblige à venir, je me dis que ça fait partie du travail. Mais je ne suis pas du tout à l'aise, explique Spencer tirant sur les pans de sa veste.

— Je te trouve très beau dans ton costume.

— Tu n'es pas mal non plus et j'ai très envie de t'embrasser ! chuchote-t-il au creux de son oreille.

— Pas maintenant, le sermonne Luke gentillement.

— Pourquoi ? De quoi as-tu peur ? De ton cousin ?

— Pour ta gouverne, je n'ai peur de personne et certainement pas de mon cousin. Je t'embrasserai plus tard, promis.

Luke effleure son torse de la main en se dirigeant vers la table qui leur a été attribuée. Sur le chemin, Spencer salue à son tour quelques collègues d'un signe de tête, sous le regard étonné des femmes qui n'hésitent pas à attirer l'attention de leurs compagnons d'un coup de coude.

Elles ont essayé bon nombre de fois de le mettre dans les bras de leurs cousines, de leurs copines ou de leurs sœurs, alors elles sont surprises de le voir accompagné ce soir. Et en plus, Luke n'est pas n'importe quelle femme, elle illumine tout sur son passage et chaque personne qu'elle rencontre, lui sourit. Spencer marque un temps d'arrêt Luke regarde dans la même direction que lui et aperçoit Vincent, son patron, qui est accompagné de deux hommes dont son fils Alexander.

— Tu n'as pas l'air très surprise de le voir ici, ce soir ?! Demande Spencer.

— C'est vrai ! Ma mère m'en a touché un mot plus tôt dans la semaine.

— Et il ne t'ait pas venu à l'esprit de m'en parler ?

— Tu es jaloux de mon patron ?! Mais pourquoi ? C'est ridicule, dit Luke agacée, tout en se postant devant Spencer.

— Je ne suis pas jaloux... ment-il.

— A d'autre !

— Il ne m'inspire pas confiance, c'est tout....

— Tu ne l'as rencontré qu'une fois, pour un interrogatoire. Comment peux-tu juger les gens ainsi ?

— C'est mon boulot, Darling !

— Mouais ! Tu ne m'enlèveras pas l'idée que tu es...

— Jaloux ? Oui je l'avoue, je le suis de tous les hommes qui posent les yeux sur toi.

Luke regarde intensément son cavalier et sent son cœur battre à un rythme irrégulier dans sa poitrine. C'est la première fois qu'elle entend une parole aussi sincère sortir de la bouche d'un homme. Qui plus est, un homme qui ne la laisse pas indifférente et pourtant, il y a à peine une heure, elle pensait le contraire en découvrant l'objet de son enquête. Mais là, tout de suite, elle se dit qu'elle pourrait, ou plutôt qu'elle devrait lui donner une chance, qu'il est peut-être la lumière au bout du tunnel. Elle se reprend et pose les mains sur les avant-bras de monsieur jaloux.

— Tu sais que je vais travailler pour lui pendant les deux prochaines années et peut-être plus ?

— Il y a bien d'autres cabinets d'architecture !

— Mon père m'a eu la place et c'est le meilleur cabinet. Je ne suis pas en position de refuser.

— Mais...

— Il n'y a pas de « mais » Spencer, nous n'allons pas avoir cette conversation ici tout de même ?! Luke respire profondément pour se calmer, elle ne souhaite pas qu'ils se disputent et surtout pas en ces lieux.

— Non, bien sûr que non, je ne veux pas gâcher cette soirée en ta compagnie ! s'excuse-t-il en lui caressant le bras.

Ils reprennent leur chemin, ce n'est qu'au bout de vingt-cinq minutes qu'ils arrivent à rejoindre leur table, car ils ont beaucoup discuté avec deux couples. La famille de Luke est très curieuse, leur assénant le même discours que son cousin Mario. Pour tout ce petit monde, Spencer n'est qu'un simple Lieutenant l'accompagnant ce soir, ce qui l'agace vraiment mais il laisse couler pour ce soir.

Quand ils arrivent enfin à destination, tous les hommes assis se lèvent. Son patron s'avance, contemple Luke un peu trop longtemps au goût de Spencer, pose la main sur son épaule et l'embrasse sur la joue. Le lieutenant a du mal à détacher son regard d'eux, mais le père de Luke lui donne une accolade et lui chuchote rapidement qu'il n'a pas à s'inquiéter. Il acquiesce, mais n'aime pas sa façon de la regarder.

Avant de s'installer à la place qui lui est réservée, Spencer salue sa voisine de droite qui est la mère de Luke.

Le Lieutenant est heureux d'être tout près de sa cavalière. Mais son soulagement est de courte durée quand Vincent, son patron, s'assoit à son tour à côté de Luke. Non loin de lui, le père de son amie, tout en dépliant sa serviette lui sourit, il mettrait sa main à couper que Sean cache quelque chose.

Il se rend compte qu'il y a une place vide entre Vincent et Sean, alors Spencer cherche Judith mais ne la trouve pas. Il s'apprête à se lever lorsqu'une main vient se poser sur la sienne.

— Ne cherchez pas Judith, elle est dans une salle adjacente, lui annonce Graziella.

— Ah oui ?

— Oui ! Le comité a mis cette disposition en place l'an dernier, les jeunes sont très vite lassés par ce genre de soirée. Et beaucoup de personnes partent avant la fin.

— Elle qui se faisait une telle joie de venir…

— Ne vous en faites pas, elle est avec les jeunes adultes qui peuvent profiter de leur soirée, comme leurs parents.

— Alors pourquoi cette place vide ?

— Je n'en ai aucune idée ! répond la femme.

Spencer sourit et trouve intéressant que la mère de Luke ne soit pas au courant, bien qu'une fois de plus…

— Cette place est pour moi, chante une voix guillerette.

Libby vient de faire une entrée plus que remarquée. Toutes les conversations se sont arrêtées et tout le monde est ravi de la revoir. Enfin, non pas tous, pas la voisine de table du lieutenant.

— Mesdames, Messieurs, excusez-moi pour le retard. Graziella je suis heureuse d'enfin vous revoir !

Une cloche sonne et Luke indique à Spencer que c'est le début du repas. Les serveurs font leur entrée en poussant des dessertes remplies de plateaux argentés, aussi le lieutenant trouve suspect qu'il y ait autant de cérémonial cette année. La famille de Luke y est telle pour quelque chose dans cette organisation ?!

A table les conversations vont bon train. Les hommes se taquinent gentiment pour la meilleure équipe de Rugby et leurs voix de barytons recouvrent celles des femmes qui, de leur côté, parlent de haute couture.

Le repas prend fin et l'orchestre s'installe avant d'attaquer le morceau d'ouverture du bal. Vincent propose à Luke d'aller danser, Spencer fait celui qui n'a pas entendu, ne se retourne pas et continue de parler avec Graziella. Son amie décline l'invitation et il sourit lorsqu'il sent la main de Luke se poser sur sa cuisse. Serein malgré ce refus, Vincent tend la main vers Libby qui, elle, accepte l'invitation.

— Tu sais danser la valse anglaise ? susurre Luke à l'oreille de Spencer.
— Bien sûr ! assure-t-il en se tournant vers elle.

Luke lui tend la main, il la saisit et l'entraîne au fond de la salle afin d'avoir un peu plus d'intimité. Il la serre contre son torse plus que nécessaire et dépose un baiser sous son oreille, la faisant glousser de plaisir.

— Comment fais-tu ? l'interroge-t-il en reprenant son sérieux.
— Comment je fais quoi ? lui répond Luke, sourcils arqués.
— Pour être ainsi, si différente, si détachée de tout ?

— Je suis celle qu'ils veulent que je sois. Je veux prouver à mes parents qu'ils m'ont bien éduquée, mais ça ne me plaît pas plus qu'à toi !

Spencer soupire et enchaîne.

— Je suis content d'entendre ça. J'ai eu peur que tu sois pour toujours enfermée dans le corps de Lucinda et que Luke ne revienne pas.

— Tu es bête ! Je suis la même, mais avec un peu plus de délicatesses et de bonnes manières qu'on voudrait qu'une femme de mon âge ait...

— Eh bien, ça me rassure !

— Ne te plains pas, mes parents n'ont encore pas remis sur le tapis le sujet du mariage.

Spencer arrête de danser, de respirer même et regarde sa cavalière.

— Je plaisante ! Spencer, détend toi, tu es tout crispé.

Il reste figé, même s'il a déjà pensé à ce qu'il ressentirait, si un jour, elle porte son nom et ses enfants.

— N'est-ce pas un peu trop tôt pour en parler ?! Il ne veut pas la brusquer et finalement ce sont ses parents qui vont peut-être le faire.

— Eh ! Oh ! Spencer ! Tu m'entends ?! Mes parents me parlent de mariage depuis que je suis toute petite, alors je n'y fais plus attention. Ma mère... elle pense que...

Luke déglutit et garde pour elle la discussion houleuse qu'elle a eue avec sa mère en présence de Libby lors de la fameuse journée entre filles. Heureusement que Judith n'y a pas assisté, elle aurait pris la défense de son oncle, tout comme l'ont fait Luke et Libby. Ces mots forts la hantent encore, ces mots qui lui ont fait du mal.

Comment sa mère peut-elle ne pas la connaître à ce point. Comment peut-elle croire que Spencer n'est qu'un amuse-bouche et qu'il n'est pas fait pour elle. Et surtout comment peut-elle s'acharner sur le fait de vouloir la marier avec son cousin Mario... Luke reprend ses esprits.

— De toute façon je ne veux pas me marier.

C'est le coup de grâce pour Spencer et son cœur se fissure. Elle est beaucoup plus démolie que ce qu'il pensait. Il se détend enfin, Luke l'interroge du regard voyant que c'est du faux, mais ne dit rien de plus. Spencer reprend le rythme de la musique et fait tourner sa cavalière. Il aperçoit une tête blonde se frayer un chemin jusqu'à eux et Libby apparaît. Luke ne s'aperçoit pas de la présence de son amie tout de suite, elle est partie dans des pensées qu'elle veut plus apaisantes. Elle est dans les bras d'un homme merveilleux, qui lui a caché être un si bon danseur, mais toutes les bonnes choses ont une fin... Libby tapote sur son épaule.

— Luke, la prochaine danse est la nôtre, annonce-t-elle joyeuse.
— Déjà ? Mais j'ai à peine profité de mon beau lieutenant.

Libby tire sur son bras comme une enfant impatiente.

— Tu as toute la soirée pour profiter de mon talent de danseur, la rassure le policier.

— Je ne pourrai plus danser après, je serai trop fatiguée, atteste-t-elle déçu.

— Oh ! Eh bien tu n'auras qu'à mettre tes pieds sur les miens, sourit-il en dégageant une mèche de ses cheveux et en l'embrassant tendrement sur le coin de la bouche.

Luke regarde furtivement dans la salle, ils sont loin de tous, à l'abri des regards. Pour la première fois de la soirée elle se laisse aller et embrasse Spencer à son tour. Libby s'impatiente et se racle la gorge, prend un air offusqué et leur balance un rictus de sa composition, signe qu'elle s'apprête à faire une demande inattendue.

— Spencer tu gardes nos affaires ? Impose Libby en lui fourrant pochettes et étoles sur les bras.

— Bien sûr ! Je reste dans le coin...

— Merci. Le temps d'une musique et je reviens vers toi.

— Non, non, on danse aussi un Madison, annonce Libby, gaiement.

Luke lève les yeux au ciel, sachant pertinemment qu'elle a perdu ce combat d'avance. Elle sourit et suit son amie qui fend la foule. Elle attrape le bas de sa robe, fait glisser sa main dans une poignée prévue à cet effet, lève la tête vers Spencer qui n'a pas bougé et lui fait signe de la main. Il lui rend son geste, et c'est l'esprit léger, pour la première fois depuis un moment, qu'elle commence à danser. Le chef d'orchestre annonce le début de la prochaine musique en tapant sur son pupitre et bon nombre de personnes quittent la zone de danse.

Les deux jeunes femmes se placent au centre de la piste, l'une à côté de l'autre et commencent à effectuer les mouvements qu'elles connaissent par cœur, synchro comme d'habitude ! Luke aperçoit ses parents qui se sont levés pour apprécier au mieux cet instant et Vincent l'observe également. Ce qui irrite Spencer qui n'a pas quitté son emplacement, restant discret et son regard reste fixé sur celle dont il tombe doucement amoureux.

Le cœur de Luke fait un bon dans sa poitrine et elle oublie tout ce qui se passe autour d'elle, ne voyant que son Connard jaloux lieutenant. Elle ne voit que lui et le regard qu'il lui porte la chamboule. Elle rougit bêtement, frissonne, tout son corps se rend compte que cet homme est vraiment amoureux d'elle. Pour la première fois, elle ressent des choses qu'elle n'a jamais connues jusqu'à présent, tout ceci est nouveau et va beaucoup trop vite à son goût. Elle est amoureuse de Spencer, mais comment l'accepter ? Comment faire face à ce sentiment qui lui fait peur et dont elle ignore les tenants et les aboutissants?

La menace de Victor est comme une épée de Damoclès au-dessus de sa tête, elle ne peut définitivement pas le mettre en danger, se sentant perdue... son cœur souhaite une chose et sa tête le contraire. Elle ferme les yeux et se concentre à nouveau sur le rythme de la musique qui prend fin et est suivi par le rythme du Madison qui commence. Elle a l'impression de revivre son adolescence, l'époque où elle aurait pu devenir une grande danseuse.
Mais la vie est faite d'imprévus et elle n'a pas été tendre. Luke se réconforte en pensant qu'elle sera bientôt diplômée et qu'elle pourra exercer sa deuxième passion.

Jour après jour, même si c'est difficile, elle essaye d'avancer.

Quand la dernière note de l'orchestre retentit, Luke est à bout de souffle. Libby la rejoint, prend son bras en cloche et c'est gaiement qu'elles se rendent au bar. Elles commandent deux grands verres d'eau et une tequila que Libby avale cul sec. Luke aperçoit son cousin, accoudé de l'autre côté du bar, un verre de whisky à la main, jouant avec le glaçon tout en regardant ailleurs. Elle suit la trajectoire de son regard et tombe sur Judith qui a rejoint Spencer. Mario sourit ouvertement, elle espère qu'il ne manigance rien contre eux et surtout, qu'il ne pense pas à mettre dans son lit une p'tite jeune à peine majeure et qui plus est, la nièce de son nouveau collègue.
Judith chuchote quelque chose à l'oreille de son oncle, ils rient tous les deux. Luke sourit devant cette belle complicité, mais Spencer a l'air tout à coup anxieux. Il regarde partout autour de lui et son visage s'illumine lorsqu'il trouve enfin celle qu'il cherchait, celle qui peut éclairer de par sa présence une pièce plongée dans le noir, il lui fait signe, Luke lui répond par un geste de la main, s'apprête à les rejoindre lorsqu'elle entend un homme s'adresser à Libby.

— Sergent Lacroix ! C'est un plaisir de vous voir ce soir ! Et quelle prestation !

C'est comme un robot qu'elle se retourne, son amie toujours de dos. Les questions se bousculent dans la tête de Luke. Libby est devenue flic et elle ne lui a rien dit ! Et depuis quand ? Elle ne sait plus quoi penser et reste plantée là, impuissante devant cette révélation ! Spencer est-il au courant ?! Elle le cherche, mais il n'est plus là où il se trouvait il y a deux secondes. Elle retourne à leur table et y trouve les affaires dont il avait la garde. Elle entend soudain un rire cristallin et l'aperçoit sur la piste avec Judith.

Luke se rend près de la fontaine au fond du jardin. Avec Lukas, ils s'y rendaient souvent pour prendre l'air pendant les réceptions. Elle ôte ses chaussures, s'assoit sur le rebord, les pieds plongés jusqu'aux chevilles. L'eau est un peu fraîche mais ce n'est pas désagréable. Elle connaît bien Libby et, si elle ne lui a rien dit, c'est qu'elle a ses raisons.

Ce qui ne l'empêchera pas de lui demander de s'expliquer ! Elle pense également à sa relation avec Spencer, hésite à lui faire part de sa vie plus que chaotique ? Décidera-t-il, une fois au courant, d'y mettre un point final, de laisser de la distance entre eux et éviter ainsi qu'ils souffrent trop ?

Elle décide d'envoyer un sms à Libby.

Je prends l'air dans le jardin.

Elle lève la tête vers un ciel dégagé où la lune et de nombreuses étoiles brillent. Elle aime être seule dans cet endroit pour réfléchir à tout ce qui vient de se passer ! Son téléphone Bip.

Où es-tu ? Spencer te cherche partout ? J'ai un peu trop bu, je rentre à l'appart.

Alors qu'elle s'apprête à répondre, des bruits de pas sortent soudain Luke de ses réflexions. Elle s'extirpe discrètement de la fontaine et se colle à un épicéa. Sa robe rouge et la pleine lune ne jouent pas en sa faveur, alors elle s'enfonce un peu plus entre les arbres et tend l'oreille.

L'homme qui arrive est au téléphone, son interlocuteur n'a pas l'air très content car elle entend des bribes de ce qu'il dit.

— Comment ça...?!
— Je la surveille, je te dis.

Luke reconnaît la voix de son cousin Mario.

— Elle n'était pas.... poursuit l'interlocuteur.
— Non ! Elle m'a présenté quelqu'un que je connaissais déjà, ricane-t-il.

Luke réfléchis ! Ne fais pas de bruit, ne bouge pas, reste cachée et écoute ce qu'il se trame.

Elle tend l'oreille et entend Mario informer l'homme au bout du fil qu'il poursuit sa surveillance et ne la lâche pas d'une semelle, qu'il l'a vu sortir et qu'il l'a suivie jusqu'à la fontaine. Luke comprend alors que c'est d'elle dont il s'agit. Elle dépose ses chaussures au pied de l'arbre et avance à pas de loup.

Elle a déjà sa petite idée sur l'identité de l'autre homme, mais souhaite entendre son prénom sortir de la bouche de son cousin. Une branche craque, Luke s'arrête, Mario reste silencieux un instant. Elle retient sa respiration et au même moment, un écureuil se faufile non loin de lui et remonte dans l'arbre. Luke le voit soupirer et reprendre sa discussion.

— Écoute Manu, tu diras à ton frère que ma cousine…

Ses oreilles bourdonnent, des perles de sueur coulent dans son dos. Elle pose une main sur sa bouche tout en s'adossant à un tronc d'arbre et se laisse glisser jusqu'au sol, ramène ses genoux contre sa poitrine et pose sa tête dessus. Elle se force à respirer doucement pour ne pas se faire repérer. Elle tend l'oreille et entend la voix de son cousin s'éloigner, patiente encore un peu et décide de se lever.

Elle traverse le jardin, mais reste dans les buissons qui le longent. Sa robe se prend plusieurs fois dans les branches et des bouts de tissu y reste accrochée. Elle arrive au niveau du parking, cherche la voiture de Spencer et finit par l'apercevoir. Une américaine des années 70, ça se repère facilement, mais bien sûr, elle est fermée. Luke fait le tour et s'est sans remords, qu'elle prend une pierre et brise la vitre côté conducteur.

Il ne va pas être content, mais tant pis, elle doit impérativement rentrer à l'appartement. Elle use de toutes ses forces pour pousser la voiture jusqu'à la sortie où personne ne monte la garde. Elle s'installe dans la voiture et cherche un double des clés. Bingo, un jeu est caché sous le siège. Elle démarre, regarde dans le rétroviseur les lumières s'éloigner. Elle pense aux personnes qu'elle laisse derrière elle, à ses parents, à sa meilleure amie, à l'homme qu'elle aime.

Luke ignore les appels incessants de Spencer, elle ne peut et ne veut pas lui répondre, elle n'aurait plus la volonté de partir.

Elle les quitte, persuadée qu'en s'enfuyant ainsi, elle évitera de les mettre en danger et de les faire souffrir. Arrivée devant la résidence, elle éteint les feux et rentre la voiture au sous-sol. Elle remonte par les escaliers et, sur le seuil, découvre Libby allongée, inconsciente. Elle ne panique pas et s'assure qu'elle est toujours vivante. Quand elle est certaine qu'elle respire, Luke appelle les urgences.

Elle relève la tête, la porte de son appartement est ouverte alors que, normalement, son père s'est occupé de faire changer la serrure et se souvient avoir fermé avant de partir. Libby s'est faite agresser, mais pourquoi ?

La jeune femme garde son sang-froid et appelle son père. Il l'informe qu'ils la cherchent depuis un moment, que Libby a eu l'idée de rentrer car elle ne se sentait pas bien et que ne trouvant pas ses clés dans sa pochette, elle a décidé de dormir chez son amie les chargeant de l'en avertir s'ils la retrouvaient.

Elle lui annonce à son tour qu'elle vient d'appeler les secours, car son amie s'est fait agresser dans l'immeuble. Elle n'a pas le temps d'en dire plus, il l'avertit qu'il arrive et lui raccroche au nez. Bien que Luke sache que son père apprécie Libby, elle ne comprend pas cet engouement de sa part.
Son comportement est étrange et laisse la jeune femme sceptique.

Quelques minutes plus tard, Les urgentistes s'occupent de Libby. Elle l'accompagne jusqu'à l'ambulance, et, lorsqu'on lui propose de monter, hésite un instant puis refuse. Au même moment, une veste de costume lui recouvre les épaules et des bras musclés l'entourent. Sans même se retourner, elle sait qui est l'homme qui la console silencieusement.

— Tout ira bien ! souffle-t-il au creux de son oreille. Nous pourrons aller la voir demain.

— Demain…

Elle ne sera plus là, pense-t-elle.

Pendant la demi-heure qui suit, elle ne réagit plus, figée près de Spencer. Le lieutenant prend les commandes, appelle certains de ses collègues afin qu'ils vérifient l'appartement de la jeune femme, pour lui c'est une scène de crime. Les autres locataires, rassurés, rentrent chez eux. Spenser impose à Judith de préparer un sac pour la nuit et de partir avec les parents de Luke. Celle-ci, furibonde en premier lieu, accepte tout de même voyant l'impuissance de son oncle face au comportement de Luke.

La jeune femme est dans un état second, ne s'aperçoit pas du temps qui passe. Silencieuse, elle repense à cette soirée, à toutes les révélations, à Spencer, à la danse, à Mario, à l'agression... à tout ! Elle réfléchit à sa décision et planifie déjà son départ. Après plusieurs minutes, les gyrophares disparaissent et Spencer la rejoint enfin. Il retire sa veste des épaules de Luke et l'emmène jusque dans sa salle de bain où la jeune femme se laisse déshabiller. Il la pousse doucement sous la douche, se déshabille à son tour et la rejoint.

Tendrement, il fait couler l'eau sur ses cheveux, son visage et son corps, voyant qu'elle tremble, augmente la température. Il la sert dans ses bras, prend soin d'elle, la frictionne à la fois pour la réchauffer et la détendre, lui lave les cheveux et le corps. Ses gestes sont doux, il la manipule comme une petite chose fragile, ce que pourtant elle n'est pas. Elle est perdue dans ses pensées, refait le point sur la soirée, cherche l'élément déclencheur et comprend soudain.

Finalement, c'est elle qui aurait dû tomber sur les agresseurs de son amie, et si ce qu'elle pense est exact, Victor et Emmanuel. en seraient les commanditaires. Seulement quel lien unit les deux frères à Mario ? Elle va devoir le découvrir…

Spencer s'enroule d'une serviette, puis en fait de même avec Luke, il la porte jusqu'au lit, Luke se demande où elle a rangé la boîte où sont cachés son deuxième passeport et l'argent liquide qu'elle garde au cas où et, justement, ce soir est un « au cas où ».

Ça lui fait comme une impression de déjà-vu. Une fois de plus, elle planifie à nouveau son départ. Mais cette fois-ci, c'est différent, parce quelque chose la tracasse et elle met un mot dessus quand Spencer la regarde avec cet amour qui le qualifie. Une boule lui monte à la gorge et y reste bloquée. La douleur de le quitter dans ces conditions lui tord le ventre, elle a mal.

Elle aimerait lui dire, pour qu'il tente de la retenir, mais elle n'arrivera pas à parler, pas ce soir. De toute façon, il pourrait essayer, mais ne pourra pas la raisonner. C'est ainsi que ça doit se passer, elle ne sera jamais heureuse avec un homme à cause de son passé. Victor le lui a promis et il est du genre à tenir ses promesses.

Elle ne peut pas se permettre qu'une autre personne de son entourage subisse les conséquences de ses actes. Tout compte fait, sa mère avait vu juste. Spencer n'est qu'un passe-temps pour elle. Elle s'en convainc, c'est alors que ce qui n'est pas arrivé depuis longtemps se produit, ses yeux deviennent humides, mais aucune larme ne coule.

— Tu es fatiguée ? cherche-t-il à savoir la voyant se décomposer un peu plus sous ses yeux.

Luke lève les épaules pour toute réponse. Vu son état et l'activité intense de son cerveau pour ne rien oublier, elle n'arrivera pas à dormir et Spencer prend ça pour un « oui ».

Il passe un bras dans son dos et l'autre sous ses genoux, la bascule pour l'allonger, et remonte la couverture sur elle. Elle ferme les yeux, mais ne sentant pas le lit s'affaisser, les ouvre à nouveau. Il s'est habillé d'un bas de survêtement, d'un tee-shirt et s'apprête à quitter la chambre.

— Où vas-tu ?! panique-t-elle soudainement.
— Je vais vérifier que la patrouille est bien arrivée et je reviens.

Cela fait vingt minutes qu'elle fixe la porte, attendant son retour, mais rien. Elle sombre, malgré elle, dans les bras de Morphée.

« Luke se réveille sur un matelas à même le sol, elle a froid, et se frotte les bras se rendant compte qu'elle est en sous-vêtements. Elle se retourne et remarque qu'elle est seule., se lève avec beaucoup de maladresse. Elle a des

courbatures partout et la tête qui tourne, ainsi que des nausées. La pièce étant peu éclairée, elle avance à tâtons pour trouver la salle de bain avant de se regarder dans ce qui reste du miroir accroché au mur. Une plaie marque son arcade, ses yeux sont tuméfiés et injectés de sang, sa lèvre est enflée et coupée et un beau bleu sur sa pommette droite, avec l'impression que son nez est cassé.

Des flashs de ce qui s'est passé s'immiscent dans sa mémoire. Elle se souvient que ce miroir était encore entier il y a deux jours.

Victor arrive alors qu'elle est assise sur les toilettes, l'attrape par les cheveux, la soulève et sa tête rencontre plusieurs fois le miroir, d'où sa plaie au front et cette douleur sourde qui fracasse son crâne.
Ensuite, il la traîne jusqu'au matelas et la bat à mort. Enfin, c'est ce qu'elle croit. Elle sait que sa mort arrivera juste après, lorsqu'elle comprend ce qu'il prévoit de faire. Il la force à prendre une dose de Crack, et c'est une grosse dose pour une première, pourtant ils avaient un accord. Elle deale, mais ne consomme pas. Il attend que ça fasse de l'effet, arrache ses vêtements et lui donne à nouveau des coups. Puis il lui attache les poignets l'un à l'autre pour en faire sa marionnette.

Quand elle se réveille dans un nuage cotonneux comme si son corps était suspendu dans le vide, Luke regarde son corps couvert de traces de coups, de morsures, de brûlures de cigarettes et doit même avoir quelques côtes cassées. Emmanuel arrive dans la pièce, s'approche, il veut défaire ses liens autour des poignets, mais il se heurte à une femme déchaînée. Luke est tellement terrorisée et persuadée qu'il va la faire souffrir qu'elle hurle et se débat. Il lui injecte une nouvelle fois quelque chose qui la renvoi dans un sommeil profond. Lorsqu'elle se réveille, beaucoup plus tard, Emmanuel est là , mais cette fois-ci, Luke ne lui laisse le temps de rien, elle rassemble le peu de force qu'il lui reste et lui assène un grand coup dans l'entrejambe, lui faisant perdre l'équilibre et tomber en arrière...»

Luke entend quelqu'un l'appeler, mais ne voit pas la personne. Emmanuel devient flou, ses mains sont libres à présent. Sentant un poids sur ses jambes, elle donne des coups dans le vent, puis elle percute quelque chose.

— Luke réveilles-toi, bon sens ! C'est moi, Spencer, Lukeeeeeeeeeeeeeee !!!!!!!!!!

Elle ouvre les yeux subitement et s'aperçoit qu'elle vient de frapper l'homme qu'elle aime, à califourchon sur elle, qui lui maintient les poignets contre son torse. Luke desserre les poings et plaque ses mains sur ses pectoraux en signe d'apaisement, Spencer lui demande si elle est calmée.

— Oui ça va, j'ai fait un terrible cauchemar, excuse-moi si je t'ai fait mal ! confirme-t-elle en chuchotant.

Il s'allonge sur le flanc, l'air interrogateur et lui caresse les cheveux. elle baisse les yeux honteuse, joue avec la couette et ses doigts. Elle ne peut rien lui dire, pas maintenant, pas comme ça. Elle déglutit et plonge ses yeux dans ceux de l'homme qui sera toujours là et qui voit bien qu'elle est perturbée.

— Luke, tu sais que je peux tout entendre, tu peux tout me dire.

— Je ne peux pas ! Je... Je n'y arrive pas !

— Pourquoi ?!

— Parce que... j'ai besoin de temps ! dit-elle en lui caressant le bras.

— Je pense plutôt que c'est un manque de confiance en toi et en moi, mais je comprends, quand tu seras prête, tu sais où me trouver. La soirée a été rude, alors dors, tu es épuisée. Il lui tourne le dos et elle en fait de même.

⁕⁕⁕

Le réveil indique 4h00, Spencer dort profondément. Elle se lève délicatement, se rend dans la chambre de Judith, ouvre son armoire et lui emprunte un jogging et des baskets. Elle récupère son portable et quitte l'appartement sur la pointe des pieds. Luke monte chez elle, décolle le ruban de la police, se dirige vers son dressing et attrape un sac de voyage. Elle prend tout ce qui lui passe sous la main, n'ayant pas encore choisi de destination précise.

Elle prend la boîte à chaussures où se trouvent son deuxième passeport et l'argent liquide qu'elle dépose dans son sac. Elle fait tomber une paire de chaussures en s'avançant et en mettant son sac sur l'épaule, une enveloppe blanche tombe alors du présentoir et s'écrase au sol. Elle la ramasse, l'ouvre et a l'impression que son cœur s'arrête de battre. Sa main se pose automatiquement sur son ventre en voyant l'imagerie médicale.

Prise d'une peur qu'elle pensait ne plus jamais ressentir,Luke reste stupéfaite devant la volonté de son ex à lui faire du mal.

— C'est pas vrai, mais c'est un cauchemar, il ne me laissera donc jamais tranquille, je dois partir je n'ai plus le choix

Luke tient dans ses mains, son alliance et son bracelet. Elle doit l'éliminer de sa vie une bonne fois pour toutes, c'est nécessaire pour sa survie mais d'abord elle doit s'éloigner, puis contacter cet homme sournois et machiavélique. Elle se rend dans la cuisine et écrit un mot à l'intention de son seul et unique amour.

S.
C'est parce que je tiens à toi que je pars.
Si tu as les mêmes sentiments à mon égard, ne me cherche pas.
Je t'... mais je sais déjà que tu le sais ! Xoxo - L

Luke reste stoïque, descend les escaliers et colle le mot sur la porte de Spencer. Elle vérifie la présence de la patrouille par la porte du sas d'entrée, descend dans le sous-sol et emprunte, pour la seconde fois, la voiture de Spencer. C'est sûr, il va la haïr. Sur le chemin, elle appelle Philippe qui décroche dans le coltar, vu l'heure qu'il est.

Luke est peu bavarde et se contente de lui dire qu'elle arrive chez lui. Son ami psy ne pose pas plus de question, il a l'habitude de la voir débarquer n'importe quand. Vingt minutes plus tard, Philippe l'attend devant son garage pour qu'elle puisse y cacher la voiture. Il la sert dans ses bras et l'invite à entrer.

— Je n'ai pas beaucoup de temps Phil, commence-t-elle.

— Tu as au moins le temps de boire un café ?!

— Je ne dis pas non !

— Pourquoi le fais-tu cette fois-ci ?!

— Pour les mêmes raisons que la dernière fois. Sauf que les enjeux sont plus importants.

Philippe reste muet et invite Luke à poursuivre.

— Mario, c'est lui la taupe. Il connaît Victor et Emmanuel et c'est pour ça qu'il a toujours eu un coup d'avance sur moi ou sur l'enquête. Je suis sûre que c'est lui qui a dit à Manu que j'ai témoigné contre lui. Libby est flic, et pour couronner le tout, je suis amoureuse de Spencer. Tout ça me trotte dans la tête et je ne sais plus où j'en suis.

Philippe quitte la pièce ce qui surprend Luke, mais revient rapidement avec son carnet en cuir noir fermé par une ficelle.

— Tu l'as gardé ?!

— Je te rappelle que tu es toujours ma patiente. Je les ai tous, bien rangés dans mon coffre. Tu penses pouvoir me parler ou tu préfères écrire ?

Luke attrape le carnet, prend sa tasse et se réfugie dans la pièce à côté. Elle s'installe au bureau, ouvre son journal, prend un stylo, et respire à plusieurs reprises.

« Ça fait bien trop longtemps » sont les premiers mots qu'elle couche sur cette page blanche...

Chapitre 17

« Ça fait bien trop longtemps que je ne t'ai pas écrit, que je ne t'ai pas dit tout ce que je ressentais. Pourtant, chaque jour que Dieu fait, tu me manques terriblement, je souffre de ton absence. Parfois, il m'arrive même de parler à voix haute, comme si tu étais à mes côtés, alors que je suis seule dans la pièce. J'espère que tout va bien là où tu es, moi je fais au mieux, j'avance doucement… je promets de t'en parler, quand j'y verrai plus clair. »

Luke se souvient, lorsqu'elle a commencé ses séances avec Philippe, elle n'était pas très bavarde. Un jour, il a déposé un cahier et un stylo devant elle. Il lui a proposé d'écrire au lieu de parler. Cela arrangeait Luke, mais sa mère n'était pas d'accord avec cette façon de faire. Elle ne pensait pas que ce soit une bonne thérapie, qu'écrire au lieu de parler n'était pas ce qu'il lui fallait. Mais Phil ne s'est pas laissé amadouer, il a persisté et ça en fait au moins un qui a réussi à lui tenir tête.

Elle a commencé par écrire une page par séance, deux, puis trois et ainsi de suite, réussissant à créer, par la suite, un climat de confiance. Philippe s'est donc permis d'écrire des questions auxquelles elle répondait sur le papier. Mais comme tout bon thérapeute qui se respecte, il lui demandait de développer… alors elle le faisait. Puis, au fil des jours, Luke noircissait toujours les pages mais ils en étaient venu à en parler pendant les séances.

« Voilà, une fois de plus je noircis ces pages, je ne me suis pas rendu compte que j'en ressentais le besoin jusqu'à maintenant et je t'avoue que je ne pensais pas revenir, enfin pas si tôt et pas pour ça. Je… »

Luke s'énerve toute seule, une fois de plus, elle n'arrive pas à s'exprimer. Sauf qu'il ne faut pas qu'elle s'éternise ici.

« Je suis désolée, je n'arrive pas à te dire ce que je ressens. Aujourd'hui, je ne sais pas où j'en suis. »

Luke pose le stylo à côté du carnet, ferme les yeux et se prend la tête entre les mains. Elle respire un bon coup et reprend son stylo.

« Libby ne m'a jamais parlé de son souhait de rentrer dans la police, tu le savais toi ?! Je l'ai appris pendant la soirée, par un policier qui avait un peu trop bu, il me semble. Jusqu'à aujourd'hui, on ne s'était jamais rien caché toutes les deux, malgré mon absence, on correspondait par courrier. En même temps c'est la seule chose qu'on m'autorisait là-bas. Mais jamais elle n'y a fait allusion. Je me demande pourquoi et quand. Je lui poserai toutes ces questions, si je la revois un jour.
Eh oui ! Ça recommence, Victor et Emmanuel m'ont retrouvée. Donc je repars, je ne sais pas encore où, mais je sais que je ne pourrai revenir avant d'avoir réglé les choses avec eux. Quitte à ne pas revenir du tout. Je sais ce que tu penses ! Et non mes idées noires ne sont pas de retour. Mais Victor a clamé haut et fort au tribunal qu'il se vengerait.

Bon après il n'est pas sensé savoir que c'est moi qui ai témoigné contre eux… Mais j'ai bien l'impression qu'il sait que c'est moi, surtout si Mario lui a dit. Pourtant le dossier est classé secret, comment aurait-il fait pour avoir cette info ?!Je l'ai surpris au téléphone, hier. Il disait à Emmanuel qu'il me surveillait de près. C'est lui leur complice, il sait tout et je le soupçonne même d'être celui qui a assommé Spencer. »

Luke tape le poing sur le bureau.

— Oh mon Dieu ! J'espère qu'il ne m'a pas suivie jusqu'ici ?! Réagit-elle soudain essayant de garder son calme.

« Cette soirée a été riche en émotions. J'ai beaucoup trop de questions qui trottent dans ma tête, je dois prendre du recul. Mais avant ça, je dois te parler de Spencer. Je sais que je l'apprécie, mais ce soir, j'ai eu un déclic, quelque chose en moi a changé.
Dès que je pose les yeux sur cet homme, je perds tous mes moyens et quand nos regards se croisent, j'oublie tout ce qui m'entoure, j'ai des papillons dans le ventre et je perds pied. À chaque caresse qu'il me donne, j'ai des frissons et ses lèvres sur les miennes me font perdre haleine. J'ai peur de mes sentiments, mais j'ai encore plus peur des siens ! Est-ce que lui ressent la même chose pour moi ?! Imagine que je me fasse de fausses idées, que je ne sois rien de plus qu'une simple aventure ! Il me l'a dit, me l'a avoué, il aime batifoler, mais j'espère que cette fois ce n'est pas le cas. J'aime cet homme, Lukas, et ça me fait peur… »

Luke referme le carnet et se lève au moment même où quelqu'un frappe à la porte. Mark apparaît dans l'embrasure, suivi de Phil.

— Mais qu'est-ce que tu fais là ? s'étonne-t-elle.

— C'est moi qui lui ai dit de venir, intervient Phil.

— Pourquoi ?

— Parce que nous ne voulons pas que tu disparaisses comme la dernière fois. Nous étions tous très inquiets.

— Tu crois peut-être que j'ai bien vécu cette séparation ?

— Ne me la fais pas, Luke, pas à moi. Tu es une sauvage, une solitaire et je suis sûr que tu l'as mieux vécue que nous tous réunit.

Cette vérité l'énerve, il la connaît si bien. Elle reste zen, mais s'ils continuent comme ça, ça ne va pas durer longtemps. Elle s'assoit dans le fauteuil et se redresse quand les garçons viennent se poser à ses côtés.

— Écoutez ! Ce n'est pas de gaité de cœur que je pars cette fois-ci, Ok ?

— Ah ! Et qu'est-ce qui a changé par rapport à la dernière fois ? lui demande Phil.

Bien évidemment, elle s'y attendait à celle-là. S'il n'avait pas posé la question, ce ne serait pas un bon psy. Contrariée, Luke lève les yeux au ciel.

— J'ai retrouvé Libby, et... Luke s'enfonce au fond du siège.

— … et il y a Spencer, la coupe Mark. Il lui donne un coup de coude et lui sourit.

— Je ne sais pas exactement ce qu'il ressent, mais il faut que je parte, pour lui, pour le protéger. Je ne veux pas qu'il soffre…

— Parce que tu crois, qu'avec ton départ, il ne va pas être malheureux ? Tu crois qu'il ne va pas te chercher ? Tu crois vraiment que personne ne va en souffrir ? s'emporte son ami.

— Arrête de me crier dessus. Je ne changerai pas d'avis Mark.

Luke se lève d'un bon et commence à faire les cent pas dans la pièce.

— Si je comprends bien, tu pars pour les protéger ? demande Phil.

— Pour VOUS protégé ! Tu penses qu'ils ne viendront pas te rendre visite et te poser des questions ?

— Ok ! Cela suffit, j'appelle ton père. Phil sort son portable de sa poche. Luke s'approche et arrache le téléphone des mains pour le laisser tomber au sol.

— Non, mais ça ne va pas, tu sais combien c'est fragile ces petites choses-là ! s'écrie-t-il en bondissant sur elle.

— Excuse-moi, mais n'appelle pas mon père, n'appelle personne… si je vous fais une promesse, accepterez-vous de me laisser partir ?

Elle garde le silence, les regardant à tour de rôle, leur faisant croire qu'elle réfléchit avant de s'asseoir sur le bureau.

— Tout d'abord, cette conversation doit rester entre nous, Ok ?

Les deux hommes répondent « oui » en même temps.

— J'ai, dans mon sac, un portable jetable que personne ne peut tracer. Si je vous donne des nouvelles de moi une fois par mois, acceptez-vous de me laisser partir ?

— Tu te fous de ma gueule ? s'emporte Mark en se levant d'un coup et en faisant tomber sa chaise.

— C'est ça la conversation qui doit rester entre nous ? Tu te moques de qui?! ça ne vaut rien ! réplique Phil. Mark n'a pas tort, si tu nous en disais un peu plus et si on avait des nouvelles de toi plus fréquemment peut-être que…

Mark remet la chaise en place et se rassoit. Deux paires d'yeux fixent la jeune femme pendant quelques secondes. Elle est foutue se dit-elle. Ils veulent en savoir plus sur ses plans, mais elle garde le silence pendant quelques secondes encore, Phil la menace silencieusement en jouant avec son portable.

— Ok, les gars ! Maintenant que Victor m'a retrouvé, je compte le faire tourner en bourrique, en partant. Ne me demandez pas où. Je n'ai pas d'itinéraire précis. Comme ça, en me courant après, il s'éloigne de vous également par la même occasion.

— Tu es consciente que tu te mets en danger ? demande Phil.

— Si je reste ici je serai également en danger, mais vous aussi.

— Ton père fera le nécessaire pour te mettre sous protection.

— Comment ? En m'enfermant entre quatre murs, à l'autre bout du monde, avec des agents qui me surveilleront H24 ? Plutôt mourir !

— Ne dis pas de sottises Luke !

— Je ne dis pas n'importe quoi ! Mes parents m'ont déjà fait le coup et j'ai quand même réussi à partir.

— Et comment est-ce qu'ils t'ont retrouvé ?

— Vous le savez très bien ! Une bourde de ma part, regrette Luke en baissant la tête. Lors d'une soirée étudiante sur les plages d'Ibiza, je suis passée à la télé.

— Tu as eu beaucoup de chance que ce soit tes parents qui te retrouvent avant Victor, non ?

— Oui ! Mais…

— Il n'y a pas de « mais », si cette fois c'est le contraire ? Il vaut mieux que tu restes et que les forces de police te protègent.

— Si Victor et Emmanuel me retrouvent, c'est que ce sera voulu. Mario fait maintenant partie de la police londonienne où il s'est fait muter, pour mieux me surveiller ! C'est leur complice.

Phil et Mark la regardent, surpris, mais ne rajoutent rien.

— Tu veux dire que, s'ils te trouvent, c'est que tu l'auras choisi, mais pourquoi ?

— Pour en finir !

— Tu ne penses pas ce que tu dis Lucinda ? s'écrie Mark, effaré par ses dires.

Elle attrape son sac et lui lance un regard furieux. Ils se lèvent au même moment. Mark pose ses mains sur les épaules de son amie, il aimerait trouver, une idée pour la faire changer d'avis. Mais il a beau réfléchir, rien ne vient.

— Je ne changerai pas d'avis Mark ! C'est clair ? Elle lève la tête pour le regarder droit dans les yeux.

— Il y a d'autres moyens que de te mettre en danger pour nous épargner ! gronde-t-il.

La jeune femme remarque que son ami n'est pas en colère, son regard est rempli de tristesse. Elle souhaite se dégager, mais il la maintient en place.

— Ok, Ok, attends ! Ne pars pas, pas comme ça. Laisse-nous au moins t'emmener jusqu'à l'aéroport ou la gare, là où tu voudras.

— Mark ! Arrête, ne fais pas ça. Ce sera moins difficile si tu ne m'accompagnes pas.

Phil la prend à son tour par les épaules et la fait pivoter vers lui. Son regard se braque sur celui de Luke.

— Je veux des nouvelles une fois par semaine et si dans quatre mois tu n'es pas de retour, je dirai aux autorités où te trouver, c'est clair ?

Luke déglutit et regarde les deux hommes à tour de rôle. Elle ne comprend pas pourquoi ils ont capitulé aussi rapidement. Elle se doute qu'ils ont un plan, ce n'est pas leur genre d'abandonner si vite. Il y a quelque chose qu'ils ne lui disent pas.

Pourtant, elle ne leur pose pas de question et les enlace. Elle reprend son sac en main et s'approche de la porte, mais alors qu'elle pose la main sur la poignée, celle-ci tourne sur elle-même.

Luke recule de quelques pas, permettant à la porte de s'ouvrir. Elle n'est qu'à demi soulagée de voir la personne qui se présente devant elle.

Chapitre 18

Au lendemain de l'agression de Libby... pendant que Luke prépare sa fuite...

La tête enfouie dans l'oreiller, Spencer étend le bras sur l'autre côté du lit. Ses doigts ne perçoivent que le tissu de la taie d'oreiller. Encore endormi, il continue de parcourir la place où devrait se trouver Luke. Il ouvre les yeux et s'assied brusquement dans le lit. Il n'a pas rêvé, elle s'est bien endormie à ses côtés cette nuit. Il prend quelques secondes avant d'émerger et écoute les bruits de l'appartement, mais rien, pas même l'eau qui coule dans la douche.

— Darling ? appelle-t-il, inquiet.

Le silence règne dans l'appartement. Il se lève, enfile pantalon et tee-shirt et parcourt tout le logement. Personne dans la salle de bain de Judith, dans son bureau ni dans les autres pièces. Il ouvre la porte et fonce chez sa voisine, s'arrête en se disant que Libby n'est pas chez elle, donc Luke ne doit pas y être non plus. Il se précipite dans les escaliers, espérant la trouver là-haut. Les scellés ont été découpés proprement pour qu'on ne remarque rien, mais la porte n'est pas refermée correctement.

— Luke, tu es là ? Tu es fâchée pour hier soir ?

Il se rend compte qu'il n'a pas été très sympathique, pas très patient et tellement maladroit. Dans son appartement aussi le silence règne. Il passe dans sa chambre et reste à l'entrée du dressing, perturbé par l'état de celui-ci. Les tiroirs sont entrouverts et il manque également des vêtements dans la penderie. Quelque chose attire son attention, il se penche et ramasse une enveloppe à demi ouverte gisant sur le sol. Il la retourne, le prénom de Luke y est écrit. Il fait tomber son contenu dans sa main. Sa gorge se serre à la découverte du solitaire. Il retourne le petit carré de papier et s'aperçoit que c'est une échographie.

Toutes sortes de questions l'assaillent immédiatement. Il se renfrogne en voyant le bracelet qu'il tient dans sa main. Il est formé de perles noires ou grises sur deux rangs et de quelques breloques. Il le serre dans sa main et ferme les yeux, tentant de se souvenir où il a déjà vu ce bijou. Impossible de s'en rappeler pour le moment, son esprit est embrouillé et l'absence de Luke l'obsède.

Il décide de faire le tour de l'appartement, aussi net que si personne n'habitait là. Il ne trouve ni indice ni mot qui pourrait expliquer ce qui s'est passé ici. Il descend chez lui et tombe sur un papier accroché à la porte. Il n'est pas d'humeur, n'apprécie pas qu'elle ait osé utiliser leur système de communication au lieu de lui parler ouvertement. Il tire dessus d'un coup sec, l'ouvre, cligne plusieurs fois des yeux pour être bien sûr de ce qu'il lit.

— Elle est partie... parti et elle me demande de ne pas la chercher. Et puis quoi encore ?! C'est bien mal me connaître, Darling.

Il chiffonne le papier, entre dans son appartement et referme la porte violemment. Il dépose l'enveloppe et la boule de papier sur le plan de travail, se pince l'arête du nez et fait les cent pas. Il finit par s'asseoir dans le canapé, la tête entre les mains pour réfléchir à cette situation, mais il est bien trop énervé. L'instant d'après, le mur de la cuisine en subit les conséquences. Il tape, une fois, deux fois, trois fois... et ne s'arrête que lorsqu'il voit du sang jaillir de ses phalanges.

— Mais que je suis con ! hurle-t-il de colère.

Il attrape le bracelet, se précipite dans son bureau, compare le bijou qu'il tient dans sa main et celui sur les photos. Et soudain, tout s'éclaire : la blonde n'est autre que Luke ! Elle devait avoir les cheveux colorés ou peut-être bien, porter une perruque, mais maintenant qu'il y prête vraiment attention, il la reconnaît. Il touche les photos du bout des doigts. Est-ce elle la personne qui a témoigné contre Emmanuel ? Est-ce la personne...dont l'identité était noircie sur les PV ? Si c'est le cas, l'enfoiré l'a vraiment fait souffrir. Il déchire les photos accrochées au mur, tombe à genoux sur le sol et tente de se calmer, mais un rire incontrôlé sort de sa bouche.

— Je me suis fait avoir. Quel était ton plan Luke ? Me séduire, pour mieux me mettre dans ta poche ? Donner des infos à ton... à ton mari.

Il enrage de plus belle et balaye tout ce qui se trouve sur son bureau dans une colère noire. Il chausse ses baskets et part rendre visite à Libby, elle pourra sûrement lui en dire plus... Il sort de la résidence et demande à la patrouille de l'emmener à l'hôpital. L'un d'eux se retourne et demande qui va surveiller la demoiselle, mais Spencer le coupe court et lui dit qu'elle s'est fait la malle. Il lui fait comprendre que ça va chauffer pour eux s'il ne la retrouve pas à temps.

Il parcourt rapidement les couloirs de l'hôpital après qu'on lui ait indiqué la chambre du sergent. En entendant les rires qui lui parviennent par la porte entrouverte, il reste sur le seuil. Le silence s'est fait et Libby lui intime d'entrer. Il découvre celui qui la faisait rire. Spencer n'est pas surpris de reconnaître Ben à son chevet puisqu'à l'anniversaire de Judith, ces deux-là avaient l'air de s'apprécier.

— Luke n'est pas là ? attaque-t-elle, soudainement soucieuse.

Spencer se fige, serrant son poing fortement et balance l'enveloppe sur le lit de la jeune femme.

— À vrai dire, j'avais dans l'espoir qu'elle serait là ! Mais ça, c'était avant de trouver sa penderie à moitié vide. J'y ai également trouvé ceci, ajoute Spencer en pointant l'enveloppe du doigt.

Libby est surprise lorsque les différents objets s'échappent de l'enveloppe. La voix tremblante, elle demande à Ben de sortir.

— Qu'est-ce que c'est ? demande-t-elle.
— Ne fais pas ta maligne avec moi, s'il te plaît, Libby. Je veux comprendre pourquoi elle s'est foutue de moi.
— Oh mon Dieu ! Mais non, elle... Luke est une personne entière, quand elle fait des promesses, elle les

tient. Elle ne ment pas et jamais, en aucun cas elle ne trahirait quelqu'un.

Ils restent silencieux un moment, puis il se rappelle qu'elle lui a déjà dit tout ça le soir de l'anniversaire de Judith, mais avec ce qu'il a découvert, il n'est plus sûr de rien.

— Parle ! s'emporte-t-il.

— Je… je suis désolée, mais je… ce n'est pas à moi de te dire ça, Spencer ! se ravise-t-elle.

— S'il te plaît, Libby, s'il te plaît, implore-t-il.

— Je ne peux te dire que l'essentiel. Elle ferme les yeux, soupire, puis brandit la bague. Luke n'est pas vraiment mariée.

— Comment ça, pas vraiment mariée, bordel ?!

— Spencer, calmes-toi, je t'ai dit « que l'essentiel ». Ce n'est pas mon histoire, ce n'est donc pas à moi de t'en parler.

Il tente de se calmer et se pose dans le fauteuil. La pauvre Libby, il la malmène alors qu'elle a été agressée la veille au soir.

— Excuse-moi, Libby, mais vas-y, continue.

Elle lui montre l'échographie.

— Ça correspond à un moment très douloureux de son passé, mais dont elle n'a même pas vraiment conscience…

— Un viol ? tente-t-il de savoir.

311

Libby hausse les épaules, mais il tente tout de même de poser la question qui le chagrine depuis qu'il a rencontré le gamin.

— Nolan est-il ?
— Non, non, c'est bien son frère, confirme-t-elle.

Il s'adosse au fond du fauteuil, soulagé. Ça ne l'aurait pas dérangé qu'il soit réellement son fils, mais le savoir avant aurait été bien.

— Et pour le bracelet, c'est un homme qui lui a offert. Son ex ? amorce-t-il calmement.
— Comment le sais-tu ?
— Parce que ce bracelet apparaît au poignet de la jeune femme blonde qui accompagne Victor sur quasi toutes les photos du dossier.
— Alors tu sais ?!
— Très peu de chose, malheureusement. Je suis tellement en colère ! Pourquoi ne me l'as-tu pas dit avant ? Je ne sais pas quoi penser de cette relation qui débute entre nous.
— Pardonne-moi, mais on m'a demandé de ne rien te dire, Spencer. Qu'est-ce qui peut te faire croire qu'elle te manipule ? Je te répète que Luke n'est pas comme ça !
— Permets-moi d'en douter, dit-il en faisant un signe de tête vers les objets. Elle veut manifestement me cacher quelque chose !
— C'est la colère qui te fait dire n'importe quoi. Ces objets n'étaient pas en sa possession. Quelqu'un est venu les déposer. Où les as-tu trouvés d'ailleurs ?
— Dans son dressing, je t'ai dit !
— Alors, c'est qu'il est venu lui-même les déposer.

— Quoi ?

— Il l'a…

Le portable de Libby vibre sur la table de chevet et un prénom qui ne lui est pas inconnu apparaît.

— Qui est-ce, ce Philippe ? C'est le même Philippe que Luke ?

Libby hausse les épaules devant la jalousie de son collègue.

— C'est notre psy et notre ami par la même occasion.

Elle prend la communication, dit "allo" à plusieurs reprises, mais personne ne répond. Puis elle ouvre grand les yeux, surprise par ce qu'elle entend, elle met le haut-parleur en lui indiquant de se taire. Il s'approche un peu plus du lit et entend Luke parler. Mais que raconte-t-elle ! Elle n'est pas encore partie, il pense alors qu'il a toutes ses chances pour la retrouver et pour l'empêcher de partir. Il prend son téléphone et écrit un SMS puis tend son portable vers Libby.

L'adresse ?

C'est de l'autre côté de la ville, tu n'y seras jamais à temps.

Il soupire en lisant.

Tu m'énerves, donne-moi l'adresse ?

Tu oublies que c'est avant tout ma meilleure amie…

Il ne la laisse pas finir d'écrire et lui prend le portable des mains.

Si tu essaies de gagner du temps pour qu'elle parte, ce n'est pas vraiment le bon choix. Et en tant que meilleure amie, tu préfères qu'elle se mette en danger ?

La jeune femme grimace face à cette vérité.

— Ok ! chuchote-t-elle.

Avenue de Cambridge, c'est dans un quartier huppé de Southampton, c'est la seule maison avec des volets verts. Dépêches-toi, car quand elle a décidé quelque chose elle ne revient pas sur sa décision. Bonne chance.

Il sourit brièvement à cause des volets.

C'est ce qu'on va voir. Merci.

Il lui laisse le temps de lire et tend la main pour récupérer son téléphone.

— Tiens-moi au courant par SMS. Et merci, chuchote-t-il.

Il dépose un baiser sur son front, ouvre la porte et tombe sur Ben, qui lui tend les clés de sa voiture, ainsi que du strapping pour enrouler sa main.

— J'ai tout entendu et je pense que ça te sera utile.

— Merci, dit Spencer en donnant une accolade fraternelle à Ben. Et ne lui fait pas de mal, mon frère, sinon tu auras affaire à moi, lui lance-t-il avant de partir.

Il court en direction des ascenseurs et se retrouve dans le sous-sol de l'hôpital. Il appuie frénétiquement sur la clé de la voiture, pour savoir où elle est garée jusqu'à ce que deux feux clignotent à quelques pas de lui.

— Ah ! Il a troqué son attrape-minettes contre une vraie voiture d'homme.

Spencer se trouve devant un X5 gris métal aux sièges en cuir et ce qui va lui être utile, des vitres teintées. Il s'installe rapidement, démarre en trombe et passe la sécurité. Il est sur le point d'appeler certains de ses collègues, mais se retient quand il reçoit un SMS de Libby lui indiquant que Mario serait un potentiel complice.

— Super ! Des collègues soudoyés, c'est ce qu'il me fallait ! s'écrie-t-il en abattant sa main fortement sur le volant.

Il ne prend pas la peine de respecter les limitations de vitesse et grille tous les feux tricolores. Sur le chemin, il appelle Judith et lui demande de l'écouter et de ne pas poser de questions. Étrangement, c'est ce qu'elle fait.

— Appelle l'aéroport et demande la préparation du jet de ton grand-père, mais sans pilote, Ok ?
— OK ! mais…
— Pas de question Judith. Pour le moment, tu restes avec les parents de Luke, Libby t'appellera lorsqu'elle sortira de l'hôpital et elle vous expliquera tout. Je veux que tu restes avec elle jusqu'à mon retour, c'est bien clair ?

— Oui, Spencer? Sa voix lui paraît trouble, elle est inquiète.

— N'aie pas peur, je reviens vite…

— Fais attention à toi, conseille-t-elle.

— Tu me connais !

— Justement…

Il coupe la conversation. Et quelques minutes plus tard, reçois un SMS lui donnant les infos pour trouver le Jet. Il arrive dans l'avenue du docteur et effectivement, sa maison est bien reconnaissable. Il coupe le moteur et sort sans claquer la portière. Il passe la main dans son dos et se maudit quand il s'aperçoit qu'il n'est pas armé.

La porte n'étant pas fermée, il entre, avance avec prudence et entend des éclats de voix. Deux hommes sont avec elle, Un des deux prend la parole, mais Luke intervient en lui affirmant qu'elle ne changera pas d'avis. L'autre homme essaie de marchander, et elle a l'air d'accepter. Le silence se fait soudainement. Spencer se place devant la porte, tourne la poignée et ouvre doucement.

Le sac de Luke tombe à terre, elle recule de quelques pas, surprise. Spencer braque sur elle un regard de glace qui indique combien il est furax et indigné par sa fuite. Luke tourne la tête vers les deux personnes qu'elle pensait être ses amis. Elle est à deux doigts de leur faire une remontrance cinglante, mais elle n'en a pas le temps. Elle se retrouve brusquement repliée sur l'épaule de Spencer qui de l'autre main, porte son sac.

— Au plaisir, Messieurs, ironise-t-il, leur faisant un salut militaire.

— Le plaisir était pour nous, répond Mark, lui donnant une tape sur l'épaule.

— Je ne suis pas de la marchandise, s'emporte Luke, montrant qu'elle est bel et bien là. Lâche-moi immédiatement…

Ses cheveux tombent sur son visage si bien qu'elle ne voit plus rien. Elle bat des jambes et lui donne de grands coups de poing dans le dos. Il pivote et quitte la pièce comme si de rien n'était.

— Ça suffit, reste tranquille Luke, ordonne-t-il.

Elle est surprise par la tape qu'elle reçoit sur le haut de la cuisse, attrape ses cheveux et les déplace sur le côté, elle tente de se redresser, mais il la maintient si fort qu'elle a l'impression d'être prise dans des étaux. Elle cesse de se débattre, pensant que si elle est plus douce, il la reposera peut-être à terre. Ses mains parcourent son dos musclé, elle les laisse tomber sur son postérieur et tapote dessus, l'air de rien. Comme il ne réagit pas, elle patiente un peu et recommence. Elle finit par le pincer, mais au lieu de s'énerver, il frémit et se met à rigoler.

— Je ne me laisserai pas amadouer et encore moins de cette manière, claironne-t-il.

Ils franchissent la porte, mais il la maintient toujours comme un sac à patates sur son épaule. Le jour se lève à peine et il n'y a personne dehors, mais, si elle crie, quelqu'un viendra peut-être à son secours ?
Elle se redresse et ouvre la bouche prenant assez d'air dans les poumons pour crier.

— N'y pense même pas, sinon, je te mets dans le coffre. l'interrompt-il.

Il ouvre celui-ci, y jette son sac et attend quelques secondes en l'entendant glousser, puis referme le haillon et la pose enfin au sol.

Elle se retrouve plaquée entre la voiture et le policier qui garde ses poignets entre ses mains. Malgré lui, il laisse une distance entre eux et reconnaît que son orgueil a été touché. Elle l'a blessé en partant pendant qu'il dormait encore, ne lui laissant qu'un petit mot de rien du tout. Elle baisse la tête honteuse, le faisant soupirer. Il attrape son visage, mais elle garde le regard rivé au sol.

— Regarde-moi, lui ordonne-t-il de sa voix suave.

Mais elle ne bouge pas d'un iota.

— Darling, regarde-moi.

Elle obtempère après quelques secondes et il pose sa bouche délicatement sur la sienne. Il s'écarte, toujours en colère, mais la lueur dans ses yeux lui fait comprendre qu'il est soulagé de l'avoir retrouvée. Il la regarde, recommence à l'embrasser, un baiser plus appuyé. Elle ferme les yeux pour savourer l'instant, mais c'est de courte durée. Spencer s'éloigne de nouveau d'elle.

— Luke, j'ai besoin de réponses ! Sa voix se fait plus grave que d'habitude.
— Je ne…
— Tais-toi, somme-t-il.

— Mais… tente-t-elle tout de même, ne comprenant pas sa réaction.

— Tais-toi et monte dans cette voiture.

— Pourquoi ? aboie-t-elle, soudainement lassée par les ordres qu'il lui donne, comme à une enfant.

— Ne fais pas ta tête de mule et monte, je ne me répéterais pas !!!!!

— Où va-t-on ? demande-t-elle une fois de plus.

— Tu verras bien !

— Spencer ? geint-elle, agacée.

— Arrête de discuter et monte c'est un ordre !

Il ouvre la portière arrière, mais c'est bien mal la connaître, puisqu'elle croise les bras sur sa poitrine et reste campée sur ses positions. La seconde d'après, Spencer lui fait une clé de bras, sans forcer pour ne pas lui faire mal, juste ce qu'il faut pour la manipuler. Elle se contorsionne quand il appuie sur ses fesses et la force à entrer dans la voiture.

Lui qui a l'habitude de forcer les truands qu'il arrête à s'installer, ce n'est pas sa petite amie qui va lui résister, même si elle ne veut pas se laisser faire. Physiquement, il est bien plus fort, elle le sait et elle a juste le temps de s'installer que la porte se referme déjà, lui cognant le bras. Elle se frotte le coude énergiquement afin de faire passer la douleur. Battue à plate couture, elle soupire et pose sa tête contre la vitre.

Cela fait un moment maintenant qu'ils roulent, elle ne fait pas attention au paysage qui l'entoure, elle sait simplement qu'ils ont quitté la ville. La fatigue se fait ressentir, et le ballottement dû à l'état de la route n'arrange en rien son envie de dormir, elle ferme les yeux quelques secondes, tente de résister pour enfin s'endormir pour de bon.

⁂

Elle se réveille et panique pendant une courte seconde lorsqu'elle s'aperçoit qu'elle est seule dans la voiture. À travers les vitres teintées, elle peut voir que le soleil décline dans le ciel et qu'ils se sont arrêtés dans une station-service. Elle tire sur la poignée pour sortir, mais la voiture est fermée. Elle essaie les autres portes, qui sont fermées également. Elle aperçoit enfin Spencer qui, à l'arrière de la voiture, est en train de faire le plein.

— Ouvre la portière, Spencer ! Crie t-elle en passant la tête par la fenêtre ouverte.

Ce dernier, dans une réaction digne d'un enfant, lui tourne le dos. Luke lève les yeux au ciel, soupire et reformule sa phrase avec un peu plus de politesse.

— Spencer, s'il te plaît, ouvre la portière.

Il commence à siffloter, feignant de l'entendre. Elle soupire à nouveau, agacée par son comportement.

— Quel gamin, souffle-t-elle.

Malheureusement pour Luke La fenêtre est ouverte à la trois quart, la vitre ne descend pas jusqu'en bas, merci la sécurité enfant, Mais c'est assez pour qu'elle puisse sortir, elle se positionne, le dos à la porte, sort la tête, pousse sur ses bras et ses jambes pour que le reste de son corps passe. Elle sourit en pensant à cette vieille série télé des années 90 et siffle le générique de « Mac Giver ». Sa joie est de courte durée lorsqu'elle sent quelque chose de dur dans son dos, puis les mains de Spencer se poser sur ses épaules.

— Où comptes-tu aller comme ça ?

— Ça t'intéresse vraiment ? ironise Luke.

— Tu as raison, qu'est-ce que ça peut me faire après tout ? Si tu tombes, je ne te rattraperai pas.

— Ne t'inquiète pas, ce n'est pas la première fois que je fais ça.

— Je m'en doute bien, comme le fait que tu ne demandes jamais rien à personne ou que tu t'enfuies comme une voleuse dès que quelque chose ne va pas.

Luke est touchée par cette remarque, elle ne l'avouera pas, mais elle sait qu'il a raison. Spencer se décale, ouvre la portière conducteur, s'assoit et observe la jeune femme s'extirper tant bien que mal de la voiture. Elle s'accroche à la galerie de toit et passe une jambe en dehors. Il doit reconnaître qu'elle se débrouille plutôt bien.

Elle est souple, dynamique et des images pas très catholiques de leurs corps enlacés se faufilent dans l'esprit de Spencer. Pendant ce temps, Luke calcule rapidement la distance qui sépare son pied du sol, mais, bien qu'elle soit élancée, ça ne suffit pas. Elle se retrouve sur la pointe des pieds et se promet de ne plus ronchonner lorsque Mark lui demandera de soulever des poids. Elle ressent une légère pression au niveau de l'aine, la vitre lui coupe la circulation.

Elle ne lui avouera pas qu'elle est en difficulté. Luke persiste malgré la douleur, elle pousse un long rale lorsque la pression diminue d'un coup, elle perd l'équilibre et tombe sur ses mains. Le rire de Spencer retentit, ce qui l'agace. Luke se retourne, furieuse, Spencer arrête de rire et pose son regard sur ses mains qu'elle frotte sur ses cuisses.

— Tu t'es blessée ? s'inquiète-t-il.

Il sort de l'habitacle, s'approche d'elle, lui attrape les mains pour l'aider, mais cette dernière résiste. Un courant électrique se répand dans tout le corps de la jeune femme quand leurs regards se croisent et s'accrochent. Ils restent ainsi quelques instants. C'est indéniable, Luke aime cet homme et c'est pour ça qu'elle doit s'éloigner de lui. C'est à contrecœur qu'elle retire ses mains pour se rendre au niveau du coffre.

— Pour avoir mon sac, il faut que je casse le hayon ou tu veux bien me l'ouvrir ? annonce-t-elle en formant son poing pour frapper dans la vitre.

Spencer ne dit pas un mot, il ne rentrera pas dans son jeu. Il se penche à l'intérieur de l'habitacle et appui sur le bouton se trouvant sur la clé. Luke s'apprête à prendre son sac quand Spencer est plus rapide qu'elle et l'attrape.

— Je viens avec toi !
— Ça ira, merci. Elle tente de récupérer son bien, mais Spencer tire dessus également.
— Ce n'est pas une suggestion, gronde-t-il.

Luke pense qu'en tant que lieutenant, Spencer n'est pas du genre à se laisser marcher sur les pieds. Mais elle se dit aussi que lorsqu'il est en colère, c'est le dernier des cons et cette facette de lui l'amuse autant qu'elle l'énerve. Elle se demande comment elle va faire pour se débarrasser de lui s'il la colle comme une sangsue.

Ils pénètrent dans les toilettes qui à première vue sont vides, mais Spencer préfère quand même vérifier en ouvrant toutes les portes sur son passage. Une idée mesquine vient alors à l'esprit de Luke. Il a dit qu'il ne succombera pas, mais elle va quand même tenter le coup. Elle récupère son sac et bloque la porte avec. Spencer lui fait face et reste adossé au lavabo. Luke baisse son pantalon et s'assoit.

Spencer détourne le regard pour lui laisser un peu d'intimité le temps qu'elle finisse sa petite affaire. Ce qu'il n'a pas prévu, c'est que Luke se déshabille complètement. Elle se retrouve en petite culotte face à lui qui n'a plus envie de regarder ailleurs. Elle se penche et cherche dans son sac… le tee-shirt qu'elle portait quelques jours auparavant.

Alors que Luke a la tête enfouie dans le tee-shirt, elle sent qu'on la pousse contre la paroi et que la porte se referme dans un claquement sec. Elle ne le voit pas, mais elle sait qui se colle à elle et tire subitement sur le bas du tee-shirt. Luke sourit, victorieuse, fière d'avoir gagné sur son lieutenant préféré. Cependant, elle remarque à son regard sombre qu'il est toujours en colère.

Elle s'apprête à dire quelque chose, mais il plaque sa main sur ses lèvres avant qu'elle ne puisse sortir un mot. Il lui fait comprendre, d'un doigt sur la bouche et un autre sur l'oreille, qu'elle ne doit plus rien dire et écouter. Elle fronce les sourcils, hoche la tête, Spencer retire sa main, C'est plus fort qu'elle. Lorsqu'elle entend la voix de Mario, sa main se pose sur le loquet de la porte. Spencer fait le même geste pour la stopper. Luke lui fait les gros yeux, mais il fronce les sourcils et bouge la tête de droite à gauche.

— Une patrouille était en planque toute la nuit devant chez elle… oui, oui, je sais, que crois-tu que je suis en train de faire, Manu ?! J'ai demandé à une personne de confiance de lancer un avis de recherche sur la voiture du lieutenant.

Luke panique en pensant que la voiture se trouve dans le garage de Phil. Spencer s'en aperçoit, lui caresse la joue pour la détendre un peu. En plus de s'être enfuie ce matin, elle vient de lui donner une raison de plus de lui en vouloir. Malgré ça, elle ne peut s'empêcher de lui sourire et signe le prénom de son ami Philippe avec ses doigts. Il comprend, hoche la tête et lui donne un long et tendre baiser.

— Une vieille voiture avec la vitre du conducteur cassée, ça ne court pas les rues, Manu !

Spencer mord la lèvre de Luke qui lève les yeux et aperçoit son sourire narquois. Elle comprend que toucher à sa voiture n'était pas une bonne idée, mais ce n'est pas une raison pour réagir ainsi. Mario est toujours là, faisant les cent pas en parlant aux frères Mitchell.

— Quoi qu'il se passe, tu restes là où tu es ! Ok ? Dès que je la retrouve, je te la ramène… Elle n'a peut-être pas une totale confiance en moi, mais elle ne se doute de rien… Je me débarrasserai de lui, ne t'en fais pas !

Spencer réagit aussitôt et fait comprendre par un signe négatif de la tête qu'il ne se passera rien de ce que dit Mario et caresse la joue de la fuyarde une nouvelle fois pour la rassurer. Elle ferme les yeux pour tenter de se détendre, mais son cerveau n'en fait qu'à sa tête. Elle sait bien qu'il ne fallait pas qu'elle pose ne serait-ce qu'un regard sur cet homme, ni goûter à ses lèvres et encore moins écouter Libby et son cœur, elle s'en veut d'avoir laissé cette relation évoluer ainsi. Victor a promis qu'il se vengerait et c'est comme ça qu'il va le faire, en lui prenant Spencer. Elle se hait. Spencer enfouit le visage de Luke dans le creux de son épaule, étouffant d'éventuelles plaintes de sa part, ainsi ils restent un moment collés l'un à l'autre, enfermés dans la cabine de toilette.

Luke relève la tête, n'entendant plus la voix de son cousin. Au même moment, Spencer se détache d'elle et l'observe, ne comprenant pas son comportement. Après toutes ces péripéties et ces révélations, la jeune femme persiste à ne pas laisser percevoir ses craintes et son mal-être.

— Habille-toi, ordonne Spencer.
— Attends, supplie Luke, le retenant par le bras.

— Nous n'avons pas le temps ! répond le lieutenant en se dégageant.

— Pourquoi ? tente-t-elle de comprendre.

— Luke, tais-toi et habille-toi, gronde-t-il sèchement.

Ce n'est pourtant pas dans ses habitudes d'obtempérer si facilement, mais elle baisse la tête et fait ce qu'il lui demande. D'un autre côté, elle ne comprend pas son comportement, un instant il est tendre et l'instant d'après, il est distant et lui parle mal. C'est le cœur lourd qu'elle referme son sac, se passe de l'eau sur le visage et s'apprête à sortir sans même un regard pour Spencer. Mais celui-ci l'attrape par le bras.

— Attends-moi ici, je vais vérifier s'il est bien parti.

Elle ne bronche pas, s'adosse au mur, profitant de son absence pour vérifier si le téléphone est toujours dans son sac. Elle compose le numéro de Libby, laisse une tonalité et raccroche, attends qu'elle rappelle, ce qu'elle fait dans la seconde qui suit.

— Merci mon Dieu ! souffle Luke.

— Où es-tu ?! Libby sait que la conversation sera de courte durée et va à l'essentiel.

— Station-service avec Spencer.

— Ok, Ok! Où allez-vous ?!

— Je ne sais pas !

— Mario…

— Je sais, il était là. J'ai besoin de toi !

— Je t'écoute.

Elle hésite deux secondes et explique.

— Appartement. Deuxième chambre. Passeport restant. Retire du liquide avec la carte de secours. Je te recontacte rapidement pour le lieu et l'heure de rendez-vous.

— Ok… Luke fait attention ?
— Promis ! Je t'aime Libby.
— Ne dis pas ça !

Luke raccroche et éteint le téléphone au moment où Spencer revient la chercher. Il lui tend la main qu'elle ne prend pas et sort des toilettes. Il s'arrête au comptoir, alors que Luke poursuit son chemin pour retourner à la voiture où elle s'installe derrière, boucle sa ceinture et attend.

Elle est dans ses pensées et sursaute lorsqu'il ouvre la portière, s'installe à sa place et se penche vers elle en posant une main sur son genou. C'est à ce moment-là qu'elle s'aperçoit qu'il est blessé. Elle se demande ce qui a pu lui arriver et pourquoi elle ne s'en rend compte que maintenant ?!

— Tu n'es pas ma prisonnière Luke, tu peux monter à l'avant avec moi.

Luke bouge sa jambe rapidement et la main de Spencer tombe.

— C'est un « non » ?! conclut-il.

La jeune femme tourne la tête vers la vitre pour confirmer sa réponse. Si Spencer veut jouer, ils vont jouer, il va vite apprendre qu'elle aussi a un fort caractère et peut facilement le lui faire comprendre.

— Quelle tête de mule tu peux être, Darling, ricane-t-il. Tu exagères quand même. Je devrais être celui qui est le plus en colère de nous deux.

Intéressée par cette remarque, elle se redresse, se penche à son tour vers lui, mais il n'ajoute rien, alors elle attaque, c'est plus fort qu'elle.

— En quel honneur devrais-tu être le plus en colère ? Je suis celle qui a fini sur ton épaule, comme si j'étais kidnappée. Alors pour le côté « Tu n'es pas ma prisonnière », tu peux repasser.

— Je suis celui qui s'est réveillé seul dans son lit et tu pourras remercier ton ami. Sans lui et sans moi, tu aurais vraiment fait un mauvais choix.

— Qu'il soit bon ou pas, c'est mon choix Spencer, tu n'as pas le droit…

— Je… quand j'ai trouvé ton dressing à moitié vide j'ai cru que… je ne sais absolument rien. J'ai… tu me rends dingue, Darling.

Il s'arrête de parler face à sa respiration saccadée. Luke ouvre la bouche et la referme, elle ne sait pas quoi lui répondre, mais son visage doit sûrement en dire long.

— Laisse tomber ! Il s'installe correctement sur son siège et met la voiture en route.

— Non, je ne laisse pas tomber !

— La discussion est close Luke ! Tu es tellement butée que je ne pourrais pas te faire entendre raison de toute façon.

Spencer enfonce la pédale d'accélérateur, faisant tomber Luke en arrière, dans le fond de la banquette.

***

Un peu plus tard, Luke ouvre à peine les yeux lorsqu'elle sent des bras l'entourer et la soulever. Elle ne panique pas, venant de reconnaître avec plaisir, l'odeur de Spencer. Elle se demande bien comment elle va pouvoir trouver la force de le quitter et laisse échapper un petit couinement. Il dépose quelques baisers tendres sur son front.

— Tout ira bien Darling, je suis là.

Luke entend des bribes d'une conversation entre Spencer et un autre homme et se rend compte qu'elle n'est plus dans ses bras, mais allongée dans un lit.

Elle se lève d'un bond et fait le tour de l'endroit où elle se trouve. Cela ressemble bel et bien à une chambre avec un lit à baldaquin placé au milieu de la pièce. Deux petites tables de chevet, de style baroque sont posées de chaque côté de la tête de lit. Les murs peints de couleur beige sont du plus mauvais goût. La chambre est équipée d'une pièce d'eau, mais ce qui la surprend c'est la forme de la fenêtre.

Elle ressemble à un hublot, les mêmes hublots que l'on trouve dans les avions. Luke sort de la chambre, découvre devant elle deux allées de quatre sièges, un minibar en acajou et une kitchenette. Cette fois, elle en est sûre, elle est à bord d'un de ces jets privés utilisés par les familles aisées, les vedettes ou les footballeurs.

Une chose est certaine, ce jet n'appartient pas à un membre de sa famille, mais si son père a à voir quelque chose là-dedans... sa main se crispe sur un des sièges et elle continue jusqu'au cockpit. Sa surprise est grande lorsqu'elle s'assoit dans le siège du copilote et qu'elle s'aperçoit que le pilote n'est autre que Spencer.

— Tu veux bien me dire où tu m'emmènes? commence-t-elle.

— Tu verras bien quand on y sera, mais pour le moment, j'ai besoin de me concentrer pour le décollage, donc si tu veux bien...

Il est hors de question que quelqu'un lui dicte sa vie et encore moins un homme. La dernière fois n'a pas été une bonne expérience. Elle se lève du siège, et commence à partir, mais revient sur ses pas.

— Si tu ne me dis pas où l'on va, je déclenche le toboggan de secours et saute de l'avion en marche, le menace-t-elle avec tout son sérieux.

— Luke ! Si tu ne veux pas que l'on se crashe alors que nous n'avons pas encore décollé, parce que c'est possible tu sais, alors viens poser tes fesses dans ce siège, hurle-t-il à bout de patience.

Même s'il ne la voit pas, elle lui lance un sourire calculateur, se rapproche du siège, mais ne s'assoit pas pour autant.

— J'aime la femme que j'ai rencontrée, mais je me demande d'où sort son côté «petite peste pourrit gâtée crache-t-il en gardant les yeux sur la piste.

Luke se demande si elle a bien entendu et son cœur rate un battement. Elle reste figée un instant, puis remet son cerveau en marche. Si elle veut que leur relation retrouve une certaine stabilité, elle n'a pas d'autre choix que de s'excuser pour ce qu'elle a fait, même si elle reconnaît que ce n'est pas son fort. Elle doit aussi faire un pas vers lui, commencer à lui raconter son passé, lui expliquer qui elle est vraiment et ce qui lui est arrivé.

— À quoi penses-tu, Darling ?!

Elle se tripote les doigts, encore indécise. Elle réfléchit un instant et s'assoit dans le siège. Elle lève son regard vers Spencer, respire et pose délicatement sa main sur son avant-bras. Il entend alors de la gravité dans sa voix, dévie légèrement son regard vers elle mais ne peut le dévier trop longtemps à cause du risque de crash.

— Je sais que tu dois garder les yeux rivés sur la piste, c'est très bien ainsi, et ce sera plus simple pour moi. Je voudrais que tu écoutes attentivement ce que je vais te dire, sans m'interrompre s'il te plaît, sinon je ne pourrais pas tout t'avouer.

Elle poursuit après quelques secondes, sûre d'avoir retenu son attention. Il trouve aussi le moyen de sourire sentant sa victoire arrivée, elle va enfin se confier.

— Ce n'est pas dans mon tempérament et je n'ai fait ça que très rarement, mais…

— Tu comptes tourner longtemps autour du pot ?!

— Ne m'interromps pas s'il te plaît ! Et arrête de sourire, ça me perturbe…

— Mon sourire te perturbe ? interroge-t-il de plus belle, ego typique d'un mâle sûr de son charme.

— Spencer ! Tu n'es pas croyable.

— Ok, Darling, j'arrête et je t'écoute.

Elle baisse la tête et garde le silence. Spencer effleure rapidement son genou.

— Je voulais m'excuser… m'excuser d'être partie ce matin, mais la position dans laquelle je suis, si tu savais… Tu aurais réagi pareil.

Spencer ne l'interrompt pas, opine du chef pour l'encourager, elle se sent pousser des ailes et continue.

— Je suis vraiment désolée pour ta voiture et je paierai les réparations pour la remettre en état, elle est en sécurité, bien gardée chez Philippe qui, comme toi, est un amoureux des muscles-cars. Il possède une Ford « Gran Torino », comme celle de Clint Easwood dans le film éponyme. Enfin bref…

— Pour quelqu'un qui ne s'excuse que très rarement, tu t'en es bien sortie. Si tu souhaites te livrer un peu plus, je pense qu'il serait préférable d'attendre que j'aie posé ce p'tit coucou. Qu'en penses-tu ?!

— Oh euh ! Oui… Tu as peut-être raison. Je veux aussi te dire qu'à l'avenir, j'essaierai d'enfouir au plus profond de moi la petite peste pourrie gâtée que je suis.

L'avion est dans les airs depuis quelques minutes. Luke se lève, mais Spencer lui attrape le bras doucement, la faisant sursauter légèrement, s'en apercevant, il retire sa main.

— Luke, qu'est-ce qu'il y a ? Tu... Tu as peur de moi ? s'inquiète-t-il.

— Non ! Pas du tout. C'est jusque... tu m'as fait mal tout à l'heure en me forçant à entrer dans la voiture.

Elle garde pour elle, que oui, elle se méfie de sa colère. Des images de Victor, abattant son poing sur elle, remontent rapidement, mais avant de craquer, elle les enfouit profondément.

— Oh ! Je suis désolé, Darling. Montre-moi.

Spencer appuie sur quelques boutons et se lève à son tour. Il relève la manche du pull que porte Luke et aperçoit la marque de ses doigts.

— Pardonne-moi, Darling, s'excuse Spencer en posant ses lèvres sur les rougeurs.

Elle en a des frissons et quand il remonte vers son cou, vers sa mâchoire, contourne sa bouche, la respiration de Luke s'accélère. Elle passe les mains sur son torse puis dans son dos. Il l'attrape par les hanches, se colle à elle et dépose enfin ses lèvres sur les siennes.

— Je te pardonne pour la voiture et ça va de soi que tu paieras les réparations de mon bébé.

Luke ne peut se retenir, elle rit se moquant du petit surnom que Spencer donne à sa voiture.

— Par contre, pour ce matin… Je ne veux plus que tu t'envoles comme tu l'as fait ! Je suis là, Ok ? Si tu as le moindre problème, je serais là, "toujours" Luke ! mets toi bien ça dans le crâne !!

Si ce qu'il attend d'elle est une promesse de ne jamais repartir, elle en est incapable, sachant très bien ce qu'elle prépare, alors elle feinte en partant sur un autre sujet.

— Tu vas te décider à me dire où tu m'emmènes !

Les épaules de Spencer s'affaissent comme par réflexe, déçu. Il ne sait pas vraiment quelle réponse il attendait, mais il en attendait une. il retourne s'asseoir et reprend les commandes de l'avion.

— Tu aimes la France ?!

Chapitre 19

Luke s'assoit maladroitement dans le siège du copilote, un peu troublée par la révélation de Spencer.

— En France ?!

— Il fallait que je t'éloigne tout en te gardant près de moi, pour être sûr que tu ne t'évanouisses pas dans la nature et il est trop tard pour choisir une autre destination.

— Rassure-moi, nous n'allons pas à Paris ?!

— Non ! là où je t'emmène c'est encore mieux...

Elle est soulagée, car elle n'y a pas de beaux souvenirs dans cette ville. Elle passe la main dans ses cheveux et caresse du bout des doigts la cicatrice à l'arrière de son crâne. Un flash l'assaille.

Lorsqu'elle se réveille, sa tête lui lance quand elle passe la main dans ses cheveux pour les remettre en place.

— Aïe ! C'est douloureux.

Elle se souvient être entrée dans la salle de bain de la chambre d'hôtel, et pas n'importe quel hôtel puisqu'il appartient à sa famille. Elle se lève tant bien que mal et se regarde dans le miroir. Son nez est bleu, enflé et elle pense bien qu'il est cassé. Son débardeur est plein de sang, il y en a également dans le cou et dans les cheveux.

Elle prend une serviette dans le placard, l'humidifie, la passe sur son visage pour enlever les traces de sang séché puis reste devant le miroir à se regarder.

Cette fois-ci, il va lui être difficile de trouver une excuse pour les traces sur son visage. Elle essaye tant bien que mal d'attacher ses cheveux avec un élastique, mais c'est une vraie torture. Elle passe la porte et se retrouve dans la chambre.

— Que s'est-il passé ici ?!

La voix de la femme de chambre explose dans sa tête comme de violents coups de tambour. Lorsqu'elle l'aperçoit, elle panique, s'approche et l'aide à s'asseoir sur le fauteuil.

— Vous allez bien, Mademoiselle ?!

Luke couine un petit « oui » et lui demande de parler moins fort. Elle acquiesce et appelle quelqu'un dans son talkie-walkie. Au même moment, Victor fait son entrée dans la pièce, frais comme un gardon, comme s'il ne s'était rien passé la veille.

— Tu as une sale tête, Lucinda, tu devrais arrêter de donner autant de réceptions dans la chambre. Regarde comment ça finit.

Luke n'y croit pas ! Il ose lui mettre ça sur le dos ! Elle va pour répliquer, mais à son regard, l'employée lui fait comprendre de se taire. Oh mon Dieu ! Elle doit croire que Luke est une femme battue ? Est-elle vraiment une femme battue? En regardant autour d'elle, la jeune femme constate que la chambre est un vrai champ de bataille. La table est retournée sur le sol avec tout ce qui se trouvait dessus et beaucoup de bibelots, cassés, jonchent le sol.

Tous les soirs, c'est pareil Victor veut sortir et il finit shooté, ivre et elle a le droit à toutes sortes de réflexions, Tout ce que fait Luke lui déplaît... elle parle avec quelqu'un, que ce soit une femme ou un homme ça ne lui plaît pas, si elle ose rire, ça ne plaît pas à Victor puisque c'est lui qui décide de tout. Mais hier soir, c'était différent.

Il n'a pas voulu sortir, a préparé un bon bain avec des pétales de roses et des bougies. Une coupe de champagne attendait Luke sur le rebord de la baignoire. Pendant ce temps où elle profitait de cette petite bulle de plaisirs, Victor a fait monter le repas, agréablement surprise, en voyant qu'il avait commandé tout ce que la jeune femme aimait : des tagliatelles au saumon, un bon vin et, pour dessert, un tiramisu.

Elle trouve ça très étrange qu'il ne partage pas le repas en sa compagnie, préférant la regarder en se faisant une ligne de coke. Son sourire c'est alors effacé, sachant très bien que ça n'allait pas durer et en effet : sans aucune raison, il lui plante soudain la fourchette dans la main. Luke grimace sans crier et reçoit une gifle à la faire tomber de sa chaise. Il soulève la table, tel un prédateur se penche sur "sa proie", la relève en empoignant ses cheveux et la traîne jusque dans la salle de bain.

Elle se retient aux différents meubles et à l'encadrement de la porte, mais il lui donne de grands coups dans le ventre pour qu'elle lâche prise. Jusqu'à ce jour, il ne lui mettait que quelques claques ou il ne lui tirait que les cheveux. Mais rien de bien méchant et c'est la première fois qu'il est aussi violent. Victor balance Luke comme une poupée de chiffon, sa tête percute le rebord du lavabo et finit par tomber au sol, à demi consciente.

Elle se réveille en panique, ne pouvant plus respirer, il maintient sa tête sous l'eau, lui demandant quelque chose, mais elle ne comprend pas, l'entend à peine pour finir par feindre de perdre conscience pour qu'il lâche prise. Luke attend qu'il s'éloigne pour sortir la tête de l'eau, se retourne et constate, rassurée qu'il n'est plus là. N'entendant plus de bruit dans la pièce voisine, la jeune femme se déshabille et passe un peignoir restant enfermée toute la nuit dans la salle de bain, roulée en boule sur le tapis de sol. Le regard hagard, à l'affût du moindre bruit, du moindre souffle, du moindre crépitement de sol lui faisant croire qu'il reviendrait l'achever.

Pour la première fois, Luke a eu peur, Elle aperçoit ses parents franchir le seuil de la chambre, et ses larmes franchissent ses paupières dans un torrent de larmes dont elle peine à tarir le flux.

Elle ne peut plus leur mentir, ni prétendre que c'est un accident, les faits sont là. Victor a levé la main sur leur fille et s'en est fini pour lui. Sean et Graziella l'obligent à rentrer avec eux immédiatement pour la faire soigner à leur domicile. Toute cette histoire ne doit pas se répandre. Lukas est furieux en apprenant ce qui est arrivé, il est dans une colère noire, Luke réussit à lui faire promettre de ne pas aller voir Victor sachant très bien qu'il serait capable de le tuer.

Ça fait quelques semaines que Luke est rentrée à la maison, mais ça ne va pas mieux, elle est en manque, en manque de quoi, elle ne le sait pas. Ses parents ne comprennent pas son attitude et pourtant, Luke leur jure de ne rien prendre, que le seul médicament qu'elle avale chaque jour, c'est son contraceptif. Mais ce qu'elle a sous les yeux n'est pas exactement ce à qu'elle pense.

Ayant un gros doute, Sean a fait analyser les comprimés et les examens ont révélé que la pilule a été échangé par une pastille de la même taille et de la même couleur. Il s'agit d'une drogue faisant fureur auprès de ceux qui la prennent et à laquelle ils deviennent rapidement accros. Il a été dévoilé que Victor est derrière tout ça, Avec l'accord de Luke, ses parents l'ont fait entrer dans un centre de désintoxication très prisé de la jet-set, mais surtout, très discret. À leur manière ils ont essayé de la préserver.

Lorsqu'on entre dans ce genre de centre, il faut vraiment le vouloir, car si la volonté n'est pas là, ça a très peu de chance de fonctionner. Mais Luke, avait très envie de s'en sortir. Elle ne se reconnaissait pas. Jamais elle n'aurait touché à la drogue, mais à cause de cet enfoiré elle en est dépendante. Luke a très mal vécu l'arrivée dans ce centre : privée de tout, de téléphone, de musique, de télé, mais surtout, de sa famille, de Lukas.

Les deux premiers mois ont été horribles, la présence de ses proches lui a fait défaut. Pour mériter leur visite, Luke devait avoir un comportement exemplaire, faute de quoi, elle restait seule. Elle effectuait les tâches qui lui étaient données, ne cherchait pas vraiment à se mêler avec les autres pensionnaires évitant ainsi les problèmes.

Sean, Lukas et Graziella ont obtenu un droit de visite encadrée par les médecins. Si cette journée se passait bien, Luke pourrait rentrer chez elle pour un week-end entier. Cette première journée a été assez compliquée. Le psychiatre en chef de l'établissement a proposé une séance de parole pour toute la famille pendant laquelle ils se sont ouverts aux autres et accepté les critiques, cela faisait partie du processus de guérison et quinze jours plus tard, Luke obtenait enfin la fameuse permission.

D'un comme un accord, il a été convenu de ne dire à personne que Luke était de retour pour ce week-end. Pendant ces deux jours, Luke et Lukas ne se sont pas quitté d'une semelle, jour comme nuit. Il l'a initié aux sports de combat, cette activité lui faisant un bien fou. Contre toute attente, la jeune femme n'avait plus peur et répondait à chaque coup reçu, évacuant ainsi sa colère.

Le dimanche matin, à peine sont-ils rentrés de leur footing matinal que Luke et Lukas préparent le petit déjeuner, dans la bonne humeur. C'est alors qu'une douleur vrille le bas ventre de la jeune fille et la bouteille de lait qu'elle tenait dans la main, s'éclate au sol, elle a juste le temps de regarder son frère, que c'est le trou noir, elle s'évanouit.

Luke se réveille dix jours plus tard dans une chambre d'hôpital, apercevant Lukas endormi à ses côtés elle serre sa main pour le réveiller. Il ouvre difficilement les yeux, puis lève son regard sur sa sœur, lui sourit puis fond en larmes et la prend dans ses bras, restant ainsi quelques secondes. Mais Luke commence à paniquer quand, serrée contre son frère, le tuyau dans sa gorge l'empêche de respirer par elle-même.

— Calme-toi, je vais chercher le médecin et les parents.

Dans la minute qui suit, le docteur lui enlève la sonde d'intubation, l'ausculte et lui dit que tout ira bien à présent. Il quitte la chambre, puis revient accompagné de sa famille… ce dernier a le regard fuyant, c'est à ce moment-là qu'elle comprend que quelque chose ne va pas. La gorge irritée et n'arrivant pas à parler, Luke essaie de se faire comprendre avec les mains. Elle utilise le langage des signes qu'ils ont inventés avec Lukas quand ils étaient plus jeunes et qui leur permettait de communiquer sans que les autres comprennent mais elle est complètement vidée alors signe l'essentiel, rapidement.

« Mes jambes ? ».

Il fait un signe négatif de la tête, ce dont elle se doutait puisque qu'elle arrive à remuer les pieds. Ce n'est pas un problème physique, elle continue de chercher…

« Une greffe ? »

Il remue de nouveau la tête de droite à gauche, aussi Luke s'énerve en signant.

« Un cancer, une maladie grave ? »

Non et non et encore non… elle lit dans son regard sa tristesse et sens les larmes monter. Sa mère, impatiente, s'approche, prend la main de sa fille entre les siennes, la *faisant instantanément paniquer, car aussi loin qu'elle s'en souvienne, Graziella n'a jamais eu de geste aussi tendre envers sa fille, les mots ne sortent pas de sa bouche, alors Luke tourne son regard vers son père.*

— Luke, ma chérie... ce que je vais te dire n'est pas facile...

Avec les yeux baignés de larmes son père lui apprend qu'elle était enceinte et que suite aux événements survenus avec Victor, le fœtus est mort in utero. Son évanouissement est dû à un caillot de sang qui a atteint son cœur, son a corps rejeté le fœtus mais Luke ne s'est rendu compte de rien.

— Nous avons déposé une plainte et la police viendra te voir quand tu te sentiras prête pour répondre à leurs questions concernant ton agression. Il ne doit pas s'en sortir.

Graziella n'a pas le temps de finir sa phrase que Luke enlève subitement sa main des siennes, n'exprime rien, à part cette sensation de vide qui la prend tout à coup et cette douleur, ce feu qui la consume, c'est le chaos dans son esprit. Elle aimerait pouvoir hurler, pleurer, mais rien. À la place, le bip de la machine reliée à sa poitrine s'emballe, elle a comme un poids qui l'empêche de respirer.

Le médecin s'approche, Lukas lui barre le chemin et fonce sur sa sœur, la maintient par les épaules, la regarde droit dans les yeux, Il lui parle, mais Luke ne l'entend pas, elle tourne la tête comme au ralenti et arrive enfin à lire sur les lèvres de son frère.

— C'est une crise de panique, calme-toi Lucinda !

Elle cligne des yeux, se sent partir quand elle reçoit une gifle monumentale qui la fait revenir parmi les vivants. Le médecin n'apprécie pas ce geste, mais au moins, la machine cesse de biper, aussi il s'avance prudemment et l'ausculte.

— Le temps que votre sœur est ici, je ne veux pas revoir ce genre de pratique. Est-ce bien clair ? s'énerve l'homme.

Lukas acquiesce et se met à rire dès que le médecin quitte la chambre. Ne pouvant toujours pas parler, Luke arrive à faire comprendre à son frère qu'elle est fatiguée et souhaite être seule. Après l'avoir embrassée, sa famille quitte la chambre, laissant seule une jeune femme détruite, dans un endroit inconnu qu'elle déteste.

— La main de Spencer se pose sur l'avant-bras de Luke, la sortant de ses cogitations. Elle se rend compte qu'inconsciemment, elle a posé sa main sur son ventre.

— Tu ne m'écoutes pas ! Luke ça ne va pas?

— Pardon. Que disais-tu ? Excuse-moi je suis partie loin dans un souvenir pénible.

— La Normandie, est-ce que ça te convient comme destination ?

— Je ne connais pas beaucoup cette région mais ce sera le moyen de la découvrir.

— En attendant, attaches-toi, on va atterrir dans dix minutes.

Spencer a appris à piloter lorsqu'il était dans l'armée, mais Luke ne le sait pas encore. Il n'a pas perdu la main et l'atterrissage se fait en douceur.

En sortant de l'avion, elle aperçoit un homme qui les attend à côté d'une grosse berline. Inquiète, elle s'arrête, mais Spencer, lui, n'a pas l'air surpris et sourit même à l'inconnu. Il enlace Luke délicatement par la taille et la fait avancer. Elle détaille l'homme, un grand blond aux cheveux tirés en arrière, les yeux cachés derrière des lunettes de soleil, la même carrure impressionnante que Spencer. Il est habillé tout en noir, ressemblant à un garde du corps ou à un mercenaire comme les anciens militaires. Les deux hommes se donnent une franche accolade bien masculine.

— Mon frère ! Ça fait si longtemps, lance celui-ci d'une voix grave.

Luke ne comprend pas, se souvenant que Spencer lui a dit que son frère était décédé.

— Trop longtemps, renchérit Spencer en lui donnant une tape dans le dos. Laisse-moi te présenter Luke.

Luke se tient droite comme un « I » la tête haute comme elle a été éduquée. Elle gratifie l'homme d'un timide, mais sincère sourire, mais elle déchante rapidement devant la remarque déplacée de l'homme.

— Luke ?! Mais c'est un prénom de mec, ça ?! dit-il en riant.

— C'est mon prénom, que ça vous plaise ou non je m'en contre fiche ! répond-elle d'un ton sec. Et c'est quoi le vôtre, que je me marre aussi ?

Spencer fronce les sourcils et s'approche de Luke pour lui glisser à l'oreille.

— Calme-toi, Darling, c'est un de mes frères d'armes.

Ses yeux s'écarquillent de surprise en comprenant, par cette révélation, que Spencer n'est pas simplement lieutenant de police, mais qu'il a été militaire dans une autre vie.

— Ne t'en fait pas Spenc', elle a du caractère et j'aime ça.

Elle n'a pas le temps de réagir que l'homme la sert dans ses bras, la faisant grimacer, elle qui n'aime pas ce genre de rapprochement.

D'ailleurs, ce comportement est incompréhensible, alors elle tourne la tête vers Spencer, et se rend compte de son changement d'attitude et pense lire une pointe de jalousie dans son regard. Elle en rajoute une couche histoire de bien le faire mariner et, bien qu'elle n'aime pas le contact avec les inconnus, prend sur elle et enlace ce fameux « frère d'armes ».

Mais elle n'avait pas imaginé, que l'homme en serait ravi et elle est surprise de sentir qu'à son tour, il resserre son étreinte. Luke est prise à son propre jeu.

— C'est bon Alex, lâche là, maintenant !

Spencer attrape sa petite amie par la taille et ne la lâche plus, mais ce n'est pas pour autant qu'il lui adresse la parole tellement la jalousie lui brûle les veines. Ils montent dans le SUV noir et sortent de l'aéroport. Spencer discute avec Alex, Luke collée à lui, totalement indifférente à ce qu'ils se racontent et se tortille à plusieurs reprises pour échapper à son étreinte.

Plus elle essaie de se détacher, plus Spencer la serre contre lui, elle soupire de dépit et pose sa tête sur l'appui-tête pour regarder cette ville côtière de Normandie défiler sous ses yeux. Soudain, la voiture s'arrête devant un portail en fer noir qui s'ouvre et laisse apparaître une maison qui semble mal entretenue.

— Wôw ! laisse-t-elle échapper.

Même si ce n'est pas ce qu'elle préfère, de par son rang dans la société, elle est dans l'obligation de suivre ses parents dans beaucoup de réceptions et d'inaugurations… où elle rencontre énormément de personnalités qui font visiter leurs immenses demeures, aussi luxueuses les unes des autres.

Mais celle qui se trouve devant ses yeux est tout simplement extraordinaire. Le côté « Architecte » de Luke prend le dessus un instant et elle observe en détail chaque mètre carré de cette œuvre d'art. Elle se demande si elle n'a pas déjà vu cette villa quelque part, mais n'arrive pas à se souvenir où et ça l'intrigue…

Les garçons ouvrent la marche et les yeux toujours rivés sur cette fascinante façade, Luke percute Spencer de plein fouet, se retournant juste à temps pour la rattraper avant qu'elle ne bascule en arrière.

La main dans son dos, les mains sur ses biceps, comme à chaque fois qu'ils se regardent, elle est hypnotisée par son regard propageant une douce chaleur dans tout son corps. Il lui sourit et, quand il approche sa bouche de la sienne, Luke ferme les yeux déposant ses lèvres délicatement sur les siennes, puis son baiser se fait plus insistant, brûlant et dévastateur pour les hormones de la jeune femme tellement que ses jambes sont à deux doigts de se dérober sous elle au moment où il resserre son étreinte.

Son baiser est vraiment passionné une danse endiablée commence entre sa langue et la sienne et elle sent ses bras se relâcher de chaque côté de ses hanches, alors Spencer en profite pour la coller contre son torse, elle sent son envie dans son bas-ventre par une humidité prononcée et qui ne demande qu'à être savouré, puis aussi soudainement, Spencer la remet sur ses jambes. Frustrée, bouillante et pantelante, son cerveau met du temps à se remettre en marche. Il la retient par les épaules et lui sourit voyant bien qu'elle en redemande.

— J'en mourais d'envie Darling, mais ce n'est pas le moment de se laisser aller à des cochonneries si appétissantes soient-elles.

Luke ne comprend rien ! Il est bien plus doué qu'elle a ce petit jeu de séduction, se sentant comme une petite souris face à un gros chat censé la dévorer, mais qui joue de longues minutes avec sa proie sans la croquer. La frustration attendra et ses idées lubriques aussi.

— Oui… moi aussi… mais, euh…

Elle n'arrive pas à prononcer une phrase correctement, toujours troublée par son baiser, ne comprend pas ce nouveau retournement de situation. Il jette un froid entre eux, puis à nouveau fricote avec elle dans une ambiance plus que survoltée. Luke se promet de ne pas tomber dans le panneau une prochaine fois avant d'avoir eu une discussion avec lui. Il s'éloigne de quelques pas le sourire de la victoire jusqu'aux oreilles, satisfait de l'effet qu'il a eu sur elle durant cet étonnant intermède.

Spencer revient rapidement sur ses pas, attrape Luke par la main et la tire derrière lui. Ils pénètrent presque en courant dans la maison et après avoir monté deux étages, Spencer ouvre une porte et laisse entrer sa dulcinée, devant elle se trouve une grande baie vitrée donnant sur une terrasse illuminée par le soleil.

Elle reste plantée là, le regarde s'activer, il tire sur les voilages blancs, allume les petites lampes qui se trouvent de chaque côté du lit. Luke fronce les sourcils, se rendant compte que ce lit ressemble étrangement au sien. C'est un lit king-size en fer blanc, surplombé d'une tête de lit en cuir capitonné, blanc également. Il ouvre une porte qui doit donner accès à la salle de bain, revient vers elle, ouvre un dressing avant de se diriger à nouveau vers les voilages, tirant dessus pour qu'une personne passant à l'extérieur ne puisse les observer même si le risque que quelqu'un se promène par ici, aussi loin de la ville la plus proche soit assez faible.

— Spencer? Tente Luke, lassée par son comportement.

— Oui Darling?! Répond l'intéressé sans même lui prêter attention.

— Tu peux t'arrêter deux petites minutes, tu me donnes le tournis à t'agiter ainsi.

— Encore quelques instants s'il te plaît...j'ai presque terminé.

Elle regarde autour d'elle, cette chambre est simple mais vraiment magnifique, avec ses murs couleur taupe et le sol en parquet blanc. Dans un coin de la pièce, un secrétaire en bois, rénové pour se fondre dans la pièce. Elle s'assoit sur le lit et attend que Spencer se calme, n'arrivant pas à décrire son comportement, cela ne lui fait pas peur, mais ça la surprend. Elle profite qu'il passe devant elle une fois de plus pour lui saisir le bras, l'arrête net, Spencer tourne son visage vers elle, comme s'il était étonné de la voir dans la même pièce que lui.

— Viens t'asseoir ! lui demande Luke en tapotant la place à côté d'elle.

Il opine du chef, s'assoit à ses côtés, puis se laisse tomber en arrière. Elle se penche au-dessus de lui.

— Qu'est-ce qui t'arrive ? souffle-t-elle.

Il reste silencieux.

— Bien ! Si tu n'as pas envie de me parler...

350

Elle s'assoit de nouveau correctement.

— Tu ne me parles pas non plus, Luke !

Nous y voilà, son problème c'est elle, ou plutôt son passé et le fait qu'elle ne se confie guère.

— Je voudrais te parler Spencer, je t'assure, mais j'ai peur que tu ne comprennes pas ou que tu partes. J'ai tellement de morceaux cassés en moi, je suis une femme fracassée.

— Comment peux-tu penser ça ? Je ne te quitterai pas parce que tu as un passé houleux. Tu dois apprendre à me faire confiance, à nous faire confiance.

— Je ne sais pas ! C'est seulement ce que je ressens, j'ai appris à être méfiante et quand je t'aurais tout raconté tu sauras que ma réaction est légitime.

— Fais donc comme avec tous les autres sentiments, laisse ça de côté.

C'en est trop, elle se lève souhaitant quitter la pièce, mais Spencer est une nouvelle fois plus rapide. Il l'attrape par la taille et l'allonge délicatement sur le lit pour la serrer dans ses bras. Il la câline, caresse ses cheveux, Luke se détend progressivement et s'endort bercée par les battements réguliers de son cœur.

Luke se réveille lorsque quelqu'un toque à la porte. Alex passe la tête dans l'entrebâillement du battant. Elle s'aperçoit que Spencer s'est lui aussi endormi. Elle fait signe à Alex qu'elle arrive et avant de sortir, recouvre son "jaloux" avec le dessus-de-lit, éteint une des deux lampes puis sort de la pièce en laissant la porte entrouverte.

Elle suit Alex jusqu'à la cuisine, une pièce immense dont la superficie fait au moins la moitié de son appartement. C'est une cuisine américaine avec un îlot central et tout l'équipement nécessaire pour qu'un chef soit heureux d'y officier. Alex l'invite à s'asseoir sur l'un des tabourets et sort des boîtes d'un sac plastique.

— Qu'est-ce que c'est ? Demande Luke, curieuse.
— Kebabs frites ! Spencer m'a dit que ça ne te poserait pas de problème.
— Eh bien, si Spencer a dit que ça me conviendrait, alors ça me convient.

Elle ouvre la boîte et mord dans le sandwich.

— Tu as vraiment un sacré caractère, mais comme je te l'ai dit, ça me plaît bien ! lui fait remarquer le militaire.
— Parce que ça te plairait, toi, que l'on prenne des décisions à ta place ?!
— Ce n'est qu'un sandwich, Luke !
— Si seulement ce n'était que ça ! Je ne sais pas qui tu es, je ne sais pas ce que je fais ici et tout à l'heure dans la chambre, je ne sais pas ce qu'il lui a pris... Cingle Luke en montrant les escaliers de la main.
— Tu veux bien te calmer et manger ce sandwich. Nous parlerons de tout ça après si tu le souhaites. ok ?
— Ok !

Ils mangent dans un silence apaisant, puis Alex leur prépare des cafés. En s'installant dans le canapé du salon, avec un regard étrange, le militaire lui demande.

— Tu voulais discuter, alors discutons ! lance-t-il.

Au moins en voilà un qui n'y va pas par quatre chemins.

— Comment vous êtes-vous rencontrés, toi et Spencer ?

— Nous nous sommes engagés le même jour, nous avons fait nos classes ensemble et puis après, il y a eu la guerre en Irak.

— Hum ! Et maintenant, que fais-tu ?

— Avec quelques gars de notre unité, nous avons créé une entreprise spécialisée dans la sécurité des biens et des personnes.

—Spencer en fait partie ?

—Non ! C'est le seul qui n'a pas voulu nous rejoindre, il aime trop son travail de flic.

— Et que faites-vous exactement ?

— Ça dépend du contrat. Garde du corps d'une célébrité, d'un homme politique et parfois même surveillance de maisons ou d'immeubles.

—Ici, c'est chez toi ?! À qui appartient cette demeure, si elle n'est pas à lui !? Luke est sûre que Spencer lui cache quelque chose !

— Non ce n'est pas chez moi ! Et ton interrogatoire s'arrête là. C'est à mon tour maintenant d'en savoir plus sur toi. Que fais-tu dans la vie ?!

— Je suis étudiante.

— Dans la médecine ou quelque chose comme ça ?!

— Qu'est-ce qui te fait dire ça ?

— Rien en particulier, ton âge peut-être ?!

—Ah ! Et quel âge me donnes-tu ?

— Je ne veux pas te vexer, mais je dirais entre 25 et 30 ans !

— Tu es dans la bonne fourchette d'âge. Et je suis dans l'architecture.

— Qu'est-ce qui t'a pris autant de temps ?

Ça lui apprendra à Luke à vouloir connaître la vie des gens, eux aussi posent des questions. Ça ne lui a pas suffi avec Judith apparemment !

— J'ai eu pas mal de problèmes quand j'étais plus jeune.

— Oh ! Tu étais une ado rebelle ?!

—On peut dire ça ! Je n'étais pas tendre avec ma mère.

— Ta mère t'a élevée seule ?!

— Pas du tout ! J'ai mes deux parents, mais ma relation avec ma mère a toujours été difficile, elle a toujours voulu tout contrôler.

— Je comprends mieux maintenant pourquoi tu n'aimes pas que l'on prenne des décisions à ta place.

— Exactement, c'est pénible et oppressant de ne pas avoir son mot à dire.

— Mais parfois c'est indispensable.

— Je pense que chaque personne est maître de lui-même, que personne ne doit faire de choix à la place des autres.

— Quand ça n'implique qu'une personne, je veux bien. Mais quand ça regarde deux personnes, il faut absolument qu'ils en discutent ensemble.

— C'est vrai. Mais dis-moi, penses-tu que j'ai eu mon mot à dire pour venir ici ?! Est-ce que ton ami t'a dit qu'il m'avait jeté sur son épaule comme un sac de ciment ? Elle ressent le besoin de marcher, se lève et se dirige vers la baie vitrée.

— Non, je ne le savais pas. Spencer n'a pas eu le temps de tout me dire.

— Je peux ? demande Luke, la main posée sur la poignée pour ouvrir la baie.

Elle se rend compte que c'est bien la première fois qu'elle demande l'autorisation à quelqu'un pour sortir. Alex lève le doigt lui demandant d'attendre. Il appuie sur son oreillette et parle dans un petit micro qu'elle n'avait pas remarqué jusque-là.

— Bien sûr ! Tu n'es pas prisonnière !

— C'est la deuxième fois que j'entends ça aujourd'hui et laisse-moi te dire que je pense le contraire.

Elle met fin à leur conversation en sortant sur la terrasse, descend les quelques marches qui la séparent du jardin. Le soleil se couche et le vent est un peu frais. Elle repense à tout ce qui s'est passé pendant les vingt-quatre dernières heures.

À l'heure qu'il est, elle aurait dû se trouver de l'autre côté de l'Atlantique, cachée dans une petite chambre d'hôtel pendant les prochains jours. Ensuite, elle serait partie pour une autre destination, planifiée au dernier moment, peut-être en Europe ou en Asie. Elle aurait attendu que Victor la retrouve et lui aurait tendu un piège avant de se débarrasser de lui. Son plan aurait pu être parfait.

Mais c'était sans compter sur Spencer ! Il a débarqué, voulant la protéger, mais elle a peur qu'il se soit mis en danger. Il ne sait pas de quoi Victor est capable et ça lui fait plus de mal de savoir qu'il pourrait indirectement s'en prendre à lui pour l'atteindre. Perdue dans ses pensées, Luke arrive à l'arrière de la maison et découvre un beau parterre de fleurs, une piscine bien entretenue, des bains de soleil et un salon de jardin.

Elle enlève son tee-shirt et fait glisser son pantalon au sol, certaine que piquer une tête va la détendre. Elle s'assoit sur le rebord et glisse doucement ses pieds, surprise que l'eau soit chauffée. Elle se laisse glisser dans l'eau, commence à faire quelques longueurs puis s'arrête, inspire profondément, et s'immerge totalement dans l'eau. Elle se sent apaisée, se laissant couler au fond de la piscine. Après une courte minute, elle aperçoit une silhouette au-dessus d'elle et décide de remonter doucement.

— Tu veux bien sortir s'il te plaît ? lui demande Spencer d'une voix froide et distante.

Il l'attend en montrant son agacement. Luke s'inquiète de sa réaction, de son regard vide et sombre à la fois.

— C'est une manie chez toi de te baigner nue.

Il lui passe un peignoir et serre la ceinture sans douceur.

— J'avais besoin de me détendre et j'ai estimé que nager serait un bon moyen. Tu devrais essayer, ça te ferait du bien et te déridera par la même occasion.

— À l'instant tu n'étais pas vraiment en train de nager !

— Je méditais sous l'eau. Monsieur le râleur ! s'emporte Luke devant ce comportement incompréhensible.

— Ben voyons, j'ai eu une petite discussion avec Alex, j'aimerais bien en avoir une avec toi aussi.

— Je t'écoute, riposte Luke en posant ses poings sur les hanches, mécontente et se demandant ce qui a pu se dire entre les deux amis.

— Pas ici, rentrons.

Une fois de plus il attrape le bras de Luke et la fait avancer rapidement vers la maison et arrive en vitesse dans la chambre. Elle ôte le peignoir et se dirige vers la salle de bain qu'elle découvre. Elle n'est pas très grande, mais fonctionnelle avec une mezzanine, des meubles blancs supportant deux vasques et un grand miroir. Elle ferme la porte et fait couler l'eau pour remplir la baignoire. Spencer entre à son tour dans la pièce au moment où elle se glisse dans l'eau bien chaude.

— Ne ferme pas la porte, Darling !

— Je n'ai même plus le droit à un peu d'intimité ?

— Toutes les portes restent ouvertes et les lumières allumées, sans exception, quand tu es seule dans une pièce. C'est la règle.

— De quelles règles me parles-tu ?

Il s'assoit sur le rebord de la baignoire, remonte sa manche et plonge la main dans l'eau.

— Elle est très chaude !

— C'est ce que je préfère, un bain très chaud pour me prélasser. Et pour avoir l'esprit clair, une douche très froide. Maintenant, tu vas me dire de quelles règles tu parles.

— Pour commencer, j'espère que tu ne m'en veux pas de t'avoir amené ici. Ensuite j'espère qu'on ne va pas se disputer pour ces règles, mais je t'assure Darling, elles sont importantes pour ta sécurité.

Mais qu'est-ce qu'il croit ? Bien sûr qu'elle n'est pas contente de se retrouver ici. Elle ne dit rien pourtant et écoute Spencer lui énumérer ces règles :

☐   1 - Tu laisses les rideaux fermés de jour comme de nuit.
☐   2 - Tu ne t'approches pas des vitres.
☐   3 - Tu ne sors pas de la maison. Pas de contact avec l'extérieur.

Elle se mord l'intérieur de la joue, se retenant de lui crier dessus en se disant que ces règles sont stupides et accaparantes. Spencer l'observe du coin de l'œil attendant une explosion de mots mais rien, Luke reste stoïque mais pas pour longtemps.

— Dis-moi ce qui te chagrine.

— Tes règles, elles sont stupides. S'emporte-t-elle rouge de colère.

Il baisse la tête et soupire.

— Je me doutais que tu allais avoir quelque chose à redire.

— Bah quoi c'est vrai ! Si je ne sors pas de la maison, il n'y a aucune chance que j'ai des contacts avec l'extérieur. Non ?

— Quand je dis avec l'extérieur, c'est le téléphone, le net ou quoi que ce soit d'autre !

— Je n'ai pas le droit d'aller dans la piscine non plus ?

— Non !

— Même si tu es là !

— N'essaie pas, c'est sans appel.

— Mais Spencer…

— N'insiste pas Luke, s'il te plaît.

Il dépose un baiser sur son front et y colle le sien. Elle ferme les yeux et s'inquiète, sachant très bien qu'elle ne survivra pas ici, elle qui n'a jamais obéi aux règles, et en plus, Spencer lui semble si distant ! Il relève la tête, faisant exprès de ne pas remarquer le mal qui la ronge. Il se dit que s'il craque maintenant, c'est foutu et qu'il doit rester professionnel. Il décide de quitter la salle de bain sans se retourner.

Ça fait cinq jours, cinq putains de jours qui lui semblent durer une éternité. Chaque jour, elle se lève tard dans la matinée, parfois même au début de l'après-midi. La seule chose qu'elle est autorisée à faire, c'est de regarder la télé ou de faire un peu de sport. Mais ça ne plaît pas vraiment à Spencer qu'elle se montre ainsi en vêtements moulants devant Alex et ses hommes. Elle s'ennuie tellement qu'elle sent la dépression pointer le bout de son nez.

C'est bientôt l'heure du repas et si Alex revient une fois de plus avec un repas tout prêt fait, genre fast-food ou pizza, elle jure de péter un câble. Elle ne comprend pas comment des hommes aussi baraqués et au summum de leur forme arrivent à ne manger que des cochonneries. En tout cas une chose est sûre, si ça continue comme ça, elle va prendre du poids et c'est hors de question.

— À table ! annonce Alex depuis l'autre côté de la maison.

Elle se lève du canapé et traîne des pieds jusqu'à la cuisine. Spencer est déjà installé sur un tabouret au bout du bar, lisant le journal. Depuis le soir où il a instauré ses fichues règles, il ne lui a plus adressé la parole, ne l'a plus touchée. À cause de lui, elle souffre le martyre et cette souffrance est un poids de plus sur son fardeau quotidien et sur son moral.

Comment réagir lorsque «votre» personne vous met le moral plus bas que terre, elle est là avec vous, jour et nuit et que vous lui êtes indifférente ? Elle ne pensait vraiment pas que ça se passerait ainsi entre eux, elle voulait voir Spencer uniquement comme une passade. Mais comme le dit le dicton : le cœur a sa raison que la raison ignore.

Jusqu'à sa rencontre avec le policier, Luke ignorait ce qu'était l'amour, mais aujourd'hui elle a mal et son cœur est brisé… Alors quand Alex sort une nouvelle fois des boîtes de son sac, c'en est trop. Elle attrape le ticket de caisse, arrache le stylo de la pochette d'Alex, fait une liste rapide des produits qu'elle souhaite et la fait glisser sous ses yeux. Pendant tout ce temps, Spencer n'a même pas levé les yeux de son quotidien. Elle quitte la cuisine énervée, mais fière d'elle et lance ironiquement.

— Je sors de la cuisine, je monte les marches, je suis presque arrivée dans la chambre.

Puis elle claque la porte derrière elle. Chaque fois qu'elle change de pièce, elle énumère ses faits et gestes. Puisque Spencer veut toujours savoir où elle se trouve à la seconde prêt, il va être servi.

Elle se souvient son amusement lorsqu'elle a visité la maison, trois fois dans la même journée, elle a fini par lui taper sur les nerfs. Elle s'allonge sur le lit et compte jusqu'à dix.

C'est le nombre de secondes qu'il met à monter les escaliers pour venir jusqu'à elle. Le timing parfait et la porte s'ouvre subitement à la fin du compte à rebours.

— Qu'est-ce que c'est que ça ?!

Quand il agite le papier sous son nez, elle l'attrape et lit les mots qu'elle y a inscrits une minute plus tôt.

— C'est une liste de courses, pourquoi ? ironise-t-elle.

Luke tend la liste vers Spencer.

— Tu te rends compte qu'Alex a bien failli s'étouffer en lisant le contenu de cette liste ?!

C'est vrai qu'elle a peut-être poussé le bouchon un peu loin en ajoutant : « une boite de tampons mini de marque N/N » et « une boite de capotes dure parfum mangue ou vanille taille L sans latex» □ du lubrifiant intime de la même marque que les préservatifs (c'est mieux pour la concordance) □ merci □

— La petite nature ! Ne me dis pas qu'il ignore ce que c'est ! Se moque Luke en souriant devant un Spencer qui reste de marbre. Tu es sûr que je suis en sécurité ici avec des mecs effrayés pour si peu ?
— Ce n'est pas drôle Luke !
— Bien sûr que si ! C'est juste que tu es trop con pour le voir ! S'emporte-t-elle soudain.

Spencer se penche au-dessus d'elle.

— Darling ! Je comprends parfaitement que tu ne te plaises pas ici, mais fais un effort, s'il te plaît !

Luke s'assoit, l'obligeant à reculer et se joindre à elle sur le lit.

— Faire un effort ! C'est à moi de faire un effort ? Tu te moques de moi, c'est ça ? Ça fait cinq jours que nous sommes arrivés ici et tu ressembles à une tempête glaciale au Pôle Nord, je m'attends à voir l'abominable homme des neiges à tout moment. La seule chose qui t'intéresse, c'est de savoir où je me trouve dans la maison. Tu sais, je prends sur moi depuis que nous sommes ici, merde, Spencer tout ça ce n'est pas pour moi !

Il pose ses mains sur ses épaules et ce simple contact la réconforte, avance son visage vers elle puis ses lèvres des siennes. Elles lui ont manqué, mais Luke se souvient de son petit stratagème de l'autre jour, se reprend et se recule doucement en le repoussant.

— Non, Spencer, arrête ! Tu ne m'auras pas une deuxième fois.

— Comment ça ? lui sourit-il en se souvenant très bien de son comportement.

— Lorsque nous sommes arrivés, ton baiser m'a laissée toute pantelante et depuis, plus rien, hormis ton dédain.

— Tu es une jolie distraction, Darling et je dois rester concentré.

— Tu ne peux pas me laisser ainsi ! Je ne le montre pas, mais je souffre.

— Moi aussi, je souffre de ne pas pouvoir te prendre dans mes bras pour m'endormir ou encore déposer mes lèvres sur ton corps. Et surtout, venir te consoler quand tu te réveilles en pleine nuit parce que tu as fait un cauchemar.

Ses mots la touchent, elle relève la tête et voit que ses yeux brillent. Elle ne réfléchit pas, s'assit à califourchon sur ses cuisses, accroche ses bras à son cou, l'embrasse tendrement en forçant ses lèvres de sa langue pendant que Spencer la caresse langoureusement. Luke a l'impression qu'il la découvre pour la première fois, mais sa bouche toujours contre la sienne, il arrive à articuler.

— Tu me manques Darling, j'en ai envie autant que toi, mais on ne devrait pas…

— Laisses-toi aller, j'en meurs d'envie et toi aussi.

Luke pousse sur ses jambes pour les faire s'allonger sur le lit. Elle lui retire son tee-shirt et reste interdite devant son gilet par balle, elle tente de l'enlever mais ses mains ne coopèrent pas. Spencer rigole, enlève le scratch de son épaule gauche, puis s'assoit pour le passer au-dessus de sa tête. Elle commence à se déshabiller, mais il l'arrête.

— Laisse-moi faire ! chuchote-t-il d'une voix rendue rauque par le désir.

Il pose sa main sur la nuque de Luke, l'allonge délicatement sur le dos, relève le tee-shirt jusqu'au-dessous de sa poitrine et dépose des baisers sur son ventre. Mais lorsqu'il atteint son flanc droit, elle ne peut se retenir de rigoler et pousser de petits cris.

— Je ne savais pas que tu étais chatouilleuse.
— Très chatouilleuse même, mais n'en profite pas…

Avec lenteur pour la découvrir à nouveau, il la déshabille complètement, elle se retrouve en petite culotte devant lui, d'instinct elle pose ses mains sur sa poitrine découverte. Sa réaction est un peu stupide , mais cela fait quelques jours qu'ils ne se sont pas vu nus alors sa pudeur reprend le dessus.

— Ne te cache pas devant moi ! Tu es magnifique et tu m'as tellement manqué.

Spencer se déshabille à son tour et Luke, apercevant son envie à travers son caleçon noir, se mord les lèvres. Il s'installe entre ses cuisses et l'embrasse tendrement sur la bouche, puis sur la joue. Tout en parsemant une pluie de baisers, il descend sur sa mâchoire, dans son cou, sur son épaule en continuant de migrer en direction de sa poitrine.

Elle ne peut s'empêcher de gémir de plaisir, il y a si longtemps qu'elle souhaite ce rapprochement entre eux. Lentement, tout en l'embrassant, il revient se jeter sur sa bouche tentatrice rosée comme il l'aime.

— Soit plus discrète, Darling ! Dit-il en l'embrassant avant de s'attaquer à nouveau à sa peau.

— Comment ça être plus discrète ? C'est impossible !

Les lèvres de Spencer se posent sur son bas ventre, il cajole son mont de Vénus, puis avec ses dents, retire le bout de tissu faisant barrière à sa convoitise.

— Si tu... je ne pourrais pas rester silencieuse, dit-elle dans un souffle.

Mais c'est déjà trop tard. Au contact de ses lèvres sur son entrejambe, elle pousse une nouvelle fois un cri incontrôlé qui lui vaut une petite claque sur la cuisse. Spencer joue avec elle, la chatouille à nouveau l'obligeant à se mordre le poing pour ne pas crier sous cette agréable torture. Elle se contracte, mais quand Spencer s'arrête brusquement, elle ouvre les yeux furibonds et frustrés puis relève la tête en se demandant ce qu'il fait.

Il lui fait son sourire carnassier, puis passe un préservatif et lentement s'introduit en elle tout en la regardant droit dans les yeux, il ne pourra jamais se lasser de ce spectacle qu'elle lui offre ainsi offerte à ses coups de reins. alors que les ongles de Luke pénètrent dans les cuisses de son amant. Il n'est pas vraiment doux, mais elle a tellement besoin de ça, de le sentir contre elle, en elle, elle a besoin de lui. Cet échange sauvage se termine mais le lien reste intact, Spencer se retire mais garde les yeux rivés à sa Darling. Dans un chuchotement, pour ne pas briser cet instant charnel, il lui dit :

— Je suis désolé ! La prochaine fois, je te ferai l'amour comme il se doit.

— J'en avais vraiment besoin moi aussi. C'est tellement bon de sentir ta peau contre la mienne, de t'appartenir, d'avoir cette sensation grisante de plénitude dans cette tension quotidienne. J'aimerais avoir cette discussion que je repousse depuis trop longtemps, souffle-t-elle en devenant sérieuse.

— Maintenant ?

— Je pense que c'est le bon moment pour être sincère avec toi et te confier ce qui me fait faire des cauchemars. Tu devras juste m'écouter .

Luke s'installe confortablement sur Spencer en posant ses mains sur son torse.

— Je ne sais par où commencer, murmure la jeune femme.

— Je t'aurais bien dit par le début, mais avant, j'aimerais que tu me dises ce que signifient les objets que j'ai trouvés dans ton dressing.

— Oh merde ! s'exclame-t-elle. En laissant ça là-bas, je n'avais pas pensé que tu pourrais tomber dessus.

Mais avant que je ne commence, je veux savoir ce que tu as ressenti lorsque tu as trouvé cette enveloppe.

— Je ne vais pas te mentir, je me suis senti trahi, comme si tu jouais un rôle pour mieux m'enfiler.

— Comment peux-tu penser ça ?!

Elle s'appuie sur ses mains pour se remettre sur le matelas, mais Spencer passe ses bras autour d'elle et la sert contre lui, sentir sa chaleur et sa tendresse la réconforte.

— Je savais bien que remuer tout ça était une mauvaise idée, avoue Spencer

— Je ne pense pas que ce soit le cas. C'est juste que...

— Je ne voulais pas te blesser en disant ça, mais il faut me comprendre, je retrouve une alliance, une échographie et un bracelet, qui étrangement ne m'est pas inconnu.

— Tu te souviens, lorsque je t'ai parlé du séjour à Vegas ? Eh bien, Libby et Lukas n'ont pas été les seuls à se marier.

Les pupilles de Spencer s'arrondissent de surprise.

— Cette union n'a jamais compté pour moi, car c'est sous la menace que j'ai dû accepter. En plus cette bague est issue d'un des nombreux vols qu'il a commis, comme le bracelet.

Spencer cligne des yeux plusieurs fois, mais ne fait aucune réflexion. Luke souffle un bon coup et se dit que c'est le bon moment.

— Donne-moi ta main.

Elle la place sur l'arrière de sa tête.

— Tu sens cette cicatrice ?
— Oui.
— C'est la dernière fois qu'il a levé la main sur moi. Quelques semaines plus tard, j'ai fait un malaise et je suis restée dans le coma pendant plus d'une semaine. À mon réveil, mon père m'a appris que j'étais enceinte et que j'avais perdu le bébé, d'où l'échographie. Elle n'est pas à moi, je me demande bien comment il l'a su, car après cet accident je ne les ai pas revus pendant plusieurs années.

Spencer sert plus fort Luke dans ses bras et dépose des baisers partout sur son visage. Elle se détend imperceptiblement et en profite pour joindre ses lèvres aux siennes. Ce baiser est un scellé aux révélations et une confiance installée.

— Merci ! D'être là, merci d'être entré dans ma vie, dit-elle.
— Merci à toi Darling ! Merci de me faire confiance, de t'être ouverte, je te protégerai, crois-moi !
— Je n'en doute pas, Cariño, c'est juste que j'ai peur qu'il s'en prenne à toi et te fasse du mal ! Il est capable de tout.
— En s'en prenant à toi, il s'en prend déjà à moi ! Mais je ne le laisserai pas faire.
— Tout ce que je te demande, c'est d'être prudent.
— Je te le promets et s'il doit m'arriver quelque chose…
— Je ne veux pas entendre la fin de cette phrase.

Luke l'embrasse à son tour pour le faire taire et décide de changer de sujet.

— Dis-moi ! À qui est cette maison, car Alex m'a dit…

— Elle est à moi ! coupe-t-il.

— Pardon ?

— C'est un héritage de mes grands-parents.

— Oh ! Elle me fait penser à une demeure que j'ai étudiée, mais je ne sais plus laquelle !

— La villa Cavrois ?

— Mais bien sûr ! Mais comment est-ce possible qu'elle lui ressemble autant ?

— Hé bien ! hésite Spencer. Mon arrière-arrière-grand-mère était la fille de Paul Cavrois. Ma grand-mère passait ses étés ici, puis, pendant la guerre, les Allemands ont pris possession de la villa et mes arrières-grands-parents ont été forcés de la quitter. Ils ont aussi quitté le Nord–Pas-de-Calais pour la Normandie. Ma grand-mère a rencontré mon grand-père, il l'a faite construire en cadeau de mariage. Comme mon frère est décédé, c'est à moi que mes grands-parents l'ont léguée. Je ne viens que très rarement ici.

— Pourtant, malgré son aspect extérieur elle m'a l'air bien entretenue !

— C'est parce qu'Alex habite en bas de la rue, il passe l'entretenir quand c'est nécessaire et il utilise beaucoup la piscine.

Luke se sent fatiguée, la journée a été forte en émotions. Elle se laisse glisser sur le torse de son policier, les battements de son cœur comme berceuse dont elle se délecte pour finir par s'endormir sans entendre la suite du récit de Spencer.

— Bonne nuit, mon ange, chuchote-t-il.

Chapitre 20

Cela fait quelques jours que Spencer rejoint Luke dans son lit après son tour de garde. Cette petite discussion et celle qui a suivi, les ont rapprochés et à présent, Spencer est beaucoup moins distant, tout en gardant l'œil sur Luke qui n'a rien changé à ses habitudes. Elle est toujours aussi contrariée de ne pas être libre de ses faits et gestes et l'exprime dès qu'elle en a l'occasion.

Quand Spencer quitte la maison, c'est pour aller lui-même faire les courses et décharger son ami des achats très personnels de Luke. Lui n'est pas du tout gêné de lui rapporter ce qu'elle a demandé, à coup sûr pour le faire râler. Grâce à ce que lui rapporte Spencer, Luke cuisine elle-même chaque repas et, bien qu'elle en fasse pour tout un régiment, sa ligne et sa condition physique la remercient.

Ce soir, Luke se réveille seule dans son lit. Les draps, à l'emplacement où devrait se trouver Spencer, sont froids et la chambre est plongée dans le noir complet. D'habitude, les grandes baies vitrées du couloir laissent passer la lumière, l'empêchant souvent de s'endormir. Elle tourne la tête et s'aperçoit que la porte de sa chambre est fermée, faisant monter son inquiétude d'un cran.
Spencer avait pourtant exigé que les portes des pièces dans lesquelles elle se trouve restent toujours ouvertes, sauf, bien sûr, lorsqu'il est avec elle. Mais à cet instant, elle est seule et elle sent que quelque chose ne va pas ! Luke

réfléchit et ronchonne pendant quelques minutes avant de se décider à se lever, s'enrouler avec le drap, puis ouvrir la porte lentement. Elle tend l'oreille, mais nul bruit ne se fait entendre.

Elle descend l'escalier à pas de loup et constate que toutes les pièces du rez-de-chaussée sont également plongées dans le noir. Les rideaux sont tirés comme d'habitude, remarque-t-elle en entrant dans le salon. Elle reste loin des fenêtres et rebrousse chemin pour se rendre dans la cuisine. Un calme olympien règne dans cette grande maison et elle ne sait pourquoi elle a la chair de poule. Ce n'est vraiment pas normal que ni Spencer ni Alex ne soient présents dans la maison.

Elle remonte à l'étage, s'arrête devant une porte à laquelle elle n'a pas prêté attention jusqu'à maintenant, comme dissimulée dans le mur. Luke la pousse doucement et pénètre dans une nouvelle pièce, elle aussi plongée dans l'obscurité. Elle avance à tâtons, posant ses mains sur le mur et touche soudain un meuble ressemblant à un vieux secrétaire aux multiples tiroirs. Sur celui-ci est posée ce qu'elle suppose être une lampe de travail qu'elle ne parvient pas à allumer.

Elle découvre également une feuille de grand format, pliée à la manière d'une carte routière, ce que c'est, sans doute. Délaissant ce meuble, elle continue son excursion et se cogne le genou sur ce qui semble être une table basse. Luke s'étale de tout son long sur quelque chose de moelleux et se relève en s'appuyant sur le dossier. Elle s'éloigne de ce qu'elle estime être une méridienne avant de passer la main sur le meuble suivant et de découvrir sous ses doigts, des cadres-photos.

Sa surprise est grande lorsque sa main touche un pistolet et un couteau, un très grand couteau puisque la lame dépasse largement la taille de sa main. Qu'est-ce que ces objets peuvent bien faire là ? se demande-t-elle quand une autre question prend le dessus : pourquoi Spencer a-t-il disparu et pourquoi est-il parti sans ses armes ?

La panique s'empare d'elle la faisant cogiter plus que de raison, et s'il n'est pas parti, mais qu'il lui est arrivé quelque chose, et si Victor l'avait retrouvée ? Elle saisit l'arme et hésite un instant avant de prendre sa décision. Elle meurt d'envie de sortir de la maison, mais elle sait que Spencer ne lui pardonnerait pas, non pas parce qu'elle lui aurait désobéi, mais parce qu'elle se serait mise en danger. Elle choisit de retourner dans la chambre, faisant un pas hésitant en direction des fenêtres.

La tentation d'ouvrir les voilages est réelle, mais elle résiste et se dirige vers la petite fenêtre de la salle de bain, sachant pertinemment qu'elle aura une vue réduite sur l'extérieur, mais au moins, elle ne risque pas d'être vue. Toute cette obscurité et ce silence font monter son taux d'anxiété d'un cran. Si seulement il y avait du bruit, si seulement l'un des garçons voulait bien donner un signe de vie.

La sueur perle sur son front, ses mains tremblent, une boule se forme dans la gorge et sa respiration devient saccadée. Sa confiance en elle s'amenuise et la crise de panique s'infiltre dans tous les pores de sa peau. Elle laisse tomber sa pseudo-surveillance et se laisse glisser le long du mur jusqu'au sol, remonte les genoux sous son menton et, de ses bras, elle encercle ses jambes et pose sa tête sur ses genoux.

L'arme toujours en main, elle se balance d'avant en arrière en essayant de faire le vide dans sa tête, mais ce n'est pas chose aisée. Penser que Spencer est mort et qu'il l'a abandonnée ici, seule, lui revient sans cesse et elle sent qu'elle va finir par craquer si elle ne se calme pas immédiatement, après quelques exercices de respirations, son calme revient après ce qui lui a semblé une éternité.

Les images des moments passés en compagnie de Spencer l'ont beaucoup aidé à se détendre, elle sent son corps se relâcher, attrape le drap qu'elle a fait tomber près d'elle et s'emmitoufle dedans. Elle croit rêver lorsqu'elle sent qu'on lui caresse les cheveux et sort de ses pensées, se redressant brusquement, les yeux mi-clos en pointant l'arme face à elle.

— Darling, c'est moi, n'ai pas peur ce n'est que moi, Spencer!

Luke ne percute pas tout de suite que c'est Spencer qui lui parle, et il s'en rend compte rapidement. Il ne lui parle pas de l'arme pour ne pas la brusquer, mais réussi à la désarmer en quelques secondes.

— C'est moi ! Tu ne crains rien Darling, je suis là !

Sa voix, douce et calme, la rassure et quand il passe quelques mèches derrière ses oreilles, il la sent se détendre.

Elle sait que c'est Spencer à sa manière de la caresser et reconnaît l'odeur de son parfum.

— Spencer c'est bien toi, je ne rêve pas ?!
— Oui Darling, c'est bien moi.
— Tu es revenu ?

Elle passe ses bras autour de son cou et se serre fortement contre sa poitrine.

— Mon amour, arrive-t-il à balbutier malgré la pression de Luke sur lui.
— Tu m'as… Laissé seule. Tu étais parti… Je… J'ai…
— Calme-toi! Je suis revenu et tu n'étais pas vraiment seule.

Spencer passe ses bras autour de Luke, la soulève et la serre fortement contre lui pour la ramener dans la chambre et la dépose sur le lit, puis s'éloigne de quelques pas.

— Ne pars pas, s'écrie-t-elle en le retenant par le bras.
— Je ne vais nulle part !

Il s'approche discrètement des fenêtres et regarde vers l'extérieur, l'air songeur. Luke se rend compte de son air inquiet, bien qu'il se force à lui sourire lorsqu'il tourne la tête vers elle.

— Quelque chose ne va pas, lui demande-t-elle en se positionnant sur un coude.
— Non, rien !

Elle soupire et s'assit finalement contre la tête de lit.

— Ne me mens pas, s'il te plaît, je vois bien ton air bizarre et inquiet.

Spencer la rejoint, s'installe face à elle, prend ses mains dans les siennes et soupire également. Ces gestes n'augurent rien de bon, pense Luke.

— Alex a eu des nouvelles d'un indic !
— Et ? l'encourage-t-elle.
— Il paraît que l'indic en question a entendu dire qu'Emmanuel est arrivé en France il y a deux jours.
— Avons-nous à nous inquiéter ?
— Nous savons qu'il est arrivé à Cherbourg sur un petit bateau, non enregistré à la marina et depuis il est introuvable.
— Ok ! Mais alors, que faisons-nous ?
— Il n'y a rien à faire, on va rester ici tranquillement et attendre qu'il reparte.
— Mais s'il ne repart pas ?
— Il ne nous trouvera pas et je suis sûr qu'il finira par retourner en Angleterre.
— Tu as peut-être raison. Sache que ce que je vais te dire ne me fait pas plaisir, mais je les connais mieux que toi. Emmanuel n'est qu'une distraction, ce n'est pas lui qui va nous chercher. Victor va arpenter toute la Normandie s'il le faut, je suis un trophée pour lui et il ne me lâchera pas, il l'a juré !

Spencer se lève et fait les cent pas dans la chambre en restant silencieux. Luke aperçoit son air contrit et ses yeux qui se plissent, il s'arrête, puis repart. Le voyant se faire autant de soucis, Luke décide de faire ce qui germe dans sa tête depuis le début de cette mascarade, juge qu'elle est restée assez longtemps cachée et ce n'est pas son genre de laisser passer le temps sans rien faire.

Il faut qu'elle devienne l'appât, qu'elle se montre et qu'elle en finisse avec ce passé alors elle n'en touchera pas un mot à Spencer, connaissant déjà sa réponse. C'est un homme amoureux et ce genre d'homme préfère risquer sa vie pour sauver sa belle en détresse, sauf qu'ils ne sont pas dans un conte de fées et qu'elle est loin d'être une princesse.

Le silence de Luke inquiète Spencer qui arrête son va-et-vient et l'observe. Il la trouve bien trop calme après cette révélation et aimerait savoir ce qu'elle pense, mais elle ne dit rien et fuit son regard. Elle prépare quelque chose, il en mettrait sa main à couper, il réfléchit vite et doit trouver un sujet de conversation qui lui fera changer les idées et oublier ce à quoi elle pense. À ses risques et périls, il va mettre sur le tapis un sujet épineux. Il s'assoit à nouveau à ses côtés et ouvre les bras pour qu'elle vienne s'y loger.

— Je voulais m'excuser, lâche-t-il.
— De ?
— D'être parti.

Elle ne répond rien, hausse les épaules devant un Spencer intrigué devant ce geste, elle qui n'avait jamais réagi de la sorte avant.

— Quelque chose ne va pas ?

— Non, rien ! insiste Luke.

— Pas à moi, Darling ! Je commence à bien te connaître.

— C'est juste que... que je suis un peu vexée.

— Après la révélation que je viens de te faire au sujet d'Emmanuel, je pensais que tu avais compris pourquoi je suis parti ! Il faut que tu comprennes qu'il fallait que je surveille le périmètre de la propriété.

— Tu aurais pu laisser quelqu'un d'autre le faire, non ? ou me laisser un mot, je sais pas quelque chose pour que je ne m'inquiète pas!!

— Je préfère le faire moi-même, pour être certain qu'aucun recoin n'a été oublié. Je pensais que tu avais compris que ton caractère de petite fille riche me tape sur les nerfs et je reconnais que j'aurais pu te laisser un mot sur la porte par exemple.

Elle se retourne, ne prête pas attention à l'illusion du mot collé sur la porte mais elle fusille tout de même Spencer du regard. Il sait qu'il est allé trop loin, mais il veut la faire réagir.

— Laisse-moi te dire ce que je pense ! s'écrie-t-elle soudain. Tu ne comprends rien aux femmes et tu ne me connais pas si bien que ça !

Elle se lève du lit et fait, à son tour, les cent pas dans la chambre.

— Je m'excuse, tente Spencer.

— Tu t'excuses toujours. Parfois, tu devrais peut-être réfléchir, garder ta langue dans ta bouche et la tourner sept fois avant de parler.

— Oh! Pourtant il me semble que tu aimes quand je la tourne ailleurs.

Suite à sa réplique les pensées de Luke dérivent. Mais elle se souvient qu'ils étaient ne pleine dispute.

— Darling. Mon ange, viens près de moi s'il te plaît.

Spencer tapote du plat de la main, la place où elle était assise. Elle revient, mais s'installe sur le rebord du lit, pose ses coudes sur ses genoux et la tête dans ses mains. Il se rend compte alors que ce n'est pas simplement le fait qu'il soit parti qui la met dans cet état, il y a quelque chose d'autre qui la tracasse.

Spencer la touche du bout du doigt et la pousse légèrement ce qui la fait sourire timidement et redevient sérieuse aussitôt car elle ne veut pas lui donner d'espoir de rabibochage. Il recommence, mais cette fois, elle lui donne une tape sur la main, Spencer sait qu'il ne doit pas insister, pousser sa patience à bout va lui coûter cher si elle n'est pas d'humeur.

— Est-ce notre première dispute ? S'inquiète Spencer.

Une fois de plus, elle hausse les épaules pour toute réponse. Spencer la rejoint rapidement et l'allonge sur le lit, Luke se laisse faire, alors qu'il s'installe à califourchon sur ses cuisses, mais elle tourne la tête. Décider à la voir détendue, il enfonce ses doigts de chaque côté de son corps, au niveau des côtes, et là, elle ne peut retenir un rire et sourit enfin.

— Dis-moi, insiste-t-il.
— Je n'ai rien à dire !

Il enfonce à nouveau ses doigts au même endroit, recommence à la chatouiller mais Luke se débat comme une furie, cette fois c'est sûr, il ne gagnera pas à ce jeu.

— J'arrête si tu me dis ce qui te préoccupe !

Il attrape ses poignets et les maintient le long de son corps sans trop les serrer de peur qu'elle lui reproche d'être brutal. Il se penche sur elle pour l'embrasser, mais elle bouge sa tête de droite à gauche pour qu'il n'atteigne pas ses lèvres.

C'est la première fois depuis qu'ils sont ensemble, qu'elle refuse un baiser mais Spencer sait qu'il n'a pas à s'inquiéter lorsqu'il entend son rire qu'il aime tant. Elle s'arrête au bout de quelques secondes et le regarde droit dans les yeux sans dévier une seule fois ses iris, il aime la dévisager, la dévorer des yeux, avec son visage de poupée, son regard noisette, son teint hâlé et sa fine bouche qu'il meurt d'envie de mordre, elle est magnifique.

Il est surpris lorsque, rapidement, elle dépose un baiser sur ses lèvres, lui sourit et recommence, mais cette fois-ci, elle s'attarde et fait même glisser sa langue sur ses lèvres qu'il entrouvre pour l'accueillir. Il libère ses poignets, elle passe une main dans ses cheveux et tire légèrement dessus le faisant grogner, il essaie de se frayer un chemin dans ce drap qui la maintient comme prisonnière, mais rien n'y fait, elle est trop emmitouflée.

Il enlève son tee-shirt et elle mordille sa lèvre inférieure en le regardant. Du bout des doigts, elle dessine ses abdos et descend jusqu'à son V qui pointe vers le sud,

Spencer se sent un peu à l'étroit dans son pantalon et prouve à sa compagne combien il la désire en se frottant contre son bas-ventre.

— Allez, Darling, libère-toi de ce maudit drap que je te fasse l'amour.
— À quoi cela servirait-il ? Je me réveillerai, une fois de plus, toute seule.

C'est la douche froide pour Spencer, le soufflet est retombé, elle lui a coupé la chique et il comprend à présent ce qui ne va pas, loin de se douter que c'était à cause de son absence. Il réfléchit pour constater qu'en effet, à chaque fois qu'ils passent un moment privilégié, il attend qu'elle s'endorme pour partir. Mais il ne voit pas de mal là-dedans.

Encore dans ses pensées, Spencer laisse Luke le pousser et tomber sur le lit. Ne le voyant pas réagir, elle quitte la chambre. Il reste coi, il ne l'a pas volée, celle-là. Puis soudain, il réagit, attrape son tee-shirt, sort de la chambre, croise Alex qui descend de l'étage supérieur où se situe sa chambre et court après la femme qui le rend chèvre mais avec qui il veut finir sa vie.

— Je ne sais pas ce que tu lui as fait, mais…
— Mais quoi Alex ? Tu l'as vue, elle est partie par où ?
— Ne me regarde pas comme ça ! Oui, je l'ai vue, mais pas regardée comme tu le penses. Elle m'a demandé si elle pouvait utiliser ma salle de bains et je n'ai pas refusé.
— Merci !

Il s'apprête à monter à l'étage, mais Alex l'arrête aussitôt en l'invitant à s'asseoir l'un à côté de l'autre sur les marches de l'escalier emprunté par Luke. Alex n'y va pas par quatre chemins et dit à Spencer ce qu'il pense.

— Je peux te dire ce que j'en pense ?

— Bien sûr que oui !

— Elle est à bout de nerfs. J'apprends à la connaître de jour en jour et laisse-moi te dire qu'un p'tit bout de femme comme elle, ce n'est pas fait pour rester enfermée sans rien faire de la journée. En plus, c'est la seule nana de la maison, elle n'est pas du genre à aimer les potins, mais je suis sûr que...

— Tu as raison, je ne suis qu'un con ! Je pensais que l'amener ici serait une bonne solution pour la protéger, mais ce n'est pas le cas, elle se renferme, je ne sais plus comment faire. Je vais appeler Libby et lui demander de venir, ça lui fera plaisir.

— Tu ne pensais pas à mal en faisant ça ! Tu l'aimes et tu veux la protéger, c'est tout et j'aurai fait la même chose à ta place. En attendant, laisse-la prendre une douche tranquillement, vous parlerez plus tard. Allez, viens on va se détendre avec une bière.

Spencer se laisse entraîner par son ami jusqu'à la cuisine, La détente est de courte durée, ils font le point sur les prochaines gardes. Spencer est vite rattrapé par les paroles d'Alex, ce dernier a compris que Spencer a des sentiments pour Luke.Spencer reconnaît qu'il n'a jamais ressenti ça pour une autre femme, même pas pour Nathalie. Il prend son téléphone et appelle Libby sur une ligne sécurisée en lui expliquant que Luke ne va pas bien et lui demande de venir les rejoindre en France.

Libby lui annonce que l'anniversaire de Luke est dans deux jours, mais le met en garde.

— Luke n'aime pas le fêter depuis la mort de son frère, alors pas de grand tralala, ok ?

Spencer accepte ses recommandations et se permet de l'informer qu'il n'est pas comme Graziella, qu'étant donné la situation, il n'organisera pas quelque chose de grandiose. Après son appel, il prévient Alex qu'il se rend au centre-ville de Deauville et qu'il lui emprunte sa voiture.

C'est une belle journée, l'été indien comme on dit sur le Nouveau Monde, le soleil est déjà haut dans le ciel, il n'y aucun nuage à l'horizon. Spencer pénètre dans la meilleure boulangerie de la ville avec ses lunettes sur les yeux. La vendeuse lui fait des yeux de biche auxquels il ne répond pas et préfère se tourner vers sa collègue. Le problème est le suivant, il ne sait pas vraiment ce qu'aime Luke et il est parti rapidement sans lui demander ce qu'elle préférerait.

Mais de toute façon, s'il lui avait posé n'importe quelle question à ce sujet, elle aurait voulu en savoir plus et ça ne serait plus une surprise. Il décide donc de prendre un assortiment de petits fours, sans oublier de demander une bougie. Après ça il se torture les méninges pendant une dizaine de minutes pour savoir ce qu'il peut lui offrir sur ce point non plus il ne connaît pas ses goûts.

Il ne réfléchit pas bien longtemps et entre dans une bijouterie. Une nouvelle fois, la vendeuse lui fait les yeux doux, mais il n'y a pas qu'elle puisqu'il s'aperçoit que son collègue refait son nœud de cravate se recoiffe et s'éclaircit la voix pour lui adresser la parole. Il ne s'éternise pas et comme il a remarqué que Luke ne porte pas de bijou, il fait un tour et remarque une ravissante montre qui pourrait bien lui plaire.

Elle est fine et discrète, aussi il indique au vendeur la montre Festina pour femme avec le cadran blanc et les aiguilles bleu nuit puis il choisit une paire de boucles d'oreilles en or blanc rehaussées de pierres au éclats étoilés. En quittant la bijouterie sous le regard gourmand des deux commerçants, il appelle Alex et lui signifie qu'il a une petite mission pour lui, en lui demandant de le rejoindre dans le sous-sol de la maison dès son arrivé.

Chapitre 21

Au lendemain de la fête anniversaire

Sa nouvelle montre indique à Luke qu'il est 3 h 45 et qu'elle a cinq minutes pour s'habiller et cinq autres pour rejoindre Libby devant la porte de la maison. Elle observe Spencer endormi, la tension accumulée tout au long de la journée a disparu de son visage.

Il a l'air si paisible qu'elle ne peut s'empêcher de lui caresser la joue du revers de la main. Elle pose délicatement ses lèvres sur les siennes pour un dernier baiser et c'est le cœur meurtri qu'elle se détache de lui. Elle attrape ses vêtements jetés au pied du lit quand il l'a déshabillée pour lui faire l'amour. Des souvenirs de la veille et de sa nuit l'assaillent juste au moment où elle quitte la chambre.

Le repas se termine subitement lorsque Spencer attrape Luke dans ses bras et la porte pour l'emmener à l'étage. Ils saluent rapidement Libby et Alex, puis, en amoureux, montent à l'étage en s'embrassant. Ils entrent dans la chambre qui, pour une fois, n'est pas totalement dans le noir, des bougies sont allumées, il y a aussi des pétales de roses éparpillées sur le sol progressant sur le lit.

— Je ne te savais pas si romantique ! lui dit-elle en souriant devant cette scène.

— Il y a tellement de choses que nous ne savons pas l'un de l'autre, Darling.

Il l'allonge délicatement sur le lit en déposant des baisers langoureux sur ses lèvres, dans son cou, si quelque chose empêche le contact de sa bouche sur sa peau, Spencer le lui retire. Il commence par son chemisier duquel il défait chaque bouton, lentement, en ne la quittant pas des yeux, brûlant de désir pour elle.

Luke, de son côté, a le souffle court et l'excitation de son entrejambe devient une agréable torture. Elle n'a qu'une envie qu'il ne perde pas son temps et lui arrache son chemisier, mais lui n'est pas de cet avis. Il s'amuse de son impatience, découvre avec plaisir qu'elle ne porte pas de soutien-gorge et se jette comme un fou sur la poitrine de la jeune femme. C'est la première fois qu'elle le voit ainsi, affamé de son corps si malmené par le passé et dont elle a honte.

C'est à ce moment qu'une sombre idée lui traverse l'esprit. Est-il au courant de ses manigances? comment peut-il savoir? Elle laisse ses idées s'éloigner et revient au moment présent, à cet instant magique qu'elle partage avec l'homme qu'elle aime. Spencer dépose des baisers sur tout son corps, déboutonne son short et le fait glisser le long de ses jambes avant de l'envoyer rejoindre le chemisier au sol.

Il fait passer son tee-shirt par dessus sa tête et, dans le même élan, enlève son pantalon. Luke prend appui sur ses coudes pour le voir dans son plus simple appareil. Elle se mordille les lèvres, lui fait signe de le rejoindre sur le lit avec son index, mais Spencer veut juste se positionner au-dessus d'elle. Alors Luke le pousse, le fait tomber sur le dos et grimpe à califourchon sur lui. Il se laisse faire lorsqu'elle lui bloque les poignets au dessus de sa tête.

Elle commence par dévorer sa bouche de baisers plus langoureux les uns que les autres et démarre un ballet infernal entraînant leurs deux langues affamées l'une de l'autre. Elle descend sur sa mâchoire, assombrie par les poils noirs de sa barbe, continue vers le sud en mordillant puis léchant ses tétons durcis pour finir par souffler sur cette partie qui la fait tant saliver. Elle aussi compte bien embrasser chaque parcelle de son corps et le rendre fou de désir. Alors que sa langue continue de cajoler le fruit défendu, Spencer attrape Luke par les épaules et écrase ses lèvres fougueusement sur les siennes.

— Darling ! Mon amour pas comme ça, je te veux toute entière, cette nuit est ta nuit et je t'appartiens comme tu es mienne !

Alors que Luke lui sourit face à ses mots doux et qui la bouleversent plus qu'elle veut bien le reconnaître, Spencer passe ses pouces de chaque côté de son boxer, et fini de le faire glisser sur ses cuisses musclées en se trémoussant pour exciter un peu plus sa dulcinée qui se pourlèche les lèvres à l'idée de ce qu'il va lui faire. Il la prend dans ses bras, l'allonge sur le lit avant d'y descendre car il a une idée bien précise en tête.

Luke se demande ce qu'il trame et elle pousse un cri de surprise lorsqu'il l'attrape par les cuisses pour la faire glisser au bord du lit en écartant ses jambes en même temps. Il pose sa main sur son mont de vénus, passe légèrement ses quatre doigts dans sa lingerie et tire dessus, Spencer s'approche d'elle avec un regard de prédateur.

Luke se sent vulnérable devant son regard qui la dévore, nue sur ce grand lit, les cuisses ouvertes, son intimité réclamant les faveurs de son preux policier, mourant de désir pour l'homme qu'elle aime et à la limite de l'explosion. Spencer se redresse, passe ses bras de chaque côté de sa tête, l'embrasse lentement faisant grimper un peu plus la température et la pénètre d'un seul coup. Ses coups de reins sont doux, puis de plus en plus rapides. Luke pose ses mains dans son dos et le lui laboure en le griffant tant le plaisir est à son paroxysme. Il l'a tant fait languir qu'elle n'est plus que fusion en partance pour la déflagration. Spencer continue de lui caresser les cheveux, le visage, pose ses lèvres partout où il peut et se déchaîne dans un orgasme qui les terrasse, les laissant pantois, essoufflés et heureux comme jamais. Ils en sont conscients rien ne pourra les séparer...

— Luke?! Hey tu es avec moi? ouhouhouh allô miss je me suis fait culbuter ici la fille frustrée de vous avoir entendu toute la nuit. Est-ce que tu repenses à ce qui s'est passé en fin de soirée hier et à ta nuit de débauche?! La taquine Libby.

Luke sort de ses pensées lubriques face à cette remarque. Les deux jeunes femmes sont dans la voiture, mais Luke ne connaît pas sa destination et Libby ne veut pas lui dire comment elle va quitter la France.

— Pfff! N'importe quoi, répond l'intéressée en rougissant.

— Pas à moi Luke! Je te connais par cœur, tes joues sont rouges.

Luke se regarde dans le miroir du pare-soleil et, effectivement, ses joues ont rosi et elle sent la soudaine chaleur d'avoir été démasquée par son amie.

— Lorsqu'il va s'apercevoir que je ne suis plus là...

— Il va être fou, c'est sûr! Il va s'en prendre à nous et plus particulièrement à moi, et enfin, il va nous demander pardon. Ensuite, il va prendre tous les moyens à sa disposition pour te rechercher et te retrouver.

— Il va me détester!

— Peut-être au début, oui! Mais lorsqu'il t'aura retrouvée...

— Je ne préfère pas y penser pour l'instant. J'accepterai la sentence, même si celle-ci veut dire qu'il ne veut plus de moi.

À ces paroles, le cœur de la jeune femme se serre dans sa poitrine. Libby se gare sur le parking de la Marina, attrape un sac posé sur la banquette arrière de la voiture, en sort deux perruques ainsi que des vêtements.

— Mets ça! dit-elle en lui donnant une perruque rousse et un jean large délavé, ainsi qu'un Marcel d'homme et une casquette à large visière.

— Style skateur! tu es sérieuse?

— Tu aimes, c'est ton genre?

— Pas du tout, grimace Luke.

— Alors c'est ce qu'il te faut.

— Tu es au courant qu'il y a des caméras dans le coin ?

— C'est pour ça que je ne vais pas plus loin !

Libby patiente le temps que Luke se change et arrive à placer correctement la perruque.

— Attends ! Je vais te mettre un peu de mascara et de rouge à lèvres. J'ai ramené ce que tu m'as demandé. Y a quoi dedans ?

Luke ouvre la mallette.

— Des photos, c'est ça que tu m'as demandé de te ramener ? s'indigne Libby.

Luke ne prête pas attention à son amie, ôte le compartiment et y redécouvre ce qu'elle a déjà utilisé lors de son dernier départ précipité. Une arme et un nouveau téléphone portable, et des passeports. Ces derniers sont les bienvenus, elle suppose que Spencer a fouillé dans son sac et qu'il a dû lui confisquer l'autre.

— J'imagine que Spencer n'est pas au courant pour le Beretta 92 F ?

— Tu supposes bien, et j'avais oublié que tu t'y connaissais aussi bien en armes, rétorque Luke, lui faisant comprendre qu'elle parle du passé de son père plutôt que de son entrée dans la police.

Luke se saisit du 9 mm, des munitions, de l'argent liquide et des différents passeports et papiers qui lui seront utiles, puis elle referme la mallette.

— Maintenant, dis-moi ce qui m'attend sur ce port.

— Tu vas jusqu'à l'embarcadère 21. Il y a un grand voilier, un trois-mâts, il s'appelle le « Arzu », tu demandes si Captain est là. C'est un homme d'une cinquantaine d'années, les cheveux et la barbe grise, des yeux bleus. Tu lui dis que tu viens de la part d'Eliana Petrova ! Il te demandera où tu veux aller et tu lui réponds : chez les rosbifs. Il va rire et il te fera monter sur son bateau. Surtout, ne le remercie pas, sinon tu lui serais redevable d'un service alors que celui-ci, il me le devait !

Luke enregistre toutes les infos, mais quelque chose l'intrigue ! Comment connaît-elle ce type ? C'est vraiment bizarre et très inhabituel qu'elle utilise son prénom et le nom de famille de sa mère ! Mais Luke n'a pas le temps de lui demander quoi que ce soit.

— Tu as tout compris Luke ?
— Oui, ne t'inquiète pas!

Libby enlace son amie et la regarde de haut en bas.

— Cette montre et ces boucles d'oreilles, ce sont les cadeaux que Spencer t'a offerts ?

Un goût amer dans la bouche, elle répond d'un signe positif de la tête.

— Je ne trouve pas que ce soit une bonne idée de les emmener.
— Mais je veux les garder !
— Bien ! Fais comme tu veux.

Luke prend son sac et l'ouvre.

— Jette le portable que je t'ai laissé l'autre jour et prends celui-ci. Je connais le numéro, je t'appellerai dès que je serai en Angleterre. Comment vas-tu faire pour ton retour à la villa ?

—Je donnerai la voiture à un des gars et lui dirai d'aller faire le tour du pâté de maisons, pour justifier le moteur chaud. Pour le moment, ils dorment comme des bébés grâce au café que je leur ai servi avant de partir.

— Qu'as-tu mis dans leur café ?

— Un petit sédatif, mais ne t'inquiète pas, j'ai diminué la dose pour Spencer et Alex et ils se réveilleront plus vite que les autres.

— Bon, je pense que c'est le moment pour toi de repartir !

Les yeux de Libby se remplissent de larmes, une tension se noue dans son estomac. Elle attire sa meilleure amie dans ses bras pour un câlin de soutien et laisse échapper une larme.

— Ton mascara a coulé c'est malin!, dit Luke.

Libby passe ses pouces sous ses yeux, pour limiter le désastre.

— Tu me promets de faire attention à toi ! Ne te mets pas en danger pour rien, et surtout, donne-moi de tes nouvelles aussi souvent que tu peux ! Ok ?

— Croix de bois croix de fer si je mens j'vais en enfer…

— Ne fais pas l'idiote et file, ton destin t'attend !

Libby la serre une nouvelle fois dans ses bras.

— Je ferai attention à moi, c'est promis. Je t'appellerai pour te dire où je suis, et surtout, si j'ai réussi à trouver Victor.

— Et que penses-tu faire quand tu l'auras devant toi ?!

— Je ne sais pas vraiment, mais la prison n'est pas suffisante à mon goût. Je ne veux plus avoir peur, passer ma vie à regarder par dessus mon épaule, je veux vivre ma vie pleinement, avec Spencer !

— Ça me fait plaisir d'entendre ça ! Comme quoi, j'ai eu raison de te pousser dans les bras du beau Lieutenant ! Mais prends garde, tu sais bien que la vengeance n'est pas la solution à ton problème. Au contraire de toi, je pense qu'il faut qu'ils repassent devant la justice et qu'ils soient enfermés pour toujours.

— Tu ne m'as poussé à rien du tout ! Sourit Luke. Je ne me sentais pas prête à faire le premier pas, c'est tout. Spencer lui, pensait tout le contraire. Et puis tu sais, toutes ces histoires avec Victor, son frère et la mort de Lukas, j'ai cru que jamais je ne pourrais remonter la pente. Pour la première fois depuis longtemps, j'ai l'impression de respirer. Avec Spencer, c'est différent, il perçoit tout ce que je ressens, peut-être parce que lui aussi a perdu son frère.

— Il n'y a pas que ça, intervient Libby.

— De quoi parles-tu ?

— J'ai remarqué votre comportement hier soir. Lorsque l'un bouge, l'autre bouge aussi. Vous vous complétez. C'est comme s'il n'y avait que vous au monde. Vous êtes une évidence.

— C'est donc ça ! Le souffle coupé quand je le vois. Les papillons dans le ventre alors qu'il me caresse, les frissons provoqués par son souffle dans mon cou, et ses baisers…

— Eh bien, ma chérie, je crois bien que tu as trouvé ton âme sœur.

— Parce que tu penses que ça existe vraiment ?

— La preuve en est, vous êtes reliés et aimantés quoi que vous fassiez!

— Mouais… bon, on en reparlera à mon retour.

— Cesse d'être aussi sceptique, tu veux ? Tu as trouvé LA personne et au plus profond de toi tu le sais, Luke.

Libby tapote son index au niveau du cœur de son amie, elle lui sourit et l'enlace, peut-être qu'elle a raison finalement. Luke sort de la voiture et Libby démarre aussitôt. Sur ce quai leur chemin se sépare une nouvelle fois, mais pour combien de temps ? Seul l'avenir lui dira. Luke enfonce la casquette sur sa tête et se rend vers le ponton, après quelques minutes de marche, elle aperçoit le voilier.

C'est un magnifique bateau de plaisance, sa coque est immense, blanche, tout comme les voiles et si elle se souvient bien de ce que lui a appris son père, il s'agit d'un clipper de luxe. Luke sent une présence derrière elle, se retourne et se retrouve nez à nez avec un homme qui la reluque de la tête aux pieds avec un sourire niais, ressemblant à la description que Libby a faite.

— Je peux vous aider ? demande-t-il de sa voix grave.

— Vous êtes Captain ?

Il acquiesce d'un court signe de tête.

— Je viens de la part d'Eliana…
— Eliana Petrova. Oui je sais !
— Bien !

L'homme passe devant, monte sur la plate-forme, enlève ses chaussures avant de grimper sur le pont en teck du bateau et se met à siffloter un air de la Traviata. Ça fait bien longtemps que Luke n'a pas entendu cet air. La dernière fois, c'était l'été de leurs 12 ans avec Libby, lorsqu'elles ont eu envie de camper dans le jardin . Le père de son amie, s'était occupé de tout mettre en place.

Elle lève la tête et aperçoit Captain qui lui tend la main pour l'inviter à monter sur le bateau. C'est à ce moment précis, en l'entendant siffler, que soudain, elle découvre qui est vraiment cet homme. En fait Captain n'est autre que le père de Libby, disparut après la mort de sa femme. Luke le regarde droit dans les yeux et c'est incroyable, mais elle a l'impression de regarder son amie.

— Pierre ! C'est vous n'est-ce pas ? tente Luke dans un souffle.

L'homme fronce les sourcils, attrape sa main pour la faire monter sur la plateforme. Elle a à peine le temps d'enlever ses chaussures qu'elle se retrouve sur le pont du bateau.

— C'est Captain et rien d'autre, gamine! Allez viens je vais te montrer là où tu vas dormir.

Ils pénètrent dans la timonerie. Captain ouvre une porte qui donne accès à une kitchenette, il y a deux banquettes recouvertes de tissu bleu nuit entourant une table en noisetier puis il ouvre une seconde porte et lui montre une chambre si petite qu'elle ne peut accueillir qu'un lit. C'est cosy et ça lui suffira pour cette nuit.

— J'ai des clients qui arrivent ce soir, alors tu devras rester ici jusqu'à ce que je te débarque discrètement demain matin. Sois tranquille je ne te dérangerai pas et cet accès est privé.
— Bien, c'est parfait !

Luke est à deux doigts de le remercier, mais se souvient de ce que lui a dit Libby. Elle s'enferme dans la petite chambre, enlève ses chaussures et grimpe sur le lit. Elle ouvre son sac et récupère le tee-shirt de Spencer pour y plonger son nez dedans et se rend compte qu'il lui manque déjà ! Elle réfléchit tout haut à la manière dont elle va mettre son plan à exécution.

Premièrement : Faire savoir à Victor que je suis de retour et seule. Par le biais de Mario, certainement, mais cela impliquerait que sa famille soit mise au courant. À réfléchir…
Deuxièmement : Jouer à cache-cache avec lui et peut-être même avec son frère, telle que je le connais, il voudra prendre part à ce petit jeu.
Troisièmement : Il faut trouver un endroit sûr pour les piéger et en finir avec tout ça.

Elle cesse de penser en sentant un violent mal de tête prendre place dans son crâne. Elle s'endort, le tee-shirt de Spencer serré contre elle, mais se réveille en sursaut, entendant des cris au-delà de la paroi de sa minuscule cabine.

— Hé bien dit donc, ils ne sont pas discrets, ceux-là !

Elle se couvre le visage avec l'oreiller, mais se rassoit brusquement en entendant le rire de Victor qu'elle reconnaîtrait entre tous, puis celui de son frère qui s'est joint à lui.

— Putain de merde, c'est pas vrai... chuchote-t-elle.

Luke ne sait pas quoi faire, mais une opportunité comme celle-ci ne se représentera pas de sitôt. Il y avait une chance sur un million qu'ils se retrouvent tous à bord du même bateau, au même moment. Captain aurait-il trahi sa fille ? Elle descend du lit et s'apprête à quitter la cabine, mais elle se ravise en songeant que le piège peut se retourner contre elle. C'est vraiment dangereux d'agir sur un coup de tête en pleine mer. Après tout, autant attendre demain, ils ne vont pas aller bien loin et resteront à sa portée...

Chapitre 22

Retour sur la soirée d'anniversaire...

Luke est à bout de souffle, ses membres tout engourdis quand Spencer s'allonge à ses côtés pour la troisième fois, très en forme. Déjà, au bout du deuxième round, Luke commençait à fatiguer, mais il a su très rapidement la faire changer d'avis et lui redonner de l'énergie. Spencer se lève, elle ne peut s'empêcher de contempler ses épaules aussi robustes que celles d'un bûcheron. Elle admire le tatouage magnifique qui couvre une partie de son dos et dont elle aimerait connaître la signification. Elle laisse ses yeux descendre sur son postérieur quand Spencer se retourne, il lui sourit, avant de disparaître dans la salle de bain pour y faire couler un bain moussant.

En revenant auprès de sa dulcinée il s'aperçoit qu'elle s'est assoupie. Doucement, sans faire de bruit il s'approche du lit, se penche vers elle et promène sa bouche sur son bras en remontant vers son épaule dénudée. La jeune femme frissonne et ouvre les yeux, un grand sourire aux lèvres.

— Tu t'es endormie, Darling !
— Humm, tu m'épuises.
— Oui, mais c'est de la bonne fatigue !

Il sent qu'elle prépare quelque chose et espère vraiment qu'elle va revenir sur cette décision qu'elle a prise. Même si elle ne lui a pas dit ouvertement, il le sait, son instinct de flic est fiable après tout et il a du flair. Il pense qu'en la fatiguant ainsi elle ne partira pas. Il tire brusquement sur le drap elle est nue sous son regard pétillant de désir.

— Laisse-moi reprendre un peu de force, tu m'as tuée !

Elle lui sourit et reprend le drap pour le remonter, mais il la stoppe, l'embrasse et la prend dans ses bras.

— Viens te relaxer avec moi, lui souffle-t-il dans l'oreille.

Ils pénètrent dans la salle de bain tout aussi romantique que la chambre. Une allée de bougies en forme de cœur les mène jusqu'à la baignoire sabot remplie de mousse et en fond, une musique douce donne l'ambiance. Spencer la porte toujours dans ses bras lorsqu'il pénètre dans la baignoire et la place pour que son dos soit contre son torse. Ses gestes sont doux et sensuels, Luke pose sa tête dans le creux de son épaule et se détend sous les caresses langoureuses de son amant en fermant les yeux.

— Prélasses-toi, mon amour, je m'occupe de toi !

Luke sent une odeur familière, ouvre les yeux et aperçoit ses produits de beauté posés sur une étagère à côté d'eux.

— J'ai demandé à Libby de faire un saut chez toi avant de partir. Tu ne m'en veux pas ?!

— *Pas du tout ! Même si je ne suis pas de celle qui aime se pomponner pendant des heures dans la salle de bain et se reluquer dans chaque miroir, j'aime avoir mes petits produits...*

— *Tu n'en as pas besoin, tu es magnifique au naturel.*

Quand Spencer dépose un léger baiser sur sa tempe, Luke se sent légèrement rougir.

— *J'aime ton odeur, dit-il. Je n'ai trouvé aucun de tes produits en magasin. Comment fais-tu pour les faire toi-même ?*

— *J'ai appris à le faire durant un été chez mes grands-parents qui produisaient eux-mêmes leurs fruits et légumes.*

— *Tes grands-parents ne sont pas fortunés ?*

— *Si, notre fortune vient bien d'eux. Mais à contrario de ma mère, ils sont toujours restés simples. Mon grand-père a bâti son empire et ils ont quand même gardé leur petite maison de campagne. Le premier hôtel, il l'a construit lui-même avec ses frères. Il faisait la route chaque jour pour se rendre sur le chantier et ma grand-mère le rejoignait tous les midis pour les nourrir. Elle a toujours été une excellente cuisinière. Au fil des années, les nouveaux hôtels s'élevaient dans tous les coins du monde et un jour, il a décidé de laisser sa place à ses héritiers. C'est pour ça que je fais des études d'architecte et un jour, cet empire sera le mien...*

— *Tu as le choix de faire comme tu le souhaites !*

— *C'est vrai ! Mais ce n'est pas le sujet de ce soir...*

Luke poursuivit, espérant que Spencer ne reparle pas de son patron.

— *Au début, les récoltes servaient pour les hivers rudes, mais ma grand-mère s'est fait connaître grâce à sa cuisine et ils ont dû produire de plus en plus. Elle a également été cuisinière dans le restaurant de leur premier hôtel.*

Lorsque nous étions enfants, Lukas et moi passions un été sur deux chez chacun de nos grands-parents. Nos parents étaient souvent invités chez leurs amis ou en voyage d'affaires. Cet été-là fut celui passé chez nos grands-parents maternels, plus reposant que chez nos grands-parents paternels. Chez eux, au Texas, c'était rapatriement des vaches au ranch et capture de chevaux sauvages et pour finir la saison, il y avait le fameux rodéo. Tandis que dans la petite campagne espagnole, c'était jardinage, repas, farniente et fête au village !

Donc ce jour-là, j'ai eu mal au ventre toute la journée pensant avoir fait une grosse bêtise... Par accident, j'ai fait tomber mon savon dans la cocotte où des mangues et des pêches étaient en train de mijoter. Pour cacher cette bêtise, j'ai rempli la cocotte avec de la crème fraîche. Le mieux, c'est que c'était ce qu'il fallait faire apparemment, car ma grand-mère ne m'a rien dit en revenant dans la cuisine.

Elle fait à nouveau une pause, semblant se replonger dans ses souvenirs.

— Je suis restée avec elle toute la journée, pour cuisiner et garder un œil sur la mixture qui continuait de mijoter ! Ce qu'il y avait dans la cocotte devait être une nouvelle recette, un dessert pour le repas d'une fête qui avait lieu le lendemain soir et nous servions de cobayes. Ce soir-là, en panique, j'ai attendu le dernier moment pour m'expliquer. Mon grand-père était à deux doigts de mettre la cuillère de crème dessert dans sa bouche, quand je lui ai crié « Stop ! » alors dans la seconde j'ai tout avoué, mais je ne me suis même pas fait disputer et mes grands-parents et Lukas ont bien ri.

Le lendemain matin, à mon réveil, une surprise m'attendait. Une cagette pleine de fruits, de la glycérine, de savon d'Alep et un gros pot de crème ! Cet été-là fut pour moi le plus merveilleux de mon enfance, avec mes grands-parents que j'adorais et mon frère. Un jour, je t'emmènerais là-bas ! si tu le souhaites bien sûr.

Spencer reste muet, ce qui inquiète Luke qui se retourne vers lui, pensant qu'il s'est endormi. Mais non, il la dévisage et a un rictus de bienveillance plaqué sur le visage.

— J'aime quand tu te livres comme ça ! Merci, Darling.

Luke l'embrasse avec une telle passion qu'elle en a des crampes dans le bas du ventre, mais comme elle est épuisée, elle n'en fait pas plus et reprend sa position initiale.

— Et c'est avec plaisir que je viendrais avec toi dans la maison de tes grands-parents. Mais avant ça... que penses-tu de cette maison ?

— Je la connais de fond en comble, sourit-elle. Même si je n'ai pas droit au sous-sol. Je l'aime bien et j'aime son histoire.

— Tu te verrais vivre ici ?

Luke se fige face à cette question et sent le sang lui monter à la tête. Elle perçoit Spencer gigoter dans son dos et voit arriver devant ses yeux, un petit paquet surmonté d'un joli ruban rouge.

— Tu n'es pas en train de...

— Je suis en train de t'offrir ton cadeau d'anniversaire !

— Ce n'était pas nécessaire, tu sais je ne le fête plus depuis longtemps.

— J'y tiens ! Donc si tu ne veux pas me vexer, ouvre celui-ci.

— Comment ça ? il y en a d'autres des paquets ?

Il ne veut pas qu'elle se comporte comme une petite fille pourrie gâtée, mais c'est pourtant ce qu'il fait. Il la gâte alors que ça ne fait que quelques semaines qu'ils sont ensemble. Luke ne dit rien de plus et ouvre le paquet avec soin, mais ses mains tremblent et elle a du mal à défaire le nœud. En ouvrant l'écrin, elle découvre une magnifique paire de boucles d'oreilles, avec des pierres bleu nuit. Elle a juste le temps de les regarder qu'il lui prend la boite des mains et lui donne une plus grosse. Elle l'ouvre et trouve une superbe montre.

— *Merci mon amour, mais tu ne n'aurais pas dû, c'est beaucoup trop...*

— *Tu les aimes ?*

— *Je ne les aimes pas je les adore, merci infiniment, tu es un homme surprenant et pleins de surprises.*

Luke tend le cou pour que Spencer s'empare de ses lèvres. Elle ne peut faire taire une minute de plus son envie de lui, se retourne complètement, s'installe à califourchon sur lui et sent son membre, gonflé contre son bas-ventre.

— *Humm Darling ! Il me semblait t'avoir entendu dire que tu étais fatiguée !*

— *Plus maintenant ! répond-elle en lui souriant.*

Elle se met à rire, l'embrasse à pleine bouche avant de s'apercevoir que l'eau déborde de la baignoire ce qui la fait rire de plus belle et quand elle tente de se lever pour sortir et continuer dans le lit, Spencer l'attrape par les hanches et la stoppe dans son élan. Elle ne rit plus et leurs regards se soude l'un à l'autre.

Elle prend soudain conscience que c'est ce dont elle a besoin, être avec lui, vivre des moments comme celui-ci, les garder gravés à jamais dans leurs cœurs et leurs mémoires. Elle en veut d'autres, pleins d'autres et n'hésite plus. Elle le sait maintenant.

— *Je t'aime, Cariño. C'est oui, je me vois vivre avec toi ! Créons ensemble nos souvenirs et notre avenir.*

— *Je t'aime, Darling.*

Luke se réveille en sursaut lorsqu'une main vient se poser sur sa bouche, retour à la réalité et au moment présent même si son rêve était merveilleux et plein de douceur.

— C'est Captain ! C'est Captain, répète l'homme à voix basse.

La jeune femme est surprise, mais elle sait qu'elle ne craint rien avec le père de son amie.

— J'enlève ma main, mais ne parle pas gamine.

Luke fait un signe de tête positif.

— Il y a une heure de ça, j'ai mis en route le pilote automatique. J'ai donc passé du temps avec mes clients et j'ai appris qu'ils te recherchaient.
— Je sais, oui ! chuchote Luke à son tour.
— Pourquoi ?
— C'est une longue histoire, je crois que Victor m'aime encore et qu'il veut me récupérer. Quant à Emmanuel, son frère, il a su par le biais de mon cousin que je suis la personne qui a témoigné contre lui.
— Que vas-tu faire ? s'inquiète l'homme.
— Ils sont en cavale, il faut que j'arrive à leur tendre un piège pour qu'ils aillent tous en prison ou qu'ils meurent.
— Ils sont beaucoup trop dangereux pour toi !
— Ne vous en faites pas pour moi, Captain, j'arrive toujours à obtenir ce que je veux et ce que je veux, c'est en finir avec eux pour pouvoir vivre ma vie pleinement.

— Tu es courageuse gamine, mais ça ne suffira pas et je ferai ce que je peux pour t'aider.

— Je vous remercie, mais ça ira.

— Comme tu veux ! Je te débarquerai le plus discrètement possible, mais en attendant, prends des forces.

Avant de ressortir, Captain dépose une assiette avec une salade composée et une bouteille d'eau. Luke dévore son assiette, vide la moitié de la bouteille et se recouche. Elle se réveille bien plus tard, juste avant qu'il ne vienne la chercher. Elle regarde machinalement sa montre et voit que la matinée est déjà bien avancée. Spencer doit être dans une colère noire, il doit certainement déjà la chercher.

Luke est tout à coup incertaine. Si elle retournait dès maintenant en France, Spencer lui pardonnerait certainement et il se chargerait lui-même de Victor et de son frère... Non c'est impensable, ce ne sont pas ses histoires. Ce passé lui appartient et elle se doit de faire le ménage une bonne fois pour toute. La porte s'ouvre, Luke relève la tête et Captain lui sourit en lui demandant de le rejoindre.

— Ils ont débarqué il y a cinq minutes. Ils ont vaguement parlé d'une ancienne maison et pensent séjourner là-bas pendant un moment.

Luke s'apprête à sortir, mais Captain lui barre la route en tendant son bras devant elle.

— Avec ce qu'ils ont prévu... c'est imprudent d'y aller seule.

— Je saurai me débrouiller ne vous inquiétez pas, il ne m'arrivera rien.

Captain sur les talons, Luke se dirige vers la plate-forme et aperçoit qu'elle n'a pas encore été mise en place. Elle se retourne en demandant.

— Dites-moi Captain. Je suis très curieuse, comment avez-vous fait pour réussir à embarquer et débarquer un fugi…

Luke ne dit plus un mot lorsqu'elle s'aperçoit de la mine déconfite de l'homme qui se tient en face d'elle. Il ouvre la bouche et ses yeux sont à deux doigts de sortir de leurs orbites quand, soudain, elle reçoit un grand coup sur la tête la faisant s'écrouler au pied du marin.

Chapitre 23

Spencer se réveille, sourit en repensant à la soirée qu'il a passée et s'étire tel un vrai pacha. Ça faisait bien longtemps qu'il n'avait pas aussi bien dormi, tellement bien qu'il n'a même pas entendu Luke se lever. Il sourit une fois de plus en pensant qu'elle a voulu se venger en le laissant seul au réveil. C'est bien dommage, il voulait prolonger cette nuit romantique avec un bon petit-déjeuner et lui apporter un plateau rempli de bonnes choses qu'il aurait aimé déguster avec elle.

— Darling ! Tu es dans la salle de bain ? tonne-t-il, la voix à peine éclaircie par le réveil.

Pas de réponse… Il a comme une impression de déjà-vu, mais il ne s'alarme pourtant pas plus que ça. Elle ne peut pas aller bien loin de toute façon et doit sûrement être dans la cuisine. Il l'imagine assise sur un tabouret de bar, buvant un café en racontant leur nuit à Libby. Les filles font aussi ça entre elles, quelques fois lorsqu'il a l'oreille qui traîne, il entend Judith parler à ses amies de choses qui ne le regardent pas. Par moments, il se dit qu'il est vraiment chanceux d'avoir à élever une jeune fille telle qu'elle. C'est une fille sans problème, superbe et compréhensive, qui parfois fait ressortir son côté féminin.

Spencer décide de se lever, passe son gilet pare balle, son tee-shirt, un pantalon et enfile son holster sur ses épaules. Il ne doit pas s'endormir sur ses lauriers car son rôle est de la protéger. Il descend les escaliers en sifflotant, mais sa gaieté est de courte durée lorsqu'il aperçoit Libby, seule dans la cuisine en train de siroter son café et de lire le journal.

— Où est Luke ? s'informe-t-il aussitôt.
— Bonjour à toi aussi ! Comment veux-tu que je le sache, ce n'est pas moi qui l'ai embarquée tel un chevalier servant hier soir !

Libby boit une gorgée de café et pose ses yeux sur Spencer resserrant nerveusement sa main autour de sa tasse.

— Je pensais qu'elle était avec toi ! dit-elle simplement.

Spencer pose la main sur sa joue et frotte nerveusement sa barbe. Il n'aime pas ça, son absence n'augure rien de bon.

— Ok ! Elle a encore fait des siennes pour aller courir sur la plage avec Alex.
— Quoi, Alex qu'est ce que j'ai encore fait ?

Spencer se retourne au son de la voix de son ami et l'aperçoit en tenue de sport s'essuyant la nuque avec une serviette.

— Ce n'est pas drôle ! Où est-elle ? commence-t-il à s'inquiéter.

Alex se fige et Libby lève la tête, l'air inquiète. Spencer perd patience devant leur silence et décide de la chercher lui-même en se dirigeant vers la salle, mais il n'y a personne.

— Je vais au dernier étage et redescend en fouillant chaque pièce, annonce Libby.

Elle se lève subitement du tabouret et se précipite dans les escaliers.

— Et moi, je vais voir au sous-sol et dehors, intervient Alex.

Spencer ne bouge pas, ne parle pas. Il veut faire un pas, mais son corps ne lui obéit plus, il est figé. Il veut savoir ce qui s'est passé et à quel endroit elle se trouve, mais une fois de plus, il n'arrive pas à penser correctement. Dès qu'il s'agit de Luke, il n'est plus cohérent et a l'impression que ça fait une éternité qu'ils sont partis à sa recherche.

À présent, il marche de long en large dans la salle, pour enfin se rapprocher de la fenêtre. Il aperçoit Alex faire de grands gestes, donner des ordres aux huit gars qu'il a devant lui.

Une main se pose sur son épaule, il ferme les yeux, se retourne, sachant très bien que ce n'est pas Luke. Il découvre une Libby dépitée lui faisant un petit signe négatif de la tête.

— Je ne comprends pas…
— Moi non plus, dit-elle dans un souffle.

Il s'assoit dans le coin du canapé, là où Luke aimait s'asseoir pour avoir une vue sur l'ensemble de la pièce et sur une partie de la cuisine. Son pied tape frénétiquement sur le sol. Il faut qu'il se calme pour pouvoir réfléchir correctement, mais c'est impossible. Il finit par se lever subitement.

— J'ai besoin d'un café, tu en veux un Libby ?
— Non merci.

Il attrape une tasse dans le meuble et verse le café encore chaud. Rien de plus normal si Libby l'a préparé il n'y a pas longtemps. Spencer porte la tasse à ses lèvres et d'un coup d'œil vérifie si quelque chose pourrait lui mettre la puce à l'oreille sur le départ de Luke, mais il ne trouve rien. Jusqu'à ce qu'il ferme le journal et constate qu'il est à la date du jour.

Il tape du plat de la main sur le plan de travail, quand ça ne fait qu'un tour dans son cerveau. Si Alex était parti courir, il n'a pas pu aller chercher le journal et le dernier quart de surveillance était pour lui. Il pose délicatement la tasse, avance doucement vers la salle et observe Libby, debout face à la cheminée, et décide de n'en faire qu'une bouchée.

Elle regarde discrètement son téléphone, pianote quelque chose et le remet dans sa poche dès qu'elle l'aperçoit, le regard étrange. Il déglutit et s'avance vers elle, l'air serein. Il laisse passer quelques instants, lui donne la possibilité de prendre la parole pour qu'elle lui dise ce qu'elle sait. Mais elle ne dit rien, alors, très calmement, il lui pose LA question.

— Je te le demande une dernière fois, Libby, où est Luke ?

— J'ai cherché dans toute la maison, elle n'est pas là !

— Ne me prends pas pour un imbécile, je vois bien qu'elle n'est pas là. Mais tu sais où elle est, j'en suis sûr !

La main de Spencer atterrit lourdement sur la cheminée non loin de sa tête, ce qui lui procure un mouvement de recul.

— Qu'est-ce qui te fait croire ça et pourquoi ferais-je ça ? balbutie-t-elle.

— Tu n'es vraiment pas un bon flic, tu as laissé derrière toi de petits indices, chère collègue ! dit-il, pointant la cuisine du doigt.

Il sait qu'en prêchant le faux, il peut découvrir la vérité.

— Et je sais également que, puisque c'est ta meilleure amie, tu n'as pas pu dire non au service qu'elle t'a demandé.

— Mais, non !!!!

— Arrête Libby ! Arrête de te foutre de moi, s'emporte Spencer.

Il est à deux doigts de s'arracher les cheveux et préfère reculer de quelques pas, n'aimant pas la tournure que cela prend.

— Dis-moi tout, tout simplement, souffle-t-il.

— Je n'ai rien à te dire Spencer, insiste cette dernière.

Il s'approche d'elle à nouveau et l'attrape par les épaules, il voudrait la secouer comme un prunier lorsque Alex le tire en arrière et lui intime de se calmer.

— Ce n'est pas en agissant ainsi que nous allons la retrouver. Calme-toi et écoute, ajoute son ami en l'incitant à s'asseoir dans le canapé. Nous avons fait le tour de la propriété, elle n'est pas là. Mais j'ai découvert qu'une voiture a disparu, je vais aller faire un tour en ville pour voir si je la retrouve.

— C'est moi qui y vais, annonce Spencer en se levant.

— Non ! s'exclame Alex en posant sa main sur son épaule. Tu es bien trop énervé pour ça et puis si elle revient, il vaut mieux que tu sois là. J'y vais et Libby m'accompagne, ça t'évitera de la torturer. Je ne pense pas que Luke te le pardonnerait si tu amoches sa copine.

— Bien ! Je reste là, mais tu sais très bien que je n'aurais jamai levé la main sur elle.

Sans un mot de plus, Alex attrape Libby par la main et sort de la maison. Spencer essaie de se calmer, mais c'est sans espoir et ses doigts pianotent frénétiquement sur l'accoudoir du canapé.

Libby a soi-disant inspecté toute la maison, mais elle n'a pas dû aller dans leur chambre. Il monte les marches bien trop vite et en rate une, heureusement qu'il a de bons réflexes, en se rattrapant de justesse, avant que son visage ne percute la dernière contremarche. Il entre dans la chambre, son regard se pose immédiatement sur le lit et une vision de leur étreinte d'hier soir lui apparaît.

Son cœur se serre. Il ferme les yeux et respire plusieurs fois pour évacuer toute cette tension. Il doit oublier que c'est Luke et faire comme-si c'était une… inconnue. Il se plante au milieu de la chambre, sort un calepin de son étui et fait un tour sur lui-même tout en prenant des notes d'observations. Toute la décoration qu'il a mise en place est encore là, mais le romantisme de la chambre est sans âme sans la présence de la femme qu'il aime.

Il ne manque rien dans la salle de bain, même ses produits de beauté et de toilette sont encore là. Dans le dressing, au contraire, c'est une autre histoire, beaucoup de cintres sur lesquelles étaient pendus ses vêtements les plus confortables sont vides. Désespéré, il s'assoit sur le lit, les coudes sur les genoux et sa tête entre ses mains. C'est difficile de faire comme-si c'était une affaire comme une autre et c'est dans les moments comme celui-ci que l'on se rend compte que l'on tient à la personne qui est partie.

Il s'allonge sur le lit, attrape l'oreiller de Luke et le serre dans ses bras avant d'y enfouir son visage. Il hume son odeur pendant de nombreuses minutes, finit par s'endormir et, lorsqu'il se réveille, la nuit est tombée.

— Super ! Ce n'est pas comme ça que je vais réussir à la retrouver, proteste-t-il à mi-voix.

Il s'étire et son bras percute quelque chose. Il prend appui sur ses coudes et aperçoit une enveloppe.

Nous avons retrouvé ceci dans la voiture.
Elle était au coin de la rue.

Alex

Spencer ouvre l'enveloppe, découvre une lettre qui lui est adressée et reconnaît l'écriture de Luke. Il commence la lecture, les premiers mots lui tordent le cœur et les derniers le remplissent d'espoirs et de colère à la fois.

— Comment peut-elle s'éloigner de moi pour cette stupide raison ? Elle n'a donc pas confiance en moi, s'insurge-t-il.

Piquant une crise, il envoie balader tout ce qui se trouve sur son passage : lampe de chevet, livres, fauteuils, tout est projeté violemment à terre. Libby et Alex débarquent dans la chambre.

— Que se passe-t-il ? Ose demander cette dernière.
— Tu demanderas à ta meilleure amie, lorsque tu la reverras !

Spencer plaque la lettre de Luke contre son torse et sort de la chambre en furie, Alex sur ses talons.

— Hé mec, attends-moi !

Spencer ne prononce pas un mot, rentre dans la pièce qui lui servait de chambre, juste à côté de celle de Luke. Il attrape son sac, y fourre toutes ses affaires et se rend compte qu'elle a pris son arme.

— Putain de merde, elle fait chier !
— Quoi ?!
— Elle a pris mon flingue.
— Lequel ?!

— Celui dont je ne me sers plus. Je le garde au cas où, juste si j'ai besoin d'intimider les gens…

— Celui qui s'enraye ?

Comme Spencer opine du chef, le comportement d'Alex change dans la seconde et il quitte la chambre. Luke l'agace à être aussi têtue, mais il ne peut s'empêcher de l'aimer, il ne peut pas faire ce qu'elle lui demande, il ne peut pas la laisser mettre sa vie en danger. Il doit absolument la retrouver et le plus vite sera le mieux.

Quinze minutes après, il balance son sac dans le coffre de la voiture, s'installe au volant. Alex l'attend déjà sur le siège passager, ce qui ne l'étonne pas.

— Si tu dois parcourir chaque recoin de la France ou du monde pour la retrouver, je le ferai avec toi mon frère.

— Merci je savais que je pouvais compter sur toi.

C'est tout ce qu'il prononce tandis qu'Alex lui donne une accolade masculine. Spencer sursaute en entendant soudain la voix de Libby.

— Vous avez le choix, soit vous êtes de vraies chochottes et un mot de plus de la part d'Alex t'aurait fait chialer ! Dit-elle en pointant Spencer du doigt. Soit c'est vrai ce que l'on dit, que les hommes ont le cerveau entre leurs cuisses.

Spencer se retourne pour regarder derrière lui Libby affalée sur la banquette arrière.

— Qu'est-ce que tu insinues ? S'agace-t-il.

— Les bijoux, annonce la jeune femme, laissant le doute planer.

— Quoi les bijoux ?! S'étonne Spencer.

— Imbécile ! Les bijoux que tu lui as offerts à son anniversaire.

— Putain, les émetteurs ! s'écrient Alex et Spencer d'une même voix.

Alex sort le matériel de son sac et le démarre au moment où Spencer s'apprête à prendre la route, mais quelque chose le chiffonne. Il se tourne à nouveau vers Libby.

— Comment as-tu su pour les bijoux ?!

— Je ne suis pas un mauvais flic, malgré ce que tu penses ! Ça paraît logique que tu aies mis des traceurs dans ses boucles d'oreilles. Luke s'est déjà fait la belle une première fois et lorsque tu es revenu ce matin-là, tu as demandé à Alex de te rejoindre au sous-sol, le seul lieu formellement interdit à Luke.

— Mais comment peux-tu être sûre qu'elle les a toujours ?!

— C'est vrai, dit Alex, elle les a peut-être vendues pour avoir de l'argent et qu'on ne puisse pas la pister lors de l'achat d'un éventuel billet de train.

Libby relève la tête, Spencer s'attend au pire. Elle se penche en avant en le regardant droit dans les yeux et sans sourciller.

— Je lui ai proposé de les enlever avant qu'elle parte, mais elle a refusé, Elle m'a dit qu'elle ne te quittait pas mais que tu le penserais si elle te les redonnait.

Il pâlit, mais rapidement son sang bouilli dans ses veines et la chaleur rougit ses joues. Il n'arrive pas à se contrôler et brusquement, sa main se lève et atterrit sur la joue de Libby. Un silence pesant règne dans l'habitacle de la voiture, mais la jeune femme ne dit rien. Spencer se rassoit dans son siège et pose son front sur le volant. Il n'en revient pas de son geste, lui qui n'a jamais levé la main sur une femme jusqu'à présent, même pas sur une suspecte, il a toujours su se contenir. Il y a encore quelques heures, il le disait encore qu'il n'aurait jamais ce genre de geste, et même si ça lui a fait du bien, il s'en veut terriblement.

— Excuse-moi, je n'ai jamais levé la main sur une femme. Souffle-t-il.
— C'était mérité, avoue-t-elle. Je n'aurais jamais dû te mentir tout à l'heure.

Spencer amorce une réplique, mais Alex lui coupe l'herbe sous le pied.

— Je l'ai trouvé, elle est en Angleterre, l'informe celui-ci.

Spencer tourne la clé de contact et écrase la pédale, filant en direction du port. Sur le chemin, il demande à Alex de réserver des billets pour le dernier ferry et s'il doit bidouiller, qu'il le fasse. Il comprend très bien ce qu'il a voulu dire et du coin de l'œil, Spencer le voit sourire.

Libby s'approche, curieuse de savoir ce qu'il entend par « bidouiller ».

— Alex était hacker… l'informe Spencer, avant que la jeune femme ne pose la question.

— Hé oui, j'avais une vie avant de te connaître mon pote, ricane ce dernier.

— C'est la raison pour laquelle tu es entré dans l'armée, je te rappelle.

— C'est vrai et je ne regrette pas de l'avoir fait.

Quinze minutes après qu'ils aient embarqué, le ferry quitte le port et Spencer a juste le temps de ranger leur voiture à la place indiquée. Pendant toute la traversée, il reste le plus possible à l'écart de Libby. Il serait capable, sinon, de vouloir lui sortir les vers du nez et il ne veut pas s'emporter une nouvelle fois contre elle. Il n'est définitivement pas ce genre d'homme. Spencer préfère s'isoler complètement et entre dans sa cabine pour n'en ressortir que lorsque le ferry s'amarre dans le port de Southampton.

Chapitre 24

Avec les événements de ces derniers jours, Spencer aurait bien eu besoin de dormir c'est pour cette raison qu'il avait pris une cabine. Il a ôté le boîtier récepteur d'Alex, ce pour quoi il est resté éveillé tout le long de la traversée pour surveiller si le petit point vert sur la carte numérique bougeait ou pas. De toute façon, il valait mieux qu'il soit seul, il n'était pas de bonne compagnie depuis que Luke était partie.

Ils sont arrivés en Angleterre et, à présent, déroulent les quelques kilomètres qui les séparent du lieu où elle se trouve.

Au même moment, Luke se réveille avec un mal de tête phénoménal. Elle a l'impression qu'une fanfare joue autour d'elle. C'est ça, une fanfare qui débute sa première répétition et où personne n'est accordé, le foutoir total. Elle porte la main à l'arrière de sa tête et sent une énorme bosse.

— Aïe !

Elle ouvre les yeux, mais ne voit rien, c'est le noir complet. Elle décide de s'asseoir brusquement, mais bien vite, s'aperçoit que c'est une mauvaise idée : la tête lui tourne et un haut-le-cœur fait son apparition. Elle se rallonge doucement, tâte le sol autour d'elle qui est froid et se rend compte qu'elle est allongée à même le béton. En y réfléchissant bien, elle ne sent plus vraiment ni son dos ni même ses fesses. Elle est totalement perdue.

Elle se force à se souvenir de ce qu'il s'est passé, mais avec ce mal de tête, ce n'est pas gagné. Depuis combien de temps a-t-elle perdu connaissance ? Elle ne le sait pas. Où est-elle ? Quelle heure est-il ? Ah ! au moins ça, elle peut le savoir. Elle lève le bras à hauteur de ses yeux et allume la LED de sa montre. Sa vue est trouble, mais elle arrive tout de même à apercevoir l'heure qu'il est : il est presque vingt-trois heures, ce même jour.

Elle tente de voir un peu plus loin que ses pieds, mais c'est peine perdue. Elle entend des bruits de pas résonner, ferme les yeux et tourne la tête, espérant secrètement qu'elle n'offre pas son visage aux kidnappeurs. Une clé tourne dans la serrure, puis une deuxième et encore une troisième. Malgré elle, Luke hausse un sourcil. Ils ont cru avoir enfermé Hulk ou quoi ? Trois tours de clé pour une petite nana comme elle, elle ne peut s'empêcher de réprimer un sourire que déjà la lumière s'allume.

— Elle dort encore, annonce la voix de Victor.
— Tu lui as donné une dose de cheval ou quoi ? demande Emmanuel à son frère.
— Ne t'inquiète pas Victor, elle ne va pas tarder à se réveiller, réplique Mario, sûr de lui.

Au même moment elle reçoit de l'eau glacée sur le visage. Luke secoue la tête, ouvre les yeux de stupeur, tente de se mettre assise tout en se protégeant les pupilles avec ses mains pour atténuer la lumière vive qui l'aveugle, seulement sa vue n'est toujours pas parfaite.

— Qu'est-ce que je peux faire pour vous les gars ?

Quand Victor s'agenouille devant elle, Luke prend sur elle pour ne pas reculer, appréhendant le moindre geste qui pourrait l'offusquer. Elle ne souhaite pas que les choses tournent mal maintenant, elle ne se sent pas en position de force et ne connaît pas encore le plan de ces trois énergumènes.

— Tu m'as manqué bébé, souffle-t-il, tout près de sa bouche.

Il l'attrape par le menton et l'embrasse.

C'est le geste de trop pour Luke qui le repousse avec véhémence. Il serre sa poigne autour de ses cheveux et intensifie son baiser, prise d'un sursaut de courage, elle le mord et se retrouve projetée sur le sol par son agresseur, la faisant lourdement tomber sur les fesses. Écœurée, Luke s'essuie la bouche d'un revers de manche.

— Putain les gars ! Ne me dites pas que vous m'avez kidnappée parce que votre pote est encore amoureux de moi ? Sérieux, mais vous avez quel âge ?

Elle commence à se lever quand la main de Mario se pose sur son épaule et la fait s'asseoir de nouveau.

— Écoute très chère cousine. Tu n'es pas simplement là pour les beaux yeux de Victor. Disons que… Emmanuel a une dent contre ce petit lieutenant dont tu t'es amourachée.

— Mais pourquoi ? tente-t-elle de savoir.

— Je crois qu'il ne souhaite pas en parler et surtout pas avec toi ! Pour ma part, tu sauras bien assez tôt ce que je lui veux, ricane-t-il.

— Tu n'es qu'un pourri Mario. À trois contre un, vous pensez que c'est loyal ? Enfin que connaissez-vous à la loyauté après tout ?

Luke reçoit une gifle qui la fait tomber sur le côté. Elle se frotte la joue doucement pour faire passer la douleur et s'aperçoit qu'elle saigne de l'oreille puisqu'elle a perdu une boucle. Elle regarde discrètement autour d'elle, mais ne trouve rien. Emmanuel l'attrape doucement par les épaules et l'oblige à s'asseoir.

— Qu'est-ce qui te prend ? s'indigne Emmanuel.
— Oh ! Ça va Manu, ce n'est qu'une gifle.

Emmanuel se relève et se plante devant Mario, le menaçant du doigt.

— Tu sais très bien que je suis contre la maltraitance faite aux femmes. Elle n'est pas là pour qu'on lui fasse du mal, mais pour appâter son mec.

Un rire se fait entendre dans la petite pièce et ce n'est que lorsque tous les regards se tournent vers Luke qu'elle se rend compte que c'est elle qui rit à gorge déployée mais surtout un rire nerveux. Que lui arrive-t-il ? La situation peut paraître ironique après tout.

— Pourquoi ris-tu ainsi ? demande Emmanuel perplexe.

Luke pointe Victor du doigt et celui-ci blêmit d'instinct. Le regard d'Emmanuel fait plusieurs allers-retours entre son frère et elle. Victor déglutit bruyamment et quitte la pièce suivit par Emmanuel, le rire crispé de Luke prenant fin à ce moment-là.

— C'est quoi tout ce bordel ?

Mario sort à son tour, laissant la porte ouverte. Luke attend quelques minutes pour être sûr que personne ne revient, se levant doucement tout en s'appuyant contre le mur.

Après quelques pas et elle atteint la porte de sa prison, regarde de chaque côté, puis ose un pied vers l'extérieur, se demandant si sa fuite serait perçue de suite ou pas. Elle a du mal à marcher et partir dans cet état serait une mauvaise idée. Elle s'avance vers la fenêtre qui se trouve à l'autre bout du couloir ayant besoin de savoir où elle est emprisonnée.

Ses membres sont moins lourds, sa vue ne s'est pas améliorée et elle aimerait savoir ce qu'ils lui ont donné pour la droguer. Les sensations d'engourdissements la ramènent à l'intervention qu'elle a subit il y a quelques années suite à la perte du foetus. Elles sont identiques avec un corps engourdi et un terrible mal de tête.

— Où vas-tu ? Claironne Emmanuel en la retenant par le coude.

Surprise elle répond avec sarcasme.

— Je ne vais nulle part ! j'ai besoin de me dégourdir les jambes.

Luke pose sa main sur celle d'Emmanuel, voulant lui faire comprendre qu'elle n'aime pas cette proximité, mais il la retire de lui-même, montrant un bandage sur ses phalanges.

— Tu ne l'as pas tué au moins ? Ce serait con que tu retournes en prison pour meurtre.

— Qui te dit que je retournerais en prison ?

— Tu penses vraiment qu'on ne me cherche pas en ce moment même ?

— Oh si ! Et c'est bien pour ça que nous allons jouer un peu au chat et à la souris, mais avant de partir, veux-tu aller te soulager ?

— Oui, merci. Je ne sens pas vraiment ma vessie, mais je pense qu'il est préférable que j'y aille maintenant, ce serait vraiment gênant si j'avais un incident. Sais-tu avec quoi vous m'avez drogué ?

— D'une, je n'ai vraiment pas besoin d'entendre ce genre de chose. De deux, non, je ne sais pas, c'est Mario qui s'occupe de ça, alors pourquoi poses-tu cette question ? s'inquiète-t-il en fronçant les sourcils.

— Je ne me sens pas bien, ma vue n'est pas bonne et mes membres sont engourdis.

— Je regarderai ! Entre là-dedans, tu as deux minutes et je laisse la porte entrouverte.

— Je te remercie pour cette générosité, ironise Luke.

Elle a toujours aimé son intimité, surtout pour ce genre d'affaires, à part avec Spencer. Elle soupire à ce souvenir. Une fois sortie des toilettes, elle se lave les mains et s'asperge d'eau sur le visage espérant que ça lui fasse du bien. Dans le miroir, elle croise le regard intense d'Emmanuel sur son corps. Il a l'air apaisé, presque heureux de la voir.

— Quoi ? demande-t-elle, limite agressive.
— Rien!! allez, retournons là-bas.

Ils rebroussent chemin et longent le couloir pour retourner dans la pièce où elle était séquestrée tout à l'heure. Emmanuel aide la prisonnière à s'asseoir, puis semble pris d'une incertitude. Luke s'aperçoit de son malaise, et alors qu'elle allait prendre la parole, il la devance et demande.

— Que t'a-t-il fait ?
— Je ne comprends pas, de qui tu parles ?.
— Victor, comment…

Luke déglutit bruyamment, Emmanuel a le culot de lui demander ça!!! Comment ne peut-il ne pas savoir ce que Victor lui a fait subir puisqu'il était présent? Il reste planté là attendant une réponse...

— Le bilan est de plusieurs côtes cassées, à plusieurs reprises. Le poignet gauche, fracturé trois fois nécessitant une opération. Deux traumatismes crâniens, la mâchoire supérieure refaite par le meilleur chirurgien plastique des États-Unis, de multiples coupures et des brûlures de cigarettes par-ci, par-là.

Et pour finir et lui donner le coup de grâce, même si ça n'est aucunement sa faute, Luke soulève son tee-shirt et caresse la cicatrice en bas de son ventre.

— Ça, c'est le bébé que j'ai perdu. Ton frère me droguait, alors que je pensais prendre ma pilule. Je ne savais absolument pas que j'étais enceinte de quatre mois et dépendante à cette putain de drogue. Il m'a battue et j'ai fait une hémorragie interne, au point d'en perdre le bébé. C'est la dernière fois qu'il a levé la main sur moi et aujourd'hui, me voilà à nouveau prise dans vos filets.

Luke crache cette dernière phrase avec un goût amer dans la bouche.

— Je suis désolé ! Tout ceci n'est pas mon idée et si je suis ici, c'est pour les surveiller. Je te promets qu'il ne t'arrivera rien, affirme-t-il avant de sortir en baissant la tête.

Luke se retrouve à nouveau seule dans le noir et reste assise à attendre. Elle réfléchit aux dires d'Emmanuel, étonnée qu'il lui ait fait cette confession ? Peut-être veut-il qu'elle parle de lui à Spencer en sa faveur ? Peut-être est-ce pour la mettre en confiance ? Mais elle n'est pas si stupide, et il n'y aura pas de pitié pour aucun d'entre eux.

Elle tente de ne pas penser à l'homme qu'elle aime, mais c'est vraiment compliqué. Lui en veut-il d'être à nouveau partie et essaie-t-il de la retrouver ? À moins qu'il fasse ce qu'elle lui a demandé dans la lettre qu'elle a écrite à la hâte ce matin. Franchement elle l'espère, c'est le mieux pour lui, qu'il s'éloigne d'elle, il ne s'en portera que mieux.

Elle repense pourtant à cet amour avoué dans un bain de mousse… Elle se remettra de cette séparation, elle s'en remet toujours, ses choix sont limités en matière de relations. Chaque fois qu'elle chute, elle se relève, plus forte encore, comme toujours et ce sera encore le cas cette fois ci. La porte s'ouvre soudain avec fracas faisant perdre à Luke, le fil de ses réflexions. Mario entre et dépose une assiette contenant du pain sec dur comme de la pierre et une petite bouteille d'eau.

— Nous partons dans vingt minutes !

Il repart en allumant la lumière et en fermant la porte à clé cette fois-ci. Luke reste méfiante et vérifie que la nourriture ne contient rien de suspect avec son passé, elle n'a pas confiance et ce n'est pas l'attitude d'Emmanuel qui va la faire changer d'avis. Du pied, elle repousse l'assiette et observe la bouteille dont le bouchon est toujours intact. Mais qui lui dit qu'il n'a pas mis une substance dedans à l'aide d'une seringue. Elle laisse échapper un rire, se rendant compte que son amour pour les thrillers prend le pas sur sa situation réelle, la rendant parano. Elle déchire en deux la miche de pain y verse un peu d'eau et après quelques secondes, de la fine fumée blanche s'en échappe.

— Qu'est-ce que c'est que ce médoc ? Un poison ou un sédatif ? Il en a mis une sacrée dose… Elle repousse la nourriture et s'allonge en fermant les yeux.

Quelques minutes plus tard, Emmanuel et Mario viennent la chercher, ce dernier la hisse sur les épaules de l'autre. Une petite douleur désagréable se répand sur sa fesse gauche. Elle réprime une grimace, mais elle se dit que son corps éliminera la substance qu'on lui a administrée plus tôt et bientôt, elle aura retrouvé toutes ses capacités.

— Je croyais avoir été clair lorsque je t'ai demandé de ne pas mettre tes sales pattes sur elle.
— Roo ! Je t'en prie Manu, c'était juste pour voir si elle était bien assommée par les médocs. — Et puis, tu lui as fait bien pire, je te rappelle.

Luke sait qu'Emmanuel s'est arrêté, elle ne se sent plus ballottée.

— De quoi parles-tu mec ?! s'inquiète l'intéressé.
— Ne fais pas l'innocent, ton frère m'a tout raconté.
— Que t'a-t-il dit exactement ? insiste-t-il.
— Le fameux soir où il t'a proposé de… te la prêter, tu ne t'es pas fait prier apparemment.

Luke ne le voit pas, mais elle entend le sourire que son cousin a sur les lèvres au moment où il prononce ces mots. Elle remonte dans ses souvenirs, se rappelle que cette nuit-là a été vraiment horrible. Une fois de plus, Victor l'avait frappée pour une raison inconnue. Il a profité de son inconscience pour abuser d'elle et à son réveil, elle était dans un état pitoyable, Emmanuel était au-dessus d'elle avec une seringue et elle se rappelle s'être rendormie aussitôt l'injection faite.

— Écoute-moi bien Mario. Je suis peut-être le pire des salops, mais jamais je n'ai touché une femme sans son accord et encore moins Luke. Depuis le soir où il m'a enlevé la femme que j'aimais plus que ma propre vie, je ne suis plus le même homme. J'ai purgé ma peine et je me suis écarté de mon frère.Sache que je respecte les femmes, j'aime leur compagnie et j'aime trop leur corps pour les profaner de la sorte.

Luke n'entend pas de réponse de la part de Mario, mais Emmanuel poursuit.

— Je pense que, comme tout le monde, tu t'es fait entourlouper par mon frère. Raconte-moi ce qu'il t'a dit pour que tu sois ici aujourd'hui ? Il t'a dit des choses sur Luke ou sur son mec ?

— Ni l'un ni l'autre!! Je suis là parce que j'ai découvert que Spencer et moi avons un lien de parenté.

— Quoi ? s'insurge Emmanuel, ayant peur de ne pas avoir compris.

Luke reste immobile, autant qu'elle le peut, mais cette révélation la choque. Il s'est administré une drogue plus coriace que la sienne pour raconter des conneries pareils ! Emmanuel montre son impatience devant le silence de son comparse et Luke aimerait en apprendre plus.

— Luke n'est pas vraiment ma cousine. J'ai été adopté par son oncle et sa tante paternels. Depuis plusieurs années, ils essayaient, mais ils n'arrivaient pas à avoir d'enfant...

— Comment le sais-tu ?

— Je l'ai découvert en cherchant des papiers.

— OK ! Et quel est ce lien de parenté ?

— Si je crois ce que dit le dossier, Madame Hargitay, pas mariée à l'époque, s'est fait agresser alors qu'elle rentrait chez elle, un soir d'hiver. C'est alors que le lieutenant Hargitay de la Crime s'est occupé de l'affaire. Il y avait déjà eu plusieurs agressions à l'époque.

— Et alors ? l'interroge Emmanuel.

— Quelques mois plus tard, je suis né, sous x.

— Et qu'elle est le rapport avec Spencer ?

— Il m'a volé ma mère, ma famille, s'emporte Mario avec une pointe de colère dans la voix.

— N'importe quoi ! Penses-tu qu'il soit au courant du passé de sa mère ?

— Lui peut-être pas, mais son père est au courant.

— Que comptes-tu faire ? s'alarme Emmanuel.

— En premier lieu, je vais lui dire, devant Luke et je suis sûr qu'elle sera compatissante, vivant la même situation... j'ai en fin de compte deux révélations à faire et je crois qu'on va s'amuser ! Et ensuite, je compte le buter pour prendre sa place au sein de cette famille.

Il est complètement perché celui-là, pense la jeune femme. Que veut-il dire en affirmant qu'elle vit la même chose que lui ?

Elle souhaiterait se redresser et parler avec son cousin, face à face, entre quatre yeux. Mais elle pense qu'elle doit jouer à la belle au bois dormant pendant encore un moment. Emmanuel reste muet devant ses allégations, puis la dépose quelque part. Il dégage tendrement une mèche de cheveux sur son visage et la passe derrière son oreille. Luke ne comprend pas ce geste et, quand un claquement sourd se fait entendre, elle ouvre les yeux et se rend compte qu'elle se retrouve encore une fois dans le noir, mais cette fois, dans le coffre d'une voiture…

Ils auraient au moins pu faire en sorte que ce soit plus douillet, songe-t-elle.

Après l'avoir droguée, elle a eu droit au sol froid d'une pièce sombre et maintenant, elle doit supporter les secousses du coffre d'une bagnole. Son corps va mettre un moment à s'en remettre. Elle ne sait pas à quoi elle devait s'attendre en étant kidnappée, joli bilan ! Et dire qu'elle devrait être dans un meilleur endroit que celui-ci, n'importe où, mais pas dans un coffre !

Si seulement Spencer ne s'en était pas mêlé. Elle se rend compte qu'elle n'a pas les poignets encordés, ses mouvements sont libres et le coffre est assez spacieux pour pouvoir bouger. Doucement, elle tend les bras de chaque côté de son corps et atteint une sorte de trousse. À l'intérieur, elle découvre de petites fioles et des seringues bien rangées. Elle s'approche discrètement des feux arrière de la voiture, évitant de faire du bruit pour éviter qu'ils sachent qu'elle est réveillée.

— Benzodiazépine, murmure-t-elle.

Elle comprend mieux son état, ce n'est pas un somnifère bas de gamme, mais heureusement, ce n'est pas non plus une drogue dure, elle sait à présent à quoi s'en tenir. Elle allonge les jambes et tape dans quelque chose de mou, certainement un sac de voyage, quand elle peux enfin l'ouvrir, elle s'aperçoit que c'est le sien et qu'ils ne l'ont pas fouillé. Elle prend le téléphone prépayé caché à l'intérieur et elle se demande qui elle doit appeler ou envoyer un message, Spencer ou Libby ?

Libby, Spencer,
Je ne peux pas appeler, enfermée dans un coffre de voiture.
Essaie de me localiser, je ne pourrai plus donner de nouvelles.
Ne réponds pas. Je suis désolée.
xoxo L.

Luke tente tant bien que mal d'effacer le message, chose pas facile à faire compte tenu des secousses qui augmentent. Elle espère que Spencer comprendra que « Je suis désolée » lui est adressé. Elle vérifie que le téléphone est bien en silencieux et le remet dans le sac et malheureusement pour elle, à part ses vêtements, il n'y a rien d'autre.

La pochette qui contenait son arme et celle de Spencer a disparu. Luke se demande tout de même pourquoi ils ont pris les armes, mais pas le téléphone et, d'un coup, ça fait tilt dans sa tête. Elle se sent stupide en comprenant qu'ils ont voulu la piéger et qu'ils ont réussi. Ils savaient très bien que par n'importe quel moyen elle chercherait à joindre Spencer et ils ont eu raison. Elle reprend le téléphone et commence à écrire un SMS leur disant de ne pas venir ayant juste le temps de l'envoyer avant que la voiture ne s'arrête.

Elle remet rapidement le téléphone dans le sac et se positionne face à eux, les yeux clos. Fini de jouer, il est grand temps de passer aux choses sérieuses, pense-t-elle alors. Dès qu'on ouvre le coffre, sa jambe se détend par pur réflexe d'autodéfense et projette son pied dans le visage de... elle ouvre les yeux et ses lèvres s'étendent dans un grand sourire de satisfaction. Mario se tient le nez et recule de quelques pas, un éclair de colère passant dans son regard.

— Dis adieu à ton visage de bel apollon, pauvre con, s'amuse-t-elle à lui balancer.

Victor attrape Luke par les bras sans la ménager et la fait sortir du coffre. Ils se dirigent tous en direction de l'usine désaffectée, observant les autres bâtiments industriels qui est le seul horizon autour d'eux.

Je crois bien que ça se corse, pense-t-elle.

À peine entrée, elle se retrouve ligotée à une chaise, enfermée dans une nouvelle pièce. Celle-ci est un peu plus grande que la précédente et possède des fenêtres crasseuses, certes, mais au moins elle peut distinguer le jour et la nuit si elle reste clouée longtemps dans ce trou à rats.

— Ça t'emmerde d'être ligotée ici, hein pétasse ?
— Ne me cherche pas, Mario, le prévient-elle.
— Sinon quoi ? s'amuse ce dernier.

Il lui caresse la joue et quand elle tente de se débattre, elle se rend bien vite compte que son cousin a raison, elle ne peut rien faire du tout.

— Cesse de gigoter ainsi, sinon…

Mario lève le bras, prêt à la frapper quand une voix agacée se fait entendre derrière lui.

— Même pas en rêve, Mario. Qu'est-ce qui ne tourne pas rond chez toi ? Elle ne t'a rien fait, merde !

Comme un automate, Mario abaisse son bras et se tourne lentement vers Emmanuel, épuisé par les remontrances incessantes de ce dernier concernant Luke.

— Pour qui te prends-tu, Manu ? Tu n'es pas le chef à ce que je sache !

— Ce n'est pas une histoire de chef. Nous nous étions mis d'accord, ce n'est pas après elle qu'on en a. Elle est ici en tant qu'appât ! Quand vas-tu arriver à le comprendre ?

Emmanuel s'est approché entre-temps et tape du bout de son index le torse de Mario.

— Ne me touche pas ! prévient-il.

— Sinon quoi ? Tu vas me frapper ? ne me rate pas parce que tu n'auras droit qu'à un seul essai.

— La seconde d'après, le poing de Mario atterrit sur la pommette d'Emmanuel.

— Victor !!! Crie Luke.

Elle s'étonne elle-même d'être réduite à appeler son kidnappeur, mais c'est pour Manu qu'elle s'inquiète. Malgré ses appels, Victor ne daigne pas vouloir se déplacer, et les coups continus de pleuvoir entre les deux hommes si bien qu'elle évite un coup de poing de justesse la faisant tomber sur le côté.

— Victor ! s'époumone-t-elle. Pauvre merdeux, ramène tes fesses ici sale connard!!!!!!!!!!!!!!!!!!!!.

Si elle avait su que sa vie tournerait ainsi, elle se serait cassé une jambe le jour de leur rencontre. Elle vit un enfer depuis qu'elle a croisé sa route, et va finir sa vie ici alors qu'elle a à peine goûté au grand amour.

Il en est hors de question, se reprend-elle, il faut qu'elle se bouge. Elle essaie une nouvelle fois de se défaire de ses liens, mais c'est sans espoir. Mario a dû être scout dans une autre vie. Victor arrive au moment où Mario se relève laissant Emmanuel sur le sol, inerte.Vick se précipite aux côtés de son frère, se penche sur son corps pour écouter sa respiration.

— Putain de merde, j'ai bien cru que tu l'avais tué.
— Ça n'aurait pas été une grosse perte. On m'aurait remercié d'avoir mis hors d'état de nuire, une pareille vermine.
— C'est mon frère !
— On s'en fout ! s'entend hurler Luke.

A ce moment là elle sait qu'elle a toute leur attention. Son envie de se moquer de leur mine défaite, tuméfiée et sale prend le dessus et c'est sans avoir étouffé un ricanement qu'elle reprend son sérieux..

— Ce n'est pas que je m'ennuie en vous regardant jouer à celui qui pisse le plus loin, mais j'ai une question. Votre plan de me kidnapper, ça s'est fait sur un coup de tête? Parce que, excusez-moi de vous le dire, mais c'est le pire kidnapping qui n'a jamais eu lieu…

Luke n'a pas le temps de finir sa phrase que la chaise se retrouve de nouveau sur ses quatre pieds, un coup la projette de nouveau au sol et ce n'est qu'en émergeant quelque temps plus tard qu'elle voit les dégâts de cette violence. Désorientée, elle regarde son tee shirt et y voir des taches de sang, mais c'est surtout la douleur sur son épaule et le flanc gauche qui l'inquiète. Étant toujours ligotée, impossible de toucher son visage et y déceler des blessures. Dehors, le jour se lève, la panique prend le chemin de ses émotions car elle ignore combien de temps encore elle va devoir rester dans ce lieu et l'espace durant lequel elle est restée inconsciente. Le silence règne dans la pièce, et aucun bruit ne trahit la présence des trois hommes. Sont-ils encore là? sont-ils partis? Que vont-ils faire d'elle leur dessein accompli ? Tant de questions qui mettent à mal la santé mentale de Luke.

— Victor ? Hurle Luke, à contrecœur.

Aucune réponse.

— Eh ! Oh, les gars ! Il y a quelqu'un ? continue-t-elle.

Toujours pas de signe de vie. Elle empoigne les accoudoirs et essaie de se déplacer avec la chaise. Les secousses empirent sa douleur, mais elle continue…

— C'est quoi ce vacarme ? demande soudain la voix grave de Mario.

Il se pointe devant elle, avec le flingue qu'elle a emprunté à Spencer. Elle déglutit bruyamment et regarde son kidnappeur droit dans les yeux.

— J'étais sûr que tu allais la fermer ! s'écrie l'homme en brandissant l'arme de gauche à droite sous son nez.

— J'ai besoin d'aller au petit coin, annonce Luke.

— Il n'y a pas de toilette ici.

— Dans un seau ça ira, au point où j'en suis, soupire la jeune femme, dépitée par la situation qui est loin d'avoir tourné à son avantage.

— Je vais voir ce que je peux faire, en attendant, reste sage et ferme ta gueule!!!!

Luke acquiesce. Mais n'en pense pas moins.

Quelques minutes plus tard, Mario revient et lui annonce que Victor a fait le tour du bâtiment et qu'il a trouvé des sanitaires à l'étage. Pendant son absence, Luke a eu le temps d'étudier la disposition de la pièce, certainement un ancien bureau, et n'a trouvé aucune possibilité de s'échapper. Après que Mario lui ait détaché ses liens, elle se frotte les poignets à présent libres, mais celui-ci n'oublie pas de lui rappeler qui commande, en mettant l'arme bien en vue.

Elle n'y prête pas attention, marche devant lui et prend son temps pour inspecter les alentours. Apparemment c'est une ancienne manufacture de tapisserie et d'ameublement aussi elle devrait pouvoir trouver un objet tranchant pour se libérer de ses cordes quand Mario lui aura remis. Monter les marches lui fait un mal de chien, mais elle reste silencieuse et ne montre aucun signe de faiblesse. Ils arrivent enfin devant les toilettes pour femmes.

— Je laisse la porte ouverte, alors pas de bêtises, l'avertit Mario.

Luke vérifie l'état d'insalubrité des sanitaires et constate qu'ils n'ont pas servis depuis bien longtemps tout comme la dernière feuille de papier, qui date de Mathusalem. Résignée, elle ne peut retenir son envie pressante. Luke finit par baisser la tête et fermer les yeux, totalement épuisée et sûrement le contre coup de ses blessures ou des drogues. Sauf que Mario, lui, s'impatiente et c'est à grand à coup contre la porte qu'il la ramène dans le monde des vivants. Luke sursaute, ouvre les yeux et se réjouit en découvrant une vieille lame de rasoir rouillée sur le sol, l'enroule dans la feuille de papier toilette et la coince dans son soutien-gorge.

La jeune femme se dirige vers les lavabos, sans espoir que de l'eau coule de ce robinet. Un mince filet d'eau s'en échappe, c'est tout ce à quoi elle a droit. Le déclic lui vient en voyant son visage dans le reste du miroir accroché devant elle découvrant une tête affreuse et un reflet qui lui fait peur. Elle lève son haut, s'aperçoit qu'un hématome parcourt tout son flanc gauche et comprend mieux d'où lui vient cette douleur qui l'a faite souffrir pendant plusieurs heures. Mais maintenant, elle arrive à la maîtriser et encaisse beaucoup mieux.

— Merci, Mario, enfoiré et connard souffle-t-elle.

C'en est trop ! Elle a peur de craquer dans peu de temps. Il vaut mieux que ça se passe maintenant, tant qu'elle est libre de ses faits et gestes. Elle ne subira aucun coup supplémentaire qu'elle ne pourra rendre, cette fois, c'est fini. Elle se souvient être partie dans le but d'en finir avec tout ça et son plan n'a pas changé : c'est maintenant ou jamais. Il faut qu'elle gagne un peu de temps et qu'elle l'énerve un peu plus qu'il ne l'est déjà. Elle ouvre les deux autres robinets, mais ils ne lui donnent pas plus que le premier.

— Putain, mais ce n'est pas vrai ! grogne Luke, feignant de s'énerver.
— Oh ! Qu'est-ce que tu as encore à brailler ?
— Il n'y a pas d'eau pour que je me lave les mains.
— Tu as cru être dans un de tes hôtels cinq étoiles ?

Il rit à gorge déployée et c'est le moment pour en profiter. Luke lui assène un vrai coup de massue avec son poing dans le plexus brachial, ramène sa deuxième main sur le côté de sa gorge et lui fait manger le rebord du lavabo le faisant s'écrouler au sol et l'arme lui échapper des mains.
Luke la récupère, la pointe sur lui le temps de vérifier si elle l'a tué et pose ses doigts sur son cou, vérifiant son pouls. C'était son plan au départ, les tuer, mais elle souhaite qu'ils s'expliquent sur l'histoire qu'il a raconté à Emmanuel. Luke récupère la corde que son cousin avait dans sa poche arrière et lui attache les mains et les pieds. Elle referme la porte des toilettes, bloque la poignée avec

un vieux manche de balai et pousse une table contre le battant.

Luke redescend doucement les escaliers et traverse la grande pièce, qui devait être le cœur de l'usine. Elle cherche n'importe quoi qui pourrait lui servir pour se défendre, tombe sur un ôte-agrafe tout rouillé et le fourre dans sa poche arrière. Elle poursuit son chemin, espérant tomber sur les frères. Ça fait quelques minutes qu'elle passe de pièce en pièce et quand elle se retrouve face à Victor qui a gardé son sourire machiavélique sur son visage, donnant à Luke le coup de pouce nécessaire pour agir. Elle réussit à le désarmer puis à le mettre en joue.

— Ne bouge pas, sinon je tire et tu sais très bien que j'en serais capable, annonce Luke sûre d'elle.
— Tu ne le feras pas bébé !

Victor tente de faire un pas.

— Arrête, et ne m'appelle pas bébé, tu as perdu ce droit le jour où tu as failli me tuer espèce de cinglé hurle-t-elle.

Victor n'écoute pas et continue d'avancer. Luke veut lui montrer qu'il ne lui fait plus peur, appuie sur la détente, mais rien ne se passe. Elle appuie une deuxième fois pour le même résultat. Luke se décompose, certaine que l'arme est bien chargée. Victor n'est pas assez bête pour se promener ainsi.

— Putain ! enrage-t-elle.
— Ben alors bébé, tu ne sais pas reconnaître quand une arme est chargée ?

— Elle est chargée, bordel de merde, répond-elle, essayant de ne pas montrer qu'elle panique.

Elle enlève la sécurité, appuie une nouvelle fois sur la détente, mais toujours rien. Elle reste sur ses gardes, mais jette un œil sur l'arme. En fait, elle vient de remettre la sécurité et comprend que cette arme est enrayée.

Pourquoi Spencer garderait-il une arme défaillante ?

En face d'elle, Victor est toujours aussi calme et elle se dit qu'il ne faut pas qu'elle perde de temps. Ne sachant pas si elle va réussir à s'en sortir, alors elle retourne l'arme et donne un coup de crosse à Victor. Celui-ci se courbe, se tenant la tête, mais elle n'a pas frappé suffisamment fort, il en profite pour la plaquer au sol, encercler son corps et la maintenir fermement contre son corps. Elle a le souffle coupé et c'est un combat perdu d'avance qui débute, Victor est plus fort qu'elle, aussi il n'a pas de mal a avoir l'avantage sauf qu'une femme enragée blessée dans son corps comme dans son âme est dangereuse, et Luke reprend le dessus sur son adversaire en enchaînant les roulades et les frappes aux côtes et aux parties sensibles masculines. Frappé dans son intimité, Victor lui demande tant bien que mal, plié en deux.

— Pourquoi ? Tu nous as trahis ! lui reproche t-il avec difficulté.
— Il n'y a pas de trahison qui tienne, je voulais juste être libre. Et c'est toi qui aurais dû être en prison, pas ton frère, répond Luke fébrile.

— Tu as fait une grosse erreur bébé et aujourd'hui tu vas payer ta dette envers moi !

Chapitre 25

Pendant ce temps, Spencer est fou de rage, il fixe un instant ses mains qui serrent si fermement le volant que les jointures sont devenues blanches. Il est en colère, en colère contre eux, en colère contre elle… Son départ et sa putain de lettre l'ont mis en rogne, elle est d'ailleurs froissée en boule dans sa poche. Il souhaite plus que tout la retrouver, mais il ne sait vraiment pas comment il va réagir.

Ils se sont rendu dans le squatte, le traceur indiquait que Luke se trouvait à cet endroit précis, mais lorsqu'ils sont arrivé, elle n'était plus là. Un second point est apparue sur la carte numérique en même temps qu'un SMS venant de Luke.

Spencer coupe le moteur et reste en roues libres avant de se garer non loin d'un autre véhicule beaucoup trop récent pour convenir à ce paysage.

— Comment veux-tu que l'on procède ? On se sépare ? demande Alex.

— Libby, fais-moi une recherche sur cette voiture. Alex, tu me suis !

— Mais…

— Ne discute pas ! Tu restes ici et tu fais ce que je te demande, ensuite tu nous rejoins.

Alex et lui descendent de la voiture sans claquer les portières. Ils décident de ne pas se séparer et de pénétrer ensemble dans le bâtiment, mais la porte principale ainsi que les rideaux de fer sont fermés. Ils contournent une partie du bâtiment et trouvent enfin une porte ouverte, certainement l'ancienne entrée du personnel. Ils montent les marches qui les mènent dans les vestiaires, puis directement dans une grande pièce où il y a beaucoup de tables et d'outillage éparpillé. Certainement l'une des pièces de production. Il y règne un silence de plomb, quand soudain, des voix s'élèvent et un bruit de bagarre se fait entendre dans la pièce d'à côté.

— Ne me dis pas que ces abrutis se battent entre eux ? Chuchote Alex.

Spencer étouffe un rire.

— Luke serait bien capable de les monter les uns contre les autres pour faire diversion, tu sais !
— Intéressant ! Regardons ça de plus près, mais sans nous faire voir !

Spencer acquiesce, pensant qu'il aura moins de boulot à faire s'ils sont KO, mais lorsqu'il voit l'air ahuri sur le visage de son ami, il tourne la tête vers les deux personnes qui se roulent à terre. Son cœur fait un bon dans sa poitrine, son sang se glace lorsqu'il aperçoit un corps frêle et une chevelure noire. Luke est sur Victor et elle se prend des coups dans les côtes.
Il fait un pas, mais Alex le retient par le bras. Spencer lui lance un regard meurtrier, se dégage brutalement et s'avance discrètement. Il pointe son pistolet sur Victor,

mais Luke ne se laisse pas faire, elle se débat comme une tigresse. C'est vrai que c'est excitant une femme qui se bat, mais là ça ne lui fait pas plaisir du tout. Luke perd son avantage et il a la possibilité de tirer. Sans réfléchir plus longtemps, il vise et tire en direction de Victor.

Luke s'arrête, se demandant ce qui se passe. Victor la regarde droit dans les yeux, l'air surpris et soudainement, son poids se fait plus lourd sur elle. Il vient de s'écrouler. Elle reste ainsi, quelques secondes, comprenant ce qui vient de se passer. Puis le corps de Victor se soulève, libérant son champ de vision.

Elle sursaute quand Spencer et Alex apparaissent devant ses yeux, fronts plissés, regards colériques et visages fatigués.

— Oups ! Les emmerdes ne sont pas finis, c'est pas ma journée ...souffle la jeune femme pour elle-même.

Spencer l'attrape par les bras pour la relever, la faisant grimacer, mais cela ne l'interpelle pas. Avec une rage non contenue il l'assassine verbalement.

— Tu es inconsciente ou quoi ?! Tu te rends compte que tu aurais pu mourir ! Je t'aime, espèce d'idiote, comment tu peux croire une seule seconde que j'aurais pu faire ce que tu m'as demandé ?

— Je...Spencer.....Je....
— Tais-toi ! hurle-t-il.

C'est ce qu'elle fait quand une grosse boule se forme dans sa gorge, elle tente tant bien que mal de l'avaler. mais elle la sent descendre et venir se loger dans son estomac, sa respiration est saccadée, ses jambes fléchissent sous son poids, elle va s'évanouir de fatigue et de stress. Spencer resserre son étreinte et l'enserre dans ses bras, la tête posée sur son torse, elle renifle son odeur, c'est pour elle une vraie bouffée d'air, au sens littéral du terme et malgré sa colère, sa présence l'apaise. Que c'est bon de le revoir, de le toucher ! Sa crise passe peu à peu et Luke a les idées claires à présent et il est temps qu'elle s'excuse.

— Je n'aurais jamais dû faire ça seule, je n'ai pas réfléchi aux conséquences et au fait que tu aurais eu peur pour moi, moi aussi je t'aime, n'en doute pas, mais mon passé a fait de moi celle que je suis devenue, celle que tu aimes et qui a besoin de justice pour avancer.

Spencer comprend ses motivations mais ne lui dira pas. Luke pensant qu'il se détendrait un peu suite à sa tirade, se trompe lourdement, il resserre son étreinte un peu plus même si elle a besoin de respirer et souffre dû à ses blessures. Il finit par lâcher avec une voix suppliante.

— Ne me refais jamais ça, tu entends ?! s'écrie le policier.
— Oui, couine-t-elle.
— Bien t'as plutôt pas intérêt ! Où sont les deux autres ?! la questionne-t-il avec hargne.
— Mario est ligoté dans les w.c. pour femmes, au second. Je ne sais pas où est Emmanuel.
— Je monte le chercher.

À son tour, Luke serre Spencer dans ses bras quelques secondes, avant de l'avertir.

— Fais attention à toi !

— Promis et toi attend moi là.

Spencer dépose un chaste baiser sur ses lèvres, mais elle en veut plus et lui rend son baiser plus intensément avant qu'il prenne la direction des escaliers...

Il arrive au deuxième étage et passe devant une porte barricadée. Ça doit être celle-ci, pense-t-il en déblayant tout le bazar qui se trouve devant et ouvre doucement la porte en pointant son flingue devant lui. Lorsque Spencer aperçoit Mario assis à terre, ligoté au radiateur, il garde son sérieux, mais la vue de son visage l'en empêche.

— Elle ne t'a pas loupé, annonce-t-il super fier d'elle.

— Cette connasse a eu de la chance, c'est tout !

Spencer donne un coup de pied dans ses chaussures et s'approche de lui.

— Évite de l'insulter ! Ça vaut mieux pour toi, lui conseille-t-il.

Mario laisse entendre un rire sadique qu'il ne peut supporter plus longtemps et Spencer lui assène un coup de poing dans la mâchoire qui le fait taire sur-le-champ.

— Allez, lève-toi !

— Je ne peux pas ! Elle m'a saucissonné, tu le vois bien, se plaint Mario.

Spencer se penche en avant, le détache du radiateur et l'attrape par les épaules. Il se rend compte au dernier moment que les liens autour de ses poignets sont dénoués. Il reçoit un uppercut qui le fait reculer de quelques pas. Mario en profite pour charger comme un taureau en encerclant la taille du policier avec ses bras les faisant reculer dangereusement vers la rambarde du couloir.

Spencer lui donne des coups de coude dans le dos qui le fait ralentir et un bon coup de genou dans l'entrejambe le stoppe. Mario le lâche et Spencer lui rend son uppercut, le faisant tomber face contre terre. Spencer lui met les mains dans le dos, lui passe les menottes et le relève. Mario essaie de le bousculer, mais la rambarde du couloir le retient une nouvelle fois. Il entend Luke retenir un cri, se tenant près de Libby et Alex qui les observent d'en bas.

— À quoi joues-tu, Mario, tu veux aggraver ton cas ?

Il ne répond pas. Spencer place une main sur son épaule et l'autre sur son avant-bras. Ils commencent à descendre les escaliers en colimaçon tranquillement quand tout à coup, Mario se débat une nouvelle fois. Spencer resserre son emprise et le sermonne, mais il hurle comme un aliéné et pousse le lieutenant fortement contre la rampe de l'escalier. Mario en profite pour se retourner, lui donne des coups d'épaule dans le thorax, coupant partiellement la respiration de Spencer. Il essaie de le coincer entre les barreaux et son corps, mais le lieutenant l'attrape par les épaules et le maintien à bout de bras pour qu'il se calme.

L'espace est tellement étroit que son geste est vain et il reçoit un coup de boule dans l'arcade. Spencer a fermé les yeux une microseconde, mais tout se passe si vite, Mario perd l'équilibre, entraîne Spencer avec lui dans sa chute et ils dévalent la vingtaine de marches qui restent. Spencer arrive le premier en bas et sa tête cogne lourdement contre le sol froid. Quand Mario termine sa chute sur le policier. Des pas lourds résonnent jusqu'à eux, quelqu'un pousse des cris et Spencer ne reconnaît pas la voix.

Spencer entend que l'on chuchote, que l'on pleurniche autour de lui. Quelque chose de lourd est posé sur sa poitrine et il perçoit une agréable odeur familière de mangue. Une main serre la sienne et il la serre légèrement en retour. Ces pleurs cessent, puis reprennent, crescendo. Il ouvre les yeux et aperçoit une crinière brune sous son nez et deux têtes au-dessus de lui.

— Luke arrête de pleurer, il va bien!! s'écrit Libby.
— Il revient à lui, appelez le SAMU et des renforts, crie Alex

Luke essuie ses larmes, se rendant compte qu'elle a lâché prise, que ses barrières sont tombées. Elle qui, depuis tout ce temps, s'était forgé une carapace, il a fallu que cet homme entre dans sa vie pour qu'elle perde le contrôle. Elle relève la tête, sourit et caresse les cheveux de Spencer. Le policier à mal à la tête, ça cogne sévère là-dedans, mais il ne l'avouera pas. Il se relève, mais la jeune femme le maintient allongé en appuyant légèrement sur son épaule. Elle lui fait un signe négatif de la tête, alors il n'insiste pas plus et les deux autres personnes disparaissent de son champ de vision.

— Que s'est-il passé ? Où sommes-nous ? demande Spencer d'une voix pâteuse-t-il.

Luke porte leurs mains jointes à son cœur et ses lèvres tremblent.

— Tu ne t'en souviens pas ? lui demande-t-elle inquiète.

Spencer porte sa main libre au niveau de sa tête qui martèle de plus belle et lui répond que non.

— Alex ! crie-t-elle. Je crois qu'il a un traumatisme crânien.

Alex s'approche, il la regarde puis regarde son ami à son tour.

— Hé mon pote ! Comment te sens-tu ?
— Je… que faisons-nous là ?
— Nous sommes venus sauver Luke des griffes de son cousin Mario, de son ancien petit ami Victor et de son frère Emmanuel.

Alex pointe du doigt la jeune femme brune à ses côtés, l'homme mort, allongé par terre de l'autre côté de la pièce et un autre homme, affalé non loin, les mains liées. Spencer ferme les yeux, mais ne se souvient de rien.

— Spencer ? s'inquiète Luke devant sa réaction.

Sa voix chante son prénom, tel un rossignol chantant le printemps. Malgré les bleus sur son visage, elle est magnifique, son sourire l'éblouit. Spencer ferme une nouvelle fois les yeux, cette fois-ci, pour se souvenir s'il connaît cette personne, mais rien ne vient. S'il pose la question, va-t-il la blesser ? Probablement, vu comme elle s'agrippe à lui. La jeune femme blonde lui dit brièvement quelque chose, mais il ne se souvient plus de son prénom. Celui dont il se souvient, c'est Alex, un homme comme lui ne s'oublie pas, pas après tout ce qu'ils ont vécu ensemble.

— Alex ? demande Spencer.

Il lui sourit. Le regard de Spencer passe de l'homme à la jeune femme avant de revenir vers son ami. Il fronce les sourcils un instant.

— Luke ! Ça ne te dérange pas d'aller dehors voir si les secours arrivent, s'il te plait ?
— Mais, Libby est déjà dehors, se renfrogne-t-elle.
— S'il te plait, Luke, insiste Alex.

Son visage se ferme brusquement, des larmes coulent le long de ses joues. Elle serre la main de Spencer fortement, puis d'un geste las, la relâche. Elle s'enfuit en courant et ne retient pas ses cris de douleur plus longtemps. Spencer regarde en sa direction et tend la main en vain car sans le vouloir, il l'a blessée et ressent un immense vide en lui. Son cœur se serre, les larmes coulent également sur ses joues.

— Spencer, ça va aller. Dis-moi, quelle est la dernière chose dont tu te souviens ?

454

Le lieutenant avale difficilement sa salive, Alex l'aide à s'adosser contre le mur.

— Là, tout de suite, pas grand-chose, avoue-t-il.
— Fais un effort, lui intime Alex.
— Judith, où est Judith ?
— Avec les parents de Luke, annonce Alex comme si ça allait de soi.
— La brune, c'est elle Luke ? demande Spencer avec inquiétude.

Alex hoche gravement la tête, voyant que quelque chose ne va pas, ce qui trouble de plus en plus Spencer. Des flashs lui reviennent, mais il a de plus en plus mal à la tête et préfère ne pas réfléchir plus longtemps.

— Je… je me souviens. Nous étions sur la côte Normande, chez moi. Une boucle d'oreille bleue…
— Bien et ensuite ? L'encourage Alex.
— Nous suivions un signal GPS et c'est tout.

Alex et Spencer soupirent en même temps et le silence s'installe. Le premier s'inquiète pour son ami, se sentant impuissant si Spencer avait pris une balle, il aurait su comment réagir, mais là… il se trouve dans une impasse. Le second quant à lui, souffre de bien des manières et ne sait quoi faire non plus.

— Vraiment, tu ne te souviens pas de Luke ?

Spencer secoue la tête de droite à gauche mais stoppe rapidement son geste car son mal de tête devient de plus en plus intense.

— Elle a un prénom d'homme ?! Dis Spencer, fronçant les sourcils.

— Hé ! Je me suis fait engueuler lors de notre rencontre quand je lui ai fais la même remarque. Venant de toi, je ne pense pas que cela lui fasse très plaisir, répond Alex en riant.

— Raconte-moi comment ça s'est passé, ça peut m'aider à me souvenir.

Alex hésite un moment, se disant que s'il lui parle de certains faits, cela l'aidera peut-être. Il commence son récit par le soir où, dans la maison de Normandie, Spencer lui a présenté Luke.

— Ce soir-là, elle a presque sorti ses griffes et ne s'est pas laissé démonter face à lui lorsqu'il a osé faire référence au prénom de garçon qu'elle porte. À ce moment, Spencer a demandé à Luke de faire attention à son comportement envers lui. Il poursuit en indiquant qu'il s'est empressé de lui dire que son vrai prénom est Lucinda, mais qu'elle le déteste. Il poursuit ainsi en lui donnant des précisions que seuls, elle et lui, avaient pu lui raconter, comme le petit nom que Spencer lui donne dans l'intimité.

— Darling… souffle Spencer à son tour.

Alex sourit.

Ça sonne bien, presque aussi bien que lorsqu'elle a prononcé son prénom un peu plus tôt.

— Darling ! répète-t-il.

Spencer en a des picotements dans le corps. Au plus profond de lui il sait, il sent sa présence dans son cœur, mais il ne se rappelle pas et aussi étrange que cela puisse être, ça lui fait mal.

— Darling, dit-il une fois de plus.

— Tu vas le répéter combien de fois ? Jusqu'à ce que ça te rappelle quelque chose ? Annonce une voix dont Spencer ignore de qui elle provient.

— Peut-être bien, oui ! répond Spencer sans se démonter.

— J'éviterais de le prononcer devant elle, surtout si tu ne te souviens de rien, ça pourrait causer plus de mal que de bien !

Spencer relève la tête doucement. La blonde s'est matérialisée à l'entrée de la pièce, un air grave sur son visage. Elle ne lui inspire pas confiance.

— Les secouristes sont arrivés, crache-t-elle.

Elle ressort comme elle est entrée. Les pompiers se précipitent vers l'homme à terre, puis vers Spencer qui leur dit que tout va bien, mais Alex laisse apparaître un air mécontent et leur explique ce qui s'est passé.

Spencer n'a pas le choix de se laisser ausculter et quand tout est fini, il est contraint à monter sur le brancard pour être emmené jusqu'à l'ambulance. Lorsqu'ils arrivent devant l'usine, Le policier aperçoit Luke, adossée à une voiture. Sa tête est enfouie dans le creux de l'épaule de la jeune femme blonde qui l'enlace pour la réconforter. Le cœur de Spencer se serre, il aimerait tellement la prendre dans ses bras et panser ses blessures même s'il ne se souvient pas vraiment d'elle. Ses sentiments sont en contradiction avec sa tête, il se sent coupable malgré lui.

— Mais que fait-elle, elle ne va quand même pas conduire dans cet état ? souffle-t-il, inquiet.

Spencer pose la main sur l'épaule de son ami qui s'apprête à monter avec lui dans le camion.

— Attendez, dit-il à l'attention des pompiers. Alex, tu veux bien lui demander de m'accompagner s'il te plaît ?

Alex laisse échapper un rictus de connivence et se précipite vers Luke en criant son prénom. Il lui chuchote à l'oreille la demande de Spencer. Elle le regarde, les yeux pétillants d'espoir, puis s'approche d'Alex pour le prendre dans ses bras, soulagée et heureuse. Luke lui pose une question à laquelle il répond négativement. Désabusée, elle ouvre la portière pour s'installer, mais Alex la retient par le bras et insiste. Spencer est agacé de ne pas entendre leur conversation. Les pompiers commencent à s'impatienter.

— Luke ! s'écrie alors Spencer, avec toute la force qu'il lui reste.

Elle sursaute et le regarde tristement. Alex lui caresse le bras en signe d'encouragement, attrape son sac à l'arrière de la voiture et lui tend. Elle le prend et se dirige enfin vers Spencer, monte et s'installe à côté de lui sans dire un mot. Un silence pesant s'installe, tout ce qu'il ne voulait pas car il a besoin de réponse. Spencer l'observe discrètement : elle regarde partout dans le camion des pompiers, partout, sauf dans sa direction. Elle se cramponne si fort à l'assise du siège que ses mains en blanchissent, alors il pose la main sur sa jambe qui bouge nerveusement depuis que les portes se sont refermée à fin de l'apaiser.

Elle tressaute légèrement et le regarde enfin. Le cœur de Spencer manque un battement alors que celui de Luke se serre de tristesse. Il lit tellement de peine dans ses beaux yeux noisette et Luke regrette d'avoir agi sur un coup de tête pour sa vengeance personnelle.

— Je suis désolé, j'aimerais me souvenir je t'assure, j'ai beau chercher rien ne vient, annonce-t-il pour amorcer la conversation.

— Tu n'as pas à l'être, tout ceci est de ma faute et non de la tienne, dit-elle froidement.

Elle sent ses yeux s'humidifier et a beaucoup de mal à retenir cette larme qui menace de couler sur sa joue. Avant aujourd'hui, avant cet accident, elle le faisait très bien, contrôlait tout à la perfection. Maintenant, il y a son Connard qu'elle aime et qui l'a oubliée.

— Tu es médecin ? lance-t-il, l'air de rien.

— Non, mais ça m'est arrivé et ce n'est pas plaisant du tout, crois-moi, répond-elle sans montrer que cette simple question l'a irritée.

— Oh, mais je te crois ! Je vis déjà un enfer, mais si tu préfères, attendons de voir ce que va dire le médecin.

Spencer sourit une nouvelle fois et lui caresse le dessus de la main avec son pouce, comme pour la réconforter.

— Nous sommes arrivés, indique le pompier en ouvrant les portes.

Luke respire un grand coup et s'apprête à sortir de cet calamité, jusqu'à ce qu'elle sente une main la retenir.

— Tu restes avec moi…

Luke remarque que ce n'est pas une question. Elle revit déjà certains de ces moments dans ses rêves, mais là, à cet instant, le coup du sort s'abat sur elle. Quelle ironie !

— Tu le souhaites ? demande-t-elle soudain, peu convaincue par cette demande.

Spencer remarque son air incertain. Il tire légèrement sur son bras, Luke se penche alors un peu plus vers lui, ne se souciant pas de la douleur que lui provoque ce mouvement. Spencer plonge la tête dans sa chevelure et hume cette odeur qu'il reconnaît. Il se souvient alors d'un bain moussant. Même s'il souhaite en savoir plus, il ne le peut malheureusement pas.

— Je ne souhaite rien d'autre, affirme-t-il.

Il profite de cette proximité pour déposer un léger baiser sur le coin de sa bouche, mais elle se dégage rapidement, au grand damne de Spencer. Luke ne souhaite pas lui donner plus, elle doit se protéger de lui. Elle veut être imperméable à toute sorte de gestes qu'il pourrait avoir envers elle, refusant de souffrir à nouveau des choix sentimentaux qu'elle s'est autorisé.

Lorsqu'ils entrent aux urgences, l'équipe médicale leur annonce qu'ils vont être séparés pour être pris en charge chacun de leur côté. Cette nouvelle met Spencer dans une colère noire et il refuse de passer les examens. Le médecin regarde Luke et attend qu'elle réagisse, mais elle est comme ailleurs, retournée une fois de plus dans un passé sombre. Elle réagit enfin et prend son courage à deux mains. Le médecin ne leur laisse pas le choix et indique aux infirmières les box dans lesquels installer chacun des deux patients. Luke et Spencer se regardent instinctivement comprenant que leurs chemins vont se séparer temporairement. Leurs yeux reflètent toutes les émotions qui les submergent en cet instant avant d'être séparés.

Après les examens d'usage, Spencer est dirigé vers la salle du scanner. Quant à Luke, les médecins estiment qu'une radio et une échographie abdominale pour commencer s'avèrent être cruciaux.

Il découvre derrière la porte une machine encombrante prenant presque toute la pièce, rendant l'air soudainement irrespirable. Les manipulateurs radio installent ce patient peu commode et quelque peu réfractaire, lui donnent toutes les consignes pour un bon déroulement de l'examen.. Après ce qu'il semble durer une éternité, l'appareil s'arrête enfin.

— Restez allongé, Monsieur, s'il vous plaît. Nous n'avons pas fini, intervient une voix d'homme dans les haut-parleurs.

— Comment ça ?

— Le médecin préfère avoir un scanner complet, affirme ce dernier.

— Tout le corps ? demande-t-il, de peur de ne pas avoir bien compris.

— Oui Monsieur, après la chute que vous avez faite, c'est préférable, mais ça ne prendra pas trop longtemps.

— Je n'ai pas vraiment le choix, se renfrogne Spencer.

Le manipulateur radio ne répond pas, la machine se remet en route. Un aller-retour, puis un deuxième, Spencer n'étant absolument pas patient, il lui est impossible de rester allongé sans bouger devenant une véritable torture pour l'homme nerveux qu'il est.

Et soudain, une voix féminine s'élève :

— Merde ! La femme qui l'accompagne s'est écroulée dans la salle radio n°2.

— Quoi ? s'écrie Spencer.

Quand la machine s'arrête, il saute du brancard, s'habille précipitamment et n'écoute rien de ce que lui dit la personne derrière la vitre. Il sort et court en direction de la pièce voisine où Luke a été emmenée, pourtant lorsqu'il arrive dans le box elle n'y est plus. Il regarde partout autour de lui et aperçoit deux médecins qui se précipitent vers une pièce voisine. Il décide de les suivre et franchit les portes battantes.

Luke est inerte sur le lit, entourée d'un certain nombre de soignants et de médecins.Ils lui retirent ses vêtements et l'examine sous toute les coutures. Ses paramètres sont pris par toute un panel d'appareils clignotant et hurlant, témoignant ainsi de la situation dramatique qui se déroulait devant ses yeux. Un homme appelle Spencer, il n'y prête pas attention, trop absorbé par les événements et par Luke allongée et livide. Lorsque l'homme en blouse blanche se dirige vers lui il ne lui faut que quelques secondes pour le reconnaître: Ben!

— Massage cardiaque........Intubation, on est en train de la perdre ! crie un des médecins à l'intérieur du box.

Ben se tourne légèrement et Spencer aperçoit la tête de Luke penchée en arrière pour être intubée. Le massage cardiaque a été efficace, son cœur à repris un rythme régulier comme le montre le scope émettant un bip à la fois angoissant et rassurant. Son état est tel que le sédater reste la seule solution. Il va falloir l'opérer rapidement, prendre en charge toutes les blessures et lui éviter de souffrir inutilement. L'intubation permet désormais à son corps de se reposer et d'être soulagé de tous les dégâts qu'il a subit.

Ben emmène Spencer à l'extérieur du box, des flash-back de la journée remontent, mais dans aucun il ne la voit. Il ne comprend rien, son cœur, son corps tout entier ressent un mal-être profond, mais son cerveau, lui, ne lui dit rien. Il s'avachit contre le mur et se laisse tomber par terre. Il les entend s'activer de l'autre côté, puis la porte s'ouvre et le brancard sur lequel elle est couchée part en direction du bloc. Ben s'assied au côté de son ami désespéré.

— Elle est entre de bonnes mains, je te promets que tout se passera bien. Maintenant, c'est à ton tour…
— C'est fait, dit-il brusquement.

— Bien, alors tu ne peux pas rester là .Allez viens, je te ramène dans la salle d'attente, et ensuite, je vais aller chercher tes résultats.

Spencer se laisse traîner jusqu'à cette satanée salle d'attente et la couleur jaune poussin des murs lui donne envie de vomir. Il s'affale sur une chaise, prend sa tête dans ses mains et attend.

Chapitre 26

Spencer est seul dans le box depuis trois bonnes heures. Il y a deux heures de cela Ben a été appelé par le bloc pour s'occuper de Luke. Le temps n'a jamais passé aussi lentement ; il attend tel un lion en cage.Tout se bouscule dans sa tête essayant de se rappeler le moindre souvenir d'elle, puisqu'apparemment ils sont ensemble depuis peu, mais rien ne lui revient. Obliger à se souvenir des événements passés ne lui apportent que frustration et incompréhension face à ce sentiment d'impuissance.

La porte s'ouvre sur Alex, le regard emplie de pitié et d'inquiétude.

— Arrête Alex, gronde-t-il.

— Super ! Tu te souviens de moi et je n'ai encore rien dit, donc ne commence pas à être désagréable.

— Imbécile, bien sûr que je me souviens de toi ! Ton regard en dit assez long, tu n'as pas besoin de t'exprimer autrement pour que je comprenne.

— Comment va Luke ?

— Je n'en ai aucune idée, Ben est avec elle actuellement.

Spencer sent le mal de tête revenir, prend sa tête entre ses mains et ferme les yeux. L'absence de réminiscences de ses souvenirs le hantent. Il suppose que les sentiments qu'il éprouve pour cette jeune femme doivent être forts, toutefois rien ne lui revient et il sent une larme de désespoir couler sur sa joue. Il l'essuie discrètement de sa paume quand Alex lui met la main sur l'épaule, signe qu'il est là pour lui et que tout ira bien.

Un bruit sourd se fait entendre et un sac de sport noir s'écrase au sol. Il relève la tête et découvre Libby, blême, les yeux rouges et gonflés par les larmes qui coulent sur ses joues. Elle ouvre la bouche, mais aucun son n'en sort. Elle s'approche et s'effondre sur son torse, prise de sanglots, inconsolable. Sa souffrance est insupportable et ensemble silencieusement, ils se promettent d'être là l'un pour l'autre jusqu'au retour de Luke. Il sait qu'elle est sa collègue. Il se souvient de cette jeune femme si facilement et si rapidement alors qu'il y a encore quelques heures, elle n'était que la grande blonde. C'est la voix meurtrie d'inquiétude que Libby arrive tant bien que mal à parler.

— Je suis désolée, pardonne moi de ne rien t'avoir dit, souffle-t-elle dans son oreille.

— Arrête ! Ce n'est pas de ta faute et tu n'as rien à te reprocher.

— Je... Je n'aurais jamais dû la laisser partir et te dévoiler ses intentions. J'ai voulu être une bonne amie, pas une collègue, mais elle n'en a toujours fait qu'à sa tête, alors j'espère que tu comprendras avec le temps. Je t'ai apporté son sac, fouille dedans, tu y trouveras peut-être des réponses. Moi je ne me sens pas capable de revivre ça. Je t'appellerai pour prendre de ses nouvelles.

— Et où comptes-tu aller comme ça ? tonne une voix d'homme.

Spencer aurait aimé poser cette question pour comprendre où elle veut en venir. Un homme se tient devant eux, porte sur Spencer un regard d'incompréhension, s'avance vers lui et le prend dans ses bras.

— Je sais tout et...

Il n'a pas le temps de finir sa phrase, qu'une femme d'âge mûr se rue sur lui et le frappe aussi fort qu'elle le peut en l'insultant.

— Espèce de salaud, tu avais promis de prendre soin d'elle. Tu n'es qu'un bon à rien, un flic de bas étage... tu nous l'a tué !! Dit-elle avec toute la hargne qui l'habite.

Spencer en reste coi, mais que faire face à la détresse de cette femme.

Si ce sont bien les parents de Luke, alors il comprend leur douleur, ils doivent souffrir bien plus que lui. L'homme retient sa femme par la taille et la fait sortir en s'excusant à sa place.

— Tu n'as pas le droit de partir Libby, elle va avoir besoin de toi.

— De toi aussi si ce n'est plus encore ! s'empresse-t-elle d'ajouter.

— Je vais lui faire plus de mal que de bien... elle n'a pas besoin de quelqu'un qui ne se souvient même pas d'elle.

— Tu y arriveras, sourit-elle en posant sa main au niveau du cœur de son collègue.

— Il sait tout et lui seul saura te montrer le chemin.

— Mais si nous n'avons pas le temps, si elle…

— Ne dis pas de sottise, vous êtes assez fort tous les deux pour vous en sortir, ensemble. C'est juste un mauvais moment à passer, tu sais bien que dans tous les relations amoureuses, il y a des hauts et des bas. Ça ne vous rendra que plus forts.

— Je suis là également, bien sûr, je ne la connais pas autant que Libby, mais j'ai passé assez de temps à ses côtés ces derniers jours, pour savoir qui elle est. Donc, si tu as même des petites bribes de souvenirs, par moments, il suffit de les partager avec nous, intervient Alex.

— Si je reste, tu restes ? questionne Spencer demandant ça comme une promesse d'ado.

Libby acquiesce et passe ses bras autour de son cou. Il referme les siens sur elle, sent des soubresauts et des larmes couler sur sa nuque, elle est en train de craquer de nouveau.

— Spencer ?

Il relève la tête au son de la voix et aperçoit l'homme qui était là, quelques instants plus tôt, le père de Luke a les yeux rougis et le teint blême. Spencer n'est pas sûr de son identité.

— Sean, c'est bien ça ? demande Spencer, incertain.

— Oui, c'est ça ! Libby et votre ami Alex ont donné leurs dépositions, mais je voudrais savoir comment nous en sommes arrivés là ? Elle allait bien et soudain, elle se retrouve entre les mains des chirurgiens.

— Sean, je comprends votre détresse…

— Vous ne pouvez pas comprendre, j'ai déjà perdu mon fils, je ne veux pas perdre ma fille également, s'emporte-t-il.

— Je vous assure, je comprends. Mon frère, le père de Judith est décédé il y a treize ans maintenant, poursuit Spencer.

— Je n'étais pas au courant.

— Ce n'est pas ce qui importe en ce moment. Malheureusement je ne me souviens pas de grand-chose concernant votre fille. Lorsque les secours sont arrivés, les urgentistes ne se consacraient qu'à moi, à cause de ma perte de connaissance. Je lui ai demandé de monter avec moi dans l'ambulance pour qu'ils puissent garder un œil sur elle.

— Elle l'a fait ? questionne-t-il suspicieux.

— Elle l'a fait.

— Et elle n'a pas eu de signe de crise ou de stress ?

— Pas que je me souvienne, pourquoi ?

— Parce que le soir où son frère est mort, elle était présente. Elle est montée dans l'ambulance pour l'accompagner jusqu'à l'hôpital et depuis elle ne supporte plus ni l'un ni l'autre.

— Je ne suis pas certain mais il me semble qu'elle m'en a vaguement parlé, avant… avant le bal, je crois.

— C'est un bon début, l'encourage Sean.

— Nous sommes arrivés ici, je ne voulais pas la quitter. Mais j'ai été obligé de passer ces satanés examens. Pendant ce temps, elle a fait un malaise et ils l'ont emmené en salle de déchocage pour ensuite se rendre en urgence au bloc opératoire.

— Qu'en est-il des trois autres crétins de criminels exactement ?

— On m'a rapporté que votre neveu a dévalé les escaliers avec moi, je suppose qu' il doit se trouver quelque part dans l'hôpital. Emmanuel quant à lui est introuvable et j'aurai abattu Victor d'après les derniers rapports.

Sean ne dit rien, pose sa main sur le genou de Spencer et le serre fortement, il le gratifie d'un sourire sincère pour le remercier silencieusement.

— Je vous en suis très reconnaissant ainsi qu'à votre ami Alex et Libby de l'avoir sauvée. Elle est en vie et c'est l'essentiel. Merci beaucoup Spencer, elle a de la chance de vous avoir.

— Il me tarde juste d'avoir de ses nouvelles . L'attente est insoutenable !

— Justement je suis là pour t'en donner.

Spencer se retourne et voit Ben retirer son calot, un air grave barre son visage.

Sean se lève et se place aux côtés du policier pour entendre ce que Ben va leur dire.

— Les coups qu'elle a reçu étaient bien placés. Je veux dire que la personne qui l'a frappé savait ce qu'elle faisait. Elle a quelques côtes cassées, ce qui a perforé le poumon gauche. Les coups qu'elle a subi ont provoqué une contusion abdominale avec un traumatisme fermé au niveau du foie sans gravité. La ratte a elle aussi été touchée, je n'ai pas eu d'autre choix que de l'enlever. Mais on vit très bien sans, je te l'assure. Ses analyses ont montré qu'elle a été droguée et une telle quantité en si peu de temps nous a compliqué sa prise en charge.

— Comment va-t-elle maintenant ? demande Sean.

— Nous avons fait tout ce que nous pouvions…

— Pardon ? Ce n'est pas possible, elle n'est pas… Oh mon dieu !

Sean s'assied maladroitement sur la chaise la plus proche de lui. Quant à Spencer la sensation que son cœur s'est arrêté de battre lui coupe la respiration. Ben pose la main sur son épaule et le secoue légèrement.

— Je n'ai pas fini, Luke est vivante. Pour ses côtes il faudra attendre qu'elles se consolident d'elles mêmes, elle a été maintenue sous sédation pour lui éviter des douleurs violentes et ainsi laisser à son corps le temps de se régénérer sans stress. On lui a posé un drain thoracique pour évacuer le sang qui s'écoule de la perforation, il suffit désormais de surveiller son efficacité. Elle est jeune et est plutôt combative, alors il ne reste plus qu'à attendre qu'elle se réveille.

Sean prend Spencer dans ses bras en une accolade paternelle, récupère sa veste posée sur le dossier de la chaise et quitte la pièce. Spencer reste interdit, ses membres ne veulent pas bouger, mais il est soulagé qu'elle aille bien. Il voudrait aller la voir, mais rien n'y fait, ses membres ne lui obéissent plus.

Ben désire parler à Spencer et le lui fait comprendre. Ils s'isolent alors dans le box qui lui était attitré.

— Réponds-moi sincèrement, tu as mal quelque part en particulier ? s'inquiète Ben dès que son ami l'a rejoint.

— Ma clavicule droite me lance un peu, mais rien de nouveau jusque là. Sinon je ressens quelques gênes dans le bassin, à part ça, non.

— D'accord ! On va aller voir le neurologue juste pour qu'il nous donne son avis sur ton état actuel. Tu as un léger trauma crânien, ce qui pourrait expliquer ton amnésie partielle.

— Je n'ai rien d'autre ?

— Quelques hématomes qui se résorberont d'eux-mêmes et tu as deux côtes fêlées, mais je ne m'en fais pas, tu te rétabliras rapidement.

— Peux-tu prévenir mes parents, ainsi que Judith, s'il te plait ?

— Je les ai déjà prévenus, ils arrivent. Je vais biper le neurologue et lui dis de venir dans la chambre de Luke. Tu auras quelques minutes avec elle.

— Merci.

Les deux hommes montent dans l'ascenseur et quelques étages plus tard, Spencer se retrouve devant une grande porte battante dotée d'une sécurité et indiquant le service de réanimation. Le couloir qui s'ouvre à eux mène tout droit à la chambre dans laquelle est allongée Luke. Il respire profondément et avance seul vers celle qu'on lui a présenté comme sa bien aimée. Toutefois, juste avant de la revoir, il entend deux voix masculines nerveuses parler à mi-voix derrière une porte de bureau à peine fermée.

— Tu ne peux pas débarquer comme ça à l'hôpital, s'insurge Sean.

— Graziella m'a appelé en pleurs, que voulais-tu que je fasse ?

— Rien et rester à ta place !

— Tu es incroyable Sean, tu ne peux tout simplement pas me reprocher d'être venu voir notre fille.

— Je suis son père, toi tu n'es rien, tu n'es que son patron. Enfonce toi ça dans le crâne une bonne fois pour toutes Vincent !!!!

— Jusqu'à quand, hein ? Quand allez-vous enfin lui dire la vérité ? S'emporte soudain le patron de Luke.

— Le plus tard possible, c'est préférable. Tu ne trouves pas qu'elle a déjà été assez affligée comme ça ?!

— Ce n'est plus une enfant Sean !

— Elle le sera toujours pour sa mère et moi !

— D'accord, mais elle a assez souffert comme ça ! Elle se sent responsable de la perte de son frère alors que c'est faux… Graziella et toi la tourmentez, vous êtes des ingrats, vous voulez qu'elle partage votre peine, alors qu'elle n'a pas lieu d'être.

— J'en ai assez entendu ! Tu sais bien que tout ceci n'est pas ma décision, mais celle de Graziella et de Rebecca !

Spencer n'en croit pas ses oreilles. Qui est Rebecca ? Et qu'est-ce que c'est que toute cette histoire ? Il s'apprête à reprendre son chemin vers la chambre, mais la porte s'ouvre sur les deux hommes surpris par sa présence.

— Oh ! Spencer vous êtes là ? s'étonne Sean en fermant sa veste de costume, tandis que Vincent le salue d'un signe de tête et prend le chemin opposé.

— Je viens voir Luke avant de voir le neurologue.

Les deux hommes marchent silencieusement, quand Sean s'arrête devant une grande porte vitrée invitant Spencer à tourner la tête pour la voir. Dans cette grande chambre, elle fait si menue, si fragile au milieu de ce grand lit. Ses cheveux noirs sont cachés dans une charlotte en papier bleu et elle est couverte d'un drap blanc jusqu'au cou. Il est surpris par tous ces tuyaux et les machines qui l'entourent. Elle est branchée de partout entre les perfusions, le tube respiratoire et les électrodes qui surveillent son cœur, il la reconnaît à peine. Cette autre femme présente à son chevet doit être sa mère.

Spencer s'apprête à ouvrir mais Sean l'arrête dans son élan.

— Pour la discussion que vous avez entendue…

— Je n'ai rien entendu, Sean, ment-il.

— Bien, dans ce cas allons-y.

Spencer tire sur la poignée et l'ouvre silencieusement. La femme se retourne sur eux, se lève, vient à sa rencontre et le prend dans ses bras un instant, puis se détache, les yeux emplis de larmes.

— Veuillez m'excuser pour tout à l'heure.

— Ne vous excusez pas, Madame.

— Appelez-moi Graziella, et je tiens à m'excuser, je n'avais pas à réagir ainsi. Je me suis sentie comme une idiote lorsque Sean m'a rapporté ce que vous avez fait. Vous lui avez sauvé la vie au péril de la vôtre.

— C'est ce que tout un chacun aura fait, Madame.

— Je vous laisse, je dois donner des nouvelles aux autres membres de la famille.

Spencer s'approche doucement, les bips des différentes machines retentissent lourdement dans sa tête. Il s'assied à même le lit, cherche sa main sous les draps et entre en contact avec celle-ci. Elle est glacée. Son instinct le pousse à les serrer entre les siennes pour lui transmettre sa chaleur. Il ferme les yeux et essaie de se souvenir.

— Luke, je t'en prie, fais-moi un signe, chuchote-t-il.

Il attend de longues secondes, qui deviennent à leur tour de longues minutes, mais il ne perçoit aucun mouvement de sa part.

— Spencer, il est temps d'y aller, chuchote Ben en arrivant dans la chambre.

Il acquiesce et se tourne une dernière fois vers Luke qui a l'air si paisible. Il lui caresse la joue du bout des doigts et se penche pour déposer un doux baiser sur son front.

— J'aimerais tellement revoir tes magnifiques yeux. Il est vrai que je ne me souviens pas de ce qui s'est passé ces dernières semaines mais te voir dans cet état me fait un mal de chien. Tu dois absolument te réveiller...

Il relève la tête, vérifie les machines et espère vraiment y percevoir un signe. Mais rien n'y fait, aucun mouvement particulier, aucun battement de cils.

— Tu es stable, alors sois sage en mon absence d'accord ? Je reviens vite, c'est promis.

Spencer sort de la chambre suivant Ben d'un pas déterminé. Son entretien avec le neurologue se profile et les questions quant à son amnésie commencent à se bousculer dans son esprit

Chapitre 27

Luke ouvre les yeux et la panique la gagne instantanément. Elle regarde ce qui l'entoure apercevant le scope émettant ça et là toute une série de bip.

—Bonjour, je suis Tamara, l'infirmière qui s'occupe de vous depuis votre arrivée. Soyez rassurée vous êtes stabilisée, Ben viendra vous expliquer exactement les soins qui vous sont prodigués.

Malgré le doux sourire de Tamara, Luke se sent anxieuse. Elle se résigne à attendre pour avoir plus d'informations sur son état et sa venue dans ce lit. Il n'en fallait pas plus pour que Luke se rendorme après à la visite de la douce soignante.

Le réveil suivant se fait plus calmement, Luke tente de s'asseoir dans le lit, lorsqu'elle se rappelle où elle se trouve. Ce mouvement lui arrache un cri douloureux. En effet une violente douleur au niveau de l'abdomen l'assaille, elle porte machinalement ses mains sur son ventre pensant que ce n'était qu'un cauchemar. Toutefois, la vue des fins tuyaux de perfusion et le drain qui évacue un liquide sanguinolent ne peuvent que confirmer son état et ce lit d'hôpital. Prise d'une angoisse incontrôlable, elle se met à crier.

— Il y a quelqu'un ? Vous m'entendez ? Venez m'aider, s'il vous plaît... ses paroles ne sont qu'un souffle.

Aussitôt, une infirmière arrive dans la chambre. Heureusement pour Luke, elle passait dans le couloir et l'a vu à travers la vitre de la chambre en train de s'agiter.

Luke relève la couverture et s'apprête à sortir du lit, mais l'infirmière la stoppe et lui intime de rester allongée. Avec professionnalisme elle lui explique toutes les consignes qu'elle se doit de respecter afin de se rétablir au mieux. Luke acquiesce et accepte de se recoucher, mais des tonnes de questions font rages dans sa tête.

— Où sont mes parents ?

— Votre père a quitté votre chevet il y a quinze minutes et votre mère est partie chercher votre petit frère.

— Nolan ! Souffle Luke pensant qu'il doit être en panique de la savoir ici.

— Reposez-vous, vous en avez besoin. Ils vont bientôt revenir. Votre réveil était très attendu.

— Merci Tamara.

Soudainement, un homme en blouse blanche apparaît devant elle. Luke semble reconnaître cette personne et fronce les sourcils. Il était là quand tout a dérapé plus tôt ainsi qu'à l'anniversaire de Judith. Si ses souvenirs sont exacts ils ont même dansé ensemble...

— Ben, c'est toi ? demande-t-elle, hésitante.

— C'est bien moi, comment te sens-tu ?

— Bien, merci. Mais j'ai un mal de gorge horrible.

— C'est normal Luke. La douleur de l'intubation finira par passer. Si tu le désires l'infirmière te donnera un antalgique. Il faut tout de même que je vérifie que tout va bien, si tu permets ?

Il commence à lever la couverture et la rabat sur le bas de son ventre, puis soulève le tissu blanc à pois bleus qui lui sert de chemise de nuit. Ben se frotte les mains pour les réchauffer avant de les poser sur Luke, mais elle sursaute tout de même lorsqu'il palpe avec soin son ventre.

— Désolé ! Sourit-il sincèrement.

— Ça va, ne t'en fais pas. Alors, comment est-ce ?

— Le pansement est propre, pas de suintement, c'est parfait. Tu as mal ? S'inquiète-t-il.

— La douleur est supportable.

— Je peux te prescrire quelque chose de plus fort si tu veux ?

— Non merci.

— Nous avons dû t'amener au bloc et te poser un drain. Tes côtes cassées ont perforé ton poumon. Le saignement se devait d'être évacué. Nous te l'enlèverons dès que nous l'estimerons possible.

— D'accord. Merci Ben.

Il s'apprête à partir, mais Luke le retient par la manche de sa blouse. Ils se regardent un instant sans rien dire. Ben lui sourit, prend sa main dans la sienne et s'assied sur le bord du lit pour la rassurer.

— Spencer avec le meilleur neurologue de l'hôpital. Tout va bien, c'est un simple traumatisme crânien. Je suis navré je dois partir, il me faut finir la visite de mes autres patients.

Luke est encore dans ses pensées, mais elle hoche la tête machinalement et dit oui sans s'en rendre compte.

— À plus tard !

Elle s'allonge non sans grimacer et ses pensées partent à présent vers ce qui s'est passé récemment dans sa vie. Un véritable virage à 180 °, Luke se rend compte qu'elle a une chance incroyable d'avoir rencontré Spencer. Il est… il est devenu en très peu de temps un tout pour elle. Cet homme bourré de principes et de sagesse manquait à son équilibre, faisant ressortir la meilleure partie d'elle. Désormais, elle culpabilise de ne pas l'avoir laissé atteindre suffisamment son cœur. La peur qu'il soit comme Victor la tenaillait et elle regrette son comportement. Elle veut que tout ceci change, ne souhaite plus souffrir et si Spencer est d'accord elle se sent prête à prendre un nouveau départ à ses côtés !

Libby fait son entrée dans la chambre.

— Bonjour ma chérie, tout va bien ?

— Comme quelqu'un qui vient de se faire charcuter ! Je me suis rendue compte d'une chose qui m'étonne moi même.

— Dis moi, je suis toute ouïe.

— Je l'aime Libby… ce sentiment que j'ai fui depuis tant d'années je ne l'ai pas reconnu.

Libby se recule et la tient par les épaules.

— Quoi, attends ! Tu peux répéter ? Parce que je pense que mes oreilles n'ont pas bien compris.

— Je l'aime.

— Je suis surprise de te l'entendre dire mais c'est une bonne nouvelle.

— Il n'y a qu'à toi et à Lukas à qui j'ai réussi à dire je t'aime…

— Tu ne l'as jamais dit à tes parents ?

— Avec eux c'est différent !

— C'est bizarre surtout de ne pas montrer à ses parents ce que l'on ressent pour eux, s'offusque Libby.

— Si tu le dis, se renfrogne Luke.

Les deux femmes restent un moment sans rien dire, comme si une gêne s'était installée entre elles ; ce n'était jamais arrivé auparavant. Luke se décale et tapote la place à côté d'elle. Libby s'assied sur le bord du lit en faisant attention aux différents dispositifs médicaux.

— Pourquoi ne pas m'avoir dit que tu étais devenue flic ? Commence Luke.

— C'était une idée de ton père, il m'a dit que tu allais croire que j'étais là pour te surveiller.

— Et c'est le cas ?

— En tant que meilleure amie, oui. Mais en tant que flic, j'ai d'autres chats à fouetter que de te coller aux basques.

— Tu aurais quand même pu me le dire !

— C'est vrai. Je m'en excuse, admet cette dernière.

— N'en parlons plus. Penses-tu que Spencer va se souvenir de moi, de nous, un jour ? demande-t-elle en appréhendant la réponse.

— Je suppose que oui. Que t'as dit Ben à ce sujet ?

— Que ce n'est pas alarmant. Son amnésie du moment concernant l'accident risque d'être permanent, toutefois le reste de ses souvenirs devrait revenir.

— Je comprends, mais ça risque de prendre du temps. On peut tout de même l'aider un petit peu, tu ne penses pas ?

— Je ne sais pas trop, hésite Luke en se tordant les doigts.

— Au fond de toi, je sais que tu es une romantique. Je suis sûre que tu as gardé certaines choses en souvenir.

— Je n'ai aucune intention de les utiliser, il ne faut pas le forcer.

Au moment où Luke termine sa phrase, le téléphone de Libby émet des vibrations incessantes. Sur l'écran le nom de Ben apparaît les surprenant toutes les deux. Intriguée et curieuse Luke attrape le téléphone de son amie.

— Tu comptais ne pas me le dire non plus ?

— Bien sûr que si ! Avec les circonstances actuelles, je pensais que c'était déplacé de t'en parler ici. Je voulais attendre que Spencer et toi soyez rétablis.

— Crache le morceau !

— Nous nous sommes rencontrés à l'anniversaire de Judith ! Le feeling est tout de suite passé entre nous.

— Si ça fonctionne bien entre vous, j'en suis très heureuse.

— Mais par rapport à ton frère ?

— Lukas n'est plus là ! Tu as vécu son deuil plus que quiconque dans cette famille. Tu dois penser à toi maintenant

— Garde ce conseil pour toi, ma vieille, dit Libby

— C'est bien ce que je compte faire figure toi ! Je pense que j'ai assez vécu dans le passé et qu'il faut que j'aille de l'avant. Réponds-lui maintenant, ne le fais pas attendre plus longtemps ! Ça fait au moins quatre fois que ton téléphone vibre.

Elle sourit et alterne entre l'écran de son téléphone et les yeux étonnés de son amie.

— Tu es super stressante quand tu fais ça !

— Bon, je te montre quelque chose et tu me dis si ça te paraît bizarre.

— Je te préviens, ne me mets pas ses parties intimes sous les yeux !

— Ah non ! ça, je ne partage pas…

Les deux amies rient de bon cœur, mais la cicatrice de Luke se rappelle à son bon souvenir ce qui l'arrête spontanément.

— Tu vas bien ? Tu veux que j'appelle l'infirmière ? s'alarme Libby.

— Oui je vais bien mais ne me fais plus rire, c'est tout.

Elle acquiesce, fait parcourir son doigt à plusieurs reprises sur son écran et le lui tend. Luke ne peut s'empêcher de rire une nouvelle fois devant le texte enfantin que vient d'envoyer le charmant médecin.

— Ah oui, quand même ! Il se répète, tu lui fais perdre ses mots, se moque Luke gentiment.

— Tu n'aimes pas ?

Luke lève les épaules.

— Comment dire ? Je pense qu'il a de l'imagination ! Dit-elle au bord du fou rire. Mais tu as quand même souri en le lisant, la taquine-t-elle.
— Oui ! dit Libby.

— Pourquoi ne lui as-tu pas répondu ?
— Parce que je n'ai pas eu le temps, il m'a envoyé un autre SMS.

Tu es là ?

Après avoir lu à haute voix, Luke répond à son amie.

— C'est un impatient, dis-moi !
— Ne te moque pas, tu veux bien ?
— Mais non, je trouve juste que ça fait un peu « cliché ».
— Lui aussi, figure-toi, lui rétorque Libby.
— Ah les hommes ! Alors, pourquoi l'avoir écrit et envoyé ?
— Parce qu'il ne savait pas comment aborder la conversation avec moi, avoue Libby en lisant le message suivant.
— Et après on dit que ce sont les femmes qui sont compliquées. Il n'aurait pas pu te dire clairement qu'il te voulait dans son lit !
— Luke ! rugit Libby.
— Je t'en prie, ne soit pas outrée. Et qu'avez-vous fait ensuite ?

—Nous nous sommes rencontrés deux fois pour boire un verre après le travail et dîner ensemble à plusieurs reprises.

—C'est tout ?

—Un soir il m'a donné rendez-vous chez lui, je pensais que c'était pour dîner, mais l'attirance était trop pressante que nous sommes directement passés au dessert. En l'occurrence nous deux sur son canapé.

Libby fait défiler le fil de leur conversation et s'arrête sur un message plus que suggestif. Luke sourit et ne lit qu'un mot sur trois au vu du détail des descriptions.

—Et alors, il est comment au pieu ?

—Je ne sais pas, on n'a pas encore essayé le lit, annonce Libby en rougissant de nouveau.

—Un impatient, c'est bien ce que je dis…

—C'est mieux ainsi pour le moment, je ne suis pas capable de l'accueillir dans mon lit et de dormir avec lui.

—Mais l'accueillir entre tes cuisses, ça ne te dérange pas !

—C'est un très bon amant et je profite, comme tu dis.

—Vous vous êtes revus par la suite ? L'encourage Luke.

—Non, je vous ai rejoint en France et je n'ai pas pu lui donner de nouvelles.

—Merde ! Je suis désolée.

Pendant les deux heures qui leur sont accordées les deux amies parlent de tout et de rien comme lorsqu'elles étaient adolescentes. Soudainement Luke sent son anxiété prendre le dessus et soupire fortement, personne n'est venu lui donner des nouvelles de Spencer.

— Ça ne t'intéresse pas ce que je te dis ? demande Libby contrariée.

— Excuse-moi, c'est juste que…

— Que quoi ?

Libby hausse un sourcil, ne comprenant pas où veut en venir son amie.

— Je veux savoir pourquoi Spencer n'est toujours pas venu me rendre visite.

— Personne à part moi n'est venu ?

— Pas depuis que je suis réveillée. L'infirmière m'a dit que mon père allait revenir et que ma mère était avec Nolan.

— Tu veux que j'appelle Ben ?

— Oui… Non, attends.

— Luke !

— J'ai peur, j'ai peur d'entendre ce qu'il va me dire, avoue cette dernière.

— Quoi qu'il t'annonce, je serai là, ok ?

— Ok !

Tamara fait son apparition dans la chambre et leur annonce que le transfert est en cours d'organisation entre les équipes soignantes avec l'aide de Graziella. La nouvelle les soulage et Libby est de suite mise à contribution afin de rassembler ses affaires. Plus aucune visite ne sera de ce fait autorisé pour le reste de la journée.

Complètement désemparée par cette nouvelle, Luke craque. Elle défait la couverture, et dans l'affolement arrache les pastilles qui la relient au scope. Plus rien ne l'arrête elle attrape les cathéters et tire dessus violemment. C'est sur cet état de fait que Ben arrive dans la chambre. Lorsqu'elle le voit elle se stoppe instantanément et crache sur lui tout son désespoir.

— Il faut que je le voie et tu ne m'en empêcheras pas, annonce-t-elle, les yeux remplis de hargne.

— Je suis ton MÉDECIN et mes ordres sont de RESTER COUCHÉE. Tu n'es pas en état de marcher, LUKE !

— Ne me parle pas comme ça ! Je vais bien, donc je veux le voir fin de la discussion !!!

— Je te répète que tu n'es pas en état…

Quand il lui fait un signe du menton, Luke baisse son regard vers son ventre et aperçoit une tache rouge sur le tissu. Elle regarde Ben et lève les épaules comme si ça l'importait peu. Un jeu de force se fait entre eux, mais Luke ne faiblira pas.

— Tu me referas des points uniquement lorsque je l'aurai revu et pas avant !

— Non, insiste ce dernier, outré par le comportement de sa patiente. Si tu ne m'écoutes pas je demande à Tamara de te préparer une injection qui te feras dormir jusqu'à demain.

— Je n'ai pas peur de toi, Ben, les menaces ne marchent pas avec moi.

— Méfie-toi je ne te passerai pas ce caprice sous prétexte que tu es la petite amie de Spencer ! recouche-toi Luke.

— Ben, je t'en prie ! Conduis-moi à lui.

— Est-ce que tu crois qu'il serait content de te voir dans cet état ?

Devant l'air fâché et inquiet de Ben, Luke déglutit et tourne la tête de gauche à droite.

— Rallonge toi de suite. Tu dois respecter les consignes il en va de ta santé. Tamara va te reposer un cathéter pour les perfusions, c'est non négociable.

L'infirmière arrive avec tout un chariot contenant le matériel nécessaire à la réfection des différents soins. Elle débute la pose des perfusions. Lorsque le guide du cathéter transperce sa peau une douleur l'assaille, une larme coule sur sa joue. Puis tout à coup Luke se sent lasse et sait que la bataille est perdue. Ben ne la laissera pas aller voir Spencer aujourd'hui. Elle se sent faiblir, n'a plus la force de résister et entend à peine Ben lui dire qu'il a appelé Mark. Sa tête entre en contact avec l'oreiller et c'est à nouveau le trou noir.

Chapitre 28

Luke se réveille au petit matin, groggy. Elle regarde autour d'elle et remarque qu'elle a changé de chambre. Celle-ci est plus chaleureuse si on peut dire. La peinture vert pastel est en partie recouverte de fresques de fleurs. Sa mère a aussi fait venir quelques affaires personnelles telles que son ordinateur, ses écouteurs, son oreiller, une valise et plein d'autres choses qui lui semblaient être utiles. Elle pense certainement que Luke va rester ici pendant plusieurs semaines, mais c'est impossible pour elle de rester dans cet endroit trop longtemps.

On toque à la porte et cette dernière s'ouvre doucement, sortant Luke de ses réflexions. Elle ferme rapidement les yeux, feignant de dormir attendant de savoir qui est son visiteur. Non désireuse qu'il s'agisse de sa mère, elle préfère les garder clos. C'est étrange, cette sensation de ne pas vouloir sa génitrice à ses côtés après de telles mésaventures. Mais bien qu'elle ait déplacé des montagnes pour elle, Luke se pense incapable de lui pardonner. Le matelas s'affaisse lorsque ce visiteur s'installe sur son lit et elle perçoit un petit souffle sur son visage.

— Luke tu dors encore ? Chuchote une petite voix qu'elle connaît bien.

— Nous repasserons plus tard, dit une autre plus masculine. Elle est très fatiguée, tu sais.

— Ça va papa, je suis réveillée, dit-elle d'une voix qu'elle veut ensommeillée.

Elle ouvre les yeux, soulagée de voir qu'il n'y a que Nolan et son père dans la pièce et qu'ils lui sourient. Luke prend son petit frère dans ses bras pour un gros câlin puis le laisse s'installer à ses côtés, la tête posée sur son épaule.

— Comment te sens-tu ? lui demande son père en l'embrassant à son tour.
— Je vais bien !
— Luke ! Tonne-t-il en fronçant les sourcils.
— Je t'assure, je vais bien ! Ma cicatrice ne me fait pas trop souffrir et j'ai des anti douleurs.
— Me le dirais-tu si c'était le cas ?
— Bien sûr !

Sean s'approche et dépose un autre baiser sur son front, mais celui-ci est plus doux, plus intime. Luke sent qu'il y met tout son cœur et **ses** doutes disparaissent. Il regarde sa fille, lui sourit timidement, puis avance un fauteuil jusqu'au lit. Luke sait que son père ne lâchera pas le morceau et qu'il va vouloir des réponses.

— Je suis content que tu ailles bien, mais je voudrais savoir ce qu'il s'est vraiment passé ?

— Je suis partie, je pensais pouvoir tendre un piège aux garçons et me débarrasser moi-même de Victor. Mais ils ont été plus rusés que moi sur ce point. Je revenais de France quand je me suis fait kidnapper, avec l'aide d'Emmanuel et de Mario ils m'ont trimballé à droite à gauche. Je ne sais pas comment, mais Spencer, Libby et Alex m'ont retrouvé et il s'en est suivi une bagarre entre Mario et Spencer… la suite vous la connaissez. L'ambulance, l'arrivée aux urgences pour finir par le bloc opératoire et la disparition du paysage de Spencer. J'aimerai parler d'autre chose si tu veux bien. Nolan, dis moi comment va Tito ? J'espère qu'il est sage et ne fait pas trop de bêtises à la maison.

— Oui il est obéissant et je m'en occupe bien. Il sait faire le beau, donner la patte et il va faire ses besoins dehors. Il a grossi aussi.

— Je suis contente que tout aille pour le mieux. Tu n'aurais pas des photos que je me rende compte à quel point il a changé ?

Fier de lui et non sans un grand sourire, Nolan sort de sa veste une clé USB et la branche sur l'ordinateur de sa sœur. Durant le temps du défilé des photos, Luke et son frère restent collés l'un contre l'autre. Après les félicitations et les câlins en bonnes et dû forme, Sean repart avec son fils pour laisser Luke se reposer.

Graziella arrive dans la chambre quelques minutes à peine après leurs départs avec des attentions de cocooning pour filles. Luke, fâchée et sans une once de bonne volonté, se retrouve avec un soin sur le visage et du vernis sur les ongles. Il ne faut pas oublier qu'avant toute chose sa mère donne une attention particulière à la beauté extérieure, équivalente ou plus même à celle de l'intérieure.

— Il était temps ! Tu en avais besoin ! Ta peau était dans un tel état de dessèchement que je ne pouvais pas te laisser comme ça, dit platement Graziella.

— Merci. Tu sais bien que ce n'est pas mon genre tous ces soins et tout le tralala, mais je dois bien avouer que ça m'a détendu.

On frappe à la porte et Mark débarque tel une star avec ses lunettes de soleil sur la tête, un jean moulant ses longues jambes musclées et un tee shirt assorti reflétant son look de playboy agrémenté par des sneakers.

— Salut beauté. Oh mais dis moi tu ressembles à rien avec ce "gloubi boulga" sur la figure, se moque gentiment le kiné.

— Pardon !! Ce que vous appelez du "gloubi boulga" n'est que de l'avocat mélangé à des huiles pour purifier la peau et lui apporter du tonus. Je ne vous permet pas de dire ce genre d'âneries !!!! Pour qui vous prenez-vous ?? Rétorque Graziella vexée.

Luke et Mark pouffent et ne peuvent retenir leur fou rire, ce qui fait craqueler le masque sur le visage de la jeune femme. Il n'en fallait pas plus pour faire redoubler leur hilarité.

Graziella en colère, face à ce manque de considération, finit par sortir de la chambre en claquant la porte.

— Je crois que tu l'as vexée, dit Luke.

— Oh bah elle s'en remettra, je ne m'en fais pas pour elle. Dis moi, comment tu retires ce truc moche de ton visage, parce que je t'avoue que tu fais vraiment flipper.

Avec de l'eau tiède dans une bassine, Luke réussit à ôter la substance verdâtre et retrouver forme humaine.

— Voilà qui est beaucoup mieux, tu es redevenue toi, affirme Mark.

— Je suis contente de te voir, tu m'as manqué. Comment vas tu?

— Mieux que toi, c'est une certitude. Je suis venu pour te remonter le moral et te booster un peu. À ce qu'il paraît tu rends les médecins, les infirmières et les aides soignantes complètement chèvres ?

— C'est exagéré je suis juste inquiète pour Spencer. Personne n'est capable de me donner de ses nouvelles et ça me stresse. Tu te rends compte, il n'est pas venu me rendre visite et Ben m'interdit de bouger de mon lit ! Est ce que tu sais quelque chose de ton côté ?

— Apparemment il a de grosses migraines, les médecins lui ont conseillé de rester alité. Il viendra quand il se sentira mieux ne t'inquiète pas.

— Tu en sais plus que moi. S'il ne vient pas me voir assez rapidement, une fois que je serais débarrassée de tout ces tuyaux j'irai le voir. Regarde-moi, je ressemble à un arbre de noël.

Mark reste évasif car une surprise de taille attend Luke dans un jour ou deux. Tenu à garder le secret, il se contente de l'amuser durant une heure avant de partir.

La venue de Ben est le signe que la journée touche à sa fin. Si tous les paramètres sont bons et que les drains restent vides il se pourrait qu'elle en soit libérée dès le lendemain. Elle pourra, dans ce cas, être autorisée à aller voir Spencer. Heureuse de cette formidable nouvelle, Luke mange son repas avec appétit imaginant sa future visite à l'homme de sa vie.

Sean revient le soir même peu avant 20h, il a besoin d'avoir plus de réponses sur les derniers événements. Il semble réfléchir un instant, avant de lui demander.

— Dis-moi ? Tu t'es battue aussi, oui ou non ? Insiste-t-il.
— Oui… avoue Luke en baissant les yeux.
— Avec Victor ?
— Et Mario ! Je devais faire quelque chose. Il avait comme intention de me faire du mal pour atteindre Spencer.
— Qu'a-t-il à voir là-dedans ?
— Je ne sais pas trop. Mais d'après ce que j'ai compris, Mario a été adopté… Est-ce la vérité, papa ? demande-t-elle, sachant pertinemment que contrairement à sa mère, son père ne lui a jamais menti.

Il reste silencieux et une lueur d'inquiétude brille dans ses yeux.

— Oui, souffle-t-il, mais…
— Alors c'est vrai !? La mère de Spencer serait aussi la mère de Mario ? Il tient Spencer pour responsable de lui avoir volé sa mère. La vengeance a donc été le moteur de toutes ses manigances.

Sean est de plus en plus abasourdi.

— Alors papa, est-ce que c'est vrai ?

La jeune femme garde un calme olympien, mais n'en pense pas moins.

— Hum nous en parlerons plus tard !
— Mais, papa…
— Il n'y a pas de mais qui tienne ! Tu as toujours été une enfant agitée, jamais posée, toujours en vadrouille et quoi que nous ayons fait, rien n'a fonctionné. J'espère que c'est la dernière fois que je te retrouve sur un lit d'hôpital. La disparition de ton frère nous a fait beaucoup de mal, et encore aujourd'hui, nous souffrons de sa disparition. Comment crois-tu que nous réagissons chaque fois que le téléphone sonne ? Un jour, ce maudit appel arrivera et on nous annoncera ton décès, que les médecins auront tenté pour te sauver. La morgue est le dernier endroit où nous avons envie de te voir !!

Luke pâlit en entendant les mots durs, mais réalistes, de son père.

— J'espère bien que Spencer arrivera à te mettre du plomb dans la cervelle ! Il est grand temps que tu te décides à prendre et rester sur le bon chemin. Je répète ce que je t'ai dit avant que tu emménages ici : il est temps que tu prennes ta vie en main, nous ne serons pas toujours là. Je sais que la disparition de ton frère t'a bouleversée, mais tu es forte. Bien plus que tu ne le crois, après toutes les épreuves que tu as déjà traversé. Donc maintenant STOP, il est grand temps que cela change ! Tu es ma fille Luke et je t'aime comme tu es. Celui qui ne voit pas combien tu es une belle personne est un imbécile et ne te mérite pas. Je t'aime ma fille, n'en doute jamais.

— Je t'aime aussi, papa.

Sean regarde sa fille et ses yeux se remplissent de larmes. Ces quelques mots résonnent en boucle dans le cœur et dans la tête de Luke. C'est la première fois depuis longtemps qu'elle dit ces trois mots à son père. Il l'enlace et lui embrasse de nouveau tendrement le front. Ils restent ainsi un moment profitant de cet instant père/fille, renforçant ce lien qui les unit n'a jamais faibli.

— Merci Papa, murmure Luke en posant sa tête sur l'oreiller.

La nuit, souvent nommée comme étant de bons conseils, la berce de rencontres avec son charmant policier. Si tout se passe tel que Ben lui en a parlé, il se pourrait bien qu'elle soit libre de ses mouvements au sein de l'hôpital.

Luke est libérée de ses entraves, elle peut maintenant aller voir Spencer. Comment va t-il réagir en la voyant? Ben l'emmène lui même dans la chambre de son ami pour lui faire la surprise.

Une douce odeur, fruitée et familière, chatouille le nez du Lieutenant. Il essaie de bouger, mais il sent comme un poids mort sur son côté droit. Il ouvre les yeux, soulagé d'apercevoir le sommet de la petite tête brune de Luke.

— Luke, chuchote-t-il.

— Hum !

— Luke, réveille-toi…

— Hum ! Laissez-moi, je veux rester avec Spencer

— Mais je suis réveillé, Luke.

En l'espace d'une seconde, elle se retourne et lui fait face, l'air inquiet. Elle fronce les sourcils, se pose un tas de questions et Spencer s'en aperçoit.

Il saisit son visage en coupe provoquant chez Luke un mouvement de recul. Elle penche sa tête sur le côté, plisse à nouveau les yeux attendant quelque chose de sa part. Luke se décide enfin à poser la question qui lui brûle les lèvres.

— Comment est-ce que je m'appelle ?

Spencer sourit et veut lui saisir les hanches, mais elle l'arrête une nouvelle fois.

— Comment ça ? C'est ridicule, je sais très bien comment tu t'appelles. Allez, viens dans mes bras…

Elle bouge la tête pour lui dire « Non » et soupire en le regardant toujours droit dans les yeux. Elle n'est plus inquiète, à présent elle a peur, n'est pas dupe et ne se laissera pas berner une fois de plus.

— C'est ridicule, tu ne trouves pas ? lui demande Spencer avec ironie.

— Si, admet-elle.

— Alors, pourquoi me poses-tu cette question ?

— Pour m'éviter de souffrir, affirme-t-elle.

— Pourquoi te ferais-je souffrir ? Allez, viens te mettre là…

Spencer tape sur ses pectoraux, mais une nouvelle fois, elle refuse.

— Bon sang, ce n'est pas vrai Luke, je comprends que tu veuilles vérifier si mes capacités cognitives sont intactes mais laisses ça aux professionnels, tu veux. Pour la dernière fois, j'ai besoin de te serrer dans mes bras, donc si tu veux bien reprendre la place que tu avais il y a cinq minutes.

Submergée par les émotions de tous ces derniers jours associées à son soulagement de revoir enfin celui qui a ravi son cœur, Luke craque et pleure une fois de plus.

— Je croyais t'avoir dit il y a quelques jours que je n'accepterai plus de voir des larmes sur ton visage.

Luke se raidit.

— Que m'as-tu dit d'autre, ce soir-là ?
— Nous étions dans la baignoire remplie d'eau bien chaude et de mousse, tu étais adossée à moi et je t'ai offert ton cadeau d'anniversaire. Nous avons discuté de choses et d'autres, puis tu t'es retournée et tu m'as remercié plus que nécessairement, tu as…
— De quoi ? Le coupe-t-elle, au bord de l'implosion.

Elle se demande quand Spencer va cesser de jouer avec ses nerfs.

— De quoi, quoi ?

— De quoi avons-nous parlé ?

— Tu ne t'en souviens pas ? demande-t-il, soucieux.

Luke relève la tête, tourmentée. Il se fiche d'elle, elle en est certaine et si c'est une manière pour lui de se venger, c'est cruel de sa part.

— Oh si, je me souviens de tout ! confirme-t-elle en plissant les yeux.

— Pourquoi me le demander alors ?

— Parce que… parce que, je veux savoir si ce que tu dis, tu l'as appris de quelqu'un d'autre ou si ce sont vraiment tes souvenirs, nos souvenirs !

— Je t'ai dit de laisser les tests **post-op** aux docteurs, pourquoi voudrais-tu que je t'oublie ? Tu es la plus belle chose qui me soit arrivée, jamais je ne pourrais t'oublier.

Elle se raidit à nouveau. Spencer ne comprend pas son comportement.

— C'est ce que tu as fait, pourtant !

— Quoi ? Mais c'est du grand n'importe quoi, annonce-t-il, incrédule.

— C'est pourtant vrai ! Les interrompt une voix masculine.

Spencer reste silencieux devant la révélation de Ben. Il essaie de comprendre de quoi il veut parler, essaie de réfléchir un instant, mais il n'a que des flashs. C'est de ça qu'elle a peur ? Ils se connaissent d'avant l'usine et elle veut savoir s'il se souvient.

— J'espère pour toi que tu n'as pas fait sauter tes points de suture à nouveau ?

— Je suis restée sage comme une image Docteur Ben, le taquine t-elle.

— Comment ça, à nouveau ? demande Spencer.

Elle le laisse entrelacer leurs doigts ensemble.

— Lorsqu'elle s'est réveillée après son opération, ta chère et tendre Luke a voulu venir te voir. Elle s'est donc quasi levée de son lit et j'ai dû l'y remettre de force.

Luke fusille Ben du regard suite à cette révélation, elle ne juge pas nécessaire que Spencer soit au courant.

— Le serment d'hypocrite, euh… d'Hippocrate tu connais ?

— Il a le droit de savoir que tu as fait des pieds et des mains pour venir le voir. Dit-il pour la taquiner.

— Je vais bien, merci Ben, affirme-t-elle, tête haute, sans montrer le moins du monde qu'elle souffre.

— Ça, c'est à moi d'en juger, lui répond son ami docteur.

— Hé bien ! Juge par toi-même, dit-elle, d'un air condescendant, en levant son tee-shirt que Spencer rabaisse par réflexe.

— Tu veux bien garder ça pour l'infirmière s'il te plaît ? Demande-t-il, un air jaloux dans le regard.

— C'est mon médecin, c'est à lui de vérifier, annonce Luke avec un sourire moqueur.

— Tu ne changeras jamais, les interrompt une nouvelle fois une voix masculine.

Tous les regards se tournent en direction de l'intru. Libby est accompagné d'un homme brun, à forte carrure, ressemblant à un rugbyman. Il entre dans la chambre à grands pas et serre Luke dans ses bras.

— Loca ! Tu es vivante et en excellente compagnie à ce que je vois, chantonne l'homme.

Il embrasse Luke d'un baiser appuyé devant un Spencer qui se crispe d'un coup, ne comprenant rien à ce qui se passe. Toutes les personnes présentes le regardent faire, mais aucun ne bouge le petit doigt pour l'arrêter. Spencer se racle la gorge fortement prêt à exploser.

— Ce n'est pas parce que je suis sur un lit d'hôpital avec une amnésie partielle que je ne peux pas me lever et te botter le cul ! Grogne Spencer, montrant qu'il marque son territoire.

Car oui, Luke lui appartient. Mark desserre son étreinte et sourit bêtement.

— Relax mec, je suis simplement content de la revoir.
— Sois moins enjoué la prochaine fois, mec! Rétorque Spencer.
— Ok les gars ! Vous n'allez tout de même pas jouer les coqs de basse-cour ou à celui qui pisse le plus loin ? Tant qu'à faire, essayez le jeu de celui qui en a une plus grosse que l'autre ? Ricane Libby qui enlace Luke à son tour.

— Je n'ai pas besoin de me battre pour avoir Luke. Même si elle n'est pas mon genre, nous sommes proches autant que l'on peut l'être de quelqu'un, sourit Mark.

Cette attitude tape sur les nerfs de Spencer, qui se redresse dans son lit en grognant.

— Ok ok, ça commence à faire beaucoup trop de monde ici. Sortez ! Il faut que j'examine mon patient, intervient Ben qui se rend compte de l'énervement excessif de son ami.

Il sait que Spencer n'a rien à craindre de Monsieur Muscles, mais il préfère calmer le jeu dès maintenant. Libby et Mark sortent les premiers et quand Luke s'apprête à se lever pour les suivre, elle est arrêtée par Spencer.

— Reste, lui demande ce dernier, la voix mal assurée.

Lorsqu'elle le voit sourire, elle ne peut s'empêcher de se soumettre à sa demande. Elle prend place dans son fauteuil roulant et regarde avec soin Ben ausculter Spencer.

Celui-ci soupire, mais il sait qu'il ne peut pas passer à côté. Ben vérifie d'abord ses pupilles, puis soulève la couverture et remonte légèrement la chemise pour pouvoir vérifier ses côtes. Les joues de Luke s'empourprent soudain quand Spencer la surprend à se mordre les lèvres. Il lui fait un clin d'œil, son sourire le plus charmeur, mais ce petit jeu entre eux est de courte durée, lorsque Ben prend la parole.

— Tout va bien pour le moment, mais je tiens à ce que mon collègue neuro te revoit avant ta sortie.

Spencer soupire et baisse la tête, lasse de devoir revoir un spécialiste.

— Ne t'en fais pas Spencer, certains éléments vont encore revenir. En ce qui concerne le jour de l'incident, il se peut toutefois que cela reste à jamais un flou artistique.

Ben se tourne à présent vers la jeune femme.

— Luke c'est à ton tour, maintenant ! Je te ramène dans ta chambre et nous allons vérifier que tout va bien. enchaîne-t-il.
— Je ne veux pas qu'elle parte, s'exclame Spencer.
— Pourquoi souhaites-tu que je reste ? Demande Luke sans prendre de pincettes.
— Parce que… parce que… oh, fait chier, je n'ai pas à me justifier, reste s'il te plait !

Luke est meurtrie, s'en est trop pour elle. Sera-t-il un jour capable de remettre de l'ordre dans tous ses souvenirs ?

— Tu as raison Ben, je suis fatiguée, ramène-moi dans ma chambre, dit-elle faisant mine de bayer aux corneilles.

Au ton de sa voix, Spencer remarque toute la tristesse qu'elle éprouve. Cependant la distance qu'elle leur impose reste incompréhensible pour lui. Coupant court à cet échange visuel, Ben prend les commandes et pousse le fauteuil roulant doucement hors de la chambre, jetant avant d'en sortir un regard de connivence à Spencer.

Une fois seul, le policier ne peut que faire le point sur ce qu'il sait déjà. Ce n'est qu'à ce moment précis qu'un morceau de papier posé sur la table de chevet attire son attention.

Je ne sais pas comment t'aider !
L.

— Quand a-t-elle eu le temps d'écrire ça ? Souffle Spencer en fermant les yeux.

Il attrape le stylo qui est posé à côté du ticket de caisse, et note ce qui lui passe par la tête en dessous de celui de Luke.

Et si on cherchait à deux ?
S.

Chapitre 29

Le retour se passe en silence et une nouvelle fois, les larmes coulent sur les joues de Luke. Quand elle y repense, elle n'a jamais autant pleuré depuis la mort de Lukas. A présent, elle pense que l'amour ne rend pas les gens heureux. Il les rend faibles et impuissants.

— Ne pleure pas Luke !

— Je ne pleure pas ! Répond-elle en reniflant discrètement.

— Mouais ! Tu veux qu'j'te dise ?! C'est un gros nounours qui ne sait pas comment s'exprimer.

— Je ne suis pas d'accord ! Quand il souhaite quelque chose, il sait très bien comment l'obtenir.

Lorsqu'ils arrivent enfin à sa chambre, Ben l'aide à s'allonger sur le lit et l'ausculte dans une ambiance laissant transparaître toutes les tensions accumulées.

— Tout va bien, Luke. Mais promets-moi de ne pas aller crapahuter dans les couloirs de l'hôpital, il faut te ménager.

— Quand puis-je rentrer à la maison ?

A peine étonné par sa question Ben lui répond le plus franchement du monde.

— Ton père m'a prévenu que tu poserais cette question. Il m'a donné l'idée d'appeler Mark pour te tenir compagnie jusqu'à ce que tu rentres à la maison. Chose que j'ai faite et qu'il a accepté instantanément.

— Je ne sais pas si je dois te remercier pour ça, sourit-elle. Alors quand ?

— Je te garde encore cette nuit juste par sécurité.

— D'accord, mais véritablement pas plus je vais craquer si je reste entre ces murs. Obtempère Luke en levant les yeux au ciel. Qu'en est-il de Spencer ?

— Ne t'en fais pas pour lui, j'irai m'occuper de cet ours mal léché.

— Libby m'a dit la même chose. Ben, je peux te demander quelque chose ? Comment va-t-on faire s'il n'arrive jamais à se remémorer tous ces moments qu'il a oublié ?

— C'est donc ça qui te perturbe ? C'est pour ça que tu ne souhaites pas rester en sa compagnie. Tu voudrais qu'il se rappelle de tout, tout seul ?

— Je pense que c'est un passage nécessaire. Il faut qu'il réfléchisse et trouve par lui-même les réponses aux cases manquantes, affirme-t-elle.

— C'est bien de sages paroles que tu as là. Méfie-toi on pourrait presque s'y habituer !

Il finit sa tirade par un clin d'œil.

— Allez ne t'en fais pas Luke, Spencer est mon ami. Je ne l'ai jamais abandonné et ce n'est pas aujourd'hui que ça va commencer. S'il est nécessaire nous parlerons entre hommes de ce qui peut encore vous tourmenter. Quant à ce qui vous concerne, vous les femmes, il nous faut parfois un décodeur pour vous comprendre mais dans l'ensemble on ne s'en sort pas trop mal, non ? lance-t-il l'air de rien.

—Tu n'as pas besoin de me déchiffrer ni Spencer d'ailleurs. La situation est juste tellement compliquée !

—Soit patiente et indulgente. Il faut reconnaître que tu n'as pas été tendre avec lui au début.

—Je n'étais pas prête à laisser un homme entrer dans ma vie j'ai déjà trop souffert, rétorque-t-elle en croisant les bras sur sa poitrine.

—Laisse toi simplement du temps, Rome ne s'est pas construit en un jour !

Sur ces belles paroles, il dépose un baiser sur sa joue et sort de la chambre en l'informant qu'il fait venir l'infirmière. Luke tente de se détendre en fermant les yeux et repense à ce qui s'est passé avec Spencer. Elle se sermonne, se traite d'idiote, elle aurait peut-être dû rester avec lui lorsqu'il le lui a demandé. Ils auraient pu discuter un peu…qui sait.

C'est sur ces pensées que l'infirmière arrive et se présente.

—Bonjour, mademoiselle, je m'appelle Sylvie et je viens vous refaire le pansement.

Blonde aux yeux bleus, de petite corpulence elle semble avoir une quarantaine d'années. Elle lui adresse à peine la parole ne lui accorde même un regard, mais chantonne un air de musique entraînant. Luke le reconnaît, rigole en coin et tapote des doigts en rythme. Sylvie lui tend un gobelet avec des comprimés. D'abord réticente à l'idée de prendre encore des médicaments, Luke décline la proposition.

— Le Docteur vous les a prescrits, il faut les prendre. Ce n'est rien d'autre qu'un antalgique, ça vous soulagera avant que je ne refasse votre pansement. Je reviens dans trente minutes le temps qu'il commence à faire effet.

Sylvie est de retour comme convenu et s'affaire avec douceur et minutie à la réfection du pansement. Une fois les soins effectués la soignante s'en va non sans s'être assurée que tout va bien. Luke attrape son ordinateur et ouvre sa playlist tandis que l'infirmière continue de siffloter dans le couloir. Luke enfile ses écouteurs et laisse défiler les chansons.

Des lèvres chaudes délicatement posées sur la bouche de Luke la réveillent. Elle ouvre les yeux et découvre le regard sévère de Spencer. Elle fronce les sourcils, ne s'attendant pas à cette réaction ni à sa visite. Il l'embrasse de nouveau et s'assoit à ses côtés.

— Quand je te dis que tu n'es pas raisonnable, chuchote-t-il.

Elle ne comprend pas et suis son regard sur l'adapte-table où se trouve le plateau-repas du soir.

— Je devais déjà dormir lorsque l'aide soignante l'a apporté.
— Hé bien, maintenant que tu es réveillée, mange ! Ordonne-t-il en poussant la table jusqu'à Luke.

Elle regarde le plateau d'un air dégoûté, faisant « non » en secouant la tête.

— Ne fais pas de caprice, tu veux ? Il faut que tu manges pour reprendre des forces.

— Je ne suis pas une enfant et la bouffe de l'hôpital est dégueulasse. En plus, c'est un crime de vouloir me la faire manger froid.

— Chaud ou froid qu'est ce que ça change ? Une soupe reste une soupe, tente Spencer en essayant de ne pas rire devant la réplique de Luke.

— Mange-la, toi !! Dit-elle en le défiant du regard et de la voix.

Spencer approche le plateau, ouvre le couvercle, s'empare de la cuillère et la porte à sa bouche. Il avale bruyamment, puis se retourne vers Luke.

— Tu loupes quelque chose !

— Vraiment ? déclare-t-elle en penchant la tête sur le côté et un sourire au coin des lèvres.

— Je t'assure, c'est excellent, affirme-t-il.

— Bon appétit alors, poursuit-elle, arrogante.

Luke se lève du lit, fébrile, se rend jusqu'à sa valise où se trouvent certainement des sucreries et des gâteaux.

— Bingo ! Merci Maria.

Luke tient dans ses mains une boîte remplie de ses cookies préférés au chocolat blanc. Elle retourne au lit, un sourire de wineuse sur les lèvres. Spencer la regarde, la cuillère en suspens.

510

— Si tu finis ton assiette, tu auras droit au dessert, le nargue-t-elle, le sourire aux lèvres.

Luke est à peine assise sur le lit qu'il oublie son piètre repas et se jette sur elle pour lui voler son trésor. Il fait attention à ne pas mettre tout son poids sur elle et l'embrasse pour détourner son attention. Luke lâche le paquet pour passer ses bras autour de son cou.

— Pardonne-moi, dit-il, ses lèvres encore posées sur celles de Luke.
— C'est à toi de me pardonner, si je t'avais écouté, nous n'en serions pas là.

Spencer se presse un peu plus contre Luke qui sent son entrejambe contre sa hanche.

— Dites donc, Lieutenant, rougit-elle.
— Bah, quoi ! Je suis simplement heureux de te retrouver.
— Moi aussi, mais ce n'est pas une bonne idée, dit-elle sérieusement.
— Et pourquoi donc ?
— D'une parce que je suis convalescente et de deux… suis-je vraiment obligée de le dire ? On peut vraiment dire qu'un ange veille sur toi. Avec ta chute tu aurais pu te tuer. Je suis désolée, mais je dois t'avouer que cette situation me perturbe et que je ne sais pas comment réagir.

— Je ne préfère pas avoir cette conversation.
— Bien c'est comme tu veux, soupire Luke en se calant elle aussi dans le lit.

Peut-être aurait-elle dû se taire, mais que se serait-il passé ? Ils auraient fait l'amour sans pour autant régler le problème qui les éloignent. Luke soupire, se tient la tête entre les mains, elle en a marre de réfléchir et souhaite maintenant se reposer.

— Je suis désolé de ne pas t'avoir reconnu après ma chute. Je sais que tu as été malheureuse et que tu en as souffert. Je m'en excuse aujourd'hui et je m'en excuserai sans doute tous les jours que Dieu fait. Je ne te quitterai pas Luke ! Jamais tu m'entends. Je tiens trop à toi. Je sais que tu as du mal à montrer tes sentiments et je peux le comprendre, tu as tellement vécu de choses horribles. Mais il faut que tu aies confiance en moi, en nous. Je ne te ferai jamais de mal. Je t'aime, Luke.

Spencer s'allonge aux côtés de Luke et la love au creux de son épaule. Elle est consciente qu'ils vont devoir prendre beaucoup sur eux pour surmonter cette épreuve. Toutefois son amour pour lui est indéfectible, à aucun moment elle n'aurait pu imaginer vivre ces instants. Il attrape le paquet de cookies, le pose sur ses jambes, puis allume la télé.

Les deux amants restent ainsi un long moment collés l'un à l'autre. Quand Luke commence à s'endormir, Spencer appuie sur le bouton de la commande pour faire légèrement descendre la tête de lit. Il resserre son étreinte et l'embrasse sur le front, puis s'installe correctement dans ce petit lit d'hôpital. Personne n'est venu les déranger, pas même le personnel hospitalier. Comme s'ils savaient que cette parenthèse hors du temps leur était réservée.

Même si ce petit lit d'hôpital ne leur donne pas le confort désiré, Spencer n'en sortirait pour rien au monde et se sent béni d'avoir à nouveau Luke dans ses bras. Il ferme les yeux et hume cette douce odeur qui l'apaise.

La conversation qu'il a surpris entre Sean et Vincent le perturbe, impossible pour lui de fermer l'œil. En parler à Luke est tout bonnement utopique.

Il est réveillé le lendemain par Ben qui ouvre délicatement la porte. Son ami le réveille sans le brusquer et l'informe qu'il l'emmène en consultation auprès du neurologue. Spencer acquiesce et se détache délicatement de Luke, lui dépose le petit mot dans sa main avant de sortir sans bruit de la chambre.

— Spencer, pourquoi n'étais-tu pas dans ta chambre ? Je t'ai cherché partout !
— Tu m'as autorisé à aller voir Luke si je me faisais accompagner !
— Oui, mais je ne t'ai pas dit de passer la nuit avec elle. Vous êtes vraiment deux têtes de mules.
— Qui se ressemble s'assemble, lui répond Spencer en souriant.
— Le mariage et les bébés, c'est pour quand ? le taquine Ben.
— Laisse le temps au temps, tu veux bien ! Nous n'en sommes pas encore là, nous devons apprendre à nous connaître. D'ailleurs, si on parlait de toi et Libby ?
— Idem ! Si un jour quelqu'un nous avait dit qu'on se caserait avec deux supers nanas, je lui aurais rit au nez.
— Parle pour toi, mon vieux, ricane Spencer.

— T'es gonflé, toi ! Combien de fois es-tu sorti avec la sœur ou la cousine de telle ou telle personne ?

— Je n'avais pas le choix, c'était des guets-apens de la part de mes collègues et de leurs femmes !

— Des guets-apens ? Laisse-moi rire.

— De toute façon, tout ça est derrière nous.

— Absolument. J'aime beaucoup la compagnie de Libby et on s'entend bien.

— Maintenant que tu as une femme géniale dans ta vie, ne fais pas le con. Sinon, j'en connais une qui va te faire bouffer ton service trois pièces.

Quelques instants plus tard, les deux amis rejoignent la chambre de Luke et sont surpris de la trouver vide, avant d'entendre des éclats de rire provenant de la salle de bain.

— Tu as une petite amie qui est plus têtue que toi, intervient Ben, mécontent que sa patiente ne tienne pas compte de ses recommandations.

— N'importe quoi ! Bordel, avec qui peut-elle bien se marrer ?

Il se lève du fauteuil roulant, ouvre la porte et tombe nez à nez avec un Mark en caleçon.

— Là, c'est le pompon ! Putain mais qu'est ce que vous foutez? ! rugit Spencer.

Les deux amis cessent de chahuter instantanément, à peine veulent-ils ouvrir la bouche que la porte claque violemment.

— Qu'est-ce qui t'arrive ? Elle se fait un p'tit infirmier ? ironise le docteur, voulant apaiser l'atmosphère avant de croiser les yeux noirs de son ami.

— Tu te fous de moi ? Elle est avec Mark…

— Et quel est le problème ? se renfrogne Ben.

— Oui Spencer, c'est quoi le problème ? s'écrie Luke en sortant de la salle d'eau, enroulée d'une simple serviette.

— Ma femme nue sous la douche avec un autre homme que moi ! Voilà où il est le problème, s'emporte-t-il en faisant les cent pas dans la chambre qui est devenue bien trop petite tout d'un coup.

Luke éclate de rire, mais se ravise aussitôt. Elle se tient le ventre et s'assoit sur son lit. Mark les rejoint, en tenue plus présentable.

— Vous pouvez nous laisser seuls les garçons s'il vous plaît ?

En silence, le médecin ouvre la porte, attend le kiné qui embrasse Luke en lui soufflant un « tu m'appelles » avant de fermer la porte. La pièce reste silencieuse pendant quelques minutes jusqu'à ce que Luke ouvre la bouche.

— Qu'est-ce qui te prend ? Tu es au courant que Mark est marié et homosexuel. Si je ne m'abuse, aux dernières nouvelles, mon ami n'est pas bisexuel. Mais peut-être que si je me propose, il changerait d'avis !

— Tu essaies de faire de l'humour ? grogne Spencer.

— Pourquoi ne pas en faire ? Il n'y a rien de dramatique dans cette situation.

— Parle pour toi. rétorque-t-il la voix et le regard tristes.

— Nom de Dieu Spencer, tu es sourd ? Il est homo, tu comprends ? HOMO !

— J'ai compris ! Mais rends-toi compte d'une chose, ça fait un drôle d'effet de vous surprendre ensemble dans la douche !! Si les rôles étaient inversés comment aurais-tu réagis ? Une jolie soignante… avec moi... me frottant le dos… imagines un peu ?

— Dans tes rêves ! Ça n'arrivera jamais. Enfonce-toi ça dans le crâne !! Je ne suis pas Nathalie, c'est bien compris ?

Spencer traverse la pièce en traînant des pieds pour rejoindre Luke.

— Je sais ce que tu te dis, continue-t-elle.

— Ah oui ?

— Que tu es un gros crétin jaloux et je le confirme !

— Oui, c'est vrai, mais je n'y peux rien c'est dans ma nature.

— Tu n'as pas à l'être, c'est même ridicule, surtout avec Mark. Te tromper ne me viendrais jamais à l'esprit, dit elle en lui prenant les mains pour le rassurer.

— J'en suis parfaitement conscient ! Mais reconnais quand même qu'il a une belle gueule et qu'il est sacrément bien foutu.

— C'est clair ! Ah la la… la vie est trop injuste, répond-elle en le regardant de la tête au pied avec un soupir d'envie.

— Luke !! gronde-t-il.

— Pardon, c'était trop tentant. pouffe-t-elle. Tu n'as pas à te soucier de sa gueule d'ange, Cariño. Tu ne te rends pas compte de l'effet que TU as sur les femmes …

— Serais-tu jalouse Darling ? Mon corps de rêve te ferait-il aussi envie ? Le taquine avec tendresse le policier.

— Ne me tente pas …. ou alors tu en connaîtras les conséquences, répond Luke avec un sourire carnassier. Dis-moi, pourquoi tu jubiles ?

— Je suis simplement un homme heureux. T'avoir à mes côtés est ce que je désirais le plus. Promets-moi de ne plus jamais recommencer à te sauver, lui demande Spencer d'une voix suave en prenant Luke dans ses bras.

— Partir est pour moi un moyen efficace d'effacer tout ce qui me perturbe à l'instant T pour mieux pouvoir recommencer. Pouvons-nous maintenant passer à autre chose ? tente-t-elle pour couper court à la discussion.

— Bien sûr ! Mais je veux que tu me certifies que tu ne me quitteras plus, je serais incapable de revivre ça, dit Spencer implorant.

— Oh ! Je n'ai plus besoin de fuir, je peux dès à présent vivre ma vie comme bon me semble à tes côtés !

Spencer est surpris par cette révélation et n'ajoute rien de plus. Quelques secondes passent, puis il enchaîne.

— Tu vas poursuivre tes études ? tente-t-il de savoir.

— Bien sûr ! L'architecture est un projet qui me tient à cœur et il doit aboutir.

— Je comprends tout à fait ce que tu ressens. Mais es-tu obligée de rester dans cette même entreprise ?

— Qu'est-ce qui te pose problème, exactement ?

— Ton patron, ce Vincent, je ne le sens pas trop. Il me parait bizarre et le carnage dans ton bureau n'est pas pour me rassurer.

— Tu es aussi jaloux de lui ?

— Non, ce n'est pas de la jalousie, mais de la méfiance plutôt.

— Je te promets de faire attention et de te prévenir s'il tente quoi que ce soit.

Luke se colle au torse de Spencer. C'est à ce moment que la conversation qu'il avait entendue dans le couloir entre Sean et Vincent lui revient en mémoire… doit-il lui en toucher un mot maintenant ?!

— Hier soir, j'ai entendu tout ce que tu m'as dit. Même si je ne suis pas aussi douée que toi pour les déclarations d'amour, sache que je ressens la même chose du plus profond de mon être. C'est la première fois que j'arrive à faire entièrement confiance à un homme en dehors de mon père et Lukas bien sûr. Victor a réussi à détruire l'estime que j'avais de moi, il est difficile de se reconstruire par la suite. Je t'aime Spencer comme je n'ai jamais aimé. Je voudrais pouvoir effacer ces dernières semaines et tout recommencer plus sereinement mais je ne le peux pas. Alors je te promets qu'à l'avenir tu n'auras plus à avoir peur que je m'en aille. Mon avenir, ma maison et mon évidence c'est toi, quoiqu'il advienne.

— Je ne veux rien effacer ni rien recommencer... Je veux que notre histoire se poursuive et pouvoir me dire que tu es là, auprès de moi.

Elle le questionne du regard ne comprenant pas où il veut en venir, jusqu'à ce qu'il lui dise, d'une voix douce et émue.

— Ce que j'essaie de te dire c'est que je suis un homme comblé à tes côtés. Mon amour pour toi est incommensurable et je n'ai jamais ressenti cela pour personne. Tu m'as changé sans t'en rendre compte. Grâce à toi je suis devenu quelqu'un de meilleur et je te veux à mes côtés chaque jour du reste de ma vie ! Acceptes-tu de m'épouser, Luke?!

La jeune femme manque de s'étouffer et tousse fortement ne s'attendant vraiment pas à cette demande. Spencer ne comprend pas la réaction de Luke, quand elle se détache de lui il reste interdit.

— Ta chute a fait plus de dégâts que ce que je ne pensais !?

— Mon vœu de te faire mienne n'est pas conventionnel, je te l'accorde. Il n'y a pas de resto, pas de fleurs ni d'orchestre, mais nous ne sommes pas non plus un couple ordinaire, s'emporte-t-il soudain.

— Je veux simplement qu'on apprenne à se connaître, ne pas aller trop vite, et être sûr de ce que nous voulons. répond Luke dans une supplique.

— C'est tout ce que tu as à me dire ?

— Je… Luke se lève du lit et s'éloigne.

— C'est donc un « Non » ? demande-t-il perplexe.

Tête basse, Luke triture ses doigts et garde le silence. Des picotements se fraient un chemin dans tout son corps, une sueur froide la prend d'assaut, la panique et l'angoisse l'envahissent.

— Ça ne va pas, Luke ? Tu es toute pâle, reviens t'asseoir ici, ordonne Spencer.

Telle une enfant têtue, Luke dodeline de la tête. Elle se questionne. Pourquoi voudrait-il l'épouser ? Les médecins ont-ils en fin de compte découvert autre chose qu'un simple traumatisme crânien ?

En pleine réflexion elle n'entend pas Spencer venir derrière elle et poser ses mains sur ses épaules pour la faire pivoter. Elle pose les siennes sur son torse et ose enfin le regarder dans les yeux.

Un visage décomposé, des iris hurlants la peur, la déception et l'amour lui font face. Il souffre à cause de son silence. Elle comprend qu'il s'attendait à avoir une autre réponse.

— Tu… tu te sens bien ? Je veux dire, tu me le dirais si les médecins avaient trouvés autre chose qu'un trauma crânien ? Tu me le dirais si tu avais mal là maintenant ? Balbutie-t-elle l'air inquiète.

— Je vais parfaitement bien. Pourquoi en doutes-tu ?

— Je m'interrogeais voilà tout !

Elle essaie de ne rien laisser paraître, mais Spencer l'a percée à jour. Il commence à connaître la moindre de ses réactions.

— Dis-moi ce qui te chiffonne, je vois bien que quelque chose te tracasse !

— Explique moi pourquoi tu veux m'épouser aussi rapidement ? Ça n'a aucun sens, on se connaît à peine !! crie Luke.

D'instinct, la mâchoire de Spencer se crispe, il la fusille du regard et s'éloigne d'elle sans plus de sommation.

Une sensation glaciale lui dévale la colonne vertébrale, elle se sent défaillir et s'adosse au mur pour s'y maintenir. Spencer sert ses poings à plusieurs reprises et se demande comment une telle idée a pu lui traverser l'esprit. Il revient vers une Luke plus pâle que d'habitude, l'enlace et la garde contre lui.

— Attends, tu as cru que…Je te demandais de m'épouser parce que tu me pensais mourant ? s'offusque t-il.

— Oui, non… Je ne sais pas, est ce que c'est le cas ? ! Réponds moi sincèrement, je suis prête à tout encaisser.

Il la serre à nouveau dans ses bras quelques secondes et ricane légèrement. La jeune femme profite de ce court instant pour graver en elle son odeur qu'elle aime tant. Cette discussion va mal finir, elle le sait et ce qu'elle va lui annoncer va l'achever.

— Je ne suis pas malade, Darling, je ne vais pas mourir. Je t'aime idiote, c'est pour ça que je te demande de m'épouser. Après ce que l'on vient de vivre je ne veux plus perdre de temps.

— Justement, le coupe-t-elle. J'ai trop de bagages derrière moi.

— Ne t'ai-je pas prouvé que je m'en moque ?

— Bien sûr que si ! Pourtant au moment où je me suis rendue compte que j'allais te dire "oui" j'ai senti que j'en étais incapable…

Les épaules de Spencer s'affaissent.

— Je t'écoute, souffle ce dernier.

— Laisse-moi du temps, lâche-t-elle, comme une bombe.

— Besoin de temps ? Tu es sérieuse ? On a frôlé la mort l'un comme l'autre et tu veux du temps ?

— C'est donc pour ça ? comprend Luke, tu me demandes en mariage parce que nous avons failli y passer ? Quel romantisme, bravo Monsieur le policier !

— Tu n'as pas besoin de temps ! Ce que tu fais à cet instant c'est fuir. Je ne te connais pas depuis longtemps, je te l'accorde. Tu m'as offert cette chose unique et que je voudrais chérir aussi longtemps que tu me l'accorderas : ton cœur. Je sais que Victor t'a fait souffrir plus que de raisons et que tes parents t'ont enfermé dans une cage dorée, mais si tu ne me vois pas autrement, je te rends ta liberté.

À peine cette phrase a-t-elle franchi les lèvres de Spencer qu'il en a le cœur brisé. Sans même regarder Luke une dernière fois, il la contourne, ouvre la porte de la chambre et sort... Elle reste figée et statufiée face à ce départ et aux paroles de Spencer.

— Qu'est-ce que j'ai fait? Oh mon Dieu, j'ai encore tout gâché.

Dans sa stupeur, la jeune femme se laisse glisser à terre. Allongée sur le sol, elle pleure, laissant toute cette tristesse et le contrôle acquis depuis toutes ces années, sortir de son corps meurtri. Mark revient dans la chambre, la trouve noyée dans son chagrin, s'installe à ses côtés et la laisse évacuer tout son soûl. Vidée de son énergie elle finit par s'endormir dans ses bras.

Au réveil, elle revit cette scène en boucle, se maudit et reconstruit ce mur que Spencer avait réussi à fissurer. Il a failli à sa promesse et elle se demande s'ils pourront un jour se retrouver ?

Chapitre 30

D'un pas rapide, Spencer reprend le chemin de sa chambre. Il se haït d'avoir prononcé ces mots, mais il faut qu'elle comprenne que la vie n'est pas faite que de noirceur et qu'elle ne peut pas vivre éternellement dans son passé. D'ailleurs tout est fini Mario et Victor sont morts ; Quant à Emmanuel il est en cavale selon le rapport de ses collègues.

Spencer entre dans la cabine d'ascenseur, écrase le bouton de son étage et impatient, frappe sur la paroi en attendant que celui-ci daigne arriver à destination. Quand la porte s'ouvre enfin, il percute un infirmier. Ce dernier n'a pas le temps de le rattraper que Spencer tombe de tout son long, se cognant la tête. Il tente de se relever, sa vue s'obscurcit, il s'évanouit avec une douleur qui lui vrille le crâne. L'infirmier appelle ses collègues en renfort pour lui prodiguer les premiers soins d'urgences.

Spencer ouvre les yeux, découvre Judith, endormie la tête posée près de son oreiller. Il lève son bras avec l'impression qu'il pèse une tonne et caresse les cheveux de sa nièce. Cette dernière sursaute, après s'être assurée qu'il est bien éveillé, elle lui sourit et... se précipite vers la porte.

—Il est réveillé ! s'écrie-t-elle, enthousiaste, en courant dans le couloir sous les yeux étonnés des personnes présentes.

Immédiatement, Ben arrive accompagné de plusieurs collègues. Spencer ne comprends pas pourquoi il y a autant d'agitation autour de lui. En un seul regard échangé avec son ami, il comprend que celui-ci a quelque chose à lui annoncer.

—N'essaie pas de parler, nous avons dû t'opérer pour résorber une hémorragie intracérébrale traumatique. Tu as été sédaté pour permettre à ton cerveau de récupérer et à ta tension artérielle de redescendre. Je vais te retirer le tuyau pour que tu puisses respirer seul.

Ben ôte l'appareillage et laisse un temps d'adaptation à Spencer pour se remettre de ce soin qui est désagréable.

—Pourquoi ? s'inquiète Spencer d'une voix rauque et souffreteuse qu'il arrive à peine à reconnaître.

—Lors de ta chute, ta tête a violemment cogné le sol provoquant un petit saignement dans ta boite crânienne et ta tension était extrêmement élevée.

—Je me souviens ! Je venais de quitter Luke… Où est-elle, Ben ? s'inquiète-t-il.

Il se rappelle l'avoir quitté après leur dispute. Ça lui fait un mal de chien de repenser à ça, mais il ne peut pas vivre un amour à sens unique.

—Elle va bien, ne t'inquiète pas. Elle vient tous les jours après le travail pour te rendre visite.

— Quoi ? Comment ça après le travail ? Elle est déjà sortie de l'hôpital ?

Ben s'évertue à garder son masque de médecin mais Spencer remarque sa gêne.

— Tu vas me dire ce qu'il se passe où je dois t'arracher les vers du nez ?
— Calme-toi ! Tu… tu es resté léthargique pendant plus d'un mois.

Spencer n'a pas le temps de réagir à cette nouvelle , quand une voix féminine qu'il reconnaît se fait entendre en faisant irruption dans la chambre.

— C'était il y a un mois, vingt-deux jours, quatre heures et quinze minutes. C'est à ce moment-là que tu m'as brisé le cœur, annonce-t-elle froidement.
— Luke ! souffle Spencer.

Il la détaille de la tête aux pieds. Elle a repris des forces et il la trouve merveilleusement belle. La jeune femme est vêtue d'une jupe courte évasée, d'un chemisier blanc et d'une veste en cuir. Spencer sent son cœur se serrer quand il tend la main dans sa direction et qu'elle ne daigne pas s'approcher. Luke aimerait venir se blottir dans les bras de l'homme qu'elle a eu peur de ne jamais revoir. Cette dernière est blessée, Spencer le comprends lorsqu'elle ne bouge pas. Il assimile soudain la signification de la phrase qui a franchi ses lèvres un peu plus tôt.

— Nous allons vous laisser, mais Luke ne le maltraite pas trop s'il te plait, implore Ben.

La jeune femme fusille le médecin du regard mais acquiesce à sa demande , quand ce dernier chuchote un « bon courage » à son ami avant de sortir de la chambre. Elle ne s'avance toujours pas vers lui et reste de marbre.

— Je suis désolé, amorce-t-il sincèrement.

— Tu peux, espèce d'idiot. Tu m'as fait peur, j'ai cru en mourir lorsqu'on m'a dit que tu partais pour le bloc.

— Je ne parlais pas de ça, Darling !

— Je vais bien, je t'aime et je suis là ! Que veux-tu de plus ?

— Que tu me pardonnes !

Luke s'avance enfin, prend la main de Spencer dans la sienne et la porte à sa joue. Ce contact de cette paume, si forte et si douce à la fois, avait manqué à la jeune femme. Luke se souvient du plaisir que Spencer lui procure lorsqu'il la caresse. Ça lui donne un doux frisson et une envie inassouvie depuis quelques semaines. La jeune femme soupire sachant pertinemment que c'est impossible dans l'immédiat. Elle le regarde dans les yeux cherchant son absolution.

— Si tu me pardonnes, j'en ferais de même.

— Je n'ai…

— Après ton départ, avec l'aide de Phil, j'ai fait un travail sur moi même, le coupe la jeune femme en posant son index sur sa bouche. Tu avais raison, ta demande en mariage m'a fait peur, parce que j'étais une femme brisée par l'amour. Je t'ai laissé entrer dans ma vie, j'ai essayé de changer, mais il y a toujours cette partie de moi qui doute.

— Ce n'est pas l'amour qui t'a brisé, Darling, c'est cet homme. Je ne suis pas comme lui et ne le serais jamais, fais-moi confiance. L'amour ne fait pas mal, c'est la personne qui ne sait pas comment t'aimer qui te blesse. Tu es mon tout, mon évidence, Darling et je ne veux plus jamais être séparé de toi.

— Redemande-moi !

Spencer reste interdit pendant quelques secondes, puis cligne frénétiquement des yeux. Il pense avoir mal entendu.

— Quoi ?
— repose-moi la question !

Spencer étonné, se redresser dans le lit.

— Ici, maintenant, tu es sûr !? La dernière fois, vois où cela m'a mené et mon cœur n'y survivrait pas.
— Ce n'est ni la façon ni même l'endroit de la demande qui est important, mais c'est de savoir que ça vient du cœur. Je n'ai aucun doute sur le fait que nous nous aimons.
— Tu vas dire oui ! Mon orgueil ne...
— Pose-moi cette putain de question Spencer, si tu veux que je te réponde « Oui », s'impatiente la jeune femme avec un sourire radieux sur le visage.

Spencer sourit à son tour, il a le trac de demander la femme qu'il aime en mariage. Mais il peut apercevoir, dans son comportement, qu'elle est plus sereine et ça le réjouit. Il ne sait plus comment formuler sa phrase, sent le stress remonter, ce qui est ridicule, puisqu'il lui a déjà posé la question. Spencer attrape les mains de Luke, en pose une sur son cœur et porte l'autre à ses lèvres.

— Darling ! La première fois que je t'ai vue, j'ai su…

— J'étais nue !

— Non ! Tu étais apeurée et magnifique. Une sensation étrange a prit part de mon corps, comme si nos âmes s'emmêlaient.

Luke sourit devant le romantisme de Spencer.

— C'est après, quand je t'ai vu nue que j'ai sû que je te voulais.

— Goujat !

Luke se lève mais Spencer la retient par le poignet.

— Revient par ici !

Elle se retrouve à nouveau assise sur le lit, enlacée dans ces bras qui lui ont tant manqué.

— Veux-tu devenir ma meilleure amie, mon binôme, ma femme, mon amante, mon âme sœur, la mère de nos futurs enfants, pour le reste de notre vie ?

— Oui, oui, Cariño, je veux devenir ta femme, répond Luke avec une émotion immense.

Spencer plonge son regard dans celui de Luke, puis écrase ses lèvres sur les siennes avec virilité. Il en meurt d'envie depuis qu'elle a mis un pied dans sa chambre. Luke est surprise par cette sauvagerie, mais elle reconnaît qu'elle n'attendait que ça. Leur baiser s'adoucit, mais se poursuit avec toujours autant d'envie. Spencer l'attire par les hanches pour l'aider à s'asseoir à califourchon sur lui. La fièvre commence à monter dans cette chambre d'hôpital. Luke se redresse et retire son blouson en cuir.

Spencer s'attarde sur les boutons de son chemisier. Luke capture sa bouche et le laisse la parcourir de ses mains qui lui ont manquées.

Ils sont interrompus par un raclement de gorge. Les deux amants se figent et se regardent, n'osant plus bouger. Spencer reconnaît cette façon qu'a son père de se manifester. Un petit rire cristallin se fait entendre. Luke sourit et rougit de plus belle.

— Je crois que nous avons interrompu quelque chose d'important, suggère le patriarche sans être le moins du monde gêné par ce qu'ils ont vu.
— Monsieur et Madame Hargitay ! s'écrie-t-elle en refermant son chemisier tout en sautant du lit.
— Nous t'avons déjà dit de nous appeler Collin et Ron, s'exclame la femme blonde qui se tient dans l'encadrement de la porte.
— Quoi ? Tu connais mes parents ?! s'étonne Spencer en attrapant Luke pour la forcer à s'asseoir à ses côtés.
— En effet ! Je les ai rencontrés il y a quelques semaines.
— Oui, intervient le grand brun aux traits tirés par la fatigue. Nous avons invité Luke à plusieurs reprises à la maison. Il était hors de question qu'elle reste seule.
— Elle a même dormi dans ta chambre d'ado. Je ne voulais pas qu'elle reprenne la route de nuit.
— Je reconnais bien là votre hospitalité. répond Spencer.

Spencer sourit et ouvre les bras pour enlacer ses parents, l'un après l'autre.

—Votre fils m'a demandé de l'épouser et j'ai dit oui ! Leur annonce Luke si excitée qu'elle ne laisse pas le temps à son futur mari d'annoncer la nouvelle lui-même à ses parents.

La mère de Spencer essuie discrètement une larme de joie.

—Félicitations les enfants ! Vous avez déjà des plans, des idées ?

Les futurs mariés se regardent et parlent à l'unisson.

—Nous avons encore le temps !
—Luke, je serais ravie de t'aider si tu as besoin de quoi que ce soit, n'hésite pas à me demander.
—Merci, Collin, ce sera avec plaisir.

Les deux couples discutent un bon moment avant que Judith ne revienne accompagnée de son pompier qui lui aussi a déjà rencontré les parents de Spencer. Puis, c'est au tour de quelques-uns de ses collègues. Ben met fin rapidement à cet attroupement en faisant sortir tout le monde pour pouvoir l'ausculter en toute tranquillité. Puis il emmène son ami pour passer un nouveau scanner post-opératoire pendant que Luke patiente dans la salle d'attente.

Quand ils ressortent de la salle de radio, il retrouve Luke les yeux dans les nuages, en train de siffloter un air joyeux.

— Tout va pour le mieux, averti Ben. Mais… oui il y a un mais, si tu veux être capable d'attendre Luke devant l'autel, je te conseille de te reposer autant que nécessaire. Et ne laisse pas tous ces visiteurs s'entasser dans ta chambre, ça te fatigue plus que tu ne le penses.

— Oui Docteur, ironise-t-il.

— Je suis sérieux, Spencer.

— Nous ferons tout ce que tu demandes, dit Luke en faisant les gros yeux à Spencer. Ben a raison, c'était étouffant dans ta chambre.

— Comme vous voulez, future madame Hargitay.

Alors qu'ils remontent tous les trois dans la chambre de Spencer, le téléphone de Luke ne fait que de vibrer. Elle ne s'en préoccupe pas, pensant que ce doit être Vincent ou un autre de ses collaborateurs.

Mais peut-être n'est-ce pas le cas…

Chapitre 31

Les jours passent lentement pour Spencer qui a enfin quitté les soins intensifs pour une chambre particulière. Luke y a également élu domicile, celui-ci ne lui ayant pas vraiment laissé le choix. Toutefois, la jeune femme ne manque pas à ses obligations pour autant. Elle a pris du retard suite aux événements et travaille d'arrache-pied pour réussir son examen d'architecture.

Chaque soir, elle éparpille ses dossiers partout sur le lit et travaille pendant plusieurs heures. Spencer adore la regarder discrètement mâchouiller ses crayons à papier lorsqu'elle réfléchit. Le matin, il voit sa belle partir au bureau ou à l'université. Après le petit-déjeuner, Collin arrive à son tour et reste avec lui jusqu'en début d'après-midi avant de partir elle aussi travailler.

Comme prévue, Ben a restreint ses visites. Spencer s'ennuie rapidement et son humeur comme son moral déclinent… Il n'a même plus de plaisir à regarder un match de rugby. Quant à se promener dans les couloirs, il ne supporte plus les infirmières qui l'agacent au plus haut point en le sermonnant sans cesse : « il ne faut pas trop vous fatiguer, lieutenant ! ». Son sourire et sa bonne humeur apparaissent à nouveau lorsque Luke franchit la porte le soir. Ils se lovent l'un contre l'autre et lorsqu'ils ne sont pas dérangés par l'équipe médicale, leurs simples caresses deviennent des siestes crapuleuses.

Ce matin, cela fait quinze jours que Spencer est sorti du coma, tous les examens sont positifs et il se sent en forme. Il a fait une demande à son ami pour sortir et espère un avis favorable. Il sait que Luke doit repasser chez elle avant de revenir le voir et il aimerait bien être présent avant son arrivée pour lui faire une surprise.

Il s'observe et se détaille dans le miroir de la salle d'eau, mais il a du mal à se reconnaître, il est vraiment temps de reprendre la musculation. Son coma et ce séjour à l'hôpital qui s'éternise l'ont vraiment affaibli et amaigri. Sous le jet d'eau chaude, il s'étire, dénoue ses muscles meurtris par le matelas de ce fichu lit.

Il sourit en repensant également aux différentes demandes de Luke au sujet de l'organisation de leur mariage. Lorsqu'il repense à la date qu'elle a choisi... Elle souhaite se marier en hiver. Il a un doute sur le fait qu'il neige mais Luke l'espère vraiment.

Il laisse échapper un petit rire en se disant que finalement, ça ne le dérange pas, bien au contraire. Il trouve ça romantique et beaucoup moins cliché qu'un mariage sous un soleil plombant et étouffant. Il se souvient que Luke a détaillé sa « To do list », sur un énième ticket de caisse.

Elle a marmonné que le mariage avait lieu dans quelques mois, qu'il ne fallait donc pas traîner. Elle lui a également laissé une tonne d'adresses et de numéros de téléphone à contacter. Lorsqu'il ouvre la porte de la salle d'eau, sa mère et Ben l'attendent en discutant. Ils se taisent lorsqu'ils remarquent sa présence et Spencer s'en étonne, mais il ne dit rien.

— Tout va bien, mon grand ? demande Collin.
— Impeccable ! Et toi maman ?

Il embrasse sa mère et donne une poignée de main à son ami.

— J'ai une bonne nouvelle et une autre moins bonne, annonce le médecin. Je commence par laquelle ?
— De toute façon, je pense que l'une ne va pas sans l'autre, ironise-t-il en se posant dans le fauteuil, face à ses deux visiteurs.
— Tu peux sortir, mais tu es encore convalescent, donc tu es consigné à domicile.
— Je m'en contenterais ! C'est toujours mieux que de rester enfermé ici. Dis moi quand ?
— Aujourd'hui 17 h.
— Merci, Ben. Je vais avoir le temps de ranger mes affaires.
— J'ai pris ma journée, je vais pouvoir t'aider, intervient Collin. Comme ça, je te ramène chez toi.

Spencer trouve le comportement de Collin et Ben étrange. Son ami se retire, prétextant qu'il a des choses à faire puis Collin, tape dans ses mains et s'active dans la chambre.

— Qu'est-ce que vous me cachez, maman ? la questionne le policier qui n'est pas dupe.

Collin se crispe légèrement en entendant la demande de son fils et ne sait quoi répondre Elle n'a jamais eu besoin de lui mentir jusqu'à aujourd'hui.

— Avoue que vous agissez bizarrement ce matin !

— Je ne vois pas de quoi tu parles, bafouille cette dernière en lui tournant le dos.

— Tu peux me le dire si Ben s'est renseigné auprès de toi pour préparer mon enterrement de vie de garçon, je ne dirai rien !

— Il m'a juste demandé si tu accepterais de partir pour un week-end entre hommes.

Collin se rassure puisque ce n'est pas vraiment un mensonge. Ben et Alex ont vraiment prévu une escapade.

Le silence retombe dans la chambre et le rangement suit son cours. La sonnerie intempestive du téléphone de Collin commence à irriter Spencer. Il ose lui demander pourquoi elle ne répond pas, elle prétend que c'est de la publicité ou des SMS du travail. Cette réponse le rend soupçonneux, car Luke lui donne la même explication ces derniers temps.

Il mettrait sa main à couper que les deux femmes lui cachent quelque chose d'important. Il s'inquiète peut-être un peu trop, mais après ce qu'il vient de vivre, comment ne pas devenir parano. Il tente de se changer les idées en faisant quelques recherches sur le net pour le mariage. Sa mère lui ayant clairement fait comprendre qu'elle n'avait pas besoin de son aide.

Luke colle la tête contre son bureau après avoir raccroché d'une conversation houleuse avec Graziella. Cette dernière aimerait, une fois de plus, tout contrôler. Elle veut organiser elle-même le mariage de sa fille, mais Luke ne l'entend pas ainsi et l'a menacée de ne pas l'inviter si elle insiste. Elle a fait le forcing sur ce coup, mais elle ne veut plus la laisser faire.

Qu'elle donne des conseils comme toute mère le ferait, passe encore, mais ce n'est pas son mariage et ce n'est pas à elle de décider. Son téléphone sonne une nouvelle fois et, voyant le numéro inconnu, elle grimace et ne répond pas. Dans la seconde qui suit, on frappe à la porte.

— Entrez ! crie-t-elle, irritée d'être sollicitée toutes les deux secondes.

Elle se demande s'ils ne se sont pas tous donnés le mot aujourd'hui pour l'embêter.

— Ce n'est que moi ! annonce Alexander, levant les mains au ciel en signe de reddition.
— Vincent Junior ! Mais entre donc…

Luke aime bien le taquiner, car lui-même n'hésite pas à lui faire la même chose. C'est de bonne guerre.

— Ne t'ai-je pas déjà dit que je préfère que tu utilises mon surnom, Lucinda ?
— Mais très cher, quand ça rentrera dans ta petite tête, ça rentrera dans la mienne également, sourit-elle, en faisant des cercles avec son index au niveau de sa tempe.

— Plus sérieusement, nous avons un rendez-vous avec un gros client, es-tu libre pour m'y accompagner ?

— Il n'est pas indiqué dans mon agenda que j'ai des rendez-vous à l'extérieur aujourd'hui. De plus Spencer sort de l'hôpital et nous lui avons concocté une surprise.

— Mon paternel a un imprévu. Il ne peut pas s'y rendre et nous demande de le remplacer et conclure l'affaire.

— À quelle heure doit-on rejoindre le client ?

— C'est dans une heure, un restaurant à l'autre bout de la ville.

— J'annule mon planning du reste de la journée et je te rejoins en bas.

Alexander incline la tête et sort du bureau. Luke respire en fermant les yeux et se cale un instant dans son fauteuil.

Elle envoie un SMS à Libby, lui indiquant qu'elle annule une énième fois leur déjeuner pour privilégier son travail. Elle soupire, se disant que cela arrive beaucoup trop souvent en ce moment, alors qu'elle a vraiment besoin de retrouver son amie.

Arrivée en bas de l'immeuble, le chauffeur lui ouvre la porte, Luke se fige avant de prendre place dans le véhicule. La voiture de sa mère est garée de l'autre côté de la rue. Luke s'apprête à traverser la rue quand elle aperçoit Vincent rejoindre Graziella.

— Tu n'étais pas au courant Luke ?! Intervient Alexander depuis l'intérieur de la voiture.

— Que veux-tu dire par là ? Se renfrogne-t-elle en entrant dans la berline, l'air contrariée.

— Ma mère n'a cessé de me dire, jusqu'à sa mort, qu'ils étaient amants. Et que cela fait une éternité que ça dure entre eux, répond Alex tristement.

Luke est choquée par cette annonce. Elle n'admet pas le comportement de sa génitrice et ne peut se retenir longtemps avant de lui envoyer un texto, exigeant de la voir ce soir dans son appartement, avant la soirée prévue pour le retour de Spencer.

Durant le trajet et le repas, elle reste plongée dans ses pensées ne sachant pas comment elle va aborder le sujet avec Graziella.

Elle tente de ne pas montrer son énervement en répondant aux questions que lui pose le client. Ses pensées vont vers son père et à la manière dont il va réagir. L'infidélité de sa mère a coûté sa vie à Lukas et elle doit ménager son père tout en le mettant sur la voie. Elle prétexte vouloir aller aux toilettes.. En se levant, elle aperçoit Sean entrer dans le restaurant avec une femme à son bras. Luke s'effondre sur sa chaise de surprise.

— Ça ne va pas ? s'inquiète Alexander, sachant qu'elle a subi une chirurgie récemment.
— Je vais bien ! Excusez-moi pouvez vous continuer seuls quelques instants ?
— Bien sûr !
— Merci, je n'en ai pas pour longtemps !

Luke se lève sereinement, elle rejoint la table de son père et de la belle blonde qui l'accompagne. Sans crier gare, elle s'assoit sur une chaise libre et surprend les deux personnes dans leur conversation.

— Luke, ma chérie, que fais-tu là ?

— Bonjour Papa, je suis en rendez-vous professionnel ! Annonce-t-elle, balançant un œil noir à la femme. Rendez-vous que Vincent nous a demandé d'assurer pour s'envoyer en l'air avec maman ! Je pensais te ménager en te l'annonçant, mais je pense que ce n'est plus nécessaire. Veux-tu bien me présenter ton amie ?

— Tu pourrais montrer un peu plus de politesse, Luke, ce n'est pas ce que tu crois, la sermone Sean.

— Que penses-tu que je croie, papa ? Que le couple exemplaire que vous formez maman et toi n'est qu'une image pour la petite famille parfaite que nous sommes ?

— Ce n'est ni le moment ni le lieu pour parler de cela...

— Oh ! Et quand alliez-vous m'en parler, s'emporte à nouveau Luke en plaquant fortement ses mains sur la table.

La jeune femme blonde tend la main en direction de Luke pour se présenter et apaiser ce remue-ménage.

— Bonjour, je suis Lydie Kieff, Professeur en médecine, réputée pour soigner les maladies comme celle de votre père.

— Mais, Lydie, que fais-tu ?

C'est la douche froide pour Luke qui reste muette face à cette révélation. Ce n'est vraiment pas sa journée, se dit-elle. Elle regarde son père et son air triste lui brise le cœur. C'est son héros, son pilier, il ne peut pas être malade, il ne peut pas l'abandonner.

— Papa ! Dit-elle dans un chuchotement. Pourquoi ne pas me l'avoir dit avant ? Qu'est-ce que tu as ? Quelle est cette maladie ?

Sean prend sur lui pour ne pas craquer. Il a tout fait pour ne pas revoir la tristesse dans les yeux de sa fille. Les yeux de Luke se remplissent de larmes, elle comprend que la situation est grave. Le docteur Kieff pose sa main sur celle de son patient, Sean approuve dans un hochement de tête.

— C'est un cancer au stade 2 que nous avons décelé après un malaise, explique sans hésiter la femme médecin.

Lydie se doit de garder le secret professionnel qui la lie à Sean. C'est à lui d'expliquer de quoi il souffre à sa fille.

— Fais-la taire, papa, je t'en prie, grogne Luke en serrant les poings à faire blanchir les articulations. Nous en discuterons ce soir j'en ai assez entendu et je n'en crois pas un mot, cette femme ment!!!!!

Luke se lève brusquement pour sortir du restaurant en courant.

Le chauffeur lui ouvre la portière et elle plonge à l'intérieur.

Cet après-midi-là, Luke n'a plus envie de travailler ni de faire grand-chose. Ses rendez-vous étant annulés, elle ôte ses escarpins et s'allonge dans le canapé qui occupe la partie privée de son bureau. Elle pianote sur internet à la recherche de modèles de robes de mariée avec une idée bien précise de ce qu'elle veut. Mais beaucoup de questions viennent la chambouler.

Tout d'abord l'infidélité de sa mère avec son patron alors qu'elle pensait que ce dernier était un ami de son père. Mais ce n'est rien par rapport au fait d'avoir appris que son père est gravement malade. Il a toujours été de son côté, n'ayant jamais eu un mot plus haut que l'autre. Elle ne peut s'empêcher de penser alors au pire. S'il mourait, que deviendrait-elle ?

Bien sûr, Spencer est là, il la soutiendra et ne la laissera pas sombrer. Et puis, il y a son petit frère Nolan, alors il faudra qu'elle soit forte pour deux. Elle en est lasse de ses réflexions quand son téléphone se met à vibrer dans ses mains manquant de le faire tomber.

Tes parents ne t'ont jamais appris que c'est impoli de ne pas répondre ?

Luke n'en croit pas ses yeux et s'empresse de demander.

Mais, qui êtes-vous ?

Elle attend quelques instants avant que le téléphone vibre de nouveau.

Tu le sauras bien assez tôt !

Elle s'emporte de ne pas savoir qui est cette personne.

Comment avez-vous eu mon numéro ?

Ne voyant pas de réponse arrivée, Luke repose son téléphone. Ce soir, elle en touchera un mot à Alex afin qu'il fasse des recherches. Elle pensait que ce serait une fête joyeuse pour le retour de l'homme qu'elle aime. Le tête-à-tête qu'elle aura avec ses parents définira malheureusement son humeur pour la soirée.

Chapitre 32

Installés autour de l'îlot central de sa cuisine, Luke toise sa mère d'un regard noir que Graziella lui renvoie. Son père tente à plusieurs reprises d'ouvrir la bouche, mais son épouse pose la main sur son avant-bras pour l'inciter à se taire.

— C'est inutile, elle sait ! Annonce Sean fatigué de tous ces non-dits.

Luke retient un sourire lorsqu'elle voit les yeux de sa mère s'arrondir et se tourner lentement vers son mari.

— Que sait-elle exactement ? demande-t-elle.

Luke regarde ses ongles, silencieuse, laissant ses parents s'expliquer. Mais après quelque minutes, l'impatience s'installe et elle commence à frapper frénétiquement le marbre avec ses ongles.

— Elle est là face à toi et elle aimerait savoir si ce qui se raconte est la vérité ou pas.
— Quelles sottises as-tu encore inventées, Lucinda ? Graziella se retourne brusquement vers sa fille.
— Ce ne sont pas des bêtises, Maman !
— Tu devrais dire à ta… mère, ce que tu as vu aujourd'hui. Quant à toi, Graziella, je crois qu'il est effectivement temps qu'elle sache la vérité.
— Sean ! Nous avons fait une promesse et…

— « TU » as fait une promesse, menace-t-il sa femme en la pointant du doigt, et tu m'as embarqué là-dedans.

— Mais Sean ! tente cette dernière.

— Si tu ne lui dis pas immédiatement, c'est moi qui le fait…

— Tu me poses un ultimatum, si je comprends bien ?

— Chacun son tour, femme !

Cette réplique interpelle Luke qui n'en croit pas ses oreilles. Jamais, jusqu'à présent, son père n'a parlé ainsi à sa mère. Elle aimerait bien lui demander ce qu'il lui prend, mais elle en a plus qu'assez de cette joute verbale.

— Vincent est-il ton amant ? demande froidement la jeune femme, les yeux plantés dans ceux de sa mère.

Graziella, d'abord choquée par cette accusation, ne dit plus rien, puis un rire nerveux, venant du plus profond de sa gorge éclate comme un coup de tonnerre. Luke reste figée, plus tout à fait sûre d'elle. Se serait-elle trompée ? Vinc'Jr lui aurait-il raconté n'importe quoi pour la taquiner comme il le fait si souvent ? Si c'est le cas, elle va devoir présenter ses plus plates excuses à ses parents, ce qui ne l'enchante pas. Elle ne manquera pas de dire ce qu'elle pense de lui au fils du patron. Mais l'air dépité qui s'affiche sur le visage de son père ne lui laisse présager rien de bon.

— Je vais te raconter une histoire de famille, digne d'un téléfilm comme ceux que ta grand-mère aime regarder l'après-midi. Accroche-toi Lucinda, ce n'est pas un compte de fée.

— Tu pourrais peut-être être plus douce ? s'inquiète Sean.

— Elle n'a pas besoin que je sois gentille avec elle ! Elle veut la vérité, elle va l'avoir. À moins que tu ne souhaites le faire à ma place ? Elle ne me détestera pas plus et pas moins que maintenant. Ça ne changera rien à notre relation actuelle.

Son père hésite, mais préfère se taire et laisse Graziella déverser tout ce qu'elle a sur le cœur.

— Il était une fois, deux jeunes filles, des sœurs jumelles, elles se ressemblait comme deux gouttes d'eau. Elles étaient très fusionnelles, rien ne pouvait les séparer ! commence sa mère comme si elle allait lui raconter un conte de Grimm. Douées dans leurs études, passant une majeure partie de leur temps libre dans les bureaux de la société. Rien ne pouvait entraver leur réussite, destinées à reprendre ensemble l'entreprise familiale. Puis un jour, un jeune architecte débutant s'est présenté. Il avait remporté le marché pour la construction d'un nouvel immeuble. Il était… je me souviendrais toujours de ce jour où je l'ai accueilli en sortant de l'ascenseur. C'était un bel homme, grand, brun, les yeux bleu et une carrure de sportif. Il avait cette odeur, mélange de sapin et de miel qui m'a plu immédiatement.

Luke grimace. Ferme les yeux, visualisant parfaitement Vincent, mais ne comprenant toujours pas où veut en venir sa mère.

— Les deux jeunes sœurs sont tombées éperdument amoureuses de lui, poursuit Graziella, faisant sortir Luke de ses pensées. Mais chacune d'elles a gardé le secret, à la demande de leur Don Juan. Ce dernier cachait bien son jeu et arrivait parfaitement à distinguer avec laquelle des deux il était. Et puis un jour, Rebecca s'est rendu compte de ce qui se passait et du stratagème mis en place par le jeune homme. Elle a immédiatement raconté la vérité à sa sœur, mais celle-ci, follement amoureuse, n'a rien voulu savoir.

Sa mère fait une pause et le silence s'installe dans la pièce, avant qu'elle ne reprenne son récit.

— J'ai fait le choix de fermer les yeux, j'ai perdu ma sœur ce jour là. Nous nous sommes éloignées peu à peu l'une de l'autre. Quelques mois se sont écoulés, Rebecca a appris qu'elle était enceinte, Vincent était le père. Entre temps, nos parents m'ont présenté ton père, un cousin éloigné vivant en Amériques. Il était doux, rafraîchissant, drôle, il a réchauffé mon cœur. J'ai donc accepté cet arrangement. Nous avons donc célébré nos mariages en même temps, comme nous l'avions toujours souhaité. Nous étions enceintes jusqu'aux yeux,ressemblant à deux grosses baleines habillées de blanc.

— Tu étais magnifique, souffle Sean ému.

Il sert sa femme dans ses bras et l'embrasse sur la tempe pour l'encourager. Quant à Luke, elle ne dit rien, mais se rend compte qu'elle a accroché fortement les mains de sa mère.

— L'histoire ne se finit pas comme ça, n'est-ce pas ? demande Luke, impatiente.

— Non. Le calme était revenu et nous nous étions rapprochées de nouveau, comme si rien ne s'était passé. Nous avons accouché quelques mois plus tard, en septembre, à deux semaines d'écart.

Luke fait un calcul rapide et fait le lien.

— Mais ! laisse-t-elle échapper, soudain.

Graziella serre plus fort les mains de Luke et l'empêche de les enlever.

— Laisse-moi finir, s'il te plait. J'ai donné naissance à Lukas le 2 septembre et toi, tu es née le 17…

La voix de Graziella se sert et les larmes coulent. Luke est choquée par cette révélation et n'y croit pas. Elle tente un regard vers son père et celui-ci a un léger mouvement de la tête.

— Rebecca, ta mère biologique est décédée d'une hémorragie en te mettant au monde. C'est ce qu'on appelle un hématome rétroplacentaire. Vincent était en état de choc, malheureux d'avoir perdu l'amour de sa vie… Il n'a pas voulu te voir ni te reconnaître et …

— Nous a laissé t'adopter, poursuit Sean découvrant sa femme au bord de la crise de larmes.

Graziella s'était pourtant juré de garder ça pour elle, que la vérité ne serait jamais révélée à Luke. Toutefois en racontant son histoire elle a l'impression de la revivre. Mais elle ressent également une drôle de sensation, comme si la douleur était libératrice. Peut-être que Sean avait raison, peut-être auraient-ils dû lui dire plus tôt. Peut-être que les deux femmes auraient eu alors une relation plus saine. Mais à présent, c'est peine perdue.

— Pou… pourquoi m'avoir raconté tout ça, suffoque Luke, je voulais simplement savoir si tu trompais papa…

— Graziella ne m'est pas infidèle. Peu de temps après la naissance de Lukas, je lui ai avoué mon secret caché de tous depuis toujours : je suis gay. Elle n'a pas fait d'esclandre et nous avons décidé, d'un commun accord, de garder ça pour nous. Nous avons convenu qu'il n'y aurait pas d'amants à la maison et que nous serons toujours présents pour vous.

Comme un automate, Luke contourne l'îlot et s'agrippe fermement à ses parents. Elle les serre à en perdre haleine, puis se recule.

— Que ce soit bien clair entre nous, Vincent n'est et ne sera jamais mon père. Il a perdu ce droit le jour de ma naissance.

Elle serre Graziella une nouvelle fois.

Merci, merci de ne pas m'avoir abandonnée. Maman, je…

Luke ne peut en dire plus, son cœur se serre et elle fond en larme. Graziella remercie le seigneur de la bonté de cette jeune femme, cette petite fille qu'elle a élevée comme si c'était la sienne. Elle l'est, elle en est sûre alors que Luke vient de l'appeler « maman ». Ça n'a plus été le cas depuis la disparition de Lukas.

— Mais papa ! Depuis quand es-tu malade ?

— Depuis quelques mois. J'ai un cancer du sein.

— Un cancer du sein ? C'est possible chez les hommes aussi ?

— C'est rare mais oui, c'est possible.

— Mais… Comment ?

— Lorsque tu étais en cure de désintox, j'ai dû me rendre en Amérique quelques jours pour le travail. Lorsque je suis rentré j'ai commencé à être malade. Pour ma part ce n'était rien, j'avais souvent mal à la tête, et aux oreilles. Je ne me suis pas inquiété plus que ça, je pensais avoir attrapé un petit rhume...

— Après quelques jours, j'ai remarqué que son état ne s'était pas amélioré, j'ai insisté pour qu'il voit le médecin. Il a diagnostiqué que ton père avait les oreillons…

— Mon dieu ! C'est à cause de ça que tu es malade ?

— Le médecin m'avait informé qu'il pourrait y avoir des complications par la suite. Je n'ai pas su repérer les signes, je n'ai pas prêté attention aux symptômes… se désole Sean.

— Tu ne vas pas mourir ? s'angoisse Luke.

— Malheureusement, je ne peux pas répondre à ta question, mon ange !

— Mais tu te fais suivre, cette Lydie machin chose, elle est douée ? Elle va te soigner ?

Sean caresse la joue de sa fille, comme lorsqu'elle était enfant et qu'il voulait la rassurer. Cela ne fonctionne pas vraiment tout de suite, mais Luke ne lui en fait pas la remarque. Elle reste silencieuse quelques secondes, encaissant cette nouvelle, mais les questions reviennent au galop.

— Nolan est également le fils de Vincent, n'est-ce pas ? Il a donc bel et bien trompé sa femme tout le long de leur mariage.

— Oui, lui avoue Graziella. Il n'y a que pendant la relation qu'il a eu avec Rebecca qu'il est resté fidèle... De mon côté, je n'ai pu m'empêcher de trouver du réconfort auprès de lui, après que ton père m'ait avoué être gay, mais je n'attendais rien de plus que sa présence. Après tout, il a été le seul homme que j'avais aimé, à part Sean, ajoute-t-elle.

Elle sourit à son mari et pose sa main sur la sienne, tendrement. Luke remarque que malgré tout ses parents sont liés, ils sont un roc que rien ne peut ébrécher. Elle est sortie de ses pensées par sa mère qui poursuit.

— Les rendez-vous se sont enchaînés, de plus en plus tard, de plus en plus longs... Sa femme, que je ne connaissais pas, a commencé à se poser des questions. Vincent a voulu divorcer, mais elle était enceinte, alors il a attendu... longtemps. Moi, je ne voulais pas être cette personne qui brise un couple. Un jour, il est arrivé avec un bouquet dans les mains pour annoncer qu'il divorçait, je l'ai cru et j'ai cédé. Ton petit frère est né quelque temps après. C'est bien plus tard que j'ai su qu'il m'avait menti et ce n'est même pas lui qui est venu me le dire. Sa femme

Betty, cette grande blonde aux yeux de biche, ravagée par l'alcool, a débarqué un jour en pleine réunion. Elle est devenue complètement hystérique et m'a menacée. Elle était saoule et je n'ai pas pris ses intimidations au sérieux. Et puis un soir, nous avons eu un accrochage…

— Pourquoi ne m'avoir rien dit ? s'insurge Luke.

— Tu n'étais pas là et à cette époque, tu ne te souciais pas de moi, répond Graziella avec sa froideur habituelle, mais sans toutefois une once de reproche dans la voix.

Luke reste interdite et baisse la tête, emplie de honte pour la première fois de sa vie. Comment a-t-elle pu être si nombriliste ? Ce n'est pourtant pas son genre à ne penser qu'à elle. Elle a toujours veillé au bien être de son entourage avant son propre intérêt et l'a prouvé à plusieurs reprises. Même si la relation avec sa mère n'a jamais été au beau fixe, elle reconnaît tout de même que la perdre elle aussi l'aurait bouleversée…

— Cesse tout de suite cette remise en question, intervient gravement Graziella, sachant pertinemment ce que pense sa fille. Tu n'étais pas en état de prendre soin de toi, tu étais prise dans les filets de Victor.

— Elle est morte ?

— Oui.

— Ce soir-là ?

— Non, elle a d'abord été jugée coupable pour conduite en état d'ivresse ayant causé la mort dans l'accident.

— Qui est mort ? demande Luke, surprise.

— Une jeune femme et son enfant, dans la voiture qui arrivait face à nous.

— Oh mon dieu ! Luke étouffe la fin de sa phrase en posant la main devant sa bouche.

— Oui cet événement à détruit une famille et anéanti des vies. N'en parlons plus, c'est du passé, balaie de la main Graziella, pour couper court.

Luke ouvre la bouche, mais un SMS de Libby lui indiquant que Spencer arrive à l'instant dans l'immeuble, la coupe dans son élan. La jeune femme soupire et s'essuie les yeux pour effacer les dernières traces de ces révélations.

— Tu as d'autres questions, je le sens, Luke, mais ton futur mari viens enfin d'arriver, affirme Sean en souriant à sa fille.

— Oui, soupire-t-elle d'aise. Enfin !

— Bien, lui annonce Graziella, remettant son masque de femme intransigeante. Va te repoudrer le nez, nous finirons cette discussion plus tard car je pense que tu as droit à plus de précisions sur cette histoire.

Quelques minutes après, Luke sort de la salle de bain et observe ses parents discrètement. Assis l'un contre l'autre dans le canapé, sa mère tient les mains de son mari et lui chuchote des mots réconfortants sur la suite des événements. Le cœur de la jeune femme se sert lorsque sa mère fait référence à sa maladie. Il faut que le mariage ait lieu avant que sa santé ne se dégrade, sinon, Luke le sait, elle n'aura plus le courage ni le cœur de marcher jusqu'à l'autel sans lui.

Mais une fois de plus, cette satanée sonnerie de téléphone la sort de ses songes. Ses parents lui sourient et Luke se sent rougir. Son correspondant insiste, mais Luke ne connaissant pas le numéro de mobile éteint son téléphone et rejoint ses parents à présent devant la porte de son appartement, prêts à sortir…

Chapitre 33

Luke descend les escaliers le cœur lourd mais tout de même soulagée, la sérénité règne à nouveau dans la famille. Les bribes d'une dispute derrière la porte de l'appartement du lieutenant les arrêtent. Elle s'apprête à tourner la poignée de la porte, quand celle-ci s'ouvre d'elle-même. Surprise, Luke fait un pas en arrière en apercevant un Alex rouge de colère qui ne la salue pas et la bouscule pour entrer dans l'appartement de Libby. Il claque la porte et le calme revient. Elle pousse doucement le battant et aperçoit Spencer, allongé dans le canapé, un bras au-dessus du visage. Aussitôt, la jeune femme se précipite vers lui.

— Quelque chose ne va pas ? s'inquiète Luke, caressant le bras de son amoureux.

— Je me suis disputé avec Alex, souffle ce dernier.

— J'ai cru comprendre, oui ! Je vous ai entendu ! Est-ce grave ?

— Non, ce n'est rien, quelqu'un va bien finir par lui faire entendre raison.

— Je peux savoir ce qui s'est passé ?

— Non ! répond l'homme d'un ton catégorique.

Luke n'insiste pas. Soudain, elle se rendant compte du silence pesant, elle lève son regard sur le reste de l'appartement il n'y a aucun invité et la pièce n'est toujours pas prête à les accueillir. Luke se lève précipitamment pour appeler Collin et Judith, mais Spencer attrape son poignet.

— Ne pars pas s'il te plaît, l'implore-t-il.

— Je ne vais nulle part.

Luke fronce les sourcils, soucieuse, et regarde Spencer. Ce dernier semble songeur, ses épaules s'affaissent, il se redresse lentement aux côtés de Luke en lui avouant finalement le pourquoi de la dispute avec Alex.

— C'était à ton sujet… En fait, il voulait récupérer ta montre et tes boucles d'oreilles, pour retirer les traceurs que je lui avais demandé de mettre dedans avant que je ne te les offre pour ton anniversaire.

— Tu as fait quoi? Non mais je rêve c'est un cauchemar, tu n'as pas osé faire un truc pareil?

Luke se lève brusquement, choquée. et cette fois, Spencer n'a pas le temps de la retenir.

— C'est un comble ! N'as-tu pas assez confiance en moi, tu as besoin de me faire surveiller? Tu te rends compte que nous sommes au vingt-et-unième siècle et que tu ne peux pas…

— Mais c'est grâce à ce traceur que je t'ai retrouvée ! tonne Spencer en se levant à son tour.

— Quoi? mais….tu….comment?

Spencer se rapproche de Luke.

— Tu ne t'es jamais posé la question n'est-ce pas ?

— Non, je pensais que c'était grâce au message que je t'ai envoyé. Mais en y réfléchissant bien, tu es arrivé vraiment vite sur les lieux.

— Mon instinct ne me trompe jamais. Je savais que tu mijotais quelque chose…

— Et tu m'as sauvé la vie…

Luke vole un baiser à Spencer.

— Mes parents ne te remercieront jamais assez, je crois !

— Je n'ai pas besoin d'être remercié pour avoir sauvé la vie de la femme que j'aime.

— Je t'aime Cariño.

Luke plonge son regard dans celui de son futur mari et cette fois, c'est Spencer qui pose ses lèvres sur celles de Luke.

— Dis-le-moi, encore…

— Je t'aime.

— Je t'aime Darling.

— Mais tu sais que tu ne vas pas t'en sortir aussi facilement, annonce-t-elle, espiègle. Alex souhaite enlever les traceurs, et tu n'es pas de cet avis, c'est ça ?

Luke a vu juste, Spencer laisse ses bras retomber le long de son corps. Elle aussi commence à bien le connaître.

— Pourquoi ? demande Luke. Je ne suis plus en danger. C'est même toi qui me l'a dit. Mario et Victor sont morts.

— Tu es comme Alex, tu ne vois pas plus loin que le bout de ton nez ! Il en reste un et il est hors de question que tu restes sans surveillance, tout le temps que nous ne l'aurons pas retrouvé. Est-ce que je suis bien clair, Luke ?

— Emmanuel ne me fera rien, il n'a jamais levé la main sur moi. J'ai même l'impression qu'il me craint.

— Ne penses-tu pas qu'il est tout simplement amoureux de toi ?

— Quand bien même ! Je te rappelle que je suis fiancée à un lieutenant de police et que, tel que je connais cette tête de mule, il ne laissera rien m'arriver.

— D'où mon exigence de laisser les traceurs dans les bijoux.

Il hésite avant de continuer.

— Parfois, tu parcours la ville d'un bout à l'autre dans la même journée. Et tu vas devoir certainement voyager dans quelque temps pour rencontrer des clients ou te rendre sur des chantiers. Je ne serais pas toujours là !

— D'accord ! obtempère Luke.

— Tu es d'accord ?

— Oui, confirme la jeune femme.

— Tu ne rechignes pas à accepter ça ? C'est vraiment un « Oui », tout simplement.

— Tu as raison, c'est ça que tu souhaites entendre, car c'est le cas. Alors, je n'ai pas besoin de réfléchir. Toi comme moi, nous sentirons plus sereins si on laisse les traceurs dans les bijoux.

— Bien. Alors, si nous sommes d'accord, je n'ai rien à ajouter… Bien que je sois étonné par ta réponse, je pensais devoir débattre encore et encore avec toi pour que tu acceptes...tu m'étonneras toujours Darling.

Luke n'a pas le temps de répondre, Spencer l'entraîne et l'installe sur ses genoux. Il dévore ses lèvres et laisse ses mains se balader sur les hanches de sa compagne. Luke le stoppe dans son élan et lui sourit. Spencer plisse les yeux, pensant qu'elle blague, il retente le coup, mais la jeune femme a l'air sérieuse. Elle se lève.

— Nous avons autre chose de prévu pour la soirée, chantonne-t-elle.

La porte de l'appartement s'ouvre brusquement et laisse apparaître Judith et Steeve, suivis des parents de Spencer et ceux de Luke. Libby passe la porte à son tour, accompagnée par Ben et Alex. Suivent les collègues les plus proches de Spencer qui souhaitaient être présents pour son retour à la maison. Spencer est surpris par la venue de tout ce petit monde. Il enlace sa future femme et la remercie en lui chuchotant des mots doux dans le creux de l'oreille. Il serre la main de ses collègues et ouvre les bières pour trinquer avec eux.

Au cours de la soirée, Luke range le coin cuisine, mais manque de faire tomber le plateau de petits fours chauds en entendant une conversation entre Spencer et ses collègues.

— On a appris pas mal de choses sur Mario, lance un grand blond.
— Il n'est pas vraiment français, poursuit un autre.
— Ah non ? interroge Spencer curieux de connaître la suite.
— Il a été adopté par une famille anglaise vivant en France, mais il est bien né ici.

— Vous en savez plus ? Vous savez si ses parents sont revenus chercher le corps ? demande alors Spencer, trop curieux.

Elle ne réfléchit pas et laisse tomber la bouteille de vin qu'elle tentait d'ouvrir après avoir posé le plateau sur la table. Spencer accourt vers elle mettant fin à cette discussion.

Il ne doit pas apprendre la vérité sur Mario par ses collègues, mais par ses parents et il faut à tout prix qu'elle leur en touche un mot, maintenant !

— Darling, ça va ?
— Oui, ne t'inquiète pas, elle m'a simplement glissé des mains, s'excuse Luke.
— Ce n'est pas grave, mais tu devrais aller changer de vêtements.
— Tu as raison, je monte à l'appartement. Je n'en ai pas pour longtemps.

C'est le moment idéal pour parler avec sa future belle-mère, même si le sujet est difficile, elle n'a plus le choix.

— Pourquoi ne pas faire comme à l'hôpital, Darling ?
— C'est-à-dire ? fait-elle mine de ne pas comprendre en continuant d'éponger le vin répandu sur le sol.
— Tu fais une valise pour quelques jours et tu t'installes ici, avec moi !

Luke cesse son pseudo ménage et relève la tête en souriant.

— C'est une demande officielle ? le taquine-t-elle.

— Aussi officielle que ma demande en mariage, répond-il, le plus sérieusement du monde, en lui offrant en prime, un clin d'œil et son sourire de tombeur.

— Tu ne penses pas que mon appartement est plus grand ? chuchote-t-elle en se relevant et en inspectant la pièce principale.

— Tu sais très bien que non ! répond Spencer, tombant dans le piège que lui tend sa jolie brune.

Luke rit de son petit manège, se retourne face à Spencer et continue.

— Une demande en mariage dans un hôpital, puis une pour vivre ensemble au beau milieu d'une cuisine éclaboussée de bon vin français, énumère-t-elle en levant ses doigts un à un. Que sera ta prochaine doléance? sourit-elle.

Spencer se gratte la tête, comprenant qu'il n'a pas vraiment fait les choses dans l'ordre. Et ses deux placets n'étaient pas non plus des plus romantiques, mais après tout, ils ne forment pas un couple ordinaire. Leur relation a commencé sur les chapeaux de roue et en à peine quelques semaines, ils parlent mariage.

— Hou, hou ! tu es encore là ?!

Luke ne peut réprimer un sourire avant d'éclater de rire et d'emmener Spencer dans son délire. Celui-ci se cache dans son cou, la serrant dans ses bras. Les invités observent les jeunes amants, mais ne leur prêtent pas plus attention que ça, reprenant leurs discussions.

— Je dois t'avouer que j'ai déjà préparé quelques affaires !

— Tu m'en vois ravi ! Allez, file te changer avant qu'il ne me prenne l'envie de venir avec toi et de ne pas te laisser descendre avant un bon moment.

— Tu es vraiment incorrigible, Lieutenant. Tu as des invités, occupe-t'en, lui répond Luke, balançant ses hanches d'une façon très sensuelle et provocatrice.

Elle tourne légèrement la tête, mais elle n'a pas besoin de vérifier, elle sait qu'elle a ensorcelé Spencer. Celui-ci reconnaît qu'il lui serait pénible, à présent, de vivre sans elle. Luke sourit de voir son futur mari la manger des yeux alors qu'il y a quelques semaines, elle vivait dans la peur. Maintenant tout ça c'est derrière elle, Spencer lui a pris son cœur, son âme et, si c'était à refaire, elle le referait sans hésitation. Elle se jure de ne rien laisser entacher leur bonheur.

En passant tout près de sa future belle-mère, Luke pose sa main sur son épaule et lui demande discrètement de l'accompagner dans son appartement. Collin a une seconde d'hésitation, mais voyant la tenue de Luke, elle accepte en souriant.

— Je n'ai pas tout raconté à la police sur mon kidnapping, attaque Luke sans prendre de gants.

Collin fronce les sourcils et pose la main sur le bras de Luke pour l'arrêter alors qu'elles arrivent à son appartement.

— Le sujet n'est pas facile, mais je dois l'aborder !
— Tu m'inquiètes, Luke, mais si tu as besoin de parler, je suis là...
— Vous ne comprenez pas, Collin, le sujet sera difficile pour vous, pas pour moi !

Collin s'arrête dans l'entrée, à la fois curieuse et sceptique. Quel est le sujet pour lequel elle l'a fait venir, car elle a bien compris que ce n'est pas un hasard ? Elle se demande ce qui se trame dans la tête de sa future belle-fille.

Luke ne la laisse pas plus longtemps cogiter et, une nouvelle fois, surprend sa futur belle-mère en lui annonçant de but en blanc qu'elle sait qu'elle a eu un autre enfant. Elle ne lui laisse pas le temps de répondre et lui indique que c'était bien avant John et Spencer. Collin porte la main à sa bouche, ne pouvant plus prononcer un seul mot.

— Je suis désolée, j'aurais voulu ne jamais entendre ça et ne pas vous faire revivre ce moment difficile de votre vie.
— Tu ne sais pas, tu ne sais rien de ce que j'ai pu vivre. Je t'apprécie Luke, mais...
— Il n'y a pas de « mais » Collin ! s'emporte la jeune femme, c'est vous qui ne savez rien. Pour ma part, dans mon malheur, cet enfant n'a jamais eu le temps de voir le jour. Vous, vous pleurez un enfant que vous n'avez

pas choisi de garder, je ne sais pas ce qui est le pire des deux.

Plus accablée que précédemment, Collin retient un petit cri quand Luke s'approche et la serre dans ses bras.

— Je suis désolée, Luke. Pourquoi me parler de ça ?

— Cet enfant, c'était Mario, chuchote la jeune femme en regardant droit dans les yeux sa future belle-mère.

Collin ne souhaite qu'une chose à cet instant, prendre ses jambes à son cou et s'enfuir le plus loin possible. Ça fait plus de trente ans que cette histoire est derrière elle. Son mari a fait le nécessaire à l'époque.

— Comment ?

Collin n'a pas besoin d'approfondir sa question. Luke comprend là où elle souhaite en venir. Elle lui tend un verre d'eau, qu'elle accepte.

— Je vous ai déjà parlé des personnes qui m'ont kidnappée, ces hommes qui font partie intégrante de mon passé. Durant cette courte période en leur compagnie, ils n'ont pas hésité à me droguer, à plusieurs reprises. Un jour, alors que j'étais encore enfermée dans une pièce, l'un d'eux m'a apporté mon repas dans lequel il avait versé le stupéfiant. Comment a-t-il pu croire que j'allais lui faire confiance et accepter cette nourriture ? Je n'ai pas touché à l'assiette, mais j'ai feint d'être tout de même droguée.

Collin est effarée par les révélations de Luke, mais ne sait pas tout !

— Mario a tout expliqué à Emmanuel, en lui racontant qu'il savait tout sur vous et sur la manière dont il a été conçu. Je suis navrée Collin, de vous apprendre ça mais il en avait après Spencer.

— Tu n'as rien dit à mon fils ? s'inquiète soudain sa future belle-mère.

— Non ! Ce n'est pas à moi de lui annoncer, c'est à vous...

— Je crois que je n'aurais jamais le courage de lui dire, il ne me pardonnera pas.

— Croyez-moi, la vérité est toujours bonne à connaître. Peu importe le moment choisi, vous êtes sa mère, il vous pardonnera. Et si ce n'est pas le cas, je lui botterai le derrière.

Collin sourit, mais reste tout de même inquiète devant cette décision qu'elle doit prendre. Elle en parlera à Ron le moment venu et ils prendront cette décision difficile à deux. Elle serre la main de Luke et l'invite à aller se changer, car les invités vont finir par s'impatienter. Luke obtempère, se lève du canapé, s'apprête à se diriger vers sa chambre, mais revient sur ses pas pour lui donner le coup de grâce.

— Loin de moi l'idée de vous donner un ordre ou de vous brusquer, mais cette bouteille de vin, elle ne m'a pas glissé des mains, je l'ai lâchée exprès, pour faire diversion. Les collègues de Spencer sont sur la voie et très proche de découvrir la vérité.

— Merci de ta franchise, Luke ! se rembrunit Collin.

567

— C'est bien la première fois qu'on me remercie pour avoir été franche, sourit Luke en sortant de la pièce.

Elle se retrouve seule devant le miroir, se déshabille et admire son corps meurtri par le passé et les derniers événements. Des bleus sont encore visibles sur sa peau caramel et la cicatrice de son ventre est encore un peu rose et fait écho à celle qui court le long de sa jambe et sur son épaule. L'une pour l'amour d'un frère qui, finalement, n'est pas vraiment le sien. Rien que cette pensée lui piétine le cœur. Ils ont tout fait, tout vécu ensemble et sont liés à jamais, décide-t-elle. Lukas est son frère et le restera pour toujours.

Ses doigts parcourent son ventre d'une extrémité à l'autre suivant la cicatrice, celle d'un passé douloureux dont elle a été séparée brutalement, mais c'est fini, se dit-elle en regardant le solitaire qui orne son annulaire gauche. Un autre détail la perturbe, malgré toutes ces tâches éphémères et les imperfections qui marquent ce corps qu'elle connaît par cœur, Luke relève la tête et se rend compte qu'elle sourit, ses yeux sont remplis de bonheur. Elle enfile un tee-shirt, un pantalon et alors qu'elle s'apprête à sortir de la chambre en courant, une fois de plus, son téléphone sonne, elle ne prend pas garde et décroche.

— Enfin tu me réponds !

Luke s'arrête, interdite, électrifié par le son de cette voix qu'elle reconnaît. Sa futur belle-mère étant dans la pièce à côté, Luke reste silencieuse et écoute les instructions.

— Qu'est ce que tu veux? Pourquoi tu m'appelles ?

— Tu vas bien m'écouter attentivement, tu vas venir à l'adresse que je vais te donner. Tu viendras seule, sans arme, sans ton mec ! C'est bien clair? Seule t'as compris? Ce que j'ai à t'apprendre va te surprendre...mais je veux que tu quittes ton flic avant de venir.

— Je le ferai, c'est d'accord, mais il faut me laisser du temps.

— Je te laisse cinq jours. Si tu ne fais pas ce que je te dis, les répercussions seront fâcheuses pour ton ami et ta famille, me suis-je bien fais comprendre ?

— Cinq jours !? C'est trop court...

— Pas une minute de plus, je t'enverrai l'adresse du lieu de rendez vous par SMS, ne me déçoit pas Luke !

Luke raccroche, sa joie et son bonheur se sont envolés instantanément, dans cinq jours tout sera terminé. Collin toujours dans le salon se tourne vers Luke et s'aperçoit qu'il y a quelque chose qui ne va pas.

— Tu en fais une tête, ça a l'air grave tu es toute pâle ? Tente Collin, devant le regard fermé de sa future belle-fille.

— Le travail... c'est toujours compliqué. Allons-y, se reprend-elle, ils doivent commencer à s'impatienter...

Chapitre 34

Quelques jours plus tard.

Spencer, accoudé à l'îlot central de la cuisine, observe Luke. La jeune femme cherche à faire tenir, ses affaires à côté de celles de Spencer. Ils vivent en harmonie depuis maintenant quelques jours. Luke doit malgré tout gérer son stress et faire comme si tout allait bien devant son flic qui la connaît par cœur.

Les préparatifs du mariage sont gérés de main de maître par Luke, même si elle délègue beaucoup de choses à son futur époux. Elle prend pour excuse qu'il n'ait pas encore repris le travail et que c'est l'occasion de l'occuper. Ça ne déplaît pas à l'intéressé, bien au contraire, il peut ainsi préparer quelques surprises pour la femme qu'il aime.

Cependant, Spencer n'est pas dupe, il sait que Luke est nerveuse. Au début, il mettait ça sur le dos des préparatifs, mais il a compris que quelque chose d'autre se tramait, il en mettrait sa main à couper. Elle a ce comportement inhabituel depuis que les appels intempestifs sur son téléphone ont cessé et sur ce sujet, Luke ne s'étend pas.

— Ton thé va refroidir et le gâteau se réchauffer si tu ne viens pas t'asseoir à mes côtés maintenant. La taquine Spencer tout en gardant le sourire aux lèvres.
— Oh oui, la dégustation pour le mariage !

Luke tente de repousser ce rendez-vous depuis quelques jours, elle s'est rendue compte que certaines odeurs l'indisposent. Le mariage est dans un peu plus de deux mois, elle n'a plus le choix et se retrouve au pied du mur. Heureusement que son futur mari est attentif et a respecté le désir de Luke de ne pas avoir de fraises sur les gâteaux. Rien que l'odeur lui donne des haut-le-cœur et Spencer a accepté l'excuse du cliché du « gâteau de mariage ». Toutefois la douce odeur de citron réveille l'estomac de Luke. Elle contourne l'îlot et embrasse son fiancé goulûment, surprenant ce dernier qui adore cette démonstration d'amour. D'ailleurs, il a remarqué que Luke est beaucoup plus demandeuse qu'avant malgré tout le travail qu'elle accumule au fil des jours. Il l'attrape par la taille et approfondit ce baiser, mais ils sont interrompus par un raclement de gorge.

— Désolée, s'excuse Luke devant la cheffe pâtissière.

Celle-ci a été envoyé par sa mère qui ne cesse de chanter ses louanges depuis le mariage de la fille d'une de ses amies dont Luke a oublié le nom.

— Ne vous excusez pas, votre démonstration est à la hauteur de votre amour, il est sincère et infini et ça se voit dans vos yeux.

Luke sourit de plus belle. Spencer embrasse le dos de sa main et attrape une fourchette à dessert, pique dans le gâteau au citron et l'enfourne dans la bouche de sa future femme.

— Je voyais qu'il te faisait de l'œil, sourit Spencer, taquin, pour détendre l'atmosphère.

La jeune femme est d'abord surprise, puis sourit et déguste sa part de gâteau. Elle ferme les yeux, savoure cet instant et prend à son tour une fourchette qu'elle plante dans le gâteau aux trois chocolats. Ce moment doit être un instant de joie et non de prise de tête. Spencer souhaite également que Luke soit détendue juste avant de partir pour un rendez-vous important

Elle présente sa fourchette à Spencer, mais taquine lui retire des yeux au dernier moment pour la mettre dans sa propre bouche. Le policier plisse les yeux et sourit, pour le coup, s'empare d'une grande part de gâteau aux fruits exotiques et le mange sans honte. Après deux autres bouchées, Luke s'arrête et porte son choix sur le citron, Spencer choisit celui aux trois chocolats.

Luke glisse sous le nez de la pâtissière le croquis du gâteau qu'elle a imaginé. La pâtissière acquiesce à plusieurs reprises, puis range la feuille dans une pochette avant de quitter l'appartement.

À peine la porte est-elle refermée que le téléphone de Luke vibre, le policier l'attrape avant que la jeune femme n'ait eu le temps de tendre la main. Elle se crispe légèrement, puis se détend lorsque Spencer sourit. Elle le récupère pour lire le message de Libby.

Toujours partante pour demain ? Sois courageuse.

OK je serais prête.

Spencer la regarde et lui fait un clin d'œil.

— Hum ! Ça sent l'enterrement de vie de jeune fille, Darling !

— Effectivement, la fameuse soirée est pour demain.

Luke sait que cette phrase a un double sens. Avant de profiter de cette soirée qui lui sera consacrée, elle devra d'abord régler une dernière chose. Luke reçoit un autre SMS dans la foulée.

1 chemin d'Outland à BARTON-LE- CLAY. mais tu connais déjà cette adresse.

OK pour demain, 19h.

La réponse ne tarde pas, mais celle-ci n'est pas celle qu'elle attendait. Ça ne plaît pas du tout à la jeune femme qui manque d'air et s'adosse au plan de travail derrière elle.

Ne soit pas en retard...

Ne crois-tu pas que je sais ce que tu fais. J'ai découvert ton identité, ta voix t'a trahie Manu.
Quitte-le ce soir où tu sais ce qui arrivera... Tu es très perspicace et intelligente ma chère Luke, cela ne m'étonne en rien venant de toi!

Luke éteint le téléphone et il lui est difficile de faire comme si tout allait bien. Mais Spencer ne lui pose pas de question. Il lui serre un verre d'eau fraîche et lui caresse le dos.

— Tu as dû manger trop de sucre, assieds-toi un peu avant de partir travailler.
— Merci, tu es un amour.
— Je t'aime Darling !
— Je t'aime aussi.

Ces mots sont sincères, mais Luke a comme un goût amer dans la bouche. La jeune femme est persuadée de ne pas le trahir, mais plutôt qu'elle lui sauve la vie.

Luke y a réfléchi toute la journée, il n'y a pas mille façons de le faire, il faut arracher le pansement rapidement et c'est maintenant. Elle rentre dans l'appartement après sa journée de travail qui a été plutôt longue. La jeune femme reconnaît qu'elle a été exécrable et impatiente avec tout le monde. Sans le vouloir et par nervosité, Luke claque la porte de l'appartement, consciente que la crise qu'elle va piquer est d'une idiotie sans nom. Le pauvre Spencer, cet homme qu'elle aime plus que tout, ne va rien comprendre à l'ouragan qui débarque chez lui.

Spencer est assis dans le canapé, une bière à la main en train de regarder un match de rugby. Il sursaute devant tout ce boucan, surpris face à Luke qui le regarde à peine et fonce dans la chambre. Spencer inquiet de voir son manège se lève et la suit. Il reste interdit devant la situation, Luke sort la valise du dressing et la remplit sans prendre la peine de plier le linge.

Il la laisse faire sa crise, se demandant quelle mouche a piqué sa futur femme. Lorsque Luke tente de sortir, il lui barre la route et même si cette dernière le pousse pour passer, Spencer reste de marbre.

— Laisse-moi passer !
— Pourquoi ?
— Parce qu'il le faut ! insiste-t-elle, essayant de garder tous ses moyens.
— Non, tu ne partiras pas une fois de plus loin de moi, sûrement pas!!.
— Je t'en prie ! implore à présent la jeune femme.
— Donne-moi une seule bonne raison et je te laisse partir !

La jeune femme n'a pas besoin de réfléchir, elle a déjà préparé son texte, s'attendant à ce que Spencer réagisse ainsi.

— Je ne souhaite plus me marier…

Abasourdi, il réussit tout de même à garder son calme. Luke tente une nouvelle fois de passer, mais Spencer fait toujours barrage.

— Bien ! Annulons le mariage alors.
— Tu ne comprends donc pas ?! Nous ne sommes pas encore mariés et j'étouffe déjà. Autant mettre fin à toute cette mascarade dès maintenant.
— Quoi ? s'écrie Spencer.
— Je fais ça pour te protéger !

— Non, c'est faux ! Tu le fais pour TE protéger !

— Je ne comprends pas !

Luke a l'étrange impression que la situation se retourne contre elle.

— Tu veux te protéger de moi en fuyant une fois de plus sans oser affronter ton adversaire.

Spencer fait tout son possible pour garder son calme.

— Mais tu débloques complètement ! De quel adversaire parles-tu ?

Un court instant, Luke pense que Spencer est au courant de ce qui se trame dans son dos.

— MOI ! hurle-t-il à présent. De l'amour que tu me portes.

— Je…

— Tu as peur de tes sentiments et de l'abandon. Avec ce que tu as vécu, je peux le comprendre, mais je ne suis pas Victor ! finit-il par dire, à bout de souffle.

— Je le sais, et jamais je ne t'ai comparé à lui. Tout ce que nous avons vécu ensemble n'était en rien ressemblant. Je ne fuis pas, je te quitte.

— Que fais-tu de moi ? De ces dernières semaines partagées ensemble ?

— À quoi bon Spencer ?

— Pour apprendre à mieux nous connaître, pour construire cet avenir que tu m'as promis ce soir là !

Luke ouvre la bouche, mais aucun mot n'en sort. Ce putain de karma joue contre elle, pourquoi a-t-il fallu qu'il lui dise ça, maintenant. Ses épaules s'affaissent, elle sait que ce n'est qu'un rôle ce soir et si Spencer se doute de quelque chose, son plan tomberait à l'eau suivi des conséquences promises par Emmanuelle. Elle doit garder le masque qu'elle s'est forgé pendant toute la journée.

La jeune femme en a marre d'être forte et de devoir se battre sans cesse contre ses démons. L'amour renverse tout sur son passage et rend faible, voilà pourquoi elle ne voulait pas laisser entrer son nouveau voisin dans sa vie. Puis, petit à petit elle a ressenti cette sensation qu'elle ne connaissait pas. Elle s'est révélée avec le temps, s'est nourrie de ces moments passés ensemble et l'a prise aux tripes lorsque Spencer s'est retrouvé gravement blessé. C'est à cet instant que Luke a compris que c'était ça l'amour ?

— À quoi penses-tu ? demande t-il, la coupant dans ses réflexions.

Spencer s'est rapproché d'elle et ne bloque plus le passage vers la porte.

— À ce qui n'est plus ! répond la jeune femme, le cœur au bord du précipice.

— Je n'aime pas la tournure que prend cette discussion.

— Quitte à me répéter, je pars pour ne pas te faire souffrir. Je ne sais pas faire, tu serais malheureux avec moi.

— PUTAIN mais de quoi parles-tu ! ?

Luke serre fortement la poignée de la valise et profite de ce moment de faiblesse qu'elle vient de créer en lui. Elle sort de la chambre sous le regard de Spencer qui voudrait comprendre et la rattraper, mais son corps ne le suit plus. Sur le seuil de la chambre, elle lui annonce.

— Je ne sais pas aimer.
— Darling, regarde-moi ! Retourne-toi, regarde-moi dans les yeux et dis-moi que tu ne m'aimes pas, que tu ne m'as jamais aimé !

Spencer espère qu'elle se retourne, mais en vain. Elle sort de la chambre, franchit le seuil de l'appartement, et finit par le quitter. Elle fait tout son possible pour ne pas s'effondrer sauf qu'elle a le cœur au bord du vide, prêt à sauter. Bien sûr que oui qu'elle l'aime, du plus profond de son être. Mais le frère Mitchell est revenu dans sa vie et lui a posé un ultimatum : soit elle quitte Spencer, soit il le tue !

Suite aux messages intempestifs d'Emmanuel, Luke s'est rapproché d'Alex et Libby afin de mettre un plan en place. Pour que ce soit vraiment crédible, Spencer ne devait être au courant de rien.

Elle espère qu'il lui pardonnera lorsqu'il connaîtra la vérité. Soudain, prise de vertige, elle s'adosse quelques secondes contre le mur à côté de l'ascenseur. Sa meilleure amie l'attendait dans le couloir accompagnée de Ben.

— Tu attends dix minutes et tu entres voir Spencer. dit Libby. Le médecin acquiesce et embrasse furtivement sa compagne.

Elle porte une perruque noir, les mêmes vêtements que Luke, c'est elle qui se rendra au rendez-vous donné par Emmanuel. Avec Alex et son équipe, ont mis en place un stratagème pour piéger ce dernier à son propre jeu. L'ascenseur arrive enfin, les deux jeunes femmes y pénètrent et, au moment où la porte coulissante s'apprête à se refermer, celle de l'appartement de Spencer s'ouvre.

— LUKE ! Hurle Spencer.

Il se précipite vers la sortie pour la rattraper. Les portes se referment sur Luke et Libby avant qu'il ne puisse les atteindre, puis pivote et aperçoit Ben. Il retourne dans son appartement en claquant la porte au nez du médecin. Dans une rage noire, Spencer le regarde avec fureur se doutant qu'il est impliqué dans la fuite de sa fiancée.

Pendant ce temps, Luke est descendue au parking et serre sa meilleure amie dans ses bras.

— Soit très prudente Libby, dit-elle en tentant de ne pas montrer son inquiétude
— Je te le promets ! À très vite.

Libby monte dans le 4x4 bleu alors que son amie s'installe dans le véhicule d'un des agents d'Alex. Ce dernier à les instructions de la conduire saine et sauve jusqu'à l'aéroport .

Luke essaie de ne pas penser à l'éventualité de ne pas revoir, Spencer et ses amis...

Chapitre 35

Libby regarde dans le rétroviseur central et aperçoit deux berlines noires. La première, celle dans laquelle Luke s'est engouffrée, sort du souterrain. La seconde abrite quatre agents qui veillent sur la sécurité de Spencer. L'un des hommes restera dans l'immeuble, quant aux trois autres, ils surveilleront les extérieurs.

Luke, Libby et Alex ont décidé de mettre en place un plan pour arrêter Emmanuel. Point favorable pour Libby, la maison d'enfance où a lieu le rendez-vous est délabrée, dans un trou perdu de la campagne. Elle croise son propre regard dans le rétroviseur, déterminée à mettre fin à toute cette histoire. Luke et Spencer méritent d'être heureux et ce bonheur commence aujourd'hui en se débarrassant définitivement du dernier frère Mitchell. Mais Alex n'est pas de son avis, préférant l'arrêter pour qu'il paie ses crimes. À ce que lui a raconté Luke, Emmanuel ne lui a jamais fait de mal, ni le temps de sa séquestration ni auparavant. Si ce dernier est arrêté, les charges contre lui seront infimes et il sortira de prison pour bonne conduite dans quelques années ! Il est hors de question, pour Libby, qu'il resurgisse dans leur vie.

La jeune femme replace sa perruque correctement, met les lunettes de soleil de Luke et passe à son bras la montre équipée du traceur offerte par Spencer. Elle souffle un bon coup et démarre le moteur. Elle se convainc que tout ira bien car Alex et son équipe sont sur place depuis deux jours et tout a été organisé dans les moindres détails. La maison a été vérifiée, des caméras infrarouges ont été posées ainsi que des micros. L'affaire est simple, elle se rend dans la maison, attend qu'Emmanuel s'approche, se rendre compte qu'elle n'est pas Luke. À partir de là, elle le plaquera au sol pour l'arrêter et ensuite, Alex interviendra pour l'emmener. C'est le plan A, celui où tout se passe bien. Mais au fond d'elle, Libby aimerait vraiment lui tirer une balle entre les deux yeux ! Affaire réglée. La jeune femme se frotte les mains en signe de bon débarras avec un sourire de tueuse.

Après quinze minutes de conduite rapide sur l'autoroute, le GPS lui indique de sortir par une petite route et de continuer pendant quelques kilomètres jusqu'au prochain village. La nuit est tombée depuis peu et les arbres qui bordent la route assombrissent encore plus les alentours. Libby dépasse une barrière abîmée et rouillée, posée sur une haie et poursuit son chemin pour arriver devant deux bâtisses. L'une est une grange en ruine dont on aperçoit la charpente. L'autre n'est pas dans un meilleur état.

Lorsqu'elle atteint le porche, Libby respire un bon coup et monte les premières marches qui grincent sous son poids. Elle pénètre à l'intérieur de la maison, longe le couloir qui débouche sur une grande pièce à vivre. Plusieurs centimètres de poussière recouvrent le sol ainsi que chaque objet de cette pièce, à l'exception de l'assise du fauteuil qui se trouve face à la fenêtre. Libby sait qu'elle n'est pas seule et redouble de vigilance. Emmanuel est arrivé bien avant elle.

La jeune policière espère qu'Alex et son équipe ne se sont pas fait repérer, quand sur la cheminée un objet attire son attention. Elle souffle doucement dessus et découvre une photo de famille. Les quatre membres représentés ont l'air très heureux. Les deux petits garçons tirent la langue, le couple sourit mais une petite fille blonde sans aucune expression se trouve assise par terre devant les adultes. Elle semble vouloir se fondre dans le sol. Un grincement la ramène au moment présent. Doucement elle repose le cadre à sa place et ne bouge plus, sentant une présence derrière elle. Une traction sur son poignet la tire en arrière, elle manque de trébucher, mais un corps ferme la retient.

— Je ne voulais pas te faire peur, susurre Emmanuel à son oreille, pensant qu'il s'agit de Luke.

La jeune femme reste de marbre quand il la fait pivoter vers lui et retient son souffle. Ils sont trop près, il va tout de suite se douter que ce n'est pas Luke . Libby baisse la tête et Emmanuel la prend dans ses bras sans qu'elle puisse bouger, hume son cou et se redresse aussitôt.

— Je sais que tu n'es pas Luke chuchote-t-il.

Libby relève la tête et un éclair traverse son regard. Le bleu océan de ses yeux donne raison à Emmanuel lorsqu'il aperçoit enfin son visage. Elle tente de se dégager, mais, de colère, Emmanuel la pousse violemment contre la cheminée. Libby retient un cri de douleur et se redresse prête à se battre contre son assaillant.

— OÙ EST LUKE ? Hurle Emmanuelle.

— Comme tu peux le voir, elle n'est pas ici, ironise la jeune policière pour le mettre plus en colère.

— Pourquoi n'est t-elle pas venue ?

— Parce qu'elle ne t'aime pas pauvre cinglé !!!

— TU VAS FERMER TA GRANDE GUEULE SALOPE !!!!

— Elle aime un autre homme Emmanuel ! Elle n'a JAMAIS aimé ton frère et elle ne T'AIMERA JAMAIS non plus, rétorque Libby avec véhémence.

— JE VAIS TE BUTER SALE GARCE !!!!! Hurle Emmanuel en sortant une arme de derrière son dos.

Par réflexe, Libby lève les mains en signe de reddition. Elle est prise au piège entre la cheminée et Emmanuel qui braque son arme sur elle.

— Ne fais pas de bêtise, n'appuie pas sur la détente, je peux t'aider !

— Tu ne peux pas m'aider !! ! Elle doit m'aimer, sinon je la tuerais aussi. Elle est à moi et à personne d'autre.

Libby s'aperçoit qu'Emmanuel devient fou, il est parti dans son délire concernant Luke. Elle décide de le désarmer immédiatement. Face à cette attaque soudaine, il réagit et donne un coup de poing dans le thorax de la jeune femme qui percute à nouveau la cheminée. La policière et Emmanuel se défient du regard et dans la seconde, se jettent au sol pour attraper le pistolet.

Alors que Libby n'a qu'à tendre le bras, Emmanuel agrippe sa jambe et la tire vers lui. La jeune femme ne se laisse pas faire et lui assène un coup de pied dans le bras.

Elle attrape l'arme du bout des doigts et se relève rapidement, mettant en joue Emmanuel. Il se relève également et pense qu'avec sa corpulence, il a toutes ses chances pour battre la jeune femme qui ancre ses pieds au sol et demeure vigilante.

— Avance ! lui crie Libby en indiquant la sortie.

Emmanuel obtempère et passe devant la policière. Au moment où ils atteignent l'extérieur de la maison, il la frappe d'une manchette en plein visage. Elle recule de quelques pas et se couvre le nez de sa main libre. Toutefois, elle n'a pas dit son dernier mot elle se rapproche et lui envoie un coup de genou dans l'entrejambe. Il se penche en avant, plié en deux par la douleur. Elle tire un premier coup de feu en l'air pour le maintenir à distance et indiquer à Alex de la rejoindre.

— Je dois la retrouver, elle m'aimera, elle est obligée ! se lamente Emmanuel.
— Pourquoi dis-tu ça ?
— Parce que si elle m'aime, elle me pardonnera.

Libby ne comprend pas un traître mot de ce qu'il raconte. Ce dernier à bout de force autant physiquement que psychologiquement lui avoue quelque chose qu'elle n'était pas prête à entendre.

— J'étais dans le camion de livraison. C'est moi qui conduisais… craque Emmanuel.
— De quoi parles-tu ?
— Le soir où son frère est mort…

Libby comprend soudain pourquoi Emmanuel s'écroule à genoux devant elle en demandant pardon. Il a gardé ça pour lui depuis tout ce temps ! Elle est parcourue par un frisson et aussitôt, se souvient du dossier, revoit tous les PV, toutes les preuves. Tous pensaient que c'était Victor, ses empreintes ayant été retrouvées dans le véhicule. Mais d'autres partielles trouvées dans le camion, appartenaient à Emmanuel. Tout est clair à présent ! Libby le frappe au visage d'un violent coup de pied, le propulsant sur l'herbe, à demi inconscient. Les larmes brouillent la vue de la policière qui pointe l'arme en sa direction.

Elle ne réfléchit pas, le coup part. Alex, qui est arrivé au même instant, a pu lever le bras de son amie au-dessus de leurs têtes pour éviter un drame. Doucement, il désarme Libby, puis la prend dans ses bras.

— Il paiera pour ce qu'il a fait, je te le promets.

La jeune femme s'accroche à lui telle une bouée et laisse couler ses larmes.

— Je veux qu'il paie, qu'il meure ! C'est lui qui a tué Lukas ! enrage Libby en serrant les poings.
— Ce n'est pas la solution, tu le sais très bien ! Tu aurais sa mort sur la conscience.
— Je m'en cogne de ma conscience, tu ne peux pas comprendre !! Il a tué l'amour de ma vie. Le seul homme que je n'ai jamais aimé, annonce-t-elle, suffoquant, le cœur serré prêt à s'arrêter de battre tellement la douleur est insoutenable.
Alex se fige. Libby fronce les sourcils ne comprenant pas sa réaction, puisqu'elle lui a déjà parlé de

Lukas. Il fait un petit signe de la tête à peine perceptible. Libby se retourne, aperçoit Spencer et Ben se rapprocher et se figer.

Ben, d'abord surpris par les mots sortis de la bouche de la jeune femme, ne bouge pas. Il pensait que leur relation était partie sur de bonnes bases, que chacun connaissait le passé de l'autre, mais ça ne voulait pas forcément dire « Game Over » pour eux.

— Il m'a obligé à tout lui raconter, déclare Ben, les mains dans les poches, fuyant le regard de Libby. Je n'ai pas pu le retenir, désolé.

Il se retourne et s'éloigne, rapidement suivi par Libby, avant de disparaître à l'arrière de la maison.

Spencer est en colère, comprenant que tout ce plan a été monté dans son dos, que sa future femme n'est pas là et qu'il est impatient de connaître le fin mot de l'histoire.

Spencer regarde Alex, mais ne lui décroche pas un mot, attendant qu'il fasse le premier pas. Ils s'adossent tous les deux contre le pick-up. Alex sort une enveloppe de sa poche, puis le tend à Spencer.

□□□□□,

□□ □□ □□□ □□□□□ □□□□□□,
□'□□□ □□□ □□ □□□□ □□□□□□·
□'□□ □□□□ □□□□□□□□□□
□□□□□□ □□ □□□□, □□□□ □□□□□
□□□□· □□ □□□□ □□□□

□□□□□□□□□□ □'□□□□□□□□□□ □□□ □
□□□□□□□□ □□ □□ □□□□ □□ □□ □□
□□ □□□□□□□□ □□□· □□ □□□□
□□□□ □□ □□□□ □□ □□ □□□□□□□
□□□ □□□□□□□□□□, □□□ □□□
□□□□□□ □□ □□□□ □□□□□
□□□□□□□□ □□ □□□ □ □□□□□
□□□□ □□□, □□□□ □□□
□□□□□□□□□ □ □□□□□· □□□□
□'□□□ □□□□□□□□□□ □□ □□
□□□□ □□□□□□□□ □□'□□□□□□□□
□□□□ □□□□ □□ □□□□□□□□□
□□□□□ □□ □□□□□ □□
□□□□□□□□□· □□ □□ □□□ □□□
□□'□□ □□□ □□□ □□□□□□ □□
□'□□□□□□□□ □□ □□ □□□□
□□□□□□□ □□ □□□□□□□· □□
□□□□ □□ □□□□□ □□□ □□□□□
□□□□ □□□□ □□□□□ □□□□ □□□
□□□□□ □□ □□□□□□□□□□ □□□□
□□□□□□, □□□□ □□□□□ □ □□□□
□□□□ □□ □□□□, □□□□ □□□□□
□□□□□□□□ □□□□□□□□ □□□ □
□□□□□□ □□□ □□□ □□ □□□□□□·

        □'□□□□□□ □□□ □□ □□□□
□□□□□□□□□□ □ □□□□, □□□□□,

□□□ □□ □□□ □'□□□□□ □□□ □□
□□□□□ □□□□□ "□□□□□□□□□
□□□□□□□" □□□□ □□□
□□□□□□□□□□□□. □□□ □□□, □'□□
□□□□□□ □□□ □□ □□ □□□□ □□□
□□ □□□□□□ □□ □□□□ □□□□□.

□□□□ □□ □□□□□□□□□, □□
□'□□ □□□ □□□□□□ □'□□□□□
□□□□□ □□□ □□ □□□□□□□□□
□□□□□ □□□□□ □□ □□□□□.
□□ □'□□□□ □□□ □□□□□...
□ »

Spencer replie la lettre, la range dans la poche de son pantalon et serre Alex dans ses bras. Ce dernier ne s'attendait pas à cette réaction et lui rend une virile accolade.

—J'ai tout de même failli me faire tuer ce soir !

—Je sais, j'ai été prévenu qu'un sniper a été payé par Emmanuel pour te tuer, il était sur le toit voisin de votre résidence. Comme il n'a pas eu d'ordres, je pense qu'il a décidé d'agir seul.

—Donc, même si Luke était venue au point de rendez-vous, il aurait quand même donné l'ordre de tirer pour me tuer !?

—Pour lui, tu étais un obstacle !

Emmanuel est menotté et emmené dans une voiture banalisée sous les yeux des deux amis.

— Bon, on fait quoi maintenant ?

— Un juge me doit un service. Je peux peut-être faire en sorte de faire accélérer la procédure et te permettre de retrouver plus rapidement ta femme, lui annonce Alex.

— Merci, mon ami ! On s'occupe de cet enfoiré et je te paie un verre…

Libby et Ben, accrochés l'un à l'autre, les rejoignent le sourire aux lèvres malgré la lueur de tristesse qui brille dans le regard de la jeune femme. Alex est ravi de voir que, finalement, tout va bien entre eux. Il donne les dernières indications à ses hommes et monte dans la voiture avec Spencer qui veut déposer lui même le dernier Mitchell au poste de police.

Vingt-quatre jours plus tard...

Le procès Mitchell se termine et le verdict est tombé. Depuis le début, Spencer s'est préparé à cet instant, mais il ne peut se retenir de sursauter en entendant le « gavel » du juge frapper le disque de bois devant lui. Emmanuel est condamné à trente ans de prison ferme, ce qui est inespéré pour Spencer.

Le juge Donaldson a retenu contre le criminel : meurtre sans préméditation, non-assistance à personne en danger, délit de fuite, possession de drogue avec intention d'en faire le commerce, harcèlement, enlèvement et séquestration, association de malfaiteurs.

Luke a rencontré le juge, juste avant de quitter le pays, et a témoigné sous serment. Elle avait tout prévu avec l'aide d'Alex afin que tout se déroule à la perfection.

La famille Hargitay a également vécu des moments difficiles pendant la durée du procès. Collin a dû témoigner devant le jury.

Emmanuel l'a harcelée par téléphone pendant une longue période, la faisant chanter afin qu'elle avoue à Spencer et au reste de sa famille, la vérité sur Mario. Aussi, il a été surpris par la manière dont Spencer a réconforté sa mère, démontrant ainsi qu'il ne lui en voulait pas. Collin a écouté les conseils de Luke et elle a tout raconté à son fils avant que le procès ne débute. Spencer a affirmé qu'il n'avait eu qu'un seul et unique frère, John. Et à présent, ce qu'il souhaite plus que tout, c'est sortir du tribunal, éviter la foule des journalistes qui l'attendent devant l'édifice et sauter dans l'avion qui l'emmènera enfin retrouver sa future femme. Il embrasse ses parents, ses beaux-parents, salue ses amis et s'éloigne sans se retourner.

Chapitre 36

Portopetro, île de Majorque dans les Baléares,

Petit village de pêcheurs d'environ 500 habitants composé également d'un petit port de plaisance et d'une plage isolée adjacente.

Quelques jours après la fin du procès.

Cachée sous un chapeau de paille qu'elle a elle-même fabriqué, Luke se prélasse sur le sable fin d'une petite plage. Au même moment Spencer descend de l'avion, plus déterminé que jamais à retrouver sa femme. S'il a bien compris son jeu de piste tenant dans une seule phrase, courte, mais directe, une heure le sépare d'elle. Les parents de Luke lui ont affrété le jet afin qu'il atterrisse sur une piste privée pour qu'il puisse retrouver sa futur femme plus rapidement, l'aéroport de Palma ne pouvant pas l'accueillir.

Après quelques minutes de route déserte, il s'inquiète un peu, se demandant ce qu'elle peut bien faire dans ce trou perdu. Il arrive dans le petit village, s'arrête près d'un habitant, ouvre la vitre côté passager et demande à l'homme s'il parle anglais ou français. Le pêcheur rit et acquiesce dans la langue de Shakespeare.

—Je cherche une jeune femme. Elle est grande, brune, les yeux marron et n'a pas la langue dans sa poche.

—Sí ! Vous… cherchez… Luke ! Tente l'homme.

—Vous la connaissez ! se réjouit Spencer.

—Todos… connaître Luke. Esta en la playa, répond le vieux monsieur, pointant du doigt le bout du port.

—Merci beaucoup, monsieur.

Spencer reprend la route et se gare quelques kilomètres plus loin sur le bord de mer. il tourne la tête et reconnaît la silhouette de Luke, assise sur le sable, en dessous d'un parasol. Il enlève ses chaussures et court dans sa direction. Son cœur s'emballe, sa respiration n'est pas parfaite et dans sa précipitation, manque de perdre l'équilibre. Il l'a retrouvée, elle est là, devant lui et il n'y a plus que quelques mètres qui les séparent.

Sereine, Luke se ressource, mais n'attend qu'une chose, que Spencer arrive et ravage son cœur pour son plus grand plaisir. Il lui manque terriblement, ils ne se sont pas contactés depuis pratiquement un mois. Elle espère que Spencer se souviendra de sa petite histoire sur la fabrication du savon à la mangue.

—Darling !

Le cœur de Luke cogne durement dans sa poitrine. Elle se lève, mais ne se retourne pas, croyant qu'elle a une fois de plus rêvé d'entendre la voix de Spencer.

—Darling ! tente t-il une nouvelle fois.

Il s'approche et apparaît dans son champ de vision. La chaleur est étouffante, mais jusqu'à aujourd'hui, Luke la supportait très bien. Alors elle sait que c'est vrai, que son futur mari se tient bien là devant elle. Il fait un pas, elle en fait autant, tous les deux ne savent quoi faire ou quoi dire, comme s'ils se voyaient pour la première fois.

— Si tu es là, c'est que tout est vraiment fini ? demande-t-elle en retenant ses larmes.

Spencer ne dit rien, continue d'admirer Luke, il hoche la tête pour ne pas la laisser sans réponse. Elle parcourt le reste de distance qui les sépare puis ôte ses lunettes. Dans ses yeux, elle lit qu'il ne lui en veut pas, qu'il est plutôt soulagé de la retrouver. Toutefois, elle se demande pourquoi il reste si stoïque.

Elle approche doucement ses lèvres des siennes une première fois délicatement, puis une seconde fois, mais Spencer n'est pas vraiment réactif. En la voyant là, si belle dans la lumière du soleil, aussi magnifique que la dernière fois où il l'a vue, il a un relent de force qui le pousse à prendre sa compagne dans ses bras. Il la regarde comme une apparition divine mais réelle, plus désirable que dans ses rêves et plus rien ne pourra les séparer.

Il dépose à son tour ses lèvres sur celles de Luke dans un baiser plus fougueux, plus passionné. Elle répond elle aussi à cette attente qui a beaucoup trop duré. Luke lui fait comprendre en tapant doucement de ses poings sur ses épaules qu'il l'enlace trop fortement. ce qui fait sourire Spencer.

— J'ai un rendez-vous, tu m'accompagnes ?! lui annonce Luke tout sourire.

— Quoi ? Maintenant ? Mais où ?

— Cesse de poser des questions et suis-moi. C'est un rendez-vous qui j'en suis sûre, tu ne voudrais rater pour rien au monde.

Spencer attrape la main de Luke et répond à son sourire angélique. Aujourd'hui, il en est certain, il ne la quittera plus jamais. Elle l'entraîne à travers les rues du village.

Dix minutes plus tard, ils s'arrêtent devant une porte blindée, où est cloué un écriteau doré sur lequel des lettres majuscules noires indiquent : « GINECOLOGO OBSTETRA ». Elle sourit devant l'air dubitatif de Spencer. Ce dernier hausse les épaules, lui signifiant qu'il ne comprend toujours pas ce qu'ils font là.

Luke se demande si ce n'est pas trop tôt, s'il est prêt à apprendre la nouvelle. Ils n'ont pas vraiment eu le temps d'aborder le sujet des enfants. Elle pousse tout de même la lourde porte et gravit les marches. Lorsqu'ils pénètrent dans la salle d'attente, Spencer aperçoit les couples patientant pour rencontrer le spécialiste. Il aperçoit une jeune femme avec le ventre rebondi, puis une autre. Il tire doucement sur le bras de Luke et la colle à lui en refermant la porte. Ils se retrouvent sur le palier. Spencer sourit et regarde intensément Luke dans les yeux, il n'a pas besoin de parler ou de poser la question. Luke attrape sa main et la pose sur son ventre.

— Comment ai-je fait pour ne pas le voir ? se réprimande-t-il.

— Ça ne se voit pas encore, Cariño, es- tu heureux?.

— Merci pour ce cadeau, tu fais de moi un homme comblé. Je t'aime Darling.

Luke est émue.

— Avant d'entrer, j'aimerai savoir si tu me pardonnes ?

— Je n'ai rien à te pardonner. Tu nous as sauvé la vie.

— Mais je t'ai dit des choses affreuses !

— Tu as eu raison, Darling, la supercherie a fonctionné. Ce qu'Emmanuel ne t'avait pas dit, c'est qu'il avait posté un sniper sur le toit en face de la résidence.

Luke réprime un cri en portant la main à sa bouche.

— Il n'a rien tenté, un des hommes d'Alex l'a trouvé avant qu'il ne puisse tirer. Assez parlé de tout ça, allons nous asseoir, une merveilleuse nouvelle nous attend.

Les deux amants s'installent dans un confortable fauteuil deux places. Au bout de trente minutes d'attente, une porte s'ouvre, le nom Hargitay se fait entendre et main dans la main, le couple se lève puis entre dans le bureau. Luke s'installe sur la table d'auscultation. Spencer observe avec stupéfaction l'écran de l'échographe, il ne voit pas un mais deux petits pois ce qui le fait s'asseoir lourdement sur la chaise derrière lui. Les futurs parents ressortent du cabinet nageant dans le bonheur.

Jour J - L'homme en smoking...

Comme le veut la tradition, les futurs époux ne se sont pas vus depuis la veille au soir...

Luke se réveille seule dans son lit, elle n'a pas bien dormi à cause de l'absence de Spencer à ses côtés toutefois elle ne peut s'empêcher d'avoir un sourire radieux qui éclaire son visage. Elle caresse son ventre qui commence à s'arrondir. Elle soupire d'aise, se lève, met en route sa playlist puis se rend dans la salle de bain et se douche.

Rien ne pourra gâcher sa journée, même pas l'horrible tignasse qu'elle a aperçu en s'observant dans le miroir un peu plus tôt. Ne voulant de l'aide de personne, Luke s'est entraînée durant quinze jours pour avoir la coiffure qu'elle souhaitait, celle parfaite à ses yeux. La jeune femme, enfile un sous-vêtement et sa jarretière, quelque chose de neuf, comme le veut la coutume. Puis, elle passe son peignoir afin de se préparer.

Elle commence par le maquillage qu'elle veut discret, mais chic. Elle redessine ses sourcils au crayon, puis dépose un léger voile de rose poudrée sur ses paupières et fonce légèrement les coins extérieurs avec du fard couleur pourpre. Elle cesse de fredonner et se concentre sur le trait d'eye-liner qu'elle trace avant de mettre du mascara et finir avec des yeux de biche en appliquant du khôl. Elle marque ses lèvres d'un léger rose. Satisfaite du résultat, Luke commence sa tresse plaquée partant du côté de son crâne pour en faire le tour et l'attacher sur une queue de cheval. À l'aide du fer à friser, ses cheveux lisses deviennent bouclés, elle les attache grâce à un joli bijou en argent appartenant à sa grand-mère, quelque chose de vieux. Une magnifique cascade descend sur le côté de son visage.

Elle sursaute en entendant la sonnette retentir, court ouvrir la porte en zigzaguant entre les cartons. Bientôt, son appartement sera reloué et avec Spencer iront habiter dans la maison qu'ils ont acheté récemment. Quant à celui du policier, il reviendra naturellement à Judith. Elle ouvre le battant accueilli par deux hoquets de surprise.

— Tu es époustouflante ! s'exclament Libby et Judith en cœur.

Chacune leur tour, elles l'enlacent et Luke sent le rouge lui monter aux joues et ne peut s'empêcher de leur sourire.

— Votre timing est parfait. Je passe ma robe et nous pourrons nous mettre en route.

—Parfait, intervient Libby.

— Oh ! j'oubliais, vous êtes magnifique mes chéries!

Les deux femmes sont drapées de robes fourreaux identiques de couleur pourpre. Le bustier en dentelle forme un cœur, le reste de la robe est en soie, fendue jusqu'en haut de la cuisse. Leurs cheveux sont tout simplement attachés en un chignon, laissant dépasser quelques mèches. Les trois jeunes femmes se rendent dans le dressing, Luke ouvre la housse et dévoile sa robe qui jusque là est restée secrète pour tous. Elle se défait de son peignoir et avec l'aide de ses amies, passe sa robe couleur ivoire et composée de deux matières. De la dentelle pour les manches et le buste qui forme un col en V plongeant sur le devant et le dos, puis de la soie sur toute la longueur. Elle se ferme grâce à une dizaine de boutons qui descendent de ses reins jusqu'aux mollets.

Luke ouvre l'écrin en velours noir et dépose autour de son cou la rivière de saphir, quelque chose de bleu. Celui-ci agrémenté des boucles d'oreilles offertes à son anniversaire, complètent la parure de Luke.

Libby passe sur les épaules de Luke son gilet court en fourrure et Judith lui présente les escarpins couleur ivoire. La future mariée grimace en les voyant, se souvenant du martyre qu'elle a subi en les mettant durant la semaine. Pourtant elle est habituée aux talons hauts, mais avec la grossesse, ses chevilles ont légèrement gonflées. Luke s'admire dans le miroir et n'en croit pas ses yeux : la jeune fille rebelle et solitaire est bien loin aujourd'hui. C'est en partie grâce à Spencer, ce beau brun qui l'a poussée dans ses retranchements, qui est resté à ses côtés malgré son passé, celui qui l'attend à présent devant l'autel. Luke retient une larme et se reprend, ne voulant pas gâcher son maquillage. Elle fronce les sourcils et s'agite dans la petite pièce.

— Il me manque quelque chose !!

— De quoi parles-tu ? intervient Judith.

— J'ai le bleu, le vieux et le neuf, mais il me manque quelque chose d'emprunté !

— Ne panique pas, on va trouver, annonce Libby sereinement, cherchant déjà dans son sac ce qu'elle peut lui prêter.

— Tiens ! lui dit Judith.

La jeune femme lui tend sa paire de Ray Ban, heureuse de sa trouvaille, mais Luke retient son geste et hausse un sourcil.

— Que veux-tu que j'en fasse ?

— Quelque chose d'emprunté, voyons !

— Mais nous sommes en hiver, Judith.

— Et alors ?

— Hiver rime avec neige, pas avec soleil, enchaîne Luke en mimant les guillemets.

Judith se précipite à la fenêtre et tire sur le rideau, montrant que ce qu'elle avance n'est pas si ridicule.

— Ce n'est pas parce que le sol est recouvert de neige, qu'il fait huit degrés que le soleil ne brille pas à son zénith. Il est bas en cette saison et tu t'en plains souvent.

— Ce sera le petit côté fun de ta tenue, lui annonce Libby en lui faisant un clin d'œil.

— Et puis personne n'osera rien dire. Tu es la mariée après tout, ajoute Judith.

Le problème réglé, les trois jeunes femmes récupèrent leurs affaires et montent dans la somptueuse Rolls-Royce Phantom Coupé Série II noir, décorée aux couleurs du mariage avec des rubans blancs et pourpres.

L'église se situe à quelques minutes de la résidence en prenant l'autoroute et Luke se réjouit de retrouver Spencer dans très peu de temps.

Quinze minutes plus tard...

— Mais c'est pas vrai PUTAIN !!!!

Luke a remonté sa robe au-dessus de ses genoux et donne un coup de pied dans la roue crevée de la voiture. Elle jette un regard furieux en direction du chauffeur qui tente d'avoir du réseau sur ce chemin de terre.

— Un raccourci, il avait dit. Mon cul c'est du poulet il n'en veut pas une aile ? !

— Calme-toi, dit Libby en se retenant d'éclater de rire.

— Me calmer ! Mais je vais être en retard à mon propre mariage. C'est un boulet ce type !!!!

— Il est hors de question que tu craques maintenant, tu m'as bien comprise ? intervient Judith en pointant du doigt Luke qui est à deux doigts de pleurer.

Elle s'accroupit face au ventre de la jeune femme qui reste interdite.

— Écoutez-moi bien les p'tits gars ! Aujourd'hui, vous laissez maman tranquille. OK ? Pas d'hormones en ébullition, vous la faites assez tourner en bourrique comme ça. Si vous restez sage, je vous promets d'être la meilleure Tatie du monde et vous aurez toutes les sucreries que vous souhaiterez. Croix d'bois croix d'fer, si j'mens j'vais en enfer.

Luke et Libby se mettent à rire de bon cœur. Judith se relève, satisfaite du marché qu'elle vient de passer avec ses futurs petits neveux pensant fermement que ce sera deux garçons.

— Je viens de sauver ton maquillage, tu pourrais me remercier , sourit-elle. Maintenant, on s'occupe de ton mariage parce que si on attend après le loustic là-bas, on n'est pas arrivées.

Judith ouvre le coffre pour en sortir le cric et la roue de secours, mais reste pantoise.

— Euh, les filles, on a un problème !

Luke et Libby arrivent aux côtés de Judith et restent tout aussi dubitatives. Il n'y a rien dans le coffre. Même pas une bombe anti-crevaison.

Luke n'a pas le temps de réagir que Judith se dirige à grands pas vers le chauffeur. De là où elles se trouvent, les deux jeunes femmes entendent brièvement ce qui se passe, mais elles voient très bien que Judith a attrapé l'homme par les pans de sa veste et qu'elle le secoue comme un prunier. Le chauffeur n'a pas le temps de réagir qu'une Judith très énervée lui colle une claque magistrale. Ils reviennent tous les deux vers la voiture, Contre toute attente, le chauffeur s'installe côté passager et Judith prend place derrière le volant.

— En route, les filles c'est moi qui pilote et au passage garder vos culottes hein !

Luke et Libby ne posent pas de question et s'installent à leur tour dans le véhicule. Judith leur annonce que sur ce genre de véhicule de luxe anglais, les pneus se regonflent automatiquement après quelques minutes !

De son côté, Spencer patiente, Luke est en retard. A contrario des invités, il reste confiant, elle va arriver d'une minute à l'autre. Pourtant, il a plusieurs scénarios en tête, comme le fait qu'elle se soit réveillée en retard ou qu'elle a eu des nausées matinales mais certainement pas qu'elle puisse l'abandonner devant l'autel.

Spencer sort de ses pensées lorsqu'il reçoit un coup de coude de la part d'Alex.

— Mon pote, ça fait vingt minutes…
— Je ne m'inquiète pas, je suis persuadé qu'elles sont sur le chemin et vont bientôt arriver.
— On n'a pas de nouvelles et les portables sont sur répondeur.
— Si tu t'avises de me dire qu'elle ne viendra pas et qu'elle m'a quitté avant même d'avoir dit oui, je te refais le portrait, mon frère.
— Ce n'est pas moi qui le dit !

Au même instant, la Marche Nuptiale de Mendelssohn retentit entre les murs de la petite église.

Spencer se tourne, le cœur battant la chamade, lève doucement la tête et son regard parcourt l'allée. À l'entrée, se dessinent deux silhouettes. Même à contre-jour, Spencer reconnaît Luke, qui s'avance au bras de Sean en l'enserrant plus que nécessaire.

— J'ai bien peur de perdre mon membre si tu ne te détends pas, ma chérie.

Sean dépose un léger baiser sur la tempe de sa fille qui lui sourit et relâche la pression. Elle avance et aperçoit la rangée d'hommes en smoking, du regard elle remonte jusqu'à Spencer. C'est le souffle court qu'elle avance encore de quelques pas. Son futur mari se tient devant l'autel, avec un très large sourire et des yeux brillants, la regardant amoureusement.

Aujourd'hui leur histoire se concrétise avec ce mariage, Cet homme en smoking est magnifique, séduisant, sexy à se damner, Luke est consciente de sa chance et béni le jour des essayages de robes où il l'a enlacé pour la première fois.

À la surprise de Sean et du reste de l'assemblée, la futur mariée accélère le pas et retrouve Spencer qui lui tend les bras pour l'accueillir. La musique s'arrête, il dépose un léger baiser sur les lèvres de sa Darling. Les futurs époux se placent et la cérémonie peut commencer.

Les époux échangent leurs alliances en prononçant leurs vœux qu'ils ont écrits ensemble.

— Spencer, en te passant cet anneau Aujourd'hui, je scelle tout l'amour que j'ai pour toi… même si je ne le savais pas encore, tu es arrivé dans ma vie au moment où j'avais besoin de ne plus être seule. Nos regards se sont croisés, nos cœurs se sont emballés, je t'ai laisser mes doutes, tu m'as imaginé tienne et le destin a fait le reste.

— Luke, tu m'as offert ton cœur, je t'ai donné mon âme. Cette alliance représente une promesse, le lien de notre amour. Je fais le vœu, avec l'espoir de continuer notre chemin ensemble, de nourrir notre amour tous les jours et aussi longtemps que possible.

Les jeunes mariés sont très émus et attendent la fameuse phrase : « Vous pouvez embrasser la mariée » que le Padre ne tarde pas à prononcer. Spencer enlace Luke et l'embrasse langoureusement, plus longtemps que nécessaire. Des raclements de gorge se font entendre. Les jeunes mariés sourient et se détachent l'un de l'autre, non sans regrets. Ils se rendent compte qu'une partie de leurs invités sont déjà sur le parvis de l'église. Les cloches retentissent, Luke et Spencer sortent à leur tour et sont accueillis par des confettis en forme de cœurs.

Épilogue

Quelque mois plus tard... Addenbrooke's hospital.

Luke quitte une fois de plus la chambre de son père le cœur au bord du précipice. Le traitement qu'ils subit depuis plusieurs mois le fatigue plus qu'il ne le soigne, Luke en souffre terriblement. Chaque soir, elle prie pour que tout ceci ne soit qu'un cauchemar, qu'elle va se réveiller et que son père se tiendra devant elle comme son pilier sur qui elle peut se reposer. Mais chaque jour, la réalité la rattrape.

Ce soir, son départ est plus difficile que les autres, Sean lui a dit qu'il se sentait faible, très fatigué, prêt à partir vers l'au delà et que son cœur ne tiendrait peut être plus si longtemps. Elle attend d'avoir refermée la porte pour laisser les vannes s'ouvrir. Les larmes coulent tel un torrent sur ses joues.

Elle traverse le couloir jusqu'aux ascenseurs, s'engouffre à l'intérieur tête baissée. Elle n'a pas le temps d'appuyer sur le bouton qui l'amènera au sous-sol de l'hôpital qu' une main tatouée de trois initiales V E M sur les phalanges le fait à sa place. Luke ne prête pas plus attention à cette personne et sort de la cabine pour rejoindre sa voiture.

Assise derrière son volant Luke sèche ses larmes. Elle envoie un SMS à Spencer l'informant qu'elle part de l'hôpital et sera bientôt à la maison. Pour se changer les idées, elle allume l'autoradio qui crache un rythme de rock anglais entraînant. Luke bat la mesure sur son volant et chantonne tout en prêtant attention à la circulation du centre ville qui est dense à cette heure de la journée.

Quelques kilomètres plus loin, alors que les lumières de la ville s'estompent, Luke est doublée par une voiture aux phares éteint. Surprise elle fait une légère embardée sur la route mais se reprend aussitôt. Le chauffard finit par accélérer en s'éloignant rapidement. Luke ronchonne quelques insultes mais se tait subitement en caressant son ventre pensant que ses bébés l'entendent.

Arrêtée à un croisement, Luke aperçoit une voiture arrivant à vive allure dans sa direction. L'autre automobiliste maintien les pleins phares pour l'aveugler. Elle ne peut rien faire de plus puisqu'elle est à sa place. La jeune femme décide donc d'enclencher la première et de reprendre sa route pour rentrer chez elle. En face, la voiture est à l'arrêt, Luke passe à ses côtés,tourne la tête pour voir le chauffeur. Elle aperçoit brièvement un chevelure blonde et une main tatouée agrippant le volant fermement. Elle n'y prête pas plus attention et accélère afin de rejoindre son mari au plus vite.

Dans son rétroviseur, Luke voit la voiture faire demi-tour et la suivre. Elle ne panique pas et poursuit son chemin. Quelques secondes plus tard le véhicule la percute par l'arrière, Luke fait quelques zig-zag mais reprend la maîtrise de son véhicule et accélère légèrement pour mettre de la distance entre elles. Elle tente aussi d'attraper son téléphone pour appeler Spencer mais la voiture la téléscope une fois de plus, Luke écrase la pédale de frein et s'arrête sur la bas côté totalement stressée et affolée. Le conducteur de l'autre véhicule la double à nouveau en klaxonnant et en lui faisant une queue de poisson.

Luke respire fortement alors qu'une contraction la surprend, elle se sent humide au niveau de l'entrejambe, elle baisse la tête pour s'apercevoir qu'elle vient de perdre les eaux. Elle ne s'agite pas et cherche toujours son téléphone. Alors que celui-ci est posé sur le siège passagé, elle s'en saisit et compose enfin le numéro de son mari.

Elle reprend la route en attendant que Spencer décroche et espère vraiment que la folie du chauffard ne fera pas à nouveau son apparition. Le virage qu'elle s'apprête à prendre est des plus dangereux et classé accidentogène. Luke ne voit pas le véhicule de tout à l'heure arriver à contresens. Elle ne peut rien faire de plus que hurler à s'en décrocher les cordes vocales consciente que l'accident est inévitable.

Spencer décroche au même moment et entend les hurlements de sa femme, le bruit infernal de la tôle froissée suivi du silence après l'impact…

À la suite d'un long moment d'inconscience, Luke aperçoit les gyrophares des camions de secours. Elle ne peut pas bouger, elle est prise d'effroi lorsqu'elle voit que sa voiture s'est encastrée dans un arbre. Elle porte la main sur son ventre et hurle de peur pensant que ses bébés sont morts.

Les pompiers arrivent enfin à sa hauteur, la désincarcére au moment où Spencer arrive sur les lieux de l'accident. Il ne voit qu'un seul véhicule en flamme.

— LUKEEEEEEEE !!!!! hurle-t-il

Les pompiers remontent du ravin en la transportant sur un brancard laissant les ambulanciers prendrent en charge la blessée.

Spencer court après les urgentistes.

— Monsieur, laissez-nous travailler. On doit s'occuper d'elle au plus vite.

— Je suis son mari, je vous laisserais travailler une fois que vous m'aurait dit si elle est encore en vie et si mes bébés vont bien.

— Vous savez que votre comportement ne joue pas en sa faveur, plus je vous parle moins je passe de temps avec elle à essayer de la sauver, mon collègue va vous expliquer.

— Un oui ou un non bordel !! hurle t-il le regard noir.

— Elle respire.

L'urgentiste ne prononce pas un mot de plus et referme la porte du camion.

—Venez avec moi monsieur, annonce ledit collègue.

Spencer suit l'autre ambulancier et n'entend rien des mots qu'il prononce. Il est trop inquiet et stressé.

Il se laisse glisser au sol contre le camion des pompiers, effondré par la potentielle perte de sa femme et de ses enfants. Tous s'activent autour de lui, personne ne lui prête attention, ni ne s'inquiète de sa détresse. Après ce qu'il pense être une éternité, la porte arrière du camion s'ouvre à nouveau, le médecin lui indique de monter, afin qu'ils se rendent ensemble au plus vite à l'hôpital le plus proche

Spencer n'a pas lâché la main de Luke durant tout le trajet. il s'est senti abandonné lorsqu'elle a perdu connaissance en chemin. Le médecin urgentiste demande à l'hôpital par téléphone, de préparer un bloc obstétrical ainsi qu'une équipe prête quand ils arriveront.

— Monsieur, nous allons devoir faire naître vos enfants par césarienne, votre femme est à terme pour la viabilité des bébés.
— Faites ce qui est nécessaire pour les maintenir en vie tous les trois. S'il vous plait, je vous en supplie...pour l'amour du ciel ne me les prenez pas.

Le médecin acquiesce. Luke est emmené sous les yeux de Spencer en direction du bloc. Il lâche la main de sa femme à contre-coeur et s'écroule sur le sol sentant au plus profond de lui, qu'il ne la reverra pas vivante.

— Monsieur Hargitay ? Prononce une voix qui vient des portes battantes à peines ouvertes.

614

Son regard emplie de désespoir se braque sur cette jeune femme qui doit être une infirmière.

— Votre épouse vous demande Monsieur.

Le cœur de Spencer reprend un rythme normal, pleins d'espoirs. Il passe les portes en courant et s'habille rapidement avec la blouse de bloc que lui a tendu l'infirmière qui ouvre la porte sécurisée du sas. Il s'arrête, ne pouvant faire un pas de plus lorsqu'il la voit. Avec toute la force qui lui reste, Luke tourne la tête vers son mari et lui sourit faiblement.

Il tend la main vers sa femme et la rejoint rapidement. les yeux remplient de larmes il dépose un chaste baiser sur ses lèvres.

— Je te confie le fruit de notre amour, nos deux magnifiques enfants. Tu prendras soin d'eux j'en suis sûre. Je t'aime Cariño pour toujours et à jamais.

— Non mon amour, tu seras avec moi pour les voir grandir, tu ne peux pas nous abandonner. Les médecins vont te sauver et tu verras, dans quelques heures tu les prendras dans tes bras. Je t'en conjure, Darling, bats-toi, reviens-moi, sanglote Spencer.

Les yeux de Luke, se sont fermés sous les effets de l'anesthésie. Les pleurent du premier bébé se font entendre suivit du deuxième et c'est à ce moment-là que le cœur de Luke s'arrête à cause d'une hémorragie intra placentaire. L'accident a provoqué plus de dégâts que ce que pensaient les médecins. Une artère s'est rompu et il n'y a rien à faire pour arrêter le saignement.

C'est le cœur meurtri, que Spencer accueille dans le creux de ses bras ses deux petites filles, Adalhee et Alisea…

L'âme en perdition mais avec un élan de force qui lui vient sûrement de sa femme, il promet à ses enfants de les aimer dans la lumière de leur maman et dans son souvenir.

Une Mam'Ange, une épouse ad vitam æternam.

Remerciements

Je suis émue d'avoir posé le mot « fin » à l'histoire de Luke et Spencer. Jamais je n'aurais cru cela possible, mais vous étiez là pour me prouver le contraire. Je repense à vous qui m'avez guidé et accompagné.

Je remercie mes lectrices de WattPad qui me suivent depuis que j'ai posé le premier mot sur la plateforme et plus particulièrement Audrey Huguenin, ma première lectrice qui reste dans l'ombre, mais qui est bien présente.

Ma Karine, ma vosgienne, je n'est pas les mots pour te remercier, tu es une femme d'exception. Je ne me voyais pas faire ce bout de chemin sans toi. Ton soutien, ton humour au quotidien on été une vraie bouffée d'oxygène. Je remercie cet passion en commun de t'avoir mit sur ma route, c'était une évidence. Si tu n'existais pas je t'aurais modelée telle que tu es. Tu sais ce que représente ce roman, cette histoire pour moi. Tu sais que je suis une handicapée des sentiments mais tu sais aussi que je t'....

Eliyo ma bichette, tu es une une femme extraordinaire, un petit bout de femme comme toi mérite d'être connue même avec ce petit côté tyran, lol merci pour le rôle que tu as joué.

Un grand merci à Patrick et Martine pour leurs travails. Vous auriez pu être les grands-parents que je n'ai pas.

Merci à mes NCD, Sindy Boulanger, Ludi Delaune et Leslie Blaire d'être entrées dans ma vie un jour d'hiver. Mon dragibus, merci pour ton « coup de pied au cul ».

Merci mes étoiles d'avoir été présente et de m'avoir éclairée.

Merci à l'équipe des 7 indés, Micaela Barletta, Mariana Auteure, Laur'El, Nina Nina, Kim Chi Pho et Patrick G. Delétang. À très vite à Mons.

Audrey Pouthé-boucher, Joséphine LH, Karine Aumaître, Delinda Dane, Gwen personne, JC Staignier, Sophie Eloy, Sonia Frattarola, Celina Rose, Emilie Catherine Hitzel, merci pour tous ces moments passés ensemble.

Merci ma connasse préférée, ma droguée de candy'up, elle se reconnaîtra...

Je ne remercierais jamais assez la femme qui m'a donné la vie. Maman, toi qui me pousse toujours plus haut, toujours plus loin. Sans les parents formidables que vous avez été, je ne serais pas la femme que je suis aujourd'hui. Je ne te le dis plus assez, je t'aime Mamounette. Merci pour tout, merci d'être toi.

Je remercie tous les autres membres de ma famille, vous êtes trop nombreux pour que je vous site, Les Kazek, Les Mongardien même si vous n'êtes pas de grand lecteur dans l'âme mise à part Mel, vous êtes là, je le sais.

Leslie, même si je ne donne pas souvent de nouvelles, je sais que tu portes une attention à la sortie de mon roman.

Jojo, tu es toujours présente.

Mimi, mon harnais de sécurité depuis ce jour où tu as « signé ».

Je te remercie plus particulièrement toi, l'homme qui partage ma vie, pour toujours et à jamais. je t'aime plus que ma vie, tu as fait repartir mon coeur...

Nolan et Lauréline, mes amours de ma vie, merci de ne pas avoir tenu rigueur du temps que je n'ai pas passé en votre compagnie. Je vous aime « grand comme ça ».

Je pense n'avoir oublié personne... si c'est le cas je m'en excuse.

Une pensée toute particulière pour mon papa, tu me manques terriblement. Chaque jour vécu sans toi et un combat, mais j'avance.

Je t'aimais, je t'aime et je t'aimerais.